国际关系与国际法学刊
Journal of International Relations
and International Law

厦门大学法学院国际关系与国际法跨学科研究中心 主办

Journal of International Relations

and International Law

Volume 10, 2023

国际关系与国际法学刊

第10卷（2023）

刘志云 主编

厦门大学出版社
XIAMEN UNIVERSITY PRESS
国家一级出版社
全国百佳图书出版单位

图书在版编目（CIP）数据

国际关系与国际法学刊. 第 10 卷 / 刘志云主编. --
厦门：厦门大学出版社，2023.8
ISBN 978-7-5615-9049-2

Ⅰ．①国… Ⅱ．①刘… Ⅲ．①国际关系－研究－丛刊
②国际法－研究－丛刊 Ⅳ．①D81－55②D99－55

中国版本图书馆CIP数据核字(2023)第129257号

出 版 人　郑文礼
责任编辑　李　宁
美术编辑　李嘉彬
技术编辑　许克华

出版发行　厦门大学出版社
社　　址　厦门市软件园二期望海路 39 号
邮政编码　361008
总　　机　0592-2181111　0592-2181406(传真)
营销中心　0592-2184458　0592-2181365
网　　址　http://www.xmupress.com
邮　　箱　xmup@xmupress.com
印　　刷　厦门市竞成印刷有限公司

开本　720 mm×1 020 mm　1/16
印张　25.75
插页　2
字数　450 千字
版次　2023 年 8 月第 1 版
印次　2023 年 8 月第 1 次印刷
定价　98.00 元

厦门大学出版社
微信二维码　　厦门大学出版社
微博二维码

卷 首 语

  国际关系与国际法联系紧密,国际关系学与国际法学相辅相成,在学术发展史上两个学科有着千丝万缕的联系。自 20 世纪 90 年代以来,在两个学科的连接被割裂近半个世纪后,国际关系学与国际法学的跨学科研究再度兴起,并迅速成为这两个学科最新发展的闪亮之处。目前,跨学科研究趋势正从国际关系学与国际法学的表层联系深入彼此关联的基础性问题,从知识点的互通深入方法论上的互借等。为了进一步推动国际关系与国际法跨学科研究的发展,构建跨学科的科研平台势在必行,《国际关系与国际法学刊》(以下简称《学刊》)正由此而创立。

  《学刊》由厦门大学法学院国际关系与国际法跨学科研究中心创办,旨在瞄准国际关系学与国际法学的学科前沿,积极开展国内外同行学术交流,荟萃国内外跨学科研究的优秀成果,推动国内外国际关系与国际法跨学科研究的进步。

  《学刊》暂定为一年一卷,必要时根据实际情况调整。本卷为 2022 年卷(第 10 卷),共设"专论""学科发展状况""经典外文文献选译""书评"四个栏目。

  "专论"部分,共收录了 13 篇论文,主要内容与观点介绍如下:

  就美国多地向中国及相关主体提出的涉疫情索赔之诉而言,法院管辖权是案件审理的前提性问题,亦是判断这些诉讼是否属于"滥诉"的试金石。沈伟教授在《国家管辖豁免视域下疫情索赔诉讼法律问题与应对》一文中将国家管辖豁免问题分成"主体标准"和"行为标准",首先从"主体标准"出发,提出"概括+否定排除式"的主体范围界定标准,认定中国各级政府、各部委、中国共产党、中科院享有管辖豁免资格,而自然人、研究所不属于管辖豁免主体。该文介绍了限制豁免国家区分行为性质对具体案件进行管辖的做法,通过分析美国《外国主权豁免法》上的豁免例外，论证了中国的信息通报、防疫抗疫行为不符合商业活动例外"性质说"要求、非商业侵权例外"完整侵权原则"、恐怖主义例外"清单主体"和"穷尽救济要件"，得出了涉疫情诉讼中国不受美国法院管辖的结论。最后，针对美国国会出现的要求修改美国《外国主权豁免法》以向中国索赔，该文认为即使修法成功，中国可以采取外交交涉、积极运用美国限制豁免立场而非"不接受管辖、不出庭应诉、不承认裁决"、主张执行豁免、提交国际法院诉讼等方式加以应对。

孟于群研究员在《国际法话语权认知体系论析》一文中指出，国际法话语权作为国际话语权谱系的重要组成部分，其认知体系是建立在以"话语权"为核心发展出的话语权力、话语政治、建构主义和软权力等理论基础上。国际法话语权是国家话语"权力"与"权利"的集中体现，其话语内容承载国家利益，话语实践体现国家利益博弈，话语能力是维护国家利益的关键因素。与此同时，国际法话语权是以国际法理论定义权、身份界定权和利益分配权、议题设置权和组织建构权，以及规则制定权、解释权和修改权等方面为表征形式的引导力、支配力和影响力。该文提出，在全球治理体系变革下，探寻国际法话语权的生成逻辑，需要国家具有主体意识和综合性话语能力，且话语内容具有共识性与正当性，同时需考量话语权生成的成本与收益间的平衡。提升中国等发展中国家国际法话语权，对国际法治的完善和国际政治经济新秩序的构建具有重大意义。

任何法律体系内涵和外延的演变实质上都是其天赋主体之政治身份和法律人格的发展史，这种规律体现了人之社会性的历史实践逻辑，也揭示了政治和法律对立统一的辩证关系。鉴于此，江河教授、常鹏颖博士生在《国际组织的主体性变迁：以政治和法律互动为视域》一文中认为，在国际社会一体化的客观趋势中，全球综合性国际组织的主体性将决定国际法律秩序的本质特征及其体系性演变。国际会议和国际组织的主体性面向在历时与共时维度上的互动推动了国际组织法律人格的形成和强化，然而主权国家在国际关系中的天赋主体地位和国家主权原则的支配作用通过国际会议的国家意志协调为国际组织法律人格的形成、强化乃至终止奠定了合法性基础。欧洲联盟和联合国法律制度的比较分析说明，公民身份制度将决定主权国家和国际组织之主体性博弈的结果。该文指出，在全球风险社会中，人类命运共同体理念的外交实践将为国际组织主体资格及其行动能力提供政治动力，并增强其法律制度的合法性与实效性。

条约的效力根据问题是国际法学者长期争论的一个重要问题,但是至今尚未得到一致认可的意见,这难以适应国际法治建设的需要。包运成教授在《论条约效力根据的三重性》一文中指出,维护条约的权威和尊严,增强国际社会对国际法治的信心,推进全球治理,保障"一带一路"倡议的落实和人类命运共同体的构建,亟须厘清条约的效力根据。该文认为,条约的效力根据具有三重性:条约的第一重效力根据是指国际法主体以同意或者认可的方式缔结了条约,条约的第二重效力根据是指条约符合社会发展规律,条约的第三重效力根据是指条约符合自然规律。条约的三重效力根据依次是决定和被决定的关系、反映和被反映的关系。

国际强行法长期存在概念不清、渊源不明、范围不定等问题,国际法学者们试图从多个角度对国际强行法进行定义,然而这些定义或无法体现国际强行法的本质特征,或无法反映国际强行法的重要地位。联合国国际法委员会自 2015 年起对国际强行法进行专题研究,在一定程度上反映了学界对国际强行法研究的最新理论进展。立足于以上背景,宋尚聪博士生在《论国际强行法的理论发展》一文中探析国际强行法理论的最新发展,分析国际法委员会对国际强行法的科学定义,并对国际强行法的主要特征和法律渊源进行梳理,在此基础上总结国际强行法的识别标准,以期帮助识别具有强行法性质的国际法具体规范,确认并巩固国际强行法在国际法理论及实践层面的重要地位。

自"美国 911 恐怖袭击事件"以来,国内外诸多学者围绕联合国安理会决议是否具备造法功能或称具有"造法性"展开长期讨论。秦男博士生在《论联合国安理会决议的国际法地位》一文中认为,从行为法律效力的角度,安理会依据《联合国宪章》行使职权,不具有造法权限但具有造法便利;从决议法律性质的角度,依照《国际法院规约》第 38 条的规定,安理会决议不属于国际法渊源的法定形式,但可定性为辅助资料。该文提出,如果不拘泥于有无"造法"的结论,从国际法发展的角度来看,安理会决议"造法性"之争亦即国际法渊源有无发展之争,其地位因此宜落脚于"正在造法"并促进国际法发展的一种重要形式。

世界百年未有之大变局,为国际经济法的运行带来了多重现实挑战。市场全球化发展受阻、国家障碍层出不穷、国际协调机制失灵,昭示出国际经济法权力结构的失衡。漆彤教授、王茜鹤硕士生在《世界大变局时代国际经济法的三层次理论调适》一文中认为,从国际经济法的发展与演变出发,通过对市场调节机制及其法律保障进行梳理与研究可以发现,国际经济法是调整国际经济调节关系之法,以弥补市场缺陷、消除国家障碍为根本任务。该文提出,正确认识国际经济法的性质与任务、协调市场与国家力量,统筹运用国内经济法与国际经济法,有助于实现新形势下国际经济法的重新定位与理论调适,使国际经济法权力结构回归动态平衡。

廖凡教授、崔心童博士生在《"长臂管辖"、对外制裁与阻断立法》一文中认为,"长臂管辖"原系美国法上的专有概念,属于民事诉讼中的对人管辖权,在我国语境中泛化为域外管辖或者国内法域外适用的代名词。美国的"长臂管辖"与其对外经济制裁密切关联,其霸权性在所谓次级制裁中体现得尤为明显。"长臂管辖"本身不当然地违反国际法,也并非美国的独特实践,但美国在国内市场、关键技术、金融体系等方面的优势地位使其得以恣意伸展"长臂",导致"长臂管辖"的实际运用存在严重的单向性和任意性。《阻断法》是欧盟对抗美国"长臂管辖"的重要工具,其基本定位是否认和抵消美国法的域外适用效果,本质上是让欧盟经营者及其他相关实体在美国法与欧盟法之间"选边",客观上易于导致相关实体陷入两难境地。该文提出,我国现行反外国制裁法律制度中有类似规定,也面临类似难题。应当审慎适用此类法律法规,避免造成"选边"的过大压力和过高成本。

张晓君教授、魏祥东博士生在《世界银行集团反腐败制裁规则和"腐败行为"定义探析》一文中认为,世界银行集团的反腐败制裁形成于对腐败态度的转变,其反腐败制裁规则较为复杂,形成了包括基础规则、集团规则、成员机构规则的三级规则,具有以两层制裁体系为基础的制裁程序,其"腐败行为"的定义具有模糊性。借助制裁委员会的决定,对"腐败行为"的谓语、宾语、状语和"归责于上"原则进行明确有助于明确"腐败行为"的定义。该文提出,中国企业面对世界银行集团的反腐败制裁应当事先隔断风险,在直接行为、间接行为和"归责于上"层面隔断风险,并在事后积极应对。

国际投资法的转型改革已经过了十余年的条约实践,从中可以看出国际投资法改革转型的发展趋势。王彦志教授在《国际投资法转型与改革》一文中指出,总体而言,国际投资法呈现出从新自由主义范式转向内嵌自由主义、可持续发展范式的基本趋势。具体来看,国际投资法转型改革呈现了明显的复杂图景。在转型改革过程中,国际投资法呈现出趋同化、多元化和复杂性的具体趋势。趋同化体现为新一代国际投资协定(IIA)澄清和限定了投资保护条款,增加和强化了东道国主权公共政策空间、东道国规制权和可持续发展条款。多元化体现为发达国家、新兴大国、其他发展中国家的新一代IIA在基本框架和主要内容方面各有不同的范式创新。在可持续发展维度,美国、欧盟都采取国家间模式。美国采取了环境、劳工条款模式,欧盟采取了东道国公共政策一般规制权模式,而多数非洲区域组织和某些非洲国家则采取了投资者义务、东道国权利、母国义务模式。复杂性体现为3000多个IIA导致的碎片化、区域化的兴起引起的交叠性和不同IIA之间具体内容的差异性。趋同性为国际投资法的多边化提供了条件,但多元化和复杂性则意味着多边化面临的挑战有增无减。该文认为,国际投资法转型的趋同化、多元化、复杂性和多边化受阻总体上体现了国际投资法的路径依赖和经验演进逻辑。

《全面与进步跨太平洋伙伴关系协定》是亚太区域内高标准的区域自由贸易协定。世界贸易组织规则最惠国待遇原则的例外规定条款为其提供了合法性和正当性基础。黄健昀博士生在《CPTPP的组织形态与运行模式论——兼论正式组织形式的式微与全球行政法的兴起》一文中指出,CPTPP在组织法上的组织形态属于国际组织法框架下的多边条约执行机构。成员方并未选择以构建国际组织的方式来设计CPTPP的合作模式,从而克服了这一传统模式运行中遇到的阻力。通过委员会制进行领导是CPTPP组织结构的一大特点。同时因监管一致性、透明度和反腐败等规则的存在,CPTPP更偏向于全球行政法的实施模式。CPTPP的组织运行在整体上呈现出"解构组织"的趋势。各成员方在此合作框架下更注重规则行政与执行的效率,刻意淡化立法和司法的功能。在实现真正的成员驱动的基础上,CPTPP的组织形态和运行模式能够产生合力推进区域贸易与投资规则的执行。该文提出,中国在申请加入的过程中,应首先需要对CPTPP组织机构及其运行形成整体性认识。

随着中国开放发展格局达到了一定的层次与规模,为了切实、精准地维护我国主权、安全、发展利益,坚持统筹推进国内法治与涉外法治已然跃升为建设法治中国的应有之义。张昕博士生在《协同与互动:涉外环境法治的体系建构与时代表达》一文中指出,当前中国既处于全球环境治理赤字危机的时代背景下,又深陷西方国家对中国海外投资建设施加绿色规锁的困局。因此,涉外环境法治便成为构建涉外法治话语体系中的关键议题。一方面,涉外环境法治的生成源于国内环境法治与国际环境法治深度衔接的助力,并在国内环境法治与国际环境法治的互动中发挥着转译功能;另一方面,涉外环境法治又试图施展独立的统筹价值,在审视国内环境法治运行的基础上,洞察国际环境法治的发展全貌。该文认为,在这种互动向互构的发展趋势下,中国亟待完善涉外环境法治体系,从理念意蕴、系统规范、运行机制与特色平台出发,达成涉外环境法治在实体规范与形式效能之间的动态平衡,力求在国际环境法治体系中镌刻中国印记。

卢玉博士生在《论致命性人工智能武器对国际人道法原则的挑战及规制路径》一文中认为,近年来各国和国际组织对致命性人工智能武器提出了不同的概念,导致了致命性人工智能武器的概念内涵仍未达成统一意见。各国对致命性人工智能武器的定义差异越来越大,增加了专家组讨论的难度。中国在《常规武器公约》缔约国会议上提议致命性人工智能武器概念的可行路径,经过探讨致命性人工智能武器的特征以明确致命性人工智能武器定义。此外,致命性人工智能武器能否遵守国际人道法存在争议,以区分原则、比例原则的基本要素着手审视致命性人工智能武器的合法性,透彻分析致命性人工智能武器对国际人道法造成的挑战。该文指出,为了更好地监管致命性人工智能武器,必要的人机交互原则可以预防致命性人工智能武器因脱离人的控制而造成滥杀滥伤。

在"学科发展状况"部分,本卷推出刘志云教授、谢春旭博士生撰写的《中国的国际关系与国际法跨学科研究二十年回顾》一文,与学术界同行梳理过去二十几年国内跨学科发展的大致情况,以总结过去,展望未来,推进跨学科的可持续发展。

彰往知来,是推进跨学科研究的重要工作。对于中国在 21 世纪第一个十年的跨学科研究工作,刘志云教授在十几年前即已撰文作了总结与回顾。在 21 世纪的第二个十年,随着致力于国际关系与国际法跨学科研究的中国学者日益增多,研究成果不断涌现,研究内容持续深化,跨学科研究逐渐成为一种更普遍接受的意识与方法论。因此,时过十年后,我们仍然需要一篇回顾展望性质的论文,与学术同行一起梳理、总结二十几年来中国国际关系与国际法跨学科研究的面貌、特征与趋势,以期更好地实现这个问题领域的交流互动。怀着这样的目的,本文将回顾二十几年来中国国际关系与国际法跨学科研究的起步、障碍以及成就,分析跨学科研究关注的主要问题,并从学科建设角度分析跨学科研究可持续发展的必要措施。

在"经典外文文献选译"部分,本卷推出凯伦·阿尔特(Karen J. Alter)撰写的《国际法的视角:跨学科回顾》一文的编译本,以飨读者。

《跨学科视角下的国际法》一文由刘洋博士生编译,王彦志教授、苗秋月博士生校译。在受邀参加莱顿国际法杂志专题讲座之机,阿尔特教授对于国际法的六种常见视角进行了跨学科回顾并对这六种常见视角进行了解释、捍卫和批判。纯粹的政治学家认为国际法是政治选择的固定反射,法律形式主义者和结构理论家认为正式的规则、制度和过程在世界不同的地方应该产生相似的结果;西方中心主义学者认为欧洲和美国的经验具有普适性;自由国际主义者认为多边过程会促成基于同意的协议和结果;专注于本土的法律与社会学家将国际结构要素最小化;国际法律社会学家认为意义和实践构成了国际法。在回顾了每种视角对国际法理解的优势和不足之后,阿尔特教授鉴别了每一种视角中存在的政策风险。我们从多种视角理解国际法的混杂性的同时,也需要理解每种视角中隐含的推定,因为这些推定会产生相互矛盾的规范建议。

本卷还推出两篇经典著作的书评,这两本经典著作分别是萨特教授所著的《中美关系:危险的过去与不确定的现在》与杨泽伟教授撰所著的《国际法析论》(第5版)。

师嘉林副教授撰写的题为"构画中美关系的未来——评《中美关系:危险的过去与不确定的现在》"书评认为,《中美关系:危险的过去与不确定的现在》是一本全面阐述"二战"以来中美关系衍生、发展的著作,系统地论述了半个多世纪以来中美关系从对抗、接触、合作到竞争的历史演变。该书自2010年首次出版以来不到10年的时间已历经三次修订,萨特教授不断更新和充实书中内容,通过将实践、理论和案例的深度融合立体式地为读者呈现了一部了解战后中美关系曲折发展的优秀作品。掩卷长思,发人深省,萨特教授的论述与分析引起了读者对中美关系未来走向的猜想,未来的中美关系可以摆脱目前的低谷实现逆势上扬吗?未来两国可以再次走向全面合作吗?当前和不久的将来中美关系可能无法逃脱"修昔底德陷阱"的传统窠臼,似乎也无法基于相互依赖和利益的现实主义视角来考量中美关系未来的走向,作者的结语也让读者深深地忧虑中美关系未来继续下行的重大风险。21世纪已经过去1/5,中国展现出的强劲动力与美国的疲软(抑或崛起与衰退)形成了鲜明对比,美国会继续称霸世界吗?中国会平衡和挑战美国的霸权吗?此后80年的中美关系值得期待,同时更要理性和全面地看待当下两国的关系,避免陷入传统的民族主义、冷战思维、零和博弈的分析框架。

唐刚博士生撰写的题为"一部让世界更好读懂中国的国际法精品力作——读杨泽伟教授著《国际法析论》(第5版)"书评指出,《国际法析论》(第5版)探讨了国际法的一些基本理论问题与国际法若干新发展,分析了国际法上的国家主权,重点论述海洋法问题、国际组织与国际法、国际能源法,并关注中国与国际法。该书守正创新,形成颇具特色的结构体系;将理论与实践紧密结合,服务高水平对外开放;阐明新时代中国国际法观,让世界更好读懂中国。新时代背景下,仍需进一步拓展国际法研究新领域,为深化对外开放继续提供国际法理论支撑,更好服务于国家的重大战略需求。

本刊的创立与连续出版,得到了许多单位与同人的无私帮助。在此,我们要对各位作者、译者、编辑、厦门大学出版社以及资助本刊连续出版的厦门大学法学院表示诚挚的谢意。

最后,需要特别说明的是,在本刊发表的论文,其所论证的各种观点,未必是本刊编辑部所持的立场和见解。秉承"兼容并包,百家争鸣"的学术精神,欢迎持有不同见解的学界同人惠赐佳作,以本刊为平台,针对相关问题,各抒己见,深入探讨,互相补益,共同提高。

《国际关系与国际法学刊》编辑部

2022 年 9 月 22 日

目　录

专　论

学科发展状况

经典外文文献选译

书　评

附　录

专 论

国家管辖豁免视域下疫情索赔 诉讼法律问题与应对

沈 伟[*]

内容摘要：就美国多地向中国及相关主体提出的涉疫情索赔之诉而言，法院管辖权是案件审理的前提性问题，亦是判断这些诉讼是否属于"滥诉"的试金石。本文将国家管辖豁免问题分成"主体标准"和"行为标准"，首先从"主体标准"出发，提出"概括＋否定排除式"的主体范围界定标准，认为"能直接代表国家从事行为的主体为国家管辖豁免的主体，但国家元首行政首长外的自然人除外。国内法律或条约另有规定的，依照其规定"，从而认定中国各级政府、各部委、中国共产党、中科院享有管辖豁免资格，而自然人、研究所不属于管辖豁免主体。"行为标准"可以用来阐释采取绝对豁免和限制豁免两种立场的国家对于"国家"主体行为的不同态度。本文介绍了限制豁免国家区分行为性质对具体案件进行管辖的做法，通过分析美国《外国主权豁免法》中的豁免例外，论证了中国的信息通报、防疫抗疫行为不符合商业活动例外"性质说"要求、非商业侵权例外"完整侵权原则"、恐怖主义例外"清单主体"和"穷尽救济要件"，得出了涉疫情诉讼中国不受美国法院管辖的结论。最后，针对美国国会出现的要求修改美国《外国主权豁免法》以向中国索赔，本文认为即使修法成功，中国可以采取外交交涉、积极运用美国限制豁免立场而非"不接受管辖、不出庭应诉、不承认裁决"、主张执行豁免、提交国际法院诉讼等方式加以应对。

---

* 沈伟，上海交通大学凯原法学院特聘教授。

关键词：国家管辖豁免；主权平等；主体标准；行为标准；豁免例外；应对反制

目　录

一、问题的提出

（一）案情背景

在新冠病毒大流行造成严重人员伤亡和经济损失的同时，至少有 14 起针对中国的诉讼在美国法院被提起,"追责说"和"索赔说"一度甚嚣尘上。① 未来还有更多的病人或相关产业希望通过集体诉讼来推动政府修订《外国主权豁免法》,从而赢得对中国的官司、获得赔偿。

针对中国的"追责/索赔"论调大致可以分成三类:②第一类是美国国内的民间集体诉讼和个别州的检察官诉讼,比如佛罗里达州"伯曼律师团队"向当地法院起诉中国和密苏里州宣布以疫情为理由对中国提起民事诉讼;第二类是美澳等国政客要求本国政府对中国施压、索赔,如美国参众两院引入议案,要求中国就隐瞒疫情等行为负责,并呼吁各国展开调查,量化疫情对各国的损失,展开向中国的索赔;第三类是一些国家的律师或非政府组织主张向世界卫生组织(WHO)、海牙国际法院(ICJ)、世界贸易组织(WTO)等机构提出"追责"或"索赔",如英国智库 Henry Jackson Society 炮制"对华索赔十条路径"。③

以首个以州的名义提出民事诉讼的密苏里州为例,其所主张索赔之被告包括中华人民共和国、中国共产党、中华人民共和国国家卫生健康委员会、中华人民共和国应急管理部、中华人民共和国民政部、湖北省人民政府、武汉市人民政府、武汉病毒研究所、中国科学院。该州的诉讼请求为"中国应该对其所受'毁灭性的经济损失'给出现金赔偿"。其主要诉讼理由为:其一,病毒源头来自中国;其二,新冠病毒由华南野生市场传播,或者有可能是中国科研机构制造或者由中国科研机构泄漏;其三,中国"隐瞒""谎报"国内疫情数据,造成密苏里州及居民在疫情中经济损失数百亿美元;其四,"指控"中国政府"囤积"口罩和其他个人防护装备,造成该州疫情加剧。④

---

① Sean Mirski, Shira Anderson, What's in the Many Coronavirus-Related Lawsuits Against China?, https://www.lawfareblog.com/whats-many- e…9xwxpPckg,下载日期:2021 年 4 月 20 日。

② 本段所列三种情况中,因为第三种情况非属一国立法司法和行政对另一国之管辖,而是利用国际组织解决争端。鉴于本文主要讨论国家管辖豁免视域下疫情索赔诉讼法律与应对问题,所以本文主要对前两种情况借案例引出法律问题并试加理论分析。

③ 刘丹:《如何有效反制"国际追责"论调》,https://3w. huanqiu. com/a/ de583b/9CaKrnKqQha? p=2&agt=4,下载日期:2022 年 7 月 20 日。

④ Complaint, the State of Missouri v. The People's Republic of China and Others, Case No. 1:20-cv-00099(E. D. Mo., 21 April 2020), https://www.courtlistener.com/recap/gov.uscourts.moed.179929/gov.uscourts.m oed.179929.1.0_1.pdf,下载日期:2022 年 7 月 20 日。

当地时间 2022 年 7 月 8 日,美国地方法院密苏里州东区东南分部法官 Stephen N. Limbaugh Jr.作出裁定,原告的控诉因缺乏主体管辖权而被全部驳回。当日,原告向美国第八巡回上诉法院提起上诉,截至 2023 年 5 月 20 日案件尚未有进一步重大进展。[①]

(二)争议焦点

从实体法上看,原告之诉讼请求难以站住脚。原告诉由违背客观事实,且原告起诉违背英美法系"求助于法者,其自身必须清白"(he who comes to equity must come with clean hands)之衡平法原则,该州政府因自身失职导致了损失的不当扩大,应当由其自身对远超合理水平的损失承担责任。同时,中国遵循《世界卫生条例》第 6 条"通报"之规定,及时通报了 WHO,采取了果断措施遏制了疫情在全世界范围内的扩散,没有违背国际义务,且疫情扩散和中国采购物资等防疫行为没有因果关系,不构成侵权行为。此外,中国认识病毒、防疫抗疫之行为无归因性、过错性和违法性,无须承担国际法委员会《关于国家对国际不法行为的责任条款草案》项下国家不法行为所应承担的国家责任。更何况,早在 1897 年美国公民昂德希尔起诉委内瑞拉统治者赫南德兹非法扣押并请求赔偿的案件中,联邦最高法院就已经明确"国家行为理论",即"每个主权国家都必须尊重其他主权国家的独立性,一个国家的法院不会对另一个国家政府在其领土内的行为进行判决",[②]因此即使中国被指控的所谓在国内"囤积口罩"等防疫抗疫行为真的对美国领域内部造成影响,作为有"昂德希尔诉赫南德兹案"为先例的、严格遵循"国家行为理论"的美国法院,亦不得对外国政府在其领域内所实施行为的合法性或有效性作出判断。

管辖,诉讼之所始。在一个案件被审理前,首先应判断起诉条件是否满足,即须符合以下四个条件:①原告是与本案有直接利害关系的主体;②有明确的被告;③有具体的诉讼请求和事实、理由;④属于法院受理民事诉讼的范围,并属于受诉法院管辖。因此,在一个诉讼中,当管辖豁免和国家行为原则及其他实体权利抗辩均被提及时,法院首先应解决管辖豁免问题,如果豁免抗辩得到支持,则法院就丧失对案件的管辖权;如果豁免抗辩失败,并不意味着

[①] State of Missouri v. People's Republic of China,1:20-cv-00099,(E.D. Mo.). https://www. courtlistener. com/docket/17085710/state-of-missouri-v-peoples-republic-of-china/,下载日期:2023 年 5 月 21 日。

[②] Underhill v. Hernandez, 168 U.S. 250 (1897).

国家行为原则适用或者其他实体权利抗辩的终结。换言之,在密苏里州诉中国及涉中国相关主体案中,只要美国法院对案件无管辖权,就不必再去考虑实体问题。

可是,国家管辖豁免是在各国国家利益之间摇晃的"钟摆",由于各国在关键问题上所专注的是自身利益,采用不同的国家管辖豁免原则,各国在豁免立场(绝对豁免、限制豁免)、主体范围(国家、地方政府、中央的部门或部委、联邦各州、国有企业、国有法人组织、执政党等)、行为性质与豁免事项例外(商业活动、非商业活动侵权、恐怖主义等)等方面众说纷纭,规定不一。然而,正确理解运用国家管辖豁免可以使还击滥诉有法可依,有利于维护我国国际声誉和核心利益。考诸美国《外国主权豁免法》,"其他国家原则上享有美国司法管辖豁免,仅在限定的少数几项例外情形中可被起诉或者被扣押财产",结合本案争议焦点,所涉问题可以归纳如下:

(1)主体范围和送达方式:中国国家卫健委、中国应急管理部、中国民政部、湖北省政府、武汉市政府是否受国家管辖豁免保护;中国科学院及其武汉病毒研究所是否亦是国家管辖豁免主体;中国共产党是否享有国家管辖豁免资格;这些主体分别应该如何送达。

(2)豁免立场与行为性质、豁免事项例外:是否所有中华人民共和国及相关主体的行为均不受美国法院管辖;涉案被告行为是否属于美国《外国主权豁免法》第1605条豁免事项例外情形。

此外,由国家管辖豁免派生出来的问题还有:

(3)修法索赔应对:美国修改《外国主权豁免法》从程序和现实而言是否可行;如果修改成功,能否溯及既往追究中国责任;中国如何应对这种以修法形式获许可的疫情索赔诉讼。

本文以此为线索,对上述三个重点问题进行分析,结合中国此前在美国被诉具体案例,借助国家管辖豁免基本学理,讨论疫情索赔诉讼法律问题与应对。

二、国家管辖豁免主体范围的界定及要件分析[①]

(一)管辖豁免主体范围概述及"概括+否定排除式"界定标准的提出

确定主体资格是解决国家主权豁免问题的第一步。只有在明确规定什么样的主体享有豁免资格下,具体行为是否受管辖、司法程序豁免和执行豁免、应对修法扩大管辖等其他争议才可能被化解。

从概念上讲,国家主权豁免针对的是国家行为,因此享有这一权利的主体是国家。可是在现实生活中,国家并不从事任何具体活动,而由特定主体代表国家从事行为。通说认为,能代表国家从事行为而享有国家管辖豁免资格的主体包括国家元首、各种政府机关、国家政治区分单位、国家机构或部门等。[②]这种对于管辖豁免主体的列举较为原则化,诸如从中央到地方的哪一级政府可以享有管辖豁免、国有企业在何种情况下可以排除外国法院管辖、中国科学院及其武汉病毒研究所这些国有法人组织及非法人组织属不属于"国家"的应有之义等问题均未予以细化。同时,上述针对豁免主体的"肯定枚举式"范围界定或有重复遗漏之嫌,如国家政治区分单位与非联邦国家中各级政府机关之间存在交叉,执政党是不是管辖豁免的适格主体亦未予以规定。事实上,我们很难穷尽所有管辖豁免主体,各国不同的政治体制、经济形式、法律规定等因素均会影响管辖豁免主体的内部范围边界。然而,衡诸国家豁免"平等者无管辖"(par in parem non habet imperium)的理论渊源,正是国家间的独立平等使一国法院不得对另一个国家的行为和财产实施管辖权。在国际社会中,接受共存与合作是国际交往的基本原则,因此,代表国家从事行为的主体应首先被推定为享有豁免资格的主体,仅某些特定主体不能豁免,同时不排除有些国家为了彰显国际礼让而通过本国法赋予本不享有管辖豁免的特定主体豁免资格。

[①] 须注意的是,本章仅讨论哪些主体享有国家豁免资格,并不等于所有享有国家豁免权的主体所从事的行为均不受外国法院管辖。即在某一主体是否有权援引国家豁免排除外国法院管辖的问题上,本章讨论的是"主体标准"(哪些主体是国家豁免的适格主体),而"行为标准"(绝对豁免、限制豁免,限制豁免的豁免例外)在下一章进行论述。

[②] 张露藜:《国家豁免专论》,中国政法大学 2005 年博士学位论文。

笔者尝试以"概括＋否定排除式"界定管辖豁免主体范围如下："能直接代表国家从事行为的主体为国家管辖豁免的主体，但国家元首行政首长外的自然人除外。国内法律或条约另有规定的，依照其规定。"这种界分明确了国家管辖豁免的要件，即"直接性"要件、"代表性"要件、"自然人排除"要件、"国内法例外"要件，既符合国家主权原则，认可"只有有资格代表国家行使主权的主体才能享有国家主权豁免"，又兼具严谨性且不至于过分原则化。以下，将具体论述该范围界定标准，并结合美国《外国主权豁免法》对密苏里州诉中国及涉中国相关主体案及其他因疫情诉中国案中被告是否属于豁免主体、如何送达一一进行分析。

（二）"直接性"＋"国内法例外"要件：各部委、中科院属于美国法院豁免主体

国际法学会 1982 年起草的《国家豁免的蒙特利尔公约草案》第 1 条第 B 款中，把外国政府、其他政府机关、联邦国家的组成单位定义为"外国国家"，又按照是否享有独立法人资格把外国机构或部门分为两类，将不具有法人资格的外国机构或部门当然视为"外国国家"，将具有区别于外国国家且具有独立法人资格的外国机构或部门，只有在行使主权权力作为或不作为，即进行"统治权"行为的时候才被视为"外国国家"。① 2004 年通过的《联合国国家及其财产管辖豁免公约》第 2 条"用语"规定中强调，国家是指"……国家机构或部门或其他实体，但须它们有权行使和实际行使主权权力……"。②

从各国实践和重要的条约实践来看，判断机构、部门是不是享有豁免资格的主体首先需要考察这些主体是否具有"直接性"要件，是否构成国家的"政治分支机构"。对此，实践一般采用"控制说"或者"功能说"之审查标准。第一种标准"控制说"又称"结构主义说"③，即通过该主体受国家控制程度来判断，具体审查该主体是否具有独立法律人格的特征，即综合审查在设立该主体的国内法下，其是否受国家直接控制，是否可以脱离国家独立运作，是否享有权利能力和行为能力，是否可以独立享有权能负担义务承受责任，是否可以自己的

---

① *Draft Convention on State Immunity*, 22 I.L.M. 287 (1983).

② 《联合国国家及其财产管辖豁免公约》，https://www.un.org/zh/documents/treaty/A-RES-59-38，下载日期：2022 年 7 月 20 日。

③ Hyatt Corp. v. Stanton, 945 F. Supp. 675 (S.D.N.Y. 1996); Unidyne Corp. v. Aerolineas Argentinas, 640 F. Supp. 354 (E.D. Va. 1985); Bowers v. Transportes Navieros Ecuadorianos, 719 F. Supp. 166 (S.D.N.Y. 1989).

名义起诉和被诉,若满足上述条件中若干项而得出该主体"是独立的法人"或"有独立法律人格"之结论,则该外国机构或实体或部门不属于"政治分支机构",原则上不享有管辖豁免。第二种标准"功能说"又称"职能主义说"①,指无论一个实体的国内法地位如何,主要根据该主体的主要职能来决定其是否能享有管辖豁免,如果主体的主要职能与国家紧密相连,则属于"政治分支机构",享有管辖豁免,如果其主要职能不是直接从事与国家相关的行为,那么它就不属于"政治分支机构",不能享有管辖豁免。

根据上述两种判断标准,各部委都属于国家"政治分支机构"的范畴。然而,美国法在"政治分支机构"是否包含中央部委的问题上曾经出现争议。否认者从《美国对外关系法重述(第三次)》中"相关的政府附属单位一般不具有主权豁免……美国的各州……在宪法之下……享有在美国法院的豁免"②的论述出发,推论"'政治分支机构'一词并非用来指代中央部委,而仅指不同地理级别上的政府机构"。然而,赞成者最终占上风,他们反驳否认者时指出:第一,否认者的观点与现行判例法完全相反,后者认为中央政府的部门或部委符合《美国对外关系法重述(第三次)》第 1603 条第(a)款享有管辖豁免的国家"政治分支机构"规定;第二,即使《美国对外关系法重述(第三次)》的零散摘录构成了解释美国《外国主权豁免法》中所用特定短语含义的权威来源,亦不能以此得出否认者的推论,因为《美国对外关系法重述(第三次)》中的"政治分支机构"不完全指政府地方单位;第三,如果按照否认者解释,将中央部委排除,则会出现直接代表国家并从事国家职能机关反而被外国法院管辖并判决的荒诞情景。③ 综上,政治分支机构包括中央部委,因此卫健委、应急指挥部属于美国《外国主权豁免法》豁免范畴。

类似地,在没有国内法例外的情形下,无论依照哪种标准,中国科学院及其武汉病毒研究所因不具有"直接性"要件而不能作为管辖豁免的主体被免予

---

① Magness v. Russian Federation, 54 F. Supp. 2d 700 (S. D. Tex. 1999); Transaero, Inc. v. La Fuerza Aerea Boliviana, 99 F.3d 538 (2d Cir. 1996); Garb v. Republic of Poland, 440 F.3d 579, 594-95 (2d Cir. 2006).

② Restatement (Third) of US Foreign Relation Law, §901, comment b (ALI 1987).

③ 毕莹:《"政治分支机构"的概念及相关问题研究——以美国〈外国主权豁免法〉为背景》,载《上海对外经贸大学学报》2018 年第 5 期;Dissent in Garb v. Republic of Poland, 440 F.3d 579, 594-95 (2d Cir. 2006).

管辖。依照"控制说"标准,由于二者具有独立的人格,能以自己的名义缔结合同或控制财产,有能力起诉和被诉,政府对其控制程度并不强等原因,不得作为国家豁免上的"国家";依照"功能说"标准,由于二者的核心职能不是行使主权权力而是开展科学研究,并不直接代表国家从事行为,因此无豁免资格。

然而,美国《外国主权豁免法》极大地扩展了"外国"的范围。第 1603 条第(a)款明确,"外国"不仅包括"政治分支机构",还包括"外国的代理机构或媒介"。第 1603 条第(b)款进一步描述了满足"外国的代理机构或媒介"的三个条件:一是独立的社团法人或非社团法人,二是外国国家或其政治分支机构的机关或其多数股份或其他所有权权益为外国国家或其政治分支机构所有,三既非依照美国法也非依照任何第三国法属于美国某州实体。分别对照这三个条件,中国科学院及其武汉病毒研究所显然符合第 1603 条第(b)款第 1 项的"独立的社团法人或非社团法人"条件和第 3 项的"非美国实体"条件。同时,中国科学院系中央人民政府(国务院)的直属单位,且其所有权权益直接归国家所有,满足第 2 项之要求,故中国科学院属于"外国的代理机构",是美国外国国家管辖豁免的主体。

问题主要集中在武汉病毒研究所是否享有美国法下的国家主权豁免之上。由《中国科学院研究所综合管理条例》(科发规字〔2019〕75 号)第 2 条"本条例适用于具有事业单位法人资格的中国科学院直属研究机构,包括所、院、台、中心、园等"可知,武汉病毒研究所属于中国科学院的下属单位,享有独立法人资格,其地位可以类比国有企业子公司,属于外国国家间接拥有的第二层机构。如果说美国《外国国家主权豁免法》第 1603 条第(b)款第 2 项的"外国国家"不采狭义理解,而同第 1603 条第(a)款所述"'外国'包括外国的政治分机构或者第(b)款所规定的某外国的代理机构或媒介",则似乎可以将外国国家间接拥有的第二层及以下的机构全部纳入"外国的代理机构或媒介"。然而,联邦最高法院并未支持这种观点。2003 年的"多尔食品公司诉帕特里克森案"中,农场工人因接触杀虫剂中化学物质致害而起诉多尔公司,因此牵连到以色列死海公司,使其成为被告。以色列死海公司主张自己事实上由以色列国家控制,且在损害发生时多数股份为"外国的代理机构或媒介"的国有企业所有,属于美国《外国主权豁免法》的管辖豁免范畴。而最高法院却从"控制"和"所有"的区别出发,指出具有"外国的代理机构或媒介"身份的基准是外国国家直接拥有多数所有权,而不是外国国家的事实控制,以色列对死海公司的实质性控制并不能代替所有权权益,彻底终结了广义理解的循环解释。综合最高法院上述观点可知,第 1603 条第(b)款"外国国家"与第(a)款概念不同,第(b)款"外国国家"仅是正常含义的狭义理解,不包括"外国的代理机构"的机关以及大多数股份或其他所有者权益为"外国的代理机构"所有的实体。① 因此,武汉病毒研究所不是美国法下的国家管辖豁免主体。当然,虽然该主体无法享有管辖豁免,但结合事实,其在实体上并不构成侵权行为。

相反地,"独立的社团法人或非社团法人"(包括中国科学院、国有企业)即使在主体层面被认定为是"外国的代理机构或媒介",也不表示它一定能够被豁免,法院还需要进一步地考虑该实体所从事的行为性质(如国有企业虽是豁免主体,但其商业活动仍受美国法院管辖)。

(三)"代表性"要件:各级政府、中国共产党属于美国法院豁免主体

各国的中央政府作为国家管辖豁免的最基本主体,得到了各国长期实践的肯定,构成国际习惯法,亦被很多国家写入成文法。由于具体国情的不同,各国对其政治区分单位(或组成单位)的法律地位有不同的规定,联邦制和单一制国家建置不同即引发了管辖豁免的争议。

一方面,联邦各州能否作为豁免主体,其本质涉及联邦制国家中央政府和联邦组成单位之间权力分配的问题。作为联邦主体的地方有着宪法赋予的基本权利,享有独特的法律地位,维系了地方在社会文化、经济生活和政治上的特性,②故联邦制国家的州级组成单位分享着外交权力,一定程度上可以参与国际事务。具体应用到外国国家豁免上,州便被视为国的代表,仅仅对国家本身给予豁免资格是不够的。实践普遍赋予联邦各州管辖豁免资格,要么如《关于国家豁免的欧洲公约》设置前置声明程序,由联邦国家事前向欧洲理事会秘书长发出通知,声明其所属各邦得援用适用于缔约国的规定并承担相同的义务,但若各邦直接行使国家主权,则自动享有豁免权;③要么如《联合国国家及其财产管辖豁免公约》直接明确,有权行使主权权力并以该身份行事的联邦国家的组成单位属于该公约享有豁免权的"国家"。④ 事实上,"联邦国家的组成单位是国家履行外交权力不可分割的部分,因此豁免权总是不时地延伸到联

① Dole Food Company v. Patrickson.538 U.S. 468 (2003).

② 喻锋:《地方政府上行政治参与欧洲经验及其对中国的启示》,载《武汉大学学报(哲学社会科学版)》2011 年第 4 期。

③ European Convention on State Immunity,Article 27-28.

④ 《联合国国家及其财产管辖豁免公约》,https://www.un.org/zh/documents/treaty/A-RES-59-38,下载日期:2022 年 7 月 20 日。

邦国家的组成单位"。① 一言以蔽之,联邦各州享有的管辖豁免是因其能代表联邦行使外交等主权权力所必然享有的一项权利。

另一方面,既然联邦制国家中各州享有豁免资格,作为对照,单一制国家的一级行政区划如中国省、自治区及直辖市是否也应该享有豁免资格? 事实上,地方政府属于中央政府下的"政治分支机构"。根据"控制说",地方政府受国家直接控制分担部分外交权力,不能脱离国家完全以自己名义对外交往或承担责任,不享有独立法律人格;根据"功能说",地方政府主要依据上级政府的意志,根据国家权力机关和中央政府的授权,对国家政治、经济和社会公共事务进行管理,其职能与国家紧密相连。然而,属于"政治分支机构"只意味着具有了构成管辖豁免主体的"直接性"要件,"代表性"要件则需要结合该地方政府所在国法律进行判断,当该国法律未赋予地方政府对外代表国家与他国发生国际关系的权力时,则其不能作为管辖豁免之主体。随着世界范围内地方分权的日益强化,地方政府作为主体参与的涉外事务越来越多。② 就大部分国家而言,地方政府,尤其是一级行政区划,作为主权国家的组成部分,是中央政府之下的行政编制,行使部分国家权力,这就使地方政府的国际行为具有官方性,可以通过调动公共资源来推进对外交流活动。它们的国际行为不仅具有法律依据,更有国家强制力的支撑。③

当然,以美国及《联合国国家及其财产管辖豁免公约》为主的国家或国际组织直接在条文中明确,外国政治分支机构(国家政治区分单位)属于该法或者该条约所称"外国国家",因而具有管辖豁免权。为我国地方政府管辖豁免提供先例的"仰融诉辽宁省政府案"中,美国法院并未在辽宁省政府主体上过分纠结,而是直接认定其主体属于"外国国家",紧接着对行为是否属于商业活动例外、违反国际法所取得的财产例外进行着重分析。④ 这实际上从侧面反映了美国承认我国的一级行政单位具有国家豁免主体的资格。

---

① 毕莹:《"政治分支机构"的概念及相关问题研究——以美国〈外国主权豁免法〉为背景》,载《上海对外经贸大学学报》2018 年第 5 期。

② 喻锋:《地方政府上行政治参与欧洲经验及其对中国的启示》,载《武汉大学学报(哲学社会科学版)》2011 年第 4 期。

③ 刘雪莲、江长新:《次国家政府参与国际合作的特点与方式》,载《社会科学战线》2010 年第 10 期。

④ Rong v. Liaoning Province Government,4528 3d 883,371U. S. App. D. C. 507 (D. C. CIR,JUL 07,2006).

部分学者认为美国上的管辖豁免主体不包括"市、城镇、区县",其论据主要来源于《美国对外关系法重述(第三次)》"政治分支机构的豁免:在国际法之下,市、城镇、郡县和相关的政府附属单位一般不具有主权豁免"。① 笔者认为,这种观点是对美国法律渊源理解错误造成的。美国作为海洋法系典型国家,其法律渊源主要有普通法、衡平法和制定法,尽管美国法学会编纂的一系列法律重述很多内容都被判例所吸收,但重述本身并非法律的渊源。更何况美国法上很多判例都认可了"市、城镇、区县"政府的豁免主体资格。以"加拿大天宇公司诉四川省政府和成都市青羊区政府案"为例,最终两被告都享有豁免权,这佐证了美国法上地方政府享有的豁免资格。② 至此,中国中央人民政府、湖北省人民政府、武汉市人民政府均属于管辖豁免之主体。

在密苏里州诉中国及涉中国相关主体案中,原告亦将中国共产党列为被告。这事实上体现了原告对于政治学理论与中国实际的无知。首先,原告主张自相矛盾。一方面,原告将中国共产党和中国分别列为被告,试图将中国共产党行为和国家行为区分开;另一方面,又在起诉书第 17 段、第 18 段承认"中国共产党是中国唯一的执政党",意图把所宣称"中国所应承担责任"归咎于中国共产党。其次,即使原告持"政治是国家意志的表达,行政是国家意志的执行"之观点,认为中国共产党和中国政府的行为是分开的,但不可否认持这种观点的代表学者古德诺恰恰认为政党是联系政治和行政的纽带,执政党作为掌握国家政权的政党都必然同时维系着国家与社会,原告把中国共产党和中国、中国政府分开,单独列为被告,明显是对执政党概念理解有误,执政党掌握国家政权,负责组织政府,具备"直接性"要件。最后,中国共产党作为社会主义国家的无产阶级执政党,其代表无产阶级和广大人民群众利益,负责组织和领导国家政权,在政治生活中实际上承担了领导核心和执政力量双重角色。③《中华人民共和国宪法》第 1 条即明确指出"中国共产党领导是中国特色社会主义最本质的特征",中国共产党有效运作国家政权开展执政,领导国家进行中国特色社会主义建设,具备"代表性"。综上,中国共产党不仅符合《美国外

---

① Restatement(Third)of US Foreign Relation Law,§901,comment b(ALI 1987).

② Big Sky Network Canada,Ltd. v. Sichuan Provincial Government,533 F. 3d 1183,1186(10th Cir. 2008).

③ 林尚立:《领导与执政:党、国家与社会关系转型的政治学分析》,载《毛泽东邓小平理论研究》2001 年第 6 期。

国主权豁免法》上管辖豁免主体之内涵,也符合国际习惯法原则之要求。

(四)"自然人排除"要件:自然人非美国法院豁免主体

英国 1978 年《国家豁免法》第 14 条第 1 款规定,"本法本篇规定的豁免权和特权,适用于任何外国或英联邦内联合王国以外的国家,其所指国家还包括:(1)该国行使公职的君主或其他元首;(2)该国政府;以及(3)该国政府各部门"。虽然文本中并未涉及个人豁免,但其在判决中明确,外国国家的雇员或官员履行行政职能是政府行为的重要部分,可以被认为是构成了国家机关的组成部分,因此外国官员对其公务行为享有豁免权,但以该国在对其提起诉讼时本身对这些行为享有豁免权为限。[①]《联合国国家及其财产管辖豁免公约》更是在条文中直接明确针对个人的国家主权管辖豁免,将所有"以国家代表身份行事的国家代表"作为享有国家管辖豁免资格的"国家"。[②] 尽管如此,这种笼统赋予所有官员以管辖豁免权的做法目前还是未得到国际社会的完全认可。

国际法院在刚果诉比利时案中认为,关于外交代表、国家元首、政府首脑、外交部长的管辖豁免权规范源自习惯国际法,但其并未认为所有官员的豁免都已在国际法中明确建立起来,得到了各国的普遍承认。[③] 再如澳大利亚1985 年《外国主权豁免法》第 3 条第 3 款"除有相反的意思表示外,本法中所提及的外国国家包括所提及的:(a)外国国家的省、州、自治地区或其他政治分支(无论其名称);(b)外国国家或外国国家的政治分支的首脑,且他或她拥有公职身份;及(c)外国国家或外国国家的政治分支,但不包括所提及的外国国家的独立法人",由此看来,并非只要代表国家从事行为的人员都适用国家管辖豁免;相反,多数国家严格控制个人作为豁免主体,仅将首脑视为享有国家管辖豁免资格的"国家"。

美国《外国主权豁免法》并未明确个人是否为国家管辖豁免主体,然而这个"漏洞"在 2010 年萨马塔尔诉优素福案的判例中得到了填补。2010 年,索马里前总理萨马塔尔因被指控在 20 世纪 80 年代对索马里情报机构有计划地

---

① Propend Finance Pty Ltd. v. Sing and others,111 ILR 611 (1997).

② 《联合国国家及其财产管辖豁免公约》,https://www.un.org/zh/documents/treaty/A-RES-59-38,下载日期:2022 年 7 月 20 日。

③ Arrest Warrant of 11 April 2000 (Dem. Rep. Congo v. Belgium),2002 I.C.J. 3 (Feb. 14).

使用酷刑和杀害平民负有责任被美国联邦第四巡回上诉法院判决索赔,萨马塔尔不服请求调卷令并得到批准,但之后联邦最高法院在判决中从文义解释和历史解释角度指出,外国官员的豁免权不受美国《外国主权豁免法》而受联邦普通法调整。由一系列联邦判例所确定的联邦普通法可知,除非涉案主体属于美国《外国主权豁免法》规定主体而由法院直接裁判,行政部门具有提出豁免意见的行政职能,且该豁免意见是决定性的,法院无权推翻。① 换言之,如果行政部门未出具豁免意见,法院无权擅自对涉案主体的豁免资格进行判断。② 一般来说,行政机关会承认,在任外国元首、政府首脑和外交部长享有"国家元首"的豁免权,③而下级官员和前元首、前官员只有在以官方身份采取行动时,行政部门才会权衡其代表国家的重要性以判断其是否享有豁免权。④ 但无论如何,无论是美国《外国主权豁免法》中规定的主体还是需行政机关出具豁免意见决定的主体,其被豁免的根源都是基于"平等者无管辖"法理所形成的主权管辖豁免制度。因此,现任军官执行官方任务可能享有普通法调整下的主权豁免,但疫情流行与职务显然无关,故不属于豁免主体,武汉病毒研究所的研究员个人并不是主权管辖豁免的主体,既不适用美国《外国主权豁免法》,又不能享受普通法上的豁免。

(五)豁免主体属性对送达的影响

"成功送达是美国法院对外国政府被诉案件确立管辖权的必要条件。"⑤在涉及外国主权豁免的送达上,美国法有特殊的程序。根据《外国主权豁免法》第 1608 条和《联邦民事诉讼规则》第 4 条的规定,第一步即要区分被告主体性质。就新冠肺炎疫情对华诉讼问题,主体需要细分为外国国家(及其政治

---

① Compañía Española de Navegacion Maritima, S.A. v. The Navemar, 303 U.S. 68, 74, 58 S.Ct. 432, 82 L.Ed. 667 (1938); Ex Parte Republic of Peru, 318 U.S. 578, 589, 63 S.Ct. 793, 87 L.Ed. 1014 (1943); Rich v. Naviera Vacuba S.A., 295 F.2d 24, 26 (4th Cir.1961); Spacil v. Crowe, 489 F.2d 614, 617 (5th Cir.1974).

② Samantar v. Yousuf, 560 US 305, 325 (USSC 2010).

③ United States v. Noriega, 117 F.3d 1206, 1212 (11th Cir.1997); Wei Ye v. Jiang Zemin, 383 F.3d 620, 625 (US 7th Cir. 2004).

④ Samantar v. Yousuf, 560 US 305, 325 (USSC 2010); Yousuf v. Samantar, 699 F.3d 763, 774 (US 4th Cir. 2012).

⑤ 龚柏华、丁伯韬:《中国政府在美国被诉引用主权豁免抗辩的法律探析》,载《上海政法学院学报(法治论丛)》2020 年第 6 期。

分支机构）、外国的代理机构或媒介、其他主体。第二步才是根据不同类型的主体,选择不同的送达程序。

首先是外国国家（及其政治分支机构）,根据《外国主权豁免法》第1608条第（a）款的规定,向外国国家（及其政治分支机构）的送达先后顺序为:先按原被告达成的协议,不行再按国际条约,再不行应该将传票和原告起诉书的副本以及诉讼通知书,连同上述各件的该外国官方文字的译文,由法院书记员通过签收邮件的方式,迅速寄交该有关外国的外交部长,如果邮寄送达还不行则通过美国国务院外交途径送达。如上所述,无论采"控制说"还是"功能说",新冠肺炎疫情对华索赔三案被告中,中华人民共和国、武汉市政府、民政部、卫健委、应急管理部、湖北省政府、武汉市卫健委、中国共产党、湖北省卫健委等主体都属于"外国国家（及其政治分支机构）",应根据《外国主权豁免法》第1608条第（a）款的方式,通过《海牙送达公约》送达,如果《海牙送达公约》送达不成功,应通过外交途径解决。因此,密苏里州法院授权对中国共产党电子邮件送达存在错误。

其次是外国的代理机构或媒介。根据《外国主权豁免法》第1608条第（b）款的规定,有协议按双方的协议,没有协议按照《海牙送达公约》,再不行通过寄给主管职员、代理人、其他被指定或依法律授权在美国接受诉讼文件送达的任何其他代理人邮寄送达。邮寄送达的情况下,如果另一缔约方对于邮寄送达进行了禁止或保留那就不再进行邮寄送达,而是通过向法院申请的方式,采取灵活变通的送达方法。中国政府就邮寄送达进行了保留,但是电子邮件能否突破中国政府的保留,仍存在争议。

最后是其他主体。根据《联邦民事诉讼规则》第4(f)条,在面对不属于主权豁免相关外国主体时,应首先适用公约,没有公约或者公约允许适用其他送达方式的,可以采用其他不被禁止的方式,包括电子邮件、公告等方式。当然,中国现行的民事诉讼法将送达视为国家司法行为,而不允许个人送达。美国法院认可的电子邮件送达方式在中国可能不被认为是合法的送达途径。在新冠肺炎疫情对华诉讼三案中,如上所述,武汉病毒研究所属于其他主体,适用其他主体的送达规则。

三、豁免立场与行为性质、豁免事项例外

（一）豁免立场和行为性质概述

如前所述，享有国家豁免资格的主体并非在所有情况下都不受外国法院管辖，就判断某一主体是否有权援引国家豁免排除外国法院管辖的问题上，不仅要识别哪些主体是国家豁免的适格主体，还要讨论法院地国对豁免的立场和行为性质。

绝对豁免立场认为，基于主权国家的独立平等，主权国家的任何行为无论其性质如何，均应享有豁免。而限制豁免立场则认为，国家行为依其性质或目的，有主权行为和非主权行为之分，对于国家的主权行为包括政府事务应给予豁免，对于国家的非主权行为尤其是商业活动不应给予豁免。① 换言之，在一个主体属于国家豁免的适格主体的前提下，若法院地国持绝对豁免立场，则该主体任何行为均不受管辖；但若法院地国持限制豁免立场，则尚需进一步判断主体行为之性质。如果属于一国的主权行为，则应给予豁免；如果不属于国家主权行为，则不能排除该法院之管辖。

（二）中国立场：坚持"绝对豁免原则＋例外限制豁免"倾向

直至目前，中国最具影响的有关国家豁免的判决先例是 2011 年香港法院所受理的美国 FG 公司诉刚果（金）案，该案由全国人民代表大会常务委员会释法，以中央政府奉行绝对豁免权，香港有责任与中央政府保持一致为论证要旨，支持了刚果（金）以绝对国家主权豁免抗辩美国 FG 公司请求履行债务之主张。② 该案明确，中国采绝对豁免立场。

在 1983 年的"湖广铁路债券案"中，中国在致美国政府的官方文件中反复强调绝对豁免的立场。③ 1986 年中国代表团就国际法委员会一读通过《关于国家及其财产的管辖豁免条款草案》回函说，"中国政府认为，国家及其财产的管辖豁免是一项建立在国家主权平等基础上的，久已确立和公认的国际法原

---

① 梁淑英：《浅析国家豁免的几个问题》，载《政法论坛》2000 年第 2 期。

② Democratic Republic of the Congo and Others v. FG Hemisphere Associates LLC (08/09/2011，FACV5/2010)（2011）14 HKCFAR 395，para. 7.

③ 段洁龙主编：《中国国际法实践与案例》，法律出版社 2011 年版，第 36 页。

则。国际法委员会关于这一专题的条款草案应当明确规定这一原则在国际法上的地位。条款草案应当在确定上述原则的前提下,深入地研究世界各国,包括社会主义国家和发展中国家实践的基础上,实事求是地规定为现实证明为必要和合理的'例外',如不动产的所有、占有和使用,商用船舶等,以适应国际关系,特别是国际经济、贸易交往的现状和发展。制订国家管辖豁免的法律制度的目标应当是,在有助于减少和防止对外或主权国家滥用国内司法程序和提供公平合理的争端解决途径之间维持必要的平衡,从而有利于维护国际和平,发展国际经济合作关系,促进各国人民之间的友好交往"。这一回函表明了中国政府愿意以更加务实的态度处理有关国家及其财产管辖豁免的争端。同时,也表明中国政府不否认在特殊情况下排除国家豁免的适用。在多边条约方面,中国政府参加了《国际油污损害民事责任公约》,而根据该《公约》第11条第1款的规定,缔约国将就油污损害赔偿案件放弃损害所在地缔约国法院的管辖豁免资格。这也说明在条约实践中,中国政府并不排除限制豁免例外。此外,在2000年中国常驻联合国代表的声明中,中国政府明确表示支持联合国国际法委员会的条款草案,而这一草案正是持有限制豁免论的立场。

中国在国家豁免问题上的立场和观点可以归结为以下几点:第一,我国坚持国家管辖绝对豁免资格立场,但并不否认在特殊的情况下适用国家豁免原则的例外,试图用他国所认可的国家主权豁免的立场去应诉,更好体现国际礼让,提升国际声誉,且避免被缺席判决;第二,条约实践存在限制豁免例外;第三,在实践中,把国家本身的活动和国有企业或公司的活动区别开来,有利于更好维护我国企业,防止陷入更不利境地;第四,支持以国际协议形式消除各国在国家豁免问题上的立场分歧。①

(三)美国立场:限制豁免立场

国家豁免理论首先发端于19世纪各国的司法实践。美国法院是最先对国家豁免问题进行论述的,美国1812年"交易号案"中所作出的判决是有关国家豁免原则的最早的司法判决之一,最高法院的马歇尔法官在判决中强调国家的领土管辖权,并将国家豁免当作领土管辖权的例外,而且判决中还对外国财产进行了公私性质的区分,认为私人商船与公有军舰应有区别,从而认定法国军舰享有豁免。② 虽然该判决经常被认为是绝对豁免原则的经典体现,但

---

① 张露藜:《国家豁免专论》,中国政法大学 2005 年博士论文。

② The Schooner Exchange v. M' Faddon,11 U. S 116 (1812).

也显示出限制豁免理论的主张,即对国家行为或交易依据性质或目的标准进行划分,国家的非主权行为和用于该行为的财产不享有豁免权。

随着国际关系和国际社会的发展,各国政府的对外政策不断调整和变化。美国在主权豁免立法前一直坚持绝对豁免的立场,美国政府也一直在涉及国家豁免的案件中对司法进行干预,但政府的政策常存在朝令夕改的情况,美国法院在根据政府建议审理案件时往往采用不一致、不统一的标准。20 世纪 50年代后,美国开始摒弃绝对豁免理论,转而走向有限豁免立场,并通过立法的形式,颁布了《主权豁免法》,统一确立了有限豁免的原则。在这期间,"泰特信函"起到了至关重要的作用。1952 年,美国国务院代理法律顾问泰特致函司法部长,声明此后美国国务院在考虑外国国家要求获得国家豁免的请求时,将采取限制豁免的立场。① "泰特信函"的要点主要有:第一,除了英国以及苏联以外,世界上已经很少有采取绝对豁免论的国家了,开展外贸活动的国家越来越严格地依限制豁免的主张行事;第二,美国政府在外国法院所管辖的涉及合同和侵权的案件中成为被告时,从不提出国家豁免的要求;第三,与国家从事贸易活动的人应该能够获得法院的救济。②

诚然,自"泰特信函"以来,限制豁免理论已被美国法院普遍接受。但限制豁免原则从法院判例走到国内统一立法,又经过了 20 多年的历程。在此期间,美国国务院在处理主权豁免请求的案件时,依旧采用前后不一致的做法,且缺乏统一的标准,实质上是在限制豁免理论和绝对豁免理论之间交替使用。"当今世界,私人和国家政府之间的商事合同行为迅速增多,知道法院在什么时候能给予有效司法救济变得很重要。美国法院需要有权自己决定司法管辖权,而不再由国务院干涉"。③

在国务院的大力游说下,《外国主权豁免法》于 1976 年 10 月 21 日正式通过生效。从美国在主权豁免立场上的历史发展过程中可以看出,《外国主权豁免法》的目的在于统一规范国家豁免的理论和实践问题,以减少政府等行政部门对司法的干预,在明确肯定了外国国家主权豁免的同时,规定了对外国国家

---

① 王佳:《国家侵权行为的管辖豁免问题研究》,世界知识出版社 2016 年版,第31 页。

② Barry E. Carter et al., *International Law* (the Fifth Edition), Aspen Publishers, 2007, p.563.

③ Statement by President Gerald Ford on signing HR 11315 into law. Foreign Sovereign Immunities Act, 12 Weekly Compilation of Presidential Documents 1556 (1976).

主权豁免的限制条件。① 自此,在司法实践中,美国联邦法院将《外国主权豁免法》作为对外国国家进行主题事项管辖的唯一根据和法律基础。正如美国最高法院在"阿根廷共和国诉阿梅拉达赫斯航运公司案"中所指出的,《外国主权豁免法》的内容和结构表明,美国国会使《外国主权豁免法》作为美国法院享有对外国国家裁判权力的基础。联邦法院广泛的管辖权有助于判决的统一,而对涉及外国国家的案件采取完全不同的处理方式,会对国家之间的关系产生不利的后果。② 由是观之,《外国主权豁免法》的目的在于统一限制豁免的理论和实践立场,其核心问题在于美国法院对哪些涉及外国国家的案件享有管辖权,重在讨论外国国家不享有豁免的范围。

(四)限制豁免项下的豁免例外与原告豁免排除主张之否定

美国《外国主权豁免法》设有九项独立的且含义不同的管辖豁免例外,包括:(1)主动放弃;(2)商业活动;(3)违反国际法所取得的财产;(4)美国境内某些财产类别的权利义务;(5)非商业侵权;(6)仲裁裁决协议和仲裁裁决的执行;(7)船舶优先权抵押权;(8)环境污染;(9)恐怖主义。同时,美国联邦最高法院规定,法院审理每一起以国家为主体的诉讼,其门槛必须是满足上述九项例外中的至少一项。因此,这九项例外是穷尽性的,组成美国豁免例外的全部情况。

在涉疫情索赔诉讼中,密苏里州和其他诉中国及相关主体案的原告主张的豁免例外大致有三项:(1)商业活动例外;(2)非商业侵权例外;(3)恐怖主义例外。然而,原告对于美国《外国主权豁免法》中豁免例外之理解存在错误,其三项主张均不能成立。

1.商业活动例外

商业活动例外是美国《外国主权豁免法》的核心例外,也是在司法实践中被援引最多的例外,有三个要件:(1)涉诉行为是商业活动;(2)原告的诉请是基于该商业活动;(3)该涉诉行为与美国有充分的联系,或发生于美国境内且于美国境内进行,或于美国境内进行但与美国境外商业活动相关,或于美国境外发生并进行且对美国境内产生直接影响。

根据美国《外国主权豁免法》第1603条第(d)款的规定,"商业活动,是指

---

① 黄进、李庆明:《2007年莫里斯诉中华人民共和国案述评》,载《法学》2007年第9期。

② Argentine Republic v. Amerada Hess Shipping Corp.,488 U.S. 428,441(1989).

某种正常做法的商业活动,或是指某种特殊的商业交易或行动。是不是商业性的活动,应当根据行为的做法的性质,或特殊的交易和行动的性质决定,而不是根据其目的"。美国最高法院通过"阿根廷共和国诉韦尔托弗公司案"为商业活动内涵的认定提供了判例法标准。在该案中,韦尔托弗公司购买了阿根廷中央银行发行的债券,并约定了支付期间。阿根廷中央银行在未经韦尔托弗公司同意的情况下延长了支付期间,对韦尔托弗公司造成了巨大损失。阿根廷中央银行在诉讼中主张其延长债券付款期限的行为系基于稳定货币政策的需要,并非商业目的。美国最高法院在认定阿根廷发行债券的行为时指出,国家参与市场活动时若以私人主体的方式,相关行为即构成《外国主权豁免法》中的商业行为。外国政府的目的并不是问题的关键,应由行为的性质确定其商业性,判断政府的行为是否属于私人主体参与商业活动。阿根廷通过发行可流通债券工具参与市场,没有区别于其他私人主体,不能以其实现国内稳定货币政策的目的享有主权豁免。① 因此,在判断一个行为是不是商业活动时,应采"性质说",而非"目的说"或者"效果说",即要看行为性质是什么,采取行为的主体是什么,而不是看行为的目的是什么,产生的效果是什么。

纵观"密苏里州诉中华人民共和国及其他案"起诉书,原告诉讼逻辑有三点:第一点,疫情暴发早期,中国地方政府出于经济利益考量选择掩盖疫情,因而构成商业活动;第二点,被告的行为导致全球包括美国疫情之暴发,因此被告的行为与原告的损害有因果关系;第三点,被告的行为满足美国《外国主权豁免法》第 1605 条第(a)款第 2 项与美国的第 3 种联系,也就是"在美国以外并且被告在中国的与商业活动有关的活动,该行为在美国产生了直接影响"。这三个观点看似形成了逻辑的闭环,但实际上是站不住脚的。因为首先第一点事实就不存在,中国早期不存在隐瞒病情的问题,而是待确认后第一时间通报 WHO。其次,中国地方政府对疫情所采取的各项措施属于政府的主权行为,而非商业活动,因为原告指控是采用的是"目的说",而美国《外国主权豁免法》采用的是"性质说",不妨参照《中华人民共和国传染病防治法》第 38 条,"国家建立传染病疫情信息公布制度。国务院卫生行政部门定期公布全国传染病疫情信息。省、自治区、直辖市人民政府卫生行政部门定期公布本行政区域的传染病疫情信息。传染病暴发、流行时,国务院卫生行政部门负责向社会公布传染病疫情信息,并可以授权省、自治区、直辖市人民政府卫生行政部门

---

① Republic of Argentina v. Weltover, Inc., 504 U.S. 607 (1992).

向社会公布本行政区域的传染病疫情信息。公布传染病疫情信息应当及时、准确"。由是观之,信息通报、防控疫情的行为属于政府行使公权力的主权行为而不属于商业活动,因此原告主张商业活动例外不能成立。

2.非商业侵权例外

美国《外国主权豁免法》第 1605 条第(a)款第 5 项规定:"某外国或者该外国任何官员或雇员在职务或雇佣范围内的行动中发生侵权行为或过失,从而在美国境内造成人身伤害、死亡或者财产损害或丧失,(受害一方)为此向该外国追索损害赔偿金的;但本项规定不适用于下列情况:(i)基于行使和履行或者不行使和履行自由裁量权能提起的任何权利要求,不管此项自由裁量是否被滥用。(注:自由裁量例外)(ii)由于诬告、滥用程序、文字诽谤、口头诽谤、歪曲、欺骗或者干涉契约权利而引起的任何权利要求(注:权力滥用例外)。"

原告引用非商业侵权例外主张中国受美国管辖,认为中国政府在"囤积个人防护装备"的行为构成对美国实体的非商业侵权。

然而,原告主张不符合美国基于判例法规定的例外。1989 年联邦最高法院"阿根廷共和国诉阿梅拉达赫斯航运公司"判例指出,非商业侵权例外只适用于发生在美国管辖之下所有的领土、水域、大陆或岛屿的侵权行为。[①] 此后,通过包括联邦第二巡回法院的"大西洋控股公司诉萨姆鲁克兹纳主权财富基金案"[②]、特区法院的"纳卡诉尼日利亚案"[③]等判决,联邦法院更加明确地阐明了规则,即"完整侵权原则",当侵权行为和损害结果同时发生在美国时,美国法院才能基于非商业侵权例外对案件进行管辖。如果有部分或全部侵权行为发生在美国境外,则该例外情况之要求就未被满足。哪怕是涉案行为发生在了美国境外并在美国境内产生了影响,该例外情况之要求仍未被满足。显然,中国政府就算像原告所宣称作了侵权行为,但因为不在美国境内不满足"完整侵权原则",因此不适用非商业活动例外。

对于非商业侵权例外中的自由裁量行为例外而言,从疫情整体情况来看,当疫情刚刚于中国暴发时,面对一个完全陌生的病毒,人们很难估计其传染

---

① Argentine Republic v. Amerada Hess Shipping Corp., 488 U. S. 428, 441 (1989).

② Atlantica Holdings v. Sovereign Wealth Fund Samruk-Kazyna JSC, 813 F.3d 98 (2d Cir. 2016).

③ Nnaka v. Fed. Republic of Nigeria, 238 F. Supp. 3d 17 (D.D.C. 2017).

性,政府需要结合各种情况加以判断。无论中国采取武汉封城这样的严厉措施,还是像西方国家一度采取的"集体免疫",这些行为都是基于当时的经济社会文化习俗,结合当时对病毒的判断作出的自由裁量行为,没有一个固定的做法。因此援用非商业侵权例外站不住脚。

3.恐怖主义例外

除了商业活动例外和非商业侵权例外,恐怖主义例外亦是部分被告主张的依据之一。他们把新冠病毒同武汉病毒研究所强行联系起来,进而妄想新冠肺炎是由武汉病毒研究所研制的大规模杀伤性武器,其全球传播是中国实施的国际恐怖主义行为。①

2008 年修订的美国《外国主权豁免法》在第 1605A 条第(a)款新增了国家资助的恐怖主义例外。根据第 1605A 条第(a)款第(1)项、第(2)项,如果要适用恐怖主义例外,须满足四个条件:(1)被告外国国家已被美国认定为资助恐怖主义国家;(2)行为发生在提出索赔的外国案件中,原告已给予外国根据公认的国际仲裁规则对索赔进行仲裁的合理机会(穷尽救济);(3)原告须适格,须为美国公民、美国军队成员或在职责范围内行事的美国政府雇员或者执行政府合同的个人;(4)被告外国国家实施酷刑、法外杀戮、飞机破坏、劫持人质等特定的行为致人死伤,或为这种行为提供物质支持或资源,如果这种行为或提供物质支持或资源是由该外国的官员、雇员或代理人在其职务、雇用或代理范围内所从事。

结合具体事实,疫情索赔诉讼不适用第 1605A 条的"恐怖主义例外":第一,第 1605A 条"恐怖主义例外"仅适用于被美国政府指定为"资助恐怖主义国家"政府定期调整名单上的国家,以使被告控制在一定范围之内并及时反映政府外交导向,②而中国不是被美国国务院确定的"资助恐怖主义国家";第二,原告直接在美国起诉中国,而未穷尽其他救济方式;第三,被告未实施原告

---

① Complaint, Buzz Photo v. People's Republic of China, Case No. 3:20-cv-656 (N. D. Tex., 17 March 2020), https://assets.documentcloud.org/documents/6955105/Complaint-Buzz-Photo-v-PRC-Mar-17-2020.pdf; Complaint, 下载日期:2022 年 7 月 23 日; Bella Vista LLC v. People's Republic of China, No. 2:20-cv-574 (D. Nev., 23 March 2020), https://assets.documentcloud.org/documents/6955097/Amended-Complaint-Bella-Vista-LLC-v-PRC-June-5.pdf,下载日期:2022 年 7 月 23 日。

② 王蕾凡:《美国国家豁免法中"恐怖主义例外"的立法及司法实践评析》,载《环球法律评论》2017 年第 1 期。

所称"研制生物武器",因此第 1605A 条不适用。

以允许"美国 911 恐怖袭击事件"受害者家属提起长期民事诉讼为由头,2016 年美国参众两院通过了《对恐怖主义资助者实行法律制裁法案》,它修订了美国《外国主权豁免法》,在其中新增了第 1605B 条,允许原告因国际恐怖主义行为致害而对外国国家提出民事索赔。归纳第 1605B 条第(a)款、第(b)款可知,原告主张"国际恐怖主义例外"的条件有四:(1)存在以威慑平民或影响政府决策、行为为目的,故意实行诸如恐吓胁迫、大规模破坏、暗杀或绑架等涉及违反美国或各州的刑法的暴力行为或者危及人类生命的非战争行为(国际恐怖主义行为);(2)无论该外国政府的侵权行为发生在世界何处,只要该行为导致了针对美国的国际恐怖主义行为;①(3)适格原告为人身、财产或业务被国际恐怖主义行为侵害的美国公民或其继承人;(4)外国国家的侵权行为属故意。

不可否认的是,本条极大地扩大了恐怖主义豁免例外的范围,由于第 1605B 条与第 1605A 条互为独立条文,在原告受到国际恐怖主义行为侵害并提起诉讼后,法院无须援引第 1605A 条审查被告是否属于"资助恐怖主义国家",而只需要选用第 1605B 条,不管外国国家是否在"资助恐怖主义国家"名单上,判决被告承担责任。且不论定性"恐怖主义"并确认"恐怖主义国家"的权力由行政部门扩大到司法部门是否违背美国宪法的三权分立原则和正当程序原则,②单就疫情诉中国及相关主体案来看,被告及时发现果断应对有效防控,与国际恐怖主义行为判若云泥,原告将被告行为与"威慑平民""影响政府决策""威吓胁迫""大规模破坏"等沾边完全属牵强附会。此外,外国国家的主观只有为故意才有可能适用第 1605B 条,外国不因不作为、侵权行为或仅构成过失的行为而受第 1605B 条规定的美国法院管辖,主张"恐怖主义例外"的起诉中原告都是预设武汉病毒研究所是中国研制生物武器的实验室,然后

---

① Dan Cahill, The Justice against Sponsors of Terrorism Act: An Infringement on Executive Power, 58 *B.C. L. Rev*, 2017, p.1699.

② Lisa Ann Johnson, JASTA Say No: The Practical and Constitutional Deficiencies of the Justice against Sponsors of Terrorism Act, 86 *GEO. Wash. L. Rev*, 2018, p.231.

认为新冠病毒的泄漏是因为实验室"控制不严"①导致的"意外事故"②。首先，事实真相是武汉病毒研究所不是生物武器实验室，也没有发生病毒泄漏事故；其次，过失和意外并不能适用第 1605B 条，退一万步被告也不能因"意外事故"之由而受责难。

综上，即使如美国采限制豁免之立场，借美国《外国主权豁免法》上之例外对中国行使管辖权也很难得到法院的支持。

四、修法索赔可能性及应对措施

（一）美国修改《外国主权豁免法》而向中国疫情索赔可能性

美国国会上，部分共和党议员似乎已经意识到了针对中国的涉疫情案件很难在美国法院受到管辖，因此他们提议修改美国法律，重新定义主权豁免的范围以起诉中国。据笔者不完全统计，至少有《为冠状病毒受害者伸张正义法案》《2020 年阻止来源于中国的病毒性传染病法案》等 4 部法案被呈上。③

考察美国修改《外国主权豁免法》而向中国疫情索赔的可能性，第一要义是从法律层面研究溯及力问题。美国联邦最高法院作出关于《外国主权豁免法》溯及力的判例主要有"奥特曼诉奥地利共和国案"和"欧帕蒂诉苏丹共和国案"。在"奥特曼诉奥地利共和国案"中，法院扬弃了"兰德格拉夫诉 USI 电影制片厂案"的溯及力测试法和立法明示例外。溯及力测试是通过对法院所适用法律属于实体法还是程序法之定性，判断法院是否可追溯性地适用该法律，"实体法规则不可溯及其生效之前的行为；而决定法院管辖权的程序性法律规则确定的是法院对案件的管辖，理应适用于该规则生效后发生的所有诉讼行

---

① Complaint，Bella Vista LLC v. People's Republic of China，No. 2：20-cv-574 (D. Nev.，23 March 2020)，https：//assets. documentcloud. org/documents/6955097/A-mended-Complaint-Bella-Vista-LLC-v-PRC-June-5. pdf，下载日期：2022 年 7 月 23 日。

② Complaint，Buzz Photo v. People's Republic of China，Case No. 3：20-cv-656 (N. D. Tex.，17 March 2020)，https：//assets. documentcloud. org/documents/6955105/ Complaint-Buzz-Photo-v-PRC-Mar-17-2020. pdf，下载日期：2022 年 7 月 23 日。

③ Chimène Keitner，Missouri's Lawsuit Doesn't Abrogate China's Sovereign Immunity (Just Security，22 April 2020)，https：//www. justsecurity. org/69817/missouris-law-suit-doesnt-abrogate-chinas-sovereign-immunit，下载日期：2021 年 4 月 20 日。

为(而非诉因行为)"①。而立法明示例外是指,尽管法院以"无溯及力为原则,有溯及力为例外",但如果国会明确表述制定的是有溯及力的法律,则该法仍应被法院有溯及性地适用。然而,美国《外国主权豁免法》既存在使国家免受诉讼负担的程序规定,又有使国家免于承担责任的实体规定,如果按照"兰德格拉夫诉 USI 电影制片厂案"所确定的溯及力测试,那么一个国家是否有权免于诉讼负担应由提起诉讼时的法律确定,而其免于承担实质性责任的保护则应由事件发生时的法律确定,②同一件事因为定性不同,适用法律自相矛盾,显然溯及力测试难以适用于美国《外国主权豁免法》。"奥特曼诉奥地利共和国案"的判决书指出,外国主权豁免的主要目的"从来都不是允许外国及其手段根据未来免于美国法院起诉的承诺来影响其行为。相反这种豁免反映了当前的政治现实和关系,是一种礼让的姿态,目的是给予外国及其工具一些目前的保护,使其免受诉讼的不便"。③ 虽然溯及力测试不适用于美国《外国主权豁免法》,但立法明示例外的内涵精神仍可沿用。由美国《外国主权豁免法》中的内容及其颁布前后的情况可知,其可被适用于颁布前发生的案件。第一,国会在立法时即有意将该法案适用于立法前的行为。美国《外国主权豁免法》第 1602 条规定"今后外国对豁免权的主张应由美国和各州法院根据本章规定的原则作出决定",该措辞表明,国会在立法中即明确,无论涉案行为何时发生,只要诉讼在美国《外国主权豁免法》通过之后提起,法院都要按照该法中规定的原则解决所有此类诉请。第二,该法颁布后的许多判例都已经肯定了各条款的溯及效力。在上文"多尔食品公司诉帕特里克森案"中,法院即根据第 1602 条指出"就外国主权豁免的目的而言,一个实体是否有资格成为'外国的代理机构或媒介',取决于提起诉讼时该实体与国家之间的关系,而不是行为发生的时间"④。如果认为这些条款仅仅是孤立的规定而整部法依然没有溯及力,这是不正常且自相矛盾的。同样地,在"欧帕蒂诉苏丹共和国案"中,法院认为,国会于《2008 财年国防授权法》第 1083 条第(a)款中规定将"恐怖主义例外"增补入美国《外国主权豁免法》作为第 1605A 条的同时,在第 1083 条

① 胡姗辰:《诉讼在纳粹掠夺文物追索中的适应性扩展——兼论诉讼追索日本掠夺文物的可行性及策略》,载《江西师范大学学报(哲学社会科学版)》2020 年第 4 期。

② Vazquez,C. M.,Altmann v. Austria and the Retroactivity of the Foreign Sovereign Immunities Act,3(1) J. Int'l Crim. Just. 207 (2005).

③ Republic of Austria v. Altman,541 U.S. 677 (2004).

④ Dole Food Co. v. Patrickson,538 U. S. 468 (2003).

第(c)款第 2 项、第 3 项中,允许先前诉讼和相关诉讼的原告根据增补条文寻求损害赔偿。① 总而言之,国会有意使美国《外国主权豁免法》具有追溯效力,这一点是明确的,因此"恐怖主义例外"亦可适用于发生在条文增补之前的案件。综上,令人遗憾的是,从美国国内法上来说,修改美国《外国主权豁免法》以起诉中国,溯及既往适用于新冠肺炎疫情,没有法律障碍。

而且,考察美国修法以对华涉疫的诉讼可能性要从现实层面考虑。之所以"恐怖主义例外"成功写入美国《外国主权豁免法》,是因为反恐成为两党共识,而现在对华强硬也是两党共识,修法可能性亦会增大。尽管共和党候选人落选总统选举和民主党重掌美国参众两院,《为冠状病毒受害者伸张正义法案》《2020 年阻止来源于中国的病毒性传染病法案》等法案被暂时搁置,但在加强与中国展开全面战略竞争的重大法案——《2021 年战略竞争法案》即将通过的当下②,"中国威胁论"不仅没有偃旗息鼓,反而甚嚣尘上。事实上,即使风波暂歇,但可资对照的《对恐怖主义资助者实行法律制裁法案》亦是在"美国 911 恐怖袭击事件"发生 15 年后才被写入法律,不排除日后美国重新将其做政治操作,通过修改美国《外国主权豁免法》为法院行使管辖权提供国内法基础,据此对中国作出不利的缺席判决,进而影响中国的发展利益。

(二)中国应对美国修法索赔的具体措施

若美国真的走到修改《外国主权豁免法》的地步,中国应"在战略上藐视和战术上重视",应对方式如下:

1.政治上,要储备必要的反制措施。尽管中国"外国豁免法"尚处在酝酿阶段,但不可否认的是,中国作为新兴大国,须构建必要的防御体系,以有效回应来自霸权国家不负责任实施的"法律霸凌行为"。外交上,我国政府应向美国政府提出外交交涉,对美保持强有力的政治和外交压力,通过外交途径阐述我国对于豁免的立场,并敦促美国政府向法院提出有利于我国豁免主张的法律解释。③

2.若在美国国内被起诉,是否适合"不接受管辖、不出庭应诉、不承认裁

① Opati v. Republic of Sudan et al. 590 U.S. (2020), also see Section 1083 of the National Defense Authorization Act for Fiscal Year 2008 (H.R. 4986).

② See the Strategic Competition Act of 2021.

③ 孙昂:《国家豁免案件的法律适用问题研究——在司法与外交复合语境中的探讨》,载《国际法研究》2020 年第 2 期。

决""三不"原则。诚然,"弗林登诉尼日利亚中央银行案"中明确,无论被告是否参加庭审,法院都应依职权审查被告是否有美国《外国主权豁免法》上的管辖豁免,①我国似乎也因此迄今为止未出席过在美国被诉案件,但在美国《外国主权豁免法》限制豁免下固守这种主张很容易陷入被动。以"沃尔斯特夫妇诉中国及相关主体案"为例,该夫妇以使用中国制造的步枪时卡弹导致其未成年儿子意外死亡为由起诉中国政府和国有企业北方工业公司等主体,中国政府坚持主张绝对豁免而拒不到庭。暂且不论国有企业是否能够被豁免,单纯从美国《外国主权豁免法》上看判决结果责令中国政府承担赔偿责任就存在问题。制造步枪的不是中国政府,致害并非属于中国政府的非商业侵权,中国政府对国有企业的出资、指派董事等情况既不属于商业活动,也不会导致国有企业的独立人格被否认,因此中国不存在豁免例外情形,原告以中国政府作为被告存在错误,法院理当驳回原告对中国政府之起诉。然而或许是本案法官对于中国政府和国有企业关系没有厘清,或许是现实中法官不熟悉主权豁免属法院依职权审查事项,最终法院缺席判决中国政府赔偿原告 1000 万美元。②"相关部门为此付出巨大的资源投入去处理后续问题,代价是巨大的,教训是惨痛的。"③如果当时中国政府积极出庭提出管辖权抗辩,就不会遇到错误的判决和因此带来后续的麻烦。

3.如果美国法院强行管辖并作出不利判决,我国可主张执行豁免。"执行豁免是国家豁免的最后堡垒和阵地",未经国家同意,不得对国家财产采取诉讼保全和强制执行措施不仅是美国《外国主权豁免法》第 1609 条至第 1611 条的内容,更是一项习惯国际法规则。"沃尔斯特夫妇诉中国及相关主体案"判决生效后,原告多次申请强制执行,包括申请执行华盛顿特区的国家公园的两只大熊猫、④中国工商银行等三大国有银行的纽约分行的

---

① Vazquez,C. M.,Verlinden b. v. v. central bank of nigeria:Federal jurisdiction over cases between aliens and foreign states,82(5) Colum. L. Rev. 1057 (1982).

② Walters v. Century Int'l Arms,Inc.,No.93-5118-CV-SW-1 (W.D.Mo.Oct.22,1996).

③ 李庆明:《论中国国有企业在美国民事诉讼中的国家豁免》,载《江西社会科学》2018 年第 11 期。

④ 参见法院对此发布的命令,Order,Walters v. People's Republic of China,No.93-5118-CV-SW-1(W.D. Mo. Aug.5,2002).

资产,①都被法院裁定撤销。一是因为中国享有执行豁免;二是作为申请执行财产的大熊猫,不具有商业性,不属于执行豁免的例外;三是被申请执行的银行既具有独立的法人地位,又未将财产与被告中国政府的财产混同,且原告申请扣押或执行的财产并不具体确定,不能被用于对中国政府判决的执行。②由是观之,美国若违背国际礼让,强行对疫情涉中国主体案件进行管辖并判决,则中国可以援引执行豁免进行弥补。

4.中国可在国际法院提起诉讼,主张自己的国家豁免遭受侵犯。以 2012 年德国诉意大利主权豁免案为例,意大利法院认定"如果某一行为构成国际犯罪,在此情形下,国家豁免不应适用",基于此认定,意大利法院支持本国国民诉德国的行为和支持其他国家国民寻求在意大利执行德国国家财产的行为。在上述背景下,德国在国际法院提起了针对意大利的诉讼,认为意大利法院的行为构成了对德国依国际法所享有豁免的侵犯。最终国际法院判决,尽管德国"二战"暴行规则属于重要的国际强行法实体性规则,而豁免规则属于程序性规则,二者范畴不同,不能因为实体规则的重要而忽视程序性规则甚至漠视程序性规则,因此,意大利的行为构成了对德国所享有的国家豁免的侵犯。③由是观之,美国的国内法若不合理地扩大美国法院审理中国被诉的管辖范围,亦构成对中国国家豁免的侵犯。

结　语

在全球抗击新冠肺炎的斗争如火如荼之际,美国多地社会团体、政府组织在本国法院对中国和相关主体提起了"新冠病毒索赔"之诉,国会内部亦出现了要求修改美国《外国主权豁免法》向中国追责的声音,引发中美国际法学界不小的波澜。从国家管辖豁免角度来看,归根结底,争议焦点主要有三:一是有享有管辖豁免资格的"国家"究竟包括哪些主体,二是"国家"主体的所有行

---

① Walters v. Industrial and Commercial Bank of China, Ltd., etal., Dkt.No.10-806-cv (2d. Cir. July2011).

② 李庆明:《中国国家财产在美国的执行豁免——以沃尔斯特夫妇诉中国工商银行为例》,载《武汉大学学报(哲学社会科学版)》2013 年第 4 期。

③ 浙江工商大学国际法研究所:《德国诉意大利"国家豁免案"》,http://www.gjfyjs.com/Articleshow.asp? bookid=609,下载日期:2020 年 9 月 31 日。

为是否均不受美国法院管辖及有无美国《外国主权豁免法》豁免事项例外情形，三是修改美国《外国主权豁免法》可行性几何以及中国应对措施有何。

首先，就某一主体是否有权援引国家豁免排除外国法院管辖而言，需要解决"主体标准"和"行为标准"两个不同的问题。就"主体标准"而言，采取"概括＋否定排除式"的范围界定方法而非通说"肯定式"界定方法更具科学性、严谨性和实践性，可以以"直接性"要件认可各部委、中国科学院属于美国法院豁免主体，武汉病毒研究所不属于美国法院豁免主体，以"代表性"要件赞同中央政府、湖北省政府、武汉市政府、中国共产党享有美国法院管辖豁免资格，以"自然人排除"要件否定军人、研究员等自然人为适格豁免主体，以"国内法律例外"赋予中国科学院豁免资格。

其次，享有管辖豁免资格并不意味着该主体任何行为都不可在美国被诉，判断还需要看行为的性质是否行使主权，是否属于法院地国豁免例外情形。这不可避免地涉及一个国家的豁免立场，中国坚持绝对豁免立场，且不排除例外的限制豁免，而美国在《外国主权豁免法》中明确表明自己的限制豁免立场。美国的限制豁免立场使其区分"国家"主体的主权行为与非主权行为，体现为美国《外国主权豁免法》中的九项豁免例外。中国的信息通报、防疫抗疫行为不具有商业性质，不符合商业活动例外的"性质说"要求。同时，只有当侵权行为和损害结果同时发生在美国时，美国法院才能基于非商业侵权例外对案件进行管辖，而中国的行为不在美国境内，不满足"完整侵权原则"，因此不适用非商业活动例外，且从疫情整体情况来看，当疫情刚刚于中国暴发时，面对一个完全陌生的病毒，人们很难估计其传染性，政府需要结合各种情况加以判断，结合当时对病毒的判断作出的自由裁量行为，因此援用非商业侵权例外站不住脚。此外，中国并非美国恐怖主义清单上的国家且在没有穷尽救济的前提下，不属于美国《外国主权豁免法》规定的恐怖主义例外。综上，涉疫情诉讼中国不受美国法院管辖。

最后，尽管美国国会出现的要求修改《外国主权豁免法》以向中国索赔呼声，我们要"在战略上藐视，在战术上重视"，不能被美国"牵着鼻子走"，可以采取外交交涉、积极运用美国限制豁免立场而非"不接受管辖、不出庭应诉、不承认裁决"、主张执行豁免、提交国际法院诉讼等方式加以应对。

（本文责任编辑：张丽雯）

Legal Issues and Responses to Litigation of Epidemic Claims in the Context of National Jurisdictional Immunity

Shen Wei

Abstract: In the case of the lawsuits related to epidemic claims filed in China and related subjects in the United States, the jurisdiction of the court is a prerequisite for the trial of the case and a touchstone for judging whether these lawsuits are "abusive". This paper divides the issue of state jurisdictional immunity into "subjective criteria" and "behavioral criteria", and firstly, from the "subjective criteria", we propose a "general + The scope of the scope of the subject is defined in a "general + negative exclusion" manner, and it is considered that "subjects who can directly perform acts on behalf of the state are subjects of immunity from state jurisdiction, with the exception of natural persons other than the chief executive of the state. If domestic laws or treaties provide otherwise, they shall be in accordance with the provisions thereof", thus concluding that Chinese governments at all levels, ministries and commissions, the CPC, and the CAS enjoy jurisdictional immunity, while natural persons and the Wuhan Virus Institute are not subjects of jurisdictional immunity. The "conduct criterion" can be used to explain the different attitudes of states that take the position of absolute and restricted immunity with respect to the conduct of "state" subjects. By analyzing the exceptions to immunity under the U.S. Foreign Sovereign Immunities Act, the paper argues that China's notification of information, prevention of and fight against epidemics do not meet the requirements of the "nature of commercial activity exception," the "non-commercial tort exception," and the "terrorism exception". and the "exhaustion of remedies element" of the terrorism exception, and concludes that China is not subject to the jurisdiction of U.S. courts in epidemic-related litigation. Finally, in response to the demand of the U.S. Congress to amend the U.S. Foreign Sovereign Immunities Act to claim against China, this paper argues that even if the amendment is successful, China can respond by diplomatic intervention, active use of the U.S. position of limiting immunity instead of "not accepting jurisdiction, not appearing in court, not recognizing the decision," asserting immunity from execution, and submitting to the International Court of Justice.

Key Words: immunity from state jurisdiction; sovereign equality; subject matter standard; conduct standard; exceptions to immunity; response and countermeasures

国际法话语权认知体系论析*

孟于群**

内容摘要: 国际法话语权作为国际话语权谱系的重要组成部分,其认知体系是建立在以"话语权"为核心发展出的话语权力、话语政治、建构主义和软权力等理论基础上。国际法话语权是国家话语"权力"与"权利"的集中体现,其话语内容承载国家利益,话语实践体现国家利益博弈,话语能力是维护国家利益的关键因素。与此同时,国际法话语权是以国际法理论定义权、身份界定权和利益分配权、议题设置权和组织建构权,以及规则制定权、解释权和修改权等方面为表征形式的引导力、支配力和影响力。在全球治理体系变革下,探寻国际法话语权的生成逻辑,需要国家具有主体意识和综合性话语能力,且话语内容具有共识性与正当性,同时需考量话语权生成的成本与收益间的平衡。提升中国等发展中国家国际法话语权,对国际法治的完善和国际政治经济新秩序的构建具有重大意义。

关键词: 国际法话语权;认知体系;话语能力;软权力

---

* 本文系重庆市社会科学规划博士和培育项目"法定数字货币跨境流动的规制体系研究"(2020BS85)、中国法学会 2022 年度部级法学研究课题"全球治理体系变革背景下国际法话语权的中国构建"、教育部哲学社会科学研究重大攻关课题"对'一带一路'沿线国家投资风险监测体系研究"(19JZD053)的阶段性研究成果。

** 孟于群,西南政法大学讲师,西南政法大学海外利益保护研究中心研究员,法学博士,博士后。

目　录

引　言

　　党的十八大以来，我国高度重视国际话语权建设问题，强调要增强中国话语的国际传播能力和全球治理能力，①国际法话语权作为国际话语权构建的

---

　　①　习近平：《加快构建中国特色哲学社会科学》，载《习近平谈治国理政》（第 2 卷），外文出版社 2017 年版，第 346 页。

重要组成部分,体现于国际造法中的话语权力,其已成了大国博弈的重要工具。加强我国国际法话语能力是提升国际话语权的重要路径之一。"国际法话语权"尚属新概念,暂无统一定义,其兼具"权力"和"权利"的功能属性将如何发挥重要作用;国际法话语权在国际社会中有何具体表征;在现行全球治理体系变革背景下,作为新兴大国,中国如何提升国际法话语权在国际事务中保障自身的利益,如何为推进更加公平合理的全球治理秩序的构建作出重要贡献,都是亟待解决的重大理论和实践问题。

一、国际法话语权的理论溯源

"国际法"与"话语权"组成的"国际法话语权",源于国际话语权体系分类之中,国际话语权体系可涵盖不同领域,包括在国际政治、国际经济、国际法、国际生态和国际文化等各个领域的话语权。[①] 国际法话语权作为国际话语权体系的重要组成部分,以"话语权"为逻辑起点,福柯的"话语权力"理论、哈贝马斯的"话语政治"理论、奥努弗的"规则建构主义"理论以及约瑟夫·奈的"软权力"理论为国际法话语权提供了理论渊源,是对其进行全面认知的出发点。

(一)福柯的"话语权力"理论:国际法话语权的本质属性

以"话语即权力"为端,首个对话语权进行理论性系统构建的学者是法国社会学家米歇尔·福柯(Michel Foucault)。[②] 其认为影响、控制话语形成与变动的最根本因素是权力,"一切事物都可以归结为两样东西——话语(知识)和权力",[③]其通过对知识和权力话语的分析,揭示以标榜"真理"、"中立"和"客观"的现代知识体系,是由权力制造知识的产物,权力决定了知识的形式及其可能的领域。[④] 在福柯看来,对世界和人的规约(discipline)是由语言所建构的知识学科,即由语言建构的真理体制,为权力的运作提供必要知识,尤其

---

① 吴贤军:《中国国际话语权构建:理论、现状和路径》,复旦大学出版社 2017 年版,第 119 页。

② 法国社会学家福柯(1976)在《话语的秩序》一书中揭示了话语权的本质和目的。

③ Manfred Frank, *On Foucault's Concept of Discourse*, Routledge, 1992, p.17.

④ 〔法〕米歇尔·福柯:《规训与惩罚》,刘北成、杨远樱译,生活·读书·新知三联出版社 1999 年版,第 29 页。

是知识政治(politics of knowledge)形成的一套知识管理技术。①

福柯的话语权力理论可以更清楚地认识国际法话语权的本质属性,其赋予"话语"以"权力"的内涵,即形成了"话语权",话语一旦超出语言学上的工具性含义,并与社会实践联系在一起,其本身所承载的功能便被无限放大,成为我们理解整个世界的关键,在话语体系下研究"权力如何发生及运作"对国际法话语权如何产生有重要启发。例如,现代国际秩序是在 1648 年《威斯特伐利亚条约》基础上所建立的,国际法便是西方国家行为与话语实践的产物,西方国家凭借自己的话语霸权创设更有利于自己的国际制度与规则,而大多发展中国家则时常处于失语的困境。

(二)哈贝马斯的"话语政治"理论:国际法话语权的合法性

尤尔根·哈贝马斯(Jürgen Habermas)②的话语政治理论是其国际政治交往理论③中论述的重要组成部分,与理性主义和主流的建构主义理论不同的是,国际政治交往理论的理论建构是以"话语"为逻辑起点,因此,有学者将其称为"国际政治话语理论"。④ 哈贝马斯认为,语言和社会是相互影响、相互渗透的。社会规范体系是行为体通过语言工具所形成的交往理性和规范共识,并通过对权利和义务的一般承认而加以巩固。⑤ 同时,建立合理的交往行动理论是实现沟通合理化的必要前提,即话语的民主性。

话语政治理论赋予了沟通实践对权力结构塑造的意义,⑥国家作为国际

---

① 张兴成:《福柯与萨义德:从知识—权力到异文化表述》,载《天津社会科学》2001年第 6 期。

② 哈贝马斯(1981)提出了交往行为理论,在西方学术界引起了广泛的关注,其目的就是要建立一个"规范基础",分析和批判资本主义社会结构转型问题。作为国际关系理论谱系中的一支,话语是理论的核心概念。

③ 国际政治交往理论,植根于欧洲国际关系尤其是"二战"以来的欧洲国际关系实践,以德国哲学、社会学思想为主要思想来源,强调市民社会、非国家行为体在国际关系中的作用,从"社会交往"的视角专注于"全球、区域治理"、"和平研究"及"非传统安全"等问题的研究。

④ T. Dize,J. Strens,A useful dialogue? Habermas and International Relations,*Review of International Studies*,2005,Vol.31.

⑤ 傅永军:《哈贝马斯交往行为合理化理论述评》,载《山东大学学报(哲学社会科学版)》2003 年第 3 期。

⑥ [德]托马斯·里斯:《全球化与权力:社会建构主义的视角》,肖莹莹译,载《世界经济与政治》2013 年第 10 期。

社会的主要话语行为体,国家话语既是国家行动,同时也是一个国家的社会知识构成,在某种程度上,交往行动理论其实是"以合作为导向"的理论,强调了国家间互动的机制性作用。从国际法视角出发,该理论更关注话语弱势国家通过与话语强势国家的沟通参与全球治理的话语实践过程,其所强调的话语民主更体现于国际法话语权方面,即国际法话语权的前置条件表现为话语的可接受性,亦为话语的合理性与合法性,国际法话语权所兼具的"权力"和"权利"价值属性,不但体现话语"权力"的本质,也更加注重话语"权利"的公平配置。

(三)奥努弗的"规则建构主义"理论:国际法话语权的建构性

尼古拉斯·奥努弗(Nicholas Greenwood Onuf)第一个把"建构主义"这一术语引入国际关系学界,[①]并以语言和规则为核心,创立了社会建构主义理论,其主要是围绕言语行为、规则和社会秩序而展开的。奥努弗的建构主义理论为话语与国际社会权力结构提供了解释,[②]其分析了话语演化为国际规则,以及国际规则反作用于话语主体的身份、利益和行为的逻辑,以此形成有利于话语主体的国际政治和经济秩序。

奥努弗以其独特的视角开创了规则建构主义理论,这有利于分析语言和规则在世界政治中的本体作用。从本体论讲,语言本身体现出一种话语的权力结构。不同的国际社会现实是由不同的语言所构建的,在很大程度上国际关系也是通过语言建构起来的。[③] 一方面,语言所承载的文化和社会现实,可展现出一个国家和民族独特的思维习惯和价值观;另一方面,统治者为了维护自己的统治,可通过语言来传播和宣扬自己的思想,以构建其理想社会。例如,西方国家的政治精英们要努力建构自己理想的"语境",同样,中国如何为

[①] 尼古拉斯·奥努弗(1989)是美国佛罗里达国际大学国际关系学系教授,是规则建构主义(rule-oriented constructivism)的代表人物,迈阿密国际关系小组创始人。在他的专著《我们造就的世界:论社会理论与国际关系中的规则与统治》中第一个把"建构主义"这一术语引入国际关系学界。

[②] G. Nicholas, *World of Our Making*: *Rules and Rule in Social Theory and International Relation-s*, University of South Carolina Press, 1989, p.67.

[③] M. Tupala, Applying Quantitative Appraisal Analysis to the Study of Institutional Discourse: the Case of EU Migration Documents, *Functional Linguistics*, 2019, Vol.1.

自己的和平发展道路建构一个良好的"语境"是一个不可忽视的问题。①

(四)约瑟夫·奈的"软权力"理论:国际法话语权的软实力属性

约瑟夫·奈(Joseph Nye)论述了制度与软实力(soft power)之关联性,②话语是软权力诸多要素构成中较为重要的一部分。③ 国家话语与国际制度的关系是,要显示自身文化、价值和制度优越性,并使其产生影响力,不仅需要话语表达,更主要的是需要通过话语赋予文化、价值和制度以特定的、可被理解、易被认同的"意义"。换言之,一个国家在国际社会中想将其关于制度安排的观念或意图变为现实,必须借助话语形式在具体的关系互动中说服和影响"他者",以获得最终的支持或认同。

约瑟夫·奈的"软权力"理论对理解国际法话语权的意义在于:话语作为一种软权力,话语沟通是外交实施的主要方式和工具,同时也能够重新塑造文化。同理,国际法规范从其原初的意义上看,是确立秩序的工具,是定分止争的尺度,是指引行为的守则,同时也是一种交流的语言和表达的工具。④ 国际法话语权作为一种重要的软实力,在很大程度上,其形成、巩固和提升,取决于国家在国际法治领域的表现和贡献。⑤ 因此,提升国际法话语的表达能力创新国际规则和法治理念更能体现一个国家的软实力。

概言之,上述现有"话语权"理论在一定程度上解释了全球治理下话语权的由来,以及其功能和价值,国际法话语权作为国际话语权谱系的重要组成部分,其核心理论阐释对理解国际法话语权的本质属性和基本内涵具有重要意义,也为国际法话语权的体系化构建奠定了理论基础。

---

① 孙吉胜:《国际关系中的言语与规则建构——尼古拉斯·奥努弗的规则建构主义研究》,载《世界经济与政治》2006 年第 6 期。

② 约瑟夫·奈是国际关系理论中新自由主义学派的代表人物,他在 1990 年出版的《注定领导世界:美国权力性质的变迁》一书及同年在《对外政策》杂志上发表的《软实力》一文中,最早明确提出并阐述了"软实力"概念。参见[美]约瑟夫·奈:《硬权力与软权力》,门洪华译,北京大学出版社 2005 年版。

③ J. S. Nye, Jr., *Bound to Lead:The Changing Nature of American Power*,New York:Basic Books,1990,p.32.

④ 何志鹏:《中国话语的法律表达——基于〈关于菲律宾共和国所提南海仲裁案管辖权问题的立场文件〉的思考》,载《海南大学学报(人文社会科学版)》2015 年第 2 期。

⑤ 杨林坡:《国际关系中的国家话语研究》,中共中央党校 2017 年博士论文,第49 页。

二、国际法话语权的基本内涵

由于"国际法话语权"尚属新鲜概念,目前学界暂无统一定义,基于上述对其相关理论的溯源探析,笔者将国际法话语权理解为国际法意义上的"话语权",是以国际法为工具,在全球治理和国际秩序构建中行为体的话语权力(利),并以国际法的理论定义权,议题设置权和组织建构权,规则制定权、解释权和修改权等方面为表征的引导力、支配力和影响力。[①] 相较于其他话语权而言,国际法话语权有其自身的特点。需强调的是国际法话语主体的特殊性,当前国际法话语主体已朝着多元化趋势发展,包括国家、国家间政府组织、非政府组织,以及跨国企业等非国家行为体,但国家仍是国际法话语权的核心施动者,故,以下内容主要基于"国家"这一主体阐释国际法话语权的基本内涵。

(一)国际法话语权是国家话语"权力"与"权利"的集中体现

国际法话语权是"话语"在国际法层面的影响力,即由"话语"和"权"两个基本要素组成的"话语权","话语"是人们表述观点、交流思想、传递信息的基本形式载体。《辞海》对"话语"的解释是"运用中的语言"。[②] 从法律意义上看,"权"包括"权力"(power)和"权利"(rights)两层含义,对于"话语权"应是一种"权力"还是一种"权利",学界有着不同释义。当前有三种代表性理论:第一,权力论。该理论认为权力是影响、控制话语形成与变动的最根本因素。从"话语权"(discursive power)的词义来看,"power"即为"权力",话语权本意更加接近于权力的本质,而不是权利的归属。[③] 第二,权利论。话语权就其内涵而言,是国家参与国际事务的知情、表达意见的资格和权利,以及对国际规则的制定、是非曲直的评议和裁判的权利。[④] 第三,权利和权力综合论。该理论认为话语权有两层含义:一是不仅有发表看法的权利,且在既定体制上得到保

---

① 孟于群:《国际法话语权的生成逻辑与中国构建》,载《南京社会科学》2021 年第 2 期。

② 夏征农:《辞海》,上海辞书出版社 2000 年版,第 479 页。

③ M. Barnett,R. Duvall,Power in International Politics,*International Organization*,2005,Vol.1.

④ 梁凯音:《论国际话语权与中国拓展国际话语权的新思路》,载《当代世界与社会主义》2009 年第 3 期。

障;二是在全球治理中对国际制度改革和重构的问题上具有话语影响力。①

以上三种论述,无论是"权力论"还是"权利论"都不能客观反映国际法话语权的价值功能和属性特征,而"权利和权力综合论"似乎较为合理与客观,但仍有其不周全之处,具体而言:其一,"权力论"即指福柯所说的"话语即权力",这对于国际法话语权的本质属性虽有较深刻的认识,但对"权力"的界定偏向于强制性和支配性权力,过于强调控制和改变其他行为体的能力,而忽略了话语本身的可接受性,即话语合法性。其二,"权利论"中的"权利"主要体现于对身份与资格、权利与义务的界定,而没有体现出具备影响其他行为体的权力。凡是具备国际身份资格的行为体都具有就国际事务发表意见的权利,但不一定具备影响其他行为体的权力。② 其三,权利和权力综合论虽不仅强调了话语的"影响力",也强调了话语的"合法性",但该论述没有明确区分"权利"和"权力"的界限和联系,如若将两者混为一谈,则难以理解国际法话语权的生成逻辑。为了更清晰地理解国际法话语权的基本内涵和属性,笔者将在权利和权力综合论的基础上,将国际法话语权分为"初始话语权"和"阶进话语权"进行阐释,且话语主体受话语能力、话语资源和话语路径等多方面因素的影响。(如表1所示)

表1

	国际法"初始话语权"	国际法"阶进话语权"
话语主体	发达国家为主	发展中国家为主
话语属性	偏重"权力"	偏重"权利"
话语能力	强	弱→强
话语资源	多	少→多
话语路径	主动	被动→主动

国际法"初始话语权"是指国际法话语权的原始生成(初次分配),是在倡导建立国际规则时即已形成。"初始话语权"更偏向于体现的是一种"权力"属

---

① 徐明棋:《全球经济治理:提升我国制度性话语权》,载《文汇报》2015 年 11 月 23 日。

② 陈宗权:《"一带一路"建设与中国国际话语权研究》,西南财经大学出版社 2017 年版,第 31 页。

性,在国家层面,通常认为"权力"的产生是以具有"权利"作为基础和前提,即要想拥有控制和影响他人的权力,需以先具有相应的身份和资格为前提。而在国际社会中形成的"初始话语权"中,"权力"是"权利"产生的基础和前提。一般而言,"初始话语权"既对国际规则具有重大的建构作用和影响力,也对行为主体的话语能力有极高的要求。话语主体通常是发达国家,因其具备强大的政治和经济实力、超前的国际法理论体系,以及先进的技术等话语资源,通过提出国际议题、安排国际议程和主导国际制度的制定等路径,在话语博弈中决定其相关权利和义务的配置,在这一系列活动过程中,发达国家的"初始话语权"即已形成,且可拥有持久的支配力和影响力。

国际法"阶进话语权"是指在国际法话语权的阶段性地渐进增强和形成的,某些国家在国际制度和国际造法初始阶段,只享有一定的"话语权利",而并未享有"话语权力",或享有权力的影响力较小,"阶进话语权"更强调的是话语主体通过话语"权利"获取话语"权力"的动态过程。在国际社会结构体系变革进程中,随着某些国家自身实力的提升,已形成和具备一定的话语能力和话语资源,但由于受制于国际法"初始话语权力"配置的影响,而无法发挥可代表国家利益的话语功能和价值。可见,在"阶进话语权"中,国际法话语权的功能属性更偏向体现于是一种话语"权利",且受制于话语"权力"的影响。例如,随着中国对外开放的不断推进,其经济实力已得到全方位提升,位居世界第二大经济体。虽然中国在国际规则中享有一定的话语"权利",但其话语"权力"仍未得到相匹配的提升,更多是由于西方发达国家在国际法"初始话语权"中较大的权力,其影响力和控制力阻碍了像中国这样后进发展中国家的国际话语权。因此,如何通过"阶进话语权"实现"初始话语权"的效果是亟须进一步研究的重点内容。

(二)话语内容承载着国家利益

话语天然具有承载性,"话语"与"权力"形成的关系,使其超越话语简单的作用而形成具有较强复合性以塑造社会关系的功能,能在主体之间分配权力和权利。话语所内含的价值观和意识形态等因素所产生的影响力,能够蜕变成习惯、惯例和制度,而价值观和意识形态背后所体现的是国家利益,因此,国际法话语权是国家利益在国际社会中的语义载体,且国际法的话语实践和话语能力是维护国家利益的重要因素。

国际社会是一个由主权国家构成的平行式社会,主权独立使人格化的国家表现出自我中心主义,其行为以维护和实现自身最大利益为最高原则。① 以国家利益为核心的国际法话语权,其掌握在谁手里便能利用话语优势维护其国家利益。从国际关系发展的现实来看,拥有较强实力和话语能力的主权国家往往掌控话语内容来处理与自身国家利益相关的国际事务。正如路易斯·亨金所认为的,国际法是国际政治的规范表述,任何法律体系无不反映政治体系中的政治主张。② 国际法话语权无论强调的是"权力"还是"权利",最终还是归根于其所承载着的国家利益。国际法无法脱离国际政治而独立存在,且其存在的第一需求是国家的意志和利益,而大国可以运用承载其国家利益的国际法话语内容,为维护自身利益而创制国际法和推动国际法的变革。

(三)话语实践体现国家利益的相互博弈

正如话语权的"权力论"者所认为的,话语权的本质不是"权利",而是"权力",其反映的是一种国际政治权力关系,国际法话语权之争归根结底是国家利益的相互博弈。在全球治理下,国际制度的形成是国家基于话语内容、话语资源、话语平台、话语路径等不同要素通过"话语"博弈而实现的。由于制度所承载的权利和利益往往不尽相同,对制度的参与者而言,不同的行为体在其中所获得利益的差异便是制度非中性的表现。③ 同理,国际法维护国家利益也是具有选择性的,尤其在法治不够完善的国际社会中,法律具有高度的权力导向特征,国家利益成为国际法发展的动力与约束。国际舆论正是各国在面对国际议题时,代表各自的利益诉求和从各自国家利益出发,所表达的意见和态度的集合体。与此同时,国际舆论是国家之间和国家内部力量之间,在国家利益的框架下相互博弈和平衡的结果。随着国际格局的发展演变,必然会不断出现国际行为体之间各种利益的博弈调整。

(四)话语能力是维护国家利益的关键因素

国际法话语权作为国家重要的软实力,是维护国家利益的重要工具,而决定和影响国际法话语权所发挥效用的关键因素还在于国家的话语能力。话语能力决定国际法话语权在初始分配中的权力大小和影响力,话语能力受限于主体享有的话语资源。而一国所享有的话语资源首先以硬实力为基础,如军

---

① 古祖雪:《国际法:作为法律的存在和发展》,厦门大学出版社 2018 年版,第 18 页。

② [美]路易斯·亨金:《国际法:政治与价值》,张乃根等译,中国政法大学出版社 2005 年版,第 5 页。

③ 张宇燕:《利益集团与制度非中性》,载《改革》1994 年第 2 期。

事和经济实力等;其次是在国际规则制定过程中,话语权还受制于一国的社会资本,如国家在国际社会中的信用资本、法治先进程度、文化传播程度,以及对知识与信息资本的占有状况等软实力。通常来说,一国参与全球治理所享有的国际法话语权与其综合国力即硬实力和软实力的总和成正比。诚如,国际法对中国而言算是一种"舶来品",在鸦片战争后的 100 多年里大多是被动接受国际法。由于中国缺乏承载国家利益且具有建设性的国际法话语内容,在国际规则制定方面基本上处于"失语"状态,这也导致中国话语能力的先天不足。① 不过,从新中国成立以来我国提出的"和平共处五项原则"到"一带一路"倡议和"人类命运共同体"等理念的提出,中国不仅积极参与国际法治的建设,也逐渐通过丰富话语内容等加强自身话语能力以提升国际法话语权。

三、国际法话语权的具体表征

对国际法话语权的进一步认知还在于对其表现出来的具体形式及其特征进行类型化处理,即对国际法话语权表征的具体认知可归类为:对国际法的理论定义权,议题设置权和组织建构权,规则制定权、解释权和修改权等,但以上并非穷尽了国际法话语权的所有表征形式,随着国际事务参与主体的多元化和国际社会结构的多样化发展,国际法话语权的表征形式也将不断变化和发展。

(一)理论定义权

通常在国际制度和规则形成之前,都需要有一定的理论基础和理论体系进行支撑,换言之,国际法理论是国际规则和国际制度形成的前提基础。最典型的即《海洋法公约》和相关海洋制度的形成,随着资本主义和商业经济的发展,以及远程海洋贸易的迅速增加和海洋军事价值的提高,一些新兴航海和贸易国家,开始对葡萄牙和西班牙对海洋的私人占有权利提出了不满和抗议。在这一时期,反对个别国家对海洋的垄断和国家应对毗邻的一带海域拥有主权这一矛盾,是各主权国家对海洋权益主张和博弈的主要表现。因此,16 世纪晚期以后,开始出现公海自由原则的理论主张,到 17 世纪,近代国际法的奠基者荷兰人格劳秀斯,在其出版的《海洋自由论》中公开主张海洋自由原则,到

---

① 王群:《"一带一路"战略下中国国际法话语权刍议》,载《理论探讨》2017 年第 2 期。

19 世纪后,公海自由原则得到了国际社会的普遍认可。随后关于海洋法中有关领海制、毗连区和专属经济区等理论的提出,为海洋法相关国际制度的形成奠定了重要基础。而海洋法理论几乎是由当时海洋强国及其相关学者提出和定义,在一定程度上代表了其国家和相关企业的利益,海洋法和海洋制度的形成也是在各国经历长期的话语博弈中所产生的。因此,要提升国际法话语权和改革不合理的国际规则,首先需要创新和提出合理且可接受的国际法理论或相关国际法治理念予以支撑。

(二)身份界定权和利益分配权

国际法话语权在一定程度上体现了对身份的认定,其可以决定国家在国际法上权利与义务的配置。例如,国际规则中对发达国家和发展中国家标准的界定,这对国家权利与义务的分配有所不同,直接影响了国家利益的分配权重。中国加入 WTO 十多年,西方主要国家至今还不愿承认中国的"市场经济国家"地位,①而现如今,对于中国到底是发展中国家,还是已经达到了发达国家标准的问题上,西方国家对欲使中国变相承认已为"发达国家"的经济身份,其意图显然是要中国放弃作为发展中国家应有的权利,而为世界承担更多的国际义务责任。但在参与世界各大国际组织问题上,中国长期以来却并未得到与大国地位相称的身份认同和应有待遇。

与此同时,国际法话语权既然是国家利益在国际社会中的语义载体,那么拥有国际法话语权的国家即可掌控对国家利益的分配权。作为规约的国际制度,一般具有政治含义及其重要价值,我们把这类国际制度称作"硬性的规则",这类规则很大程度上界定并反映国际社会中的基本财产权关系,有较强话语权力的西方国家力图维持和保护有利于他们的国际财产权制度。例如,在《联合国海洋法公约》制定过程的实质就是国际法话语博弈的产物,其中最大的制度创新就是建立了 200 海里专属经济区制度,使得地球上 1/3 的海洋被一定程度上私有化,非沿海国家就不能享有此类海洋权益。另,利益的分配权还主要体现在国际经济组织体系内成员国份额与投票权的关系上②,国际

---

① Y Wang, Power of Discourse in Free Trade Agreement Negotiation, *Leiden Journal of International Law*, 2019,Vol.32.

② 在国际关系中,涉及的是财富与权力的理论关系。参见[美]罗伯特·基欧汉:《霸权之后:世界政治经济中的合作与纷争》(增订版),苏长和等译,上海世纪出版社集团 2013 年版,第 17 页。

金融组织就像一个国际性的股份性金融机构,成员国所占份额的多少决定了其与金融组织关系的地位和作用的大小,认缴份额越多,则投票权越大。例如,在国际货币基金组织(IMF)中,美国是认缴份额最多的国家,则相应地拥有 17.29％的最大投票权,使其能够让是否符合自身国家利益的方案通过或不被通过。因此,投票权和决策方式的规则更能清晰地体现国际法话语权的功能价值。

(三)议题设置权和组织建构权

制度和规则是集体行为通过国际合作形成的结果,对议题和组织机构的设置体现了国际法话语权的运作和影响。任何达成共识性的协议都要经过一定的程序和协商,各国都希望使自己最关切的议题按本国的意志设定程序,"讨论什么,先讨论什么,以及议题如何衔接等程序安排会极大影响协商过程和最终结果"①。作为规约的国际制度,包括软性规则和硬性规则,其中硬性规则具有重要的程序性意义。② 硬性规则的程序性含义在形式上具有公正的特点,表面上似乎代表着一种程序正义。实则不然,拥有"初始话语权"的大国可以根据自己的利益偏好和利益攸关的议题,通过已设定的规则程序优先给予解决;而对享有话语权较弱的国家,其所关切的议题往往因为不合理的程序安排,不能得到及时的审议和解决,这也是我们所说的硬性规则的程序性霸权问题。

国际组织和国际制度可看作是国际法话语权博弈的产物,从某种程度上来看,国际组织和制度的建立是通过制度谈判(institutional bargaining)来达成的制度性安排,而拥有国际法话语权的领导者在国际组织和制度建立谈判中通常发挥着关键的作用。③ 而国际组织机构的高管和工作人员本身也是公共利益和权力的象征,具有相对独立的权力,尤其在国际多边金融机构中尤为凸显。按照通常惯例,世界银行的行长一直是由美国人担任,作为世行的姊妹机构,IMF 的总裁都是由欧洲人担任,其副总裁则是一直由美国人担任。由此可见,国际组织中职位的权能与分配反映了国际公共产品的权力结构,强国

① C Albin, Negotiating International Cooperation: Global Public Goods and Fairness, *Review of Int-ernational Studies*, 2003, Vol.29.

② 所谓程序性意义是指国家关切的议题,根据既定的国际规则程序,决定其在什么时候,通过什么样的行动步骤,由国际社会来协同解决。

③ 陈正良:《软实力发展战略视阈下的中国国际话语权研究》,人民出版社 2016 年版,第 55 页。

可通过对公共职位的占有实行国际法话语权。

(四)规则制定权、解释权和修改权

在享有议题设置权和组织建构权的基础上,国际法话语权最终将落实到在国际造法过程中对国际规则的制定权、解释权和修改权这三个方面,这是国际有效合作的基础和保障,也是国际集体行动共识的结果。

首先,规则的制定主要是对权利和义务的分配,这也是国际制度主导者国际法话语权最主要的表现形式。[1] 通常国际组织章程和国际规则,由其创始成员国共同协商和制定,创始成员国也因此享有国际法的"初始话语权",而之后加入组织的成员国只能对其规则认可和遵守。其次,对国际组织宪法性文件或基础性文件等国际规则的解释,通常由国际组织内部的权力性机构享有解释权。例如,《亚投行协定》第 54 条解释条款中规定,董事会负责成员与银行之间或成员之间,在解释或实施本协定规定时所产生的争议。而根据《亚投行协定》第 25 条的规定,董事会由 12 名成员组成,董事应是在经济与金融事务方面具有较强专业能力的人士。这些公共职位的占有对规则的解释也是国际法话语权的重要体现。最后,在国际实践中修改规则的过程,实质上就是国际组织成员国通过国际法"阶进话语权"重新界定其在国际组织中的权利和义务,修改国际规则以争取与自身国际地位相匹配的话语权。

四、国际法话语权的生成考量

基于对国际法话语权的理论溯源、基本内涵和表现形式的系统梳理,大体上概括出话语主体、话语能力、话语实践和话语内容作为国际法话语权的几大要素,与国际法话语权的生成逻辑有密切关系。首先,需要国家具有提升国际法话语权的主体意识;其次,国际法话语权与话语能力和话语实践成正相关,话语能力越强和话语实践越多能有效增强国际法话语权,且话语内容需具有共识性与合法性;最后,国际法话语权的提升需考虑国际公共成本与收益的相平衡。

---

[1] 王江雨:《地缘政治、国际话语权与国际法上的规则制定权》,载《中国法律评论》2016 年第 2 期。

(一)具备国家话语的主体性意识

提升国际法话语权和构建国际话语体系的前提条件是,需要施语者具有较强的主体意识。受现实格局制约,话语权的取得与维护,其决定因素并非话语本身,而是由话语背后的现实利益以及力量格局所决定的。国家作为国际法话语权的主要施动者,由于受制于儒家传统下的国际秩序观念和国际法话语能力的限制,近代中国缺乏对国际秩序构建和国际法话语权的主体性意识。

正如我国学者顾准在 1974 年所说的,中国人缺少西方那种用自己的世界观改造世界的宗教精神。资中筠先生认为,中国人一定要有自己的世界观改造世界的主观抱负,①这是一种理想主义情怀。对于中国这样文明传统深厚的国家而言,我们首先要否弃西方中心主义的"民族国家"(nation-state)视野,而须代之以"文明国家"(civilization-state)的视角。唯有以"文明国家"的视角看待中国在"世界结构"中的位置,我们才可以从中国丰厚的文明传统以及当下的具体实践中汲取可以超越"威斯特伐利亚体系"的思想资源,进而构建"后威斯特伐利亚"时代的新型世界观,并以这种世界观为基础构建"根据中国"的国际法学。② 与此同时,构建中国自己的国际话语体系,根据中国的文化政治需求和国家利益,以及我们对新世界秩序的理论认识予以型构。

(二)具备综合性话语能力及实践

国际法话语权的话语能力体现在很多方面,包括在设置议题的能力、创新国际法理论与观念的能力、制定国际规则的能力,以及组织协调国际组织改革和推动国际法治进程的能力等。正如约瑟夫·奈的"软权力"理论所言,③如果一个国家可以通过主导和建立国际制度,那么它就可以左右世界政治的议事日程,从而影响他人对本国国家利益的认识及偏好,此种影响力即为一种"制度实力"(institutional power),④亦体现为一种话语能力。例如,"二战"后,美国主导建立联合国、WTO 和 IMF 三大制度体系,正是因为美国拥有强大的话语能力和话语资源,使其主导国际规则的制定并享有强势的国际法初始话语权,且具有可持续的影响力。

---

① 苏长和:《全球公共问题与国际合作:一种制度的分析》,上海人民出版社 2009 年版,第 13 页。

② 邓正来编:《王铁崖文选》,中国政法大学出版社 2013 年版,第 7 页。

③ JS. Nye. Jr, *The Future of Power*, Public Affairs, 2011, pp.177-186.

④ 张小明:《约瑟夫·奈的"软权力"思想分析》,载《美国研究》2005 年第 1 期。

此外,历史表明大国的国际法话语权与其对国际事务的参与度和贡献度(话语实践)成正相关,远离国际事务将会在很大程度上削弱其国际法话语权。1935 年到 1937 年,美国在外交上回归孤立主义,国会先后通过了严苛的《中立法》以避开欧洲战事,这制约了美国对外事务的参与度。直到美国正式参战,凭借其强大的实力和主动作为,并通过主导国际会议将美国意志写入国际条约和协定,成了国际规则的主要制定者和阐释者,以及国际秩序的构建者,以此塑造其强势的国际法初始话语权。同时,美国提出的具有正义性、进步性和高度共识性的"独立""自由""平等"等话语内容得到大多数国家的认同。①不过,当前美国先后选择退出 TPP 和《巴黎协定》,以及联合国教科文组织和万国邮政联盟等国际组织,势必会降低其在相关领域的参与度和影响力,也就意味着这将有可能削弱美国在相关领域的国际法话语权。

反观中国,在 20 世纪 60 年代,其参加的国际组织几乎为零;到 80 年代初,中国参加的国际组织接近其总数的 80%,②从对外开放到积极参与融入国际体系,中国经历了一个漫长渐进的过程。当前,中国不仅积极参与和极力维护诸如 WTO 等多边机制,还积极倡导建立了上海合作组织和亚投行等全球性和区域性国际组织,这是提升其国际法话语权的有效路径之一。值得注意的是,话语能力与国际法话语权有时也并非同步增长。话语能力的变化在一定程度上可影响话语实践的作用大小,但其并不能转化为影响力本身。话语能力并非自觉和自发地转化为国际法话语权,还受到原始权力分配机制和拥有"初始话语权"者的反制,平衡国际法话语权是一个相互博弈和渐进升华的过程。因此,在提升国际法话语能力的同时,还需考察国际法话语权形成的具体路径以维护国家自身利益。

(三)话语内容的共识性与正当性

国际法话语内容的共识性与正当性即可接受性。当前在以规则为导向的国际治理体系中,法治成为国际社会与各国共同珍视和努力追求的目标。福柯认为,知识和权力是一种共生关系,随着人类科学的发展,权力的运作以主导学科和话语的陈述为基础,主流话语成为一种"基于社会标准、为社会共享或共同接受"的信念为权力的实施提供了合法化的途径。根据奥努弗的规则

---

① E.M. Burns, *The American Idea of Mission*: *Concepts of National Purpose and Destiny*, New Jersey: Rutgers University Press, 1957, p.128.

② 王逸舟:《磨合中的建构》,中国发展出版社 2003 年版,第 347 页。

建构主义理论,语言本身就体现出一种话语的权力结构,语言作为文化的载体,可反映出一个国家和民族独特的价值观,话语主体可通过宣传自己的文化价值理念和思想,以建构自己的理想社会。

例如,近代以来,在西方早已经形成"主权国家"的观念,并以其作为国际法话语权占主导地位的情况下,中国儒家传统的法律话语表达却是反对近代民族国家观念的认同,中国也不被承认为主权独立国家,不具备作为国际法主体的完全资格来参与国际事务。而国际秩序需要不断法治化,但儒家传统下的国际秩序观念不可能催生出现代国际法。[①] 再如,国际社会中西方国家的"人权"理念,这些观念一旦被普遍接受,就成为一种社会共享知识,支配着国际社会的权力运作,甚至可以干涉其他国家的内政。随着中国经历 30 多年的发展,作为当代国际体系的参与者和建设者,以及"和平共处五项原则"的倡导者和践行者,这也是中国国际法话语权的重要体现。这些成功的模式和经验逐渐得到国际社会的认可,中国在国际社会中的话语权大幅提升,不再处于"失语"状态,中国声音得到世界的倾听。当前,美国将中国视为可能挑战其话语霸权的大国,但中国国际法话语权的提升绝非想取代任何国家的话语地位,而只是争取与自身对等的权益和公平的权利义务配比。

此外,能否利用适度的国际法话语进行妥当的表达,即提升国际法话语的表达能力更能体现一个国家的软实力,因为国家软实力的形成和提升,在很大程度上取决于国际法治领域的贡献与表现。当前,中国从"和平共处五项原则"和亚洲"新安全观"的提出,到"一带一路"倡议和"人类命运共同体"等中国理念的提出为中国国际话语权的提升提供了内容载体。[②] 在维持现有国际政治经济秩序的基础上,我们应加强国际法的功能价值,并以"共商共建共享"为原则进一步丰富国际法话语权形成的"中国元素",这对提升全球治理体系开放性和包容性,以及推进全球治理多元化发展具有重要实践意义。

(四)话语权生成的成本收益考量

全球治理的短板是国际公共产品的缺失,由于国际公共产品具有非竞争

---

① 赵旭:《论构建新型国际秩序法律话语权——以清末国际法输入的法律话语分析为视角》,载《山东社会科学》2018 年第 11 期。

② 中共中央宣传部:《习近平新时代中国特色社会主义思想学习纲要》,人民出版社2019 年版,第 217 页。

性和非排他性的属性,①作为国际协调产品的国际条约和国际制度,主要存在"公共成本"和"搭便车"两大问题。在无政府状态的国际社会中,世界经济的稳定需要各国付出必要的公共成本。强国之所以愿意研发和维持国际公共产品而付出巨大的"公共成本",是因为这能为研发者带来制度性权力价值,可维护其在国际政治体系和世界市场经济体系中的领导地位,并由此获得更大的利益。而能力有限的弱小国家鲜有意愿为国际公共产品付费,"搭便车"也是其理性行为。一旦强国不愿对国际公共产品供给承担巨大的"公共成本",就会导致国际公共产品供给的短缺。

国际公共产品的研发者虽可能投入巨大成本,但能为其在建立国际规则的话语权方面带来巨大的权力空间。主要是凭借其强大的政治经济实力控制谈判进程,并推动达成国际共识和塑造规则,进而获得国际层面法理化和机制化的保障。② 例如,美国作为主导世界银行、IMF、WTO等一系列国际公共产品的研发者,利用自身优势等话语资源,使自由贸易制度在全球范围内得以确立,实现其本国利益在全球范围内的最大化。但近几年,美国不断选择退出TPP、《巴黎协定》、《全球移民协议》,以及联合国教科文组织和万国邮政联盟等国际组织,归根结底是不愿意提供高昂的"公共成本"来维护国际政治经济体系的稳定。与此相反,在国际规则、制度与理念方面,中国由于历史原因曾长期与西方主导的国际体系相游离。从1971年重返联合国,1980年、1985年分别恢复了在IMF和世界银行的代表权,2001年加入WTO,再到积极倡导上海合作组织、"一带一路"倡议和亚投行建立等一系列行动,标志着中国从"参与"逐渐向"研发"国际公共产品的身份转变,在很大程度上促进了中国国际法话语权的提升;同时,这也意味着成本和收益、权利和义务的变化,中国需要承担越来越多的"公共成本"和国际责任。当前中国正通过不断加强自身能力建设,积极"研发"国际公共产品获取制度性权力价值以提升国际法话语权,但同时还应充分考虑保障成本和收益之间的平衡关系。

---

① M. Olson, Increasing the Incentives for International Cooperation, *International Organization*, Vol.25, 1971, pp.866-874.

② 孟于群、杨署东:《国际公共产品供给:加总技术下的制度安排与全球治理》,载《学术月刊》2018年第1期。

结　语

在全球治理和国际法治不断完善的语境下，国际法话语权的价值功能已发生重大转变，且正逐渐发挥更大作用。无论是福柯的话语权理论，还是奥努弗的规则建构主义理论都阐释了话语权对社会秩序的建构作用和意义。国际法话语权具有较强的技术性，区别于基于暴力的权力，话语权在国际法语境下通常采用制定规则的手段，通过运用议程的设置权和规则的制定权等方式，引导个体和集体"自愿"按照设定的程序和方式思考和进行决策。在以规则为导向的全球治理体系中，国际法为全球公共问题的管理和治理提供了一条"法治"路径，[①]可以说所有的国际制度和国际法的产生都是在国家间话语博弈和理性选择的基础上产生的，但国际法或国际协议一旦达成，对法律与协议的遵守就独立于任何特定国家的意愿之外。[②] 纵使拥有话语霸权的西方国家之后想改变初始权利义务的分配，也必须符合法律程序，否则必将付出巨大的代价。

与此同时，国际法话语权与国际制度的形成还是一对辩证统一的关系，主体在拥有国际法话语权下满足国际规则制定的正当性，以此形成国际制度与国际秩序；话语作用于国际制度，又保障国际制度，而国际制度又可反向构建话语权的形成。当前，中国在参与全球治理中需进行国际法话语创造，即在承接历史遗产的基础上，还需不断创造国际法话语理论与实践。"一带一路"倡议和"人类命运共同体"等中国理念的提出是对中国国际法话语的延续和创新，我们需不断丰富其内容载体以增强话语能力和话语自信，以体现中国具有引领国际法发展以及完善全球治理的意志和能力。

（本文责任编辑：吕铭鸿）

---

① ［美］博登海默：《法理学：法律哲学与法律方法》，邓正来译，中国政法大学出版社 2004 年版，第 228 页。

② L.Henkin, *How Nations Behave : Law and Foreign Policy*, New York : Columbia University Press，1979，p.41.

Cognitive System of the Discourse Power of International Law

Meng Yuqun

Abstract：As an important part of the international discourse genealogy, the cognitive system of "long-arm jurisdiction" and international law discourse is based on the theories of discourse power, discourse politics, constructivism and soft power developed with "discourse power" as the core. International law discourse is the centralized manifestation of national discourse "power" and "right", its discourse content carries national interests, discourse practice reflects the game of national interests, and discourse ability is the key factor to maintain national interests. At the same time, the discourse power of international law is the guiding power, dominant power and influence in the form of the right to define the theory of international law, the right to define identity and allocate interests, the right to set issues and construct organizations, and the right to make rules, interpretations and amendments. Under the change of global governance system, to explore the logic of international law discourse generation, it is necessary for countries to have a sense of subjectivity and comprehensive discourse ability, and the content of the discourse has consensus and legitimacy, and at the same time, it is necessary to consider the balance between the costs and benefits of discourse generation. The enhancement of international law discourse in developing countries such as China is of great significance to the improvement of the international rule of law and the construction of a new international political and economic order. Ruling and Blocking Legislation.

Key Words：discourse power of international law; cognitive system; discourse ability; soft power

国际组织的主体性变迁:以政治和法律互动为视域[*]

江　河　常鹏颖[**]

内容摘要:任何法律体系内涵和外延的演变实质上都是其天赋主体之政治身份和法律人格的发展史,这种规律体现了人之社会性的历史实践逻辑,也揭示了政治和法律对立统一的辩证关系。在国际社会一体化的客观趋势中,全球综合性国际组织的主体性将决定国际法律秩序的本质特征及其体系性演变。国际会议和国际组织的主体性面向在历时与共时维度上的互动推动了国际组织法律人格的形成和强化,然而主权国家在国际关系中的天赋主体地位和国家主权原则的支配作用通过国际会议的国家意志协调为国际组织法律人格的形成、强化乃至终止奠定了合法性基础。欧洲联盟和联合国法律制度的比较分析说明,公民身份制度将决定主权国家和国际组织之主体性博弈的结果。在全球风险社会中,人类命运共同体理念的外交实践将为国际组织主体资格及其行动能力提供政治动力,并增强其法律制度的合法性与实效性。

关键词:国际会议;国际组织;政治身份;法律人格;天赋主体

* 本文研究受到教育部哲学社会科学研究重大专项项目"坚持统筹推进国内法治和涉外法治研究"(2022JZDZ005)的支持,特致谢意。

** 江河,中南财经政法大学法学院教授,法学博士,博士生导师;常鹏颖,中南财经政法大学法学院国际法学博士研究生、中南财经政法大学国际法治与国家安全研究所助理研究员。

目　录

引　言

在地方化、区域化和全球化的三重背景下，国际组织的数量呈现爆炸式增长，其职能范围也进一步扩大，世界进入"国际组织时代"，国际组织成为国家间交流与合作的重要平台。全球化的正外部性成了国际组织诞生的驱动力，从民族国家到国际组织的国际法主体性演进过程体现了政治与法律的互动，并沿着国际法的双重法理进一步促进了国际政治和国际法的发展。冷战后和平与发展成为当今时代的主旋律，但霸权主义和强权政治仍然影响着国际社会，并在某种程度上造成了国际组织的合法性危机和实效性挑战。世界多极化和经济全球化的发展，使得全球政治格局发生了演变，政治独立和经济发展的第三世界国家逐渐加入各种国际组织中。作为最具代表性的发展中国家，中国的和平崛起使其在国际社会中发挥着更大的作用，也意味着它将承担起维护世界和平与发展的历史使命。经济全球化通过社会一体化和主权国家合作推动了国际社会的组织化，国际政治和国际法的互动体现于主权国家与国际组织的主体性博弈中。正确认识国际组织的本质属性及其与主权国家的关系,并推动以联合国体系为主的国际组织朝着更加民主法治的方向发展,有利于中国通过人类命运共同体理念的外交实践为国际组织的未来发展提供动力源泉,从而通过国际会议的民主协商进一步实现国际组织维护国际和平与安全、促进各国的合作与发展的基本宗旨。

一、国际法主体论和国际组织的现实困境

国际法的发展离不开国际法主体的历史变迁。主权国家及其交往是国际法的社会基础,经济全球化和社会一体化促进了国际组织的发展,国际社会日益组织化,主权的双重属性贯穿于国际政治和国际法的发展过程。在经济全球化的背景下,国际组织在某种意义上是大国政治和小国政治互动的结果,这种互动对国际法的发展产生了重要影响,而国际法的价值又对国际政治产生了反作用。国际法主体的变迁根源于国际社会的组织化并影响着国际法律秩序的发展,这有利于沿着国际法双重法理的逻辑实现大国政治和国际法治的互动。随着单向度全球化的深入发展,跨国经济活动的负外部性日益凸显,"发展鸿沟"也逐渐扩大。国际民粹主义的兴起和中美大国的实力交替给国际社会的发展带来了新的社会背景,而国际组织的合法性危机和实效性挑战无法有效应对新时代人类所面临的风险。

(一)经济全球化和国际社会的组织化

随着科学技术的进步以及全球经济体系的不断扩张,国家间联系密切且相互依存,几乎所有的国家都被纳入全球化体系之中,国家和国家间的交往也构成了当代国际法的社会基础。根据国际货币基金组织对全球化的界定"跨国商品与服务贸易及国际资本流动规模和形式的增加,以及技术的广泛迅速传播使世界各国经济相互依赖性增强",[①]可以看出全球化实质上是经济全球化,而经济全球化同时具有正外部性和负外部性。[②] 伴随着国际市场四大要

---

① 国际货币基金组织编:《世界经济展望》,中国金融出版社 1997 年版,第 45 页。

② 外部性概念最早由经济学家阿弗里德·马歇尔提出,又称外溢性、外在性,指主体的行为对他人产生的利益或成本影响。根据外部影响的"好与坏"可以分为正外部性和负外部性,分别用来表示受影响者得到的是外部性的收益或损害。参见余永定、张宇燕等主编:《西方经济学》,经济科学出版社 1999 年版,第 231～233 页。

素的自由流动，国际社会逐渐就民主和法治达成了一定程度的共识，这为国际政治和法律的互动提供了社会基础，同时新自由主义推动形成的"复合相互依赖"①也促进了国际社会的和平与安全。然而，西方国家主导的经济全球化实际上导致了"中心—外围"的不平等经济格局，②单向度全球化所造成的"公地悲剧"和"数字鸿沟"使广大发展中国家成为经济全球化负外部性的主要受害者。经济全球化的正外部性使复合相互依赖的国际合作沿着新功能主义路径的溢出促进了国际社会的组织化，联合国专门机构在数量和职能上都得以迅速发展。经济全球化的负外部性所导致的全球风险和人类生存危机则使单个国家无法实现其安全目的，各国不得不通过国际组织来进行国际合作以实现持久和平与共同安全。

经济全球化在历史上源于15—16世纪的地理大发现，欧洲资本主义的萌芽和封建体系的瓦解促进了新航路的开辟，不仅推动了西方原始资本的积累，也使得各国之间的交往日益密切。"三十年战争"之后，威斯特伐利亚和会确立近代国际法的社会基础，定期召开的国际会议也逐渐成为国际组织的雏形。在19世纪，自由资本主义的发展使国际贸易合作向其他领域溢出，各国间陆续签订了一些双边或多边协定，并通过一系列专门的技术性的"国际行政联盟"保障其实施，这些欧洲范围内的国际组织为现代国际组织的全球拓展提供了制度借鉴与合作经验。与此同时，欧洲国家内部的经济局势也发生了巨大变化，一方面，对原材料、市场和劳动力的争夺导致西方各国之间的冲突增多，另一方面，大量从殖民地掠夺来的财富使国家内部的贫富分化加剧，并引发多次经济危机。西方资本主义国家内外矛盾的不断积累，为两次世界大战的爆发埋下伏笔。第一次世界大战后频发的货币战和贸易战使各国经济动荡不安，第二次世界大战后建立的布雷顿森林体系则通过国际货币基金组织、国际

---

① "复合相互依赖"理论由美国学者罗伯特·基欧汉和约瑟夫·奈提出，其认为随着世界各国在政治、经济、军事、文化等方面相互依赖程度的日益深化，各国之间相互影响的情形普遍存在，这有利于减少战争和促进国际合作。参见［美］罗伯特·基欧汉、［美］约瑟夫·奈：《权力与相互依赖》，门洪华译，北京大学出版社2012年版，第4～7页。

② "中心—外围理论"(Core and Periphery Theory)由阿根廷经济学家劳尔·普雷比施(Raúl Prebisch)提出，该理论认为依据工业革命后资本主义世界经济体系的国际分工，占统治地位的发达国家占据"中心"地位，而发展中国家则居于"外围"，两者在经济结构上的巨大差异是构成它们之间经济不平等的主要因素。See Raúl Prebisch, Commercial Policy in the Underdeveloped Countries, *American Economic Review*, 1959，Vol.2.

复兴开发银行等国际组织和《关税与贸易总协定》(以下简称 GATT)等国际机制维持了战后经济格局的稳定。由此可见,两次世界大战的爆发都源于无政府状态的经济竞争,而战后联合国的建立及其推动的布雷顿森林体系则促进了国家间的经济合作和政治合作,有效地缓和了国家间矛盾,进而维护了国际社会的和平与安全。在经济全球化背景下,新自由制度主义的"复合相互依赖"理念也奠定了国际组织发展的思想基础。尽管美国主导的布雷顿森林体系在两极政治对立中逐渐趋于崩溃,但其建立的两大经济组织仍然发挥着重要作用。可见,单边的经济体系无法适应经济全球化的趋势,唯有通过国际组织进行国际经济合作和政治合作,才有利于实现全球经济的稳定发展。

20 世纪是国际组织的世纪,国际社会组织化的程度随着以联合国为核心的国际组织体系的形成而得以进一步加深。民族解放运动的兴起推动一大批发展中国家获得政治独立,它们在加入联合国后提出了建立国际经济新秩序的要求。在发展中国家的倡导下,联合国大会和经社理事会通过召开国际会议形成了一系列文件,①致力于改变原有不平等的经济格局。冷战后,和平与发展成为时代的主题。两次世界大战和冷战的惨痛经历也使各国认识到和平与安全的重要性。国际组织日益成为解决区域性问题和全球性问题必不可少的平台。随着经济全球化和政治多极化的趋势加强,生产、投资、金融的全球化和跨国公司的兴起使得各国之间经济相互依存、相互联系。原有适应两极格局的国际组织寿终正寝,一批新的全球性经济组织不断涌现并发挥着巨大作用,1995 年建立的世界贸易组织(以下简称 WTO)取代 1947 年的 GATT 机制成了世界三大经济组织之一,国际经济体系逐渐朝着公平合作的方向发展。然而,进入 21 世纪以后,经济全球化的负外部性导致的主权国家之间的发展不均衡,造成了不同国家之间悬殊的贫富差距,公平发展和实质平等成为国际组织的重要关注点,联合国千年宣言也提出了消除极端贫穷、实现可持续发展的目标。发展问题、资源危机、人权问题等全球性问题威胁到整个人类生

---

① 这些文件包括 1960 年《关于给予殖民地国家和人民独立的宣言》、1962 年《关于天然资源之永久主权宣言》、1964 年关于成立联合国贸易和发展会议的决议、1966 年关于成立联合国工业发展组织的决议等。参见梁西:《梁著国际组织法》,武汉大学出版社 2011 年版,第 171 页。

存和发展的共同利益,①经济全球化进程从客观上给国际组织提出了挑战,国际组织也需要发展和改革以适应不断变化的国际现实。在国际组织的发展进程中,全球经济格局的变动和需要推动了国际组织的崛起和变革。国际社会组织化是经济全球化下国际社会的发展趋势,各国也逐渐认识到国际组织的重要性,并使其沿着公正、安全的方向继续发展。

国际法是主权国家的意志协调,国际组织也是国家通过国际会议谈判和国际条约制度派生的国际法主体。国际贸易的发展与国际和平的维护都依赖于各国坚持国际合作原则,并善意履行其国际义务。国际人道法对战争的规制与经济全球化的深化都使主动的国际会议、条约缔结以及被动的和平解决国际争端成为国际关系的常态。国际法的原始性决定了国际法的开放性,而这种开放性在于其主体向国际政治开放。在任何原始的自然状态下,行为者的主体地位都渊源于其社会性和政治性。在本能的政治斗争或协商中,法律的主体性及其行为能力才得以确立。国际组织的派生性和超国家性的此消彼长在某种程度上是大国政治和小国政治博弈的结果,这也意味着在人类社会的一体化过程中国际法的主体变迁深刻体现了大国政治和国际法治的互动。

(二)政治和法律互动逻辑下的国际法主体变迁

政治与法律存在辩证的互动关系:政治是法律的基础,法律的制定和实施又受政治的影响。亚里士多德曾说过人是政治的动物,②人的本质就是对公共政治的参与从而实现人的主体性和社会性。在国内法之中,政治是社会共同体的成员实现其利益的一种社会关系,但这种社会关系具有不稳定性并引发了政治斗争,人们在社会群体中追求安全和秩序的需要促使了法律的诞生,法律通过建立起权威性的规则体系对于保障共同体的稳定、消解政治权力的刚性有着重要作用。③ 随着人类文明的发展,人们逐渐产生了对民主和法治的共识,政治和法律得以通过民主和法治进行互动。民主政治以多数票决的选举制度为基础,而法律则是大多数人意志的体现,这使得法律和政治在一定

---

① 美欧发达国家通过金融资本操控世界经济及国际贸易及其奉行的单边主义和强权政治导致全球贫富差距明显。2017 年全球有 40 个国家及地区人均 GDP 超过 2 万美元,另有 40 个穷国人均 GDP 低于 2000 美元,贫富国家的人口数相差 4 倍,收入则相差 10 倍。参见环球网:《全球贫富差距拉大带来权力失衡?》,https://baijiahao.baidu.com/s? id ＝1678755589339751441&wfr＝spider&for＝pc,下载日期:2020 年 9 月 25 日。

② [古希腊]亚里士多德:《政治学》,吴寿彭译,商务印书馆 2009 年版,第 7 页。

③ 周祖成:《法律与政治:共生中的超越和博弈》,载《现代法学》2012 年第 6 期。

程度上具有同质性。同样在国际法的语境下,国际社会主体之间的政治活动和交流随着全球化进程的加深而日益频繁,但政治的动态性和不确定性损害了政治斗争成果的稳定性。因此,当经济全球化进程中市场要素的自由流动所需稳定的秩序和安全无法通过政治获得时,国际社会对原始秩序和后续正义的追求便促使国际法治成为必然发展趋势。在政治和法律的互动逻辑下,国际政治为国际法塑造了主体性和价值,国际法也受到了国际政治的制约。

主体是法律关系的根本要素。从某种程度上来说,任何法律体系的历史演进都是一部法律主体的发展史。自然人是国内法的天赋主体,但并非所有的自然人自始就具有法律上的主体资格。在古罗马法中,奴隶因不具有公民身份而无法取得法律上的主体资格。在法国大革命之后,各国开始颁布释奴法案,奴隶才获得法律主体地位。随着生产力水平的提升以及社会关系的复杂化,国内法主体的范围也逐渐得以拓展。商品经济的发展推动了法律主体从自然人到合伙和法人再到非法人组织的演变,也促进了以法律主体为划分标准之不同法律部门及其规范的发展。从奴隶的主体性解放,到封建臣民和现代公民制度的形成,社会基础和政治变革使所有自然人的政治地位逐渐法律人格化,民主的历史演进实质上是"恶法亦法"迈向"善法良知"的过程,它实现了民主和法治的良性互动。在国际社会,原始的国际法首先通过国际政治形成,随后确定了国际法的自然法基础。国际法的主体对国际政治开放,国际法主体的变迁实质上源于国际关系主体的法律人格化。近代以来,主权国家是国际法律秩序中的"天赋"主体,它类似于社会契约中的自然人,国际法的法理话语和价值建构都以国家意志或主体性为立足点和出发点。在经济全球化和国际社会组织化过程中,国际法的双重法理①在大国政治和小国政治的外交博弈中影响了国际法主体的变迁并促进了实证国际法的发展。殖民体系的瓦解和民族解放运动都确立了大部分民族国家的政治地位,而非武力的外交谈判和条约缔结都促进了国际关系的和平化与民主化进程。民族国家既是国际社会的基本政治单元,也是国际法的天赋主体,而国家主权权力和权利的双重属性预示了大国政治和国际法治的共时悖论和历时互动。

---

① 国际法的历史一直贯穿着两条主线:一是大国的权力政治在不断地沿着"恶法亦法"的逻辑塑造实证法;二是自然法以其普适性适用于国际关系及其行为主体国家。这两条主线可以客观地视之为国际法的双重法理。参见江河:《海洋争端的司法解决:以大国政治和小国政治的博弈为路径》,载《社会科学辑刊》2019年第5期。

国际法最主要的特征是原始性和开放性,这使其法律体系的发展受国际政治特别是大国政治、经济全球化以及多元民族文化的影响。作为近代国际法和国际关系体系的开端,威斯特伐利亚和会开创了通过国际会议解决国际争端的先例,并通过国家主权平等原则确立了民族国家的国际法主体地位,为国际法与国际政治的互动奠定了社会基础。随着国际社会的发展和国际格局的演变,国际法主体从最初的仅限于文明国家,沿着土耳其的地缘政治和文化分野拓展到亚非拉等非基督教国家。在 20 世纪的民族解放运动中,更多的发展中国家获得政治独立,其法律主体地位得以确立并日益增强,这也改变了国际社会的政治格局。同时两次世界大战也使国际社会趋向于组织化,从最初的国际会议到国际联盟再到联合国,国际组织成为从国家中派生出的国际法主体。① 人权的国际保护经历了从个人人权到集体人权的发展,特定情形下的个人成为国际法的主体,国际法的主体日益多元化。国际法主体的变迁伴随着国际法发展的整个过程,国际政治从霸权政治转向大国政治最终朝着民主法治的方向发展,国际法也朝着公平正义的方向发展。面对单向度全球化所导致的非传统安全危机,国际社会的组织化与主体的多元化,特别是国际组织的兴起,不仅是国际社会一体化过程中的必然发展趋势,更是应对霸权政治挑战和实现民主政治的必然选择。由此可见,国际政治主体间的博弈促进了国际法的发展,而现实的国家实力因素和对于自然法价值的追求导致了国际法主体的变迁。在政治和法律的互动过程中,国际组织成为追求主体间实质平等的重要机制和平台。从形式平等到实质平等,国家主权的外在实践逐渐体现了国家在政治和法律上的主体性强化,权力属性也为权利属性所规制,这种实证权力到自然权利的历史发展规律为认识单向度全球化背景下国际组织的合法性和实效性提供了理论框架和政治基础。

(三)国际组织的合法性危机和实效性挑战

在国际社会组织化的进程之中,国际组织不仅是国家意志协调得以实现的国际平台,也是国际政治制度和国际法律制度互动的重要载体,它体现了大国政治与国际法治之互动。作为国家间的组织,国际组织派生于主权国家。根据主权平等原则,不同国家在国际组织中的决策权也应当是平等的,但沿着国际政治和国际法的互动逻辑,国际组织的发展必然会受大国政治的影响。

---

① 江河:《"发展中国家"的主体性及其软法化:以国际组织为视域》,载《社会科学辑刊》2021 年第 6 期。

因而国际组织之现实困境主要体现在政府间国际组织的合法性①与实效性遭到了霸权主义的威胁,动摇了其开展活动的基础。在致力于全球公共目标的国际组织中,代表性与责任性等方面的不足造成了国际组织的"民主赤字"和制度缺陷,②面对国际公共安全问题,尤其是突发性公共安全危机,国际组织显示出"无力感"。究其缘由,单向度全球化导致的不公平发展以及政治霸权影响了国际组织的运作,使得国际组织制定的规则无法代表大多数国家的利益,也难以获得国家对于国际组织决策的认同和有效实施。

国际组织的合法性主要来源于国家的主权让渡。③ 由于国际社会的平权结构,并不存在一个权威的中央政府,国际组织也不是凌驾于国家之上的机构,西方主导的经济全球化所造成的发展不平衡引发了国际组织的合法性危机。随着新自由主义的兴起,西方资本主义国家借由向国际社会提供公共产品之由输出其意识形态和文化霸权,国际组织也受其影响。在经济全球化发展初期,新自由主义和"复合相互依赖"以及国际社会的组织化有利于实现国际社会的消极和平。但随着跨国经济活动负外部性的日益凸显和发展鸿沟的日益扩大,全球化的单向度性削弱了国际组织的合法性和实效性。在全球的国际组织体系中,国际经济组织在国际政治和国际法发展中发挥着主导作用,而追求国家之主体间性和主权国家之实质平等的国际组织则被边缘化。在国际组织内部,代表大国政治的执行机构在现实的组织运作中超越了代表小国政治的全体代表机构。WTO 的非歧视原则旨在通过消除贸易壁垒,实现国际经济市场中不同国家之商品的平等待遇,但西方国家通过新自由主义主导

---

① 合法性是一种品质,它可能存在于正式的组织,非正式的制度及时间,或者特定的规则及特定的个体。参见[美]伊恩·赫德:《无政府状态之后:联合国安理会中的合法性与权力》,毛瑞鹏译,上海人民出版社 2018 年版,第 8 页。

② 刘贞晔:《国际政治领域中的非政府组织:一种互动关系的分析》,天津人民出版社 2005 年版,第 191 页。

③ 关于国际组织合法性的来源,不同学者有着不同的看法。例如,大国的支持以及国家和民众对权威的"认可"、"同意"与"服从"是国际组织合法性的来源。参见刘贞晔:《国际政治领域中的非政府组织:一种互动关系的分析》,天津人民出版社 2005 年版,第 189~190 页。国际组织的合法性源于国家及其责任范围。参见[法]让-马克·柯伊考、刘北成:《国际组织与国际合法性:制约、问题与可能性》,载《国际社会科学杂志(中文版)》2002 年第 4 期。在国际政治研究中,国际组织的合法性源于组成该组织的成员国政府的合法性。参见王明进:《欧洲联合背景下的跨国政党》,当代世界出版社 2007 年版,第 281 页。

了 WTO 法律体系的运行，自由贸易和商品平等构成 WTO 法律秩序的哲学基础，其所导致的国家之间的非公平发展与国家主权之间的实质平等原则相背离。国际社会的发展鸿沟及其导致的国家间政治对立引发了 WTO 非歧视原则和联合国的普惠制的冲突，普惠制在实践中形同虚设。在西方新自由主义的支配下，国际市场的盲目性和全球经济活动的负外部性，导致了一系列经济发展、环境、安全等国际性问题。尽管参与并推动全球治理会使大部分国家受益，但采取行动的国家本身要付出一定的成本，享受经济全球化发展红利的发达国家未能承担起大国责任，这进一步阻碍了面临全球风险时的国际协作，国际组织也难以发挥应有的作用。

国际组织的实效性危机体现在其程序和制度受到政治霸权的影响。西方主导的国际经济秩序也决定了国际组织必然受到其政治霸权的支配，这在国际组织决策的民主性和透明度问题上尤为明显。在国际货币基金组织和世界银行中，小国的投票权较少，只能组成若干选区并推选一个代表。WTO 虽然采用一国一票制，但其会议往往由大国主导和参与，大国和小国之间的发言权和地位长期失衡。经济实力相对较弱的中小国家更多的是被动接受或是参与，其利益和诉求无法得到满足，与经济发达的大国也难以达成共识。这就导致实际上国际组织的决策更多地体现了部分大国的意志，国际组织的合法性和实效性都遭到削弱。在面对全球性的环境、资源、人口危机时，全球治理方案和法律规范的缺乏使部分发达国家出于利益考量而选择转嫁危机，在全球治理过程中搭便车现象也频频发生。国际组织的正常运作有赖于各缔约国对其章程及相关条约、协定的遵守，主权国家对国际组织的退出则直接影响了其运作的实效性。尽管在特定情形下，对国际组织的退出体现出了国家主权的意志，构成合法的国家行为，但个别国家秉承国家利益至上而频繁退出国际组织或国际条约，在事实上损害了国际组织的实效性。这在国际法的实践中体现为美国接连的"退群行为"，其奉行例外主义和单边主义，对国际秩序的塑造产生了不利影响。此外，也有一些发达国家通过控制或干涉国际组织的行为实现其霸权主义和强权政治，这种大国政治实质上缺乏公民政治或民主政治的合法性支持。

二、国际组织主体性的法理分析及实践逻辑

国际组织的迅猛发展构成国际社会组织化的重要表征,但随着全球化进程的加深与国际格局的演变,国际组织面临的合法性危机和实效性挑战也日益凸显。从主体论的视角探析国际组织的发展历程、本质属性及其法律实践,有助于进一步完善和发展国际组织的法律制度,以使其宗旨和目标在新的时代背景下得以实现。国际组织的历史演进揭示了其社会基础、原始形态以及未来的发展方向。生产力的发展与科技的进步加深了国家之间的相互依存,为国际组织的发展提供了契机,从国际会议到国际组织的形态演变也体现了国际组织发展的历时必然性。作为主权国家利益协调与国际合作的重要平台和机制,国际组织对国际关系和法律秩序产生了重要影响。然而,经济全球化的负外部性和霸权主义威胁对国际组织提出了挑战,国际组织的法律属性决定了其作为派生性的国际法主体与主权国家间的辩证统一关系,如何处理主权国家和国际组织之间存在的矛盾以应对这些挑战成为亟待解决的现实问题。欧盟和联合国法律制度及其实践的比较分析对国际组织的危机应对具有一定的启示作用,国际组织制度中的实质平等和正义的实现是其合法性和权威性基础,而自然法之正义价值和民主政治的实现应当是国际法未来的发展方向。

(一)国际组织的历时演进和共时互动

国际组织的发展过程也是其主体性不断增强的过程,从早期临时性、议题导向的国际会议,到近代常设性、技术性的国际行政联盟,再到现代结构完善、职能广泛的国际组织体系,国际组织在历时和共时演进中逐渐成为重要的国际行为体,并有效地维护了国际社会的和平与发展。就历史起源而言,国际组织的产生与国际会议密切相关,国际会议被视为现代国际组织的一种原始形态。以威斯特伐利亚和会为起点,大规模的国际会议成为各主权国家和平解决重大国际问题的主要形式,[①]国家间协作的范围和程度都得到了极大的扩展和增强。随着国家间交往的频繁化,日趋复杂的国际关系促使国际会议逐渐形成连续稳定的组织制度,定期组织会议及其制度经验为国际组织的产生

---

① 梁西:《梁著国际组织法》,武汉大学出版社 2011 年版,第 19 页。

奠定了历史基础。在某种意义上,国际组织就是国际会议的常设化和机制化。国际会议不仅为国际组织的形成提供了历史合法性渊源,也始终贯穿于现代国际组织的日常运作之中,并现实地影响着国际组织的运行机制及其实效。通过制度化的组织形式,国际会议得以以不同的形态存在于国际组织的框架结构之中,持续一百年的"欧洲协调"①成为国际联盟行政院和联合国安理会的蓝本,而两次海牙和平会议则为国际联盟和联合国大会制度的建立奠定了基础。② 早期国际会议到国际组织的发展过程使国际组织的主体性得到了强化,而国际会议在结构形式、功能范围等层面的演进也使其成为现代国际组织的三大内部组织机构之一,即全体代表机构,该机构是国际组织的合法性源泉,决定了国际组织派生性和超国家性的此消彼长关系,并通过国际组织内部机构以及与成员国间的共时互动影响了其主体性的实践。

在国际组织的历史演进中,其主体性随着国际组织的功能拓展而不断增强。在国际组织的萌芽阶段,早期的国际会议通常以国际安全为主要关切,解决战争遗留问题和进行政治权力再分配构成其主要任务。③ 进入 19 世纪,资本主义生产关系的发展和不断增长的国际协作需求,使得临时性的国际会议逐渐形成连续稳定的协商制度、固定的议事规则和工作程序,拥有常设机构的国际行政联盟的出现标志着国际组织进入初步发展阶段。国际行政联盟以专门性和技术性的国际合作为宗旨,往往涉及重大政治问题以外的行政事务,因此具有职能上的低政治性,但基于常设的组织形式以及广泛的专业门类和活动领域,国际行政联盟推动了国际合作的组织化和有序化,并作为现代国际组织的雏形在国际关系中发挥作用。20 世纪两次世界大战后都诞生了全球性、

---

① 欧洲协调是指拿破仑战争结束后欧洲列强以会议方式协商处理与欧洲有关的重大问题的多边外交机制,从 1815 年的维也纳会议开始一直到第一次世界大战爆发,在此期间除有 53 个国家及邦参加的维也纳会议之外,还召开过 1856 年的巴黎会议,1871 年及 1912 年的两次伦敦会议,1878 年及 1884 年的两次柏林会议,1906 年的阿尔赫西拉斯会议等 30 多次大型的国际会议。参见梁西:《国际组织法》,武汉大学出版社 1983 年版,第 27 页。

② Inis L. Claude, *Swords into plowshares*:*The Problems and Progress of International Organization*, 2nd ed., Random House Press, 1964. 转引自[美]西奥多·A.哥伦比斯、杰姆斯·H.沃尔夫:《权力与正义》,白希译,华夏出版社 1990 年版,第 351 页。

③ 参见李滨:《世界政治经济中的国际组织》,国家行政学院出版社 2001 年版,第 99 页。

综合性的国际组织,国际组织在数量上的迅速增长和组织结构上的进一步完善,意味着其进入成熟发展阶段。这一时期国际组织的职能范围由技术行政性逐渐扩展到以政治和国际安全为中心的综合性领域。第一次世界大战后建立的国际联盟更倾向于维护战后的和平与稳定以及保持均势,在一定程度上维持了国际社会的消极和平。① 与国际联盟相比,联合国的集体安全制度在平衡大国力量、制止武装冲突等方面发挥了更为显著的作用。更为重要的是,随着第三世界的崛起、冷战后两极格局的解体以及经济全球化的深入发展,世界形成了多极化格局,发展困境与非传统安全问题的逐渐凸显促使联合国的作用进一步加强,联合国体系的职能范围和协调功能得以进一步扩大和增强。国际社会中数量庞大的国际组织形成了以联合国为中心的协调体系,这使国际组织在促进"积极和平"和构建新型国际政治经济秩序方面的功能愈加凸显,以联合国为核心的国际组织成为国际社会中不可或缺的重要行为主体。

就国际组织的共时发展而言,其主体性主要体现于国际组织内部机构间以及与其成员国间的互动过程中。现代国际组织的基本结构主要由全体代表机构、执行机构和秘书处构成。全体代表机构由组织的所有成员国代表组成,往往表现为全体会议的形式,它具有组织的最高决策权能,通过所有国家一律平等的原则和一国一票、多数通过的表决机制,体现了民主之大多数的集体意志;执行机构一般由最高权力机关推举的少数成员国代表组成,它具有一定的决策权力和行动能力,通过常设机制或定期会议确保全体代表机构决策的有效性;而秘书处作为常设机关主要负责处理日常行政技术事务和从事协调活动,并无决策权能。这种国际组织的三足鼎立结构可以追溯至国际行政联盟,而其中全体代表机构与历史上的国际会议具有同源性。全体会议成员国的普遍性、平等性和表决制度的民主性,早已体现于两次海牙和平会议之中,② 而执行机构通常采取的加权表决制,尤以联合国安理会的一票否决权为典型,则可在"欧洲协调"的大国一致中找到历史渊源。国际组织结构不断完善和发展的过程使其得以更为广泛的权能在国际事务中发挥作用,尤其是三足鼎立结

---

① 尽管国际联盟因其决策机制的缺陷而以失败告终,但作为首个具有广泛职能的全球性国际组织,它在存续期间仍在解决国际争端及各类社会问题上发挥了巨大作用。

② 国际会议经历了从双边到多边的发展过程,早期国际会议主要存在于欧洲发达国家,直到海牙会议才超出了欧洲,逐渐扩展到亚洲和美洲的部分国家,因而显示出一定的世界性。同时,海牙会议规定参加国一律享有平等的表决权,小国首次取得与大国的同等地位。

构的形成使其在趋向民主的同时也具有较强的执行力,这有效保障了国际组织宗旨的实现,强化了其在国际关系中的主体地位。然而,在国际组织的现实发展中,三大内部机构间的权力失衡或将导致国际组织的实效性降低,这也将影响其主体性的实现。究其根源,国际组织内部机构间的博弈与互动取决于其成员国的主权实践。国际组织的派生性决定了其合法性渊源于成员国的权力让渡和意志协调,全体代表机构的会议制度也成为国际组织与成员国发生联系的纽带,不同成员国通过真正体现国家主权平等的大会及其决策机制推行其外交政策,而成员国在国际关系中的政治身份和现实利益差异则可能导致国际组织内部机构间的对立。在实践中,这种对立往往源于发达国家与发展中国家之间巨大的实力差异和利益冲突。更有甚者,特定大国可能出于国家利益而违反章程规定退出国际组织,这时国际组织的超国家性受到国家主权的削弱,其主体性和超国家性因原始的派生性而随之弱化。国际法和国际组织都是主权国家进行国际合作的结果。国际法是国家意志的协调,其权利和义务关系体现于国际条约,而国际组织是国际会议制度和国际条约制度在国际合作上的机制化。国际组织都依其宪章而建立,对该条约的退出也构成对国际组织的退出。因此,国际会议、国际组织和国际条约都渊源于国家主权的行使和国家意志的协调,这决定了国际组织法律人格的派生性以及国际组织与国际法的关系;同时,也揭示了作为全体代表机构的大会在国际组织中的外在决定性作用,因为国家的意志协调或条约的缔结、修改和退出都决定了国际组织的合法性、宗旨和基本职责,进而也体现了国际组织的超国家性及其在国际法上的行为能力。因此,国际组织的大会具有内在和外在的面向,它是成员国意志和国际组织独立意志互动的体制基础。尽管对于大部分国际组织而言,大会的常设机构对内的权力无法与执行机构相提并论,但是由所有成员国代表参与的大会可以在国家主权平等的基础上就国际法上的所有事项达成一致,包括宪章的修改,甚至组织的存亡。国际组织大会权力的两种面向与国际法和国际组织之"国家间性"密切相连,当这两种面向合二为一时,国际法的性质和国际组织的法律主体性就会发生彻底的变革,就像政治性组织欧洲联盟及其所对应的欧洲联盟法一样。换言之,国际组织的大会或全体代表机构实际上就是主权国家之间政治和法律得以互动的平台,政治渊源于成员国的外交谈判之博弈,法律渊源于国家意志协调而成的国际条约,两者的互动也与国际法的双重法理和国家主权的双重属性相印证。

(二)国际组织的政治和法律属性

国际组织的主体性是通过政治与法律在历时和共时维度下的辩证互动予以界定的。法律源于政治,是民主政治立法或激进的政治革命的结果,这使政治主体在渐进的政治变革或阶级革命中获得法律人格;同时,法律主体的开放性也渊源于特定法域天赋主体的法律人格拟制权。在国际社会,国际法主体向国际政治主体开放,国际法的发展使政治主体性沿着国际法的双重法理演化出实证性权利,政治主体性和法律主体性得以互动。国际关系中政治主体性体现为主权国家和其他国际行为体政治地位的高低,法律主体性则体现为其法律人格的确立与实体和程序权利/权力的强化,政治主体性的增强通过民主立法和政治谈判促进主体实证法律权利的确认和实现。就国际组织而言,其政治主体性的强弱取决于它在国际政治关系中的地位及作用,法律主体性的实现则意味着其享有国际法主体资格以及参与国际法律关系的行为能力。1949 年的联合国求偿案和 1986 年《维也纳条约法公约》确立了国际组织在国际法中的主体资格。在其国际法律人格确立之后,国际组织宪章的"法定"权力、实现其基本宗旨的隐含权力及其内部机构之独立意志,都是其主体性得以拓展的基础。在历时的维度下,国际组织的主体性主要体现在超国家性的强化上,而这种特性所对应的权利资格和规制权力是以特定的国际政治关系为背景的,其合法性渊源于成员国之间的主权让渡或意志协调。国际组织是历史发展到一定阶段的产物,以主权国家为基础的多边体系形成后,国家间交往随生产力发展与科技进步而日益频繁,对于国际性常设机构及其协调功能的需求成为国际组织产生的先决条件。[①] 基于共同的政治理念或者国家利益诉求,各主权国家通过国际组织处理国际事务、协调国际关系,这使国际组织得以以一种集体的政治身份[②]参与国际关系的实践。在国际政治和国际法的互动中,国际组织的政治身份逐渐转化为抽象的法律人格,在这种政治主体性的法律转化过程中会形成规范性的国际法原则、规则和制度,进而对国际法律秩序产生重要影响。国际组织的政治身份和法律人格决定了其主体性具有政治

---

① 张丽华:《国际组织的历史演进》,载《东北师大学报》2003 年第 5 期。

② "身份"(identity)也被译作"认同",在哲学层面上,是指使某一事物成为该事物的因素。身份是随着社会交往建构起来的,温特曾从社会结构的角度,把身份分为个人或团体、类属、角色和集体四种。参见[美]亚历山大·温特:《国际政治的社会理论》,秦亚青译,上海人民出版社 2005 年版,第 282～288 页。

和法律的双重面向。正因如此，国际组织得以在国际政治和法律秩序的建构中发挥作用。

就政治属性而言，国际组织相对于国家的派生性决定了其政治身份的塑造依赖于国家主权的政治实践。作为国际社会的基本政治单元，国家以主权为其根本属性，国际关系的权力结构也奠基于国家主权，这使国际组织的政治属性通过国家主权的嬗变得以强化或削弱。国家主权自始就具有权力和权利的双重属性。在国内社会，国家主权表现为至高无上的政治权力，而在国际社会，基于威斯特伐利亚体系确立的国家主权原则，主权表现为自然国际法意义上的平等权利。然而，在无政府状态的国际社会中，国家主权的权力属性会从社会契约论的"天赋权利"中延伸出来。沿着现实主义的逻辑，国家不断追求权力和利益的过程导致了主权的权力嬗变，在实践中往往体现于大国政治对国际机制和国际组织的主导与支配。在经济全球化背景下，增强以经济实力为主的综合实力成为一国强化其主权的主要目标。大国通过攫取原材料、商品、市场资源来实现其国家利益，而小国则成为利益的牺牲品，由此导致的非对称性的经济依赖使大国的国家主权形成了国际权力的实质。随着全球化进程的加深和国际社会的组织化，这种经济层面悬殊的实力差距将溢出到政治领域并延伸至国际机制和国际组织中，进而为特定大国将其主权之平等权利嬗变为现实权力提供了制度基础。通过对国际组织议题设置、议事规则、决策程序和财政政策等的影响和控制，大国政治的权力面向深刻体现于国际组织的运作之中。在这种情形下，国际组织成为特定大国实现其主权权力嬗变的载体，国际组织的政治属性得以进一步增强。

就法律属性而言，国际组织的法律人格源自其政治主体性的法律转化。现实主义逻辑支配下国际组织不断增强的政治属性终将导致国际社会多重性的自然状态，这使实现国际政治合作以维护国际和平的"社会契约"成为必然，而以国际法为主要表现形式的国际"社会契约"，为国际组织的法律属性奠定了基础。国际组织本身蕴含的国际主义价值理念有利于推动全人类共同价值建构及其法律化，其政治实践的国际主义化也促进了由契约到组织的发展过程，增强了国际组织的超国家性。作为国际条约制度的机制化，国际组织赖以建立的宪章性文件直接构成了国际法的重要渊源。以联合国为例，作为全球性最重要的政治性国际组织，其宪章可以被视为最重要的造法性公约，在国际和平与安全领域对非会员国具有约束力。而国际组织运行过程中形成的法律文件也具有一定的国际法意义，如国际法院的判决以"确定法律原则之补助资料"在国际司法实践中发挥了重要作用。同时,国际组织参与国际造法活动特别是组织文件的软法化,成为其法律主体性强化的重要路径。以联合国国际法委员会为主的国际组织直接或间接地参与了国际法编纂,并作为协调者甚至缔约主体促成了大量国际条约的缔结和生效,联合国大会的决议等国际组织决议也逐渐发展为新的国际法渊源,这都进一步推动了国际法的发展并增强了国际法体系的有效性。作为国家间意志协调的平台,国际组织为其成员国提供了制度性的协调框架和行为准则,不仅有效地弥合了不同国家间的政治差异和利益冲突,更通过其制度法律化推动了国际关系的法治化。在这一过程中,国际组织不仅构成国际法律关系的客体,也以规则建构者和实施者的身份参与到国际事务中,这使其法律主体性或在国际关系中的行为能力得以逐渐强化。作为现代国际社会的重要组成部分,国际组织对国际社会关系和法律秩序都产生了重要影响,随着客观的生产力的发展和国际关系的复杂化,国际组织的政治属性和法律属性也在不断互动。

(三)国际组织和主权国家之主体性博弈——联合国和欧盟的比较分析

国际组织主体性的具体实践主要体现于国际组织法律人格的形成、强化乃至终止的过程中,在政治与法律互动的逻辑下,主权国家与国际组织间的权力与权利博弈成为影响国际组织主体性实践的主要因素。作为派生性的国际行为主体,国际组织的合法性源于主权国家之同意,其主体性的发展与国家主权的强化呈现此消彼长的逻辑规律。在现代国际组织体系中,联合国和欧盟分别构成最具普遍性和一体化程度最高的国际组织,它们与其成员国间的主体性博弈因公民身份制度的差异而呈现出截然不同的结果。尽管经济全球化的发展促进了各国间的"复合相互依赖",国际法也从"共存国际法"转向了"合作国际法",①但单向度的经济全球化无法推动民主政治乃至法律的全球化。国际社会的无政府状态以及不确定性使得基于公民身份的国际政治共同体难以实现,国际法的实效性遭到了削弱。在社会一体化的必然趋势下,国际组织的主体性强化取决于基于公民身份制度的国际主义价值实现,这在联合国与欧盟的法律制度及其实践中得以深刻体现。

现代国际社会已经逐渐形成了以联合国为核心的国际组织体系。由于具有广泛的职能,且绝大多数国家和所有大国都是其成员,联合国在国际事务中

---

① 古祖雪:《国际法:作为法律的存在和发展》,厦门大学出版社 2018 年版,第 146～147 页。

发挥着极为重要的作用。然而，联合国国际组织的本质属性决定了其主体性实践受到成员国国家意志的影响，而联合国的法律制度及其组织机制构成了两者互动或博弈的制度基础。在联合国内部组织结构中，联合国大会以国际会议为主要组织形式，继承了前身国际会议之民主协商精神，采取一国一票制和协商一致的原则，可以讨论决定涉及联合国的任何问题。联合国大会代表了绝大多数国家的共同意志和共同利益，对于维护世界各国的自由和平等发挥了重要的作用。与联合国大会不同，执行机构安理会是实现联合国维护国际和平与安全之宗旨的主要机构，针对国际争端的和平解决、危及和平之情势的认定和消除等事项采取"大国一致"和"一票否决"的决策制度，在联合国各大机构中处于核心地位。出于对其前身国际联盟决策机制失败的反思和改进，安理会的大国一致原则具有一定的历史进步性，但由于缺乏如同联合国大会的合法性和民主性来源，特定情形下大国对于国家主权和国家利益的追求将导致安理会容易受到霸权主义和强权政治的影响。除此之外，安理会在面对破坏国际和平与安全的行为时可以采取一定的强制性行动，这在一定条件下体现了联合国的超国家性。这就暴露了联合国和主权国家之间的矛盾，即联合国一方面致力于实现"国家主权平等"之宗旨，另一方面又受到大国政治的影响并具有一定"超国家因素"的强制力实施的机构。

相对而言，尽管欧盟也是基于国际条约机制得以建立和发展的国际组织，但其在欧洲一体化进程中逐步凸显的超国家性特征使其具有更强的主体性。在成立之初欧盟内部也曾存在民主赤字，欧洲议会的立法权力较小，无法与欧盟理事会相抗衡，但欧盟通过两条路径使这种情况逐渐得到改善：一是变革传统主权，增强欧盟的主权特性；二是通过欧洲公民身份制度的建立和完善增强民主性。[①] 沿着民主制度法律化的逻辑，欧盟的主体性强化体现于其基础条约的演变过程中。从"条约"到"宪法性条约"再到"宪法条约"，《欧洲宪法条约》及其后《里斯本条约》的生效使欧盟最终成为一个超国家性的政治实体。尽管权力来源于成员国主权的让渡，但欧盟法相对于其成员国法律具有直接效力和优先性，立法过程类同于国内立法，而且随着欧洲议会的直接选举和立法权的逐渐扩大，欧洲联盟沿着公民政治的逻辑初步具备了政治共同体的主体性特征。欧洲法院对欧盟法的法律解释和价值表达进一步促进了欧洲共同体意识的法律化和公民身份认同的形成，而公民身份为社会正义的实现和对

---

① 江河：《欧盟法的内在化与外在化》，湖北人民出版社 2009 年版，第 52～53 页。

欧盟的政治认同提供了动力和基础。"欧洲公民身份是一种政治认同的表现，它的发展有助于欧盟层面上跨国民主与政治合法性的形成"[①]，这种政治认同以欧洲长久以来同质的宗教文化和历史传统为基础。欧盟公民身份的建立加强了欧盟与民众之间的联系，将自己的国民和欧盟其他成员国视为平等成员，削弱了政治意识形态差异，其背后还体现了多元包容的观点。

欧盟法的生命力在于其很好地结合了法律内在化和外在化，[②]但在国际社会中，世界文化多元导致了国际法正义价值的缺失，而"秩序价值"——国际和平与安全成为现阶段国际法的首要价值，这使得国际法缺乏内在化的基础。经济全球化时代，国际社会的"秩序价值"受到政治上的霸权主义影响，多重性的"自然状态"使得国际社会不得不重新思考正义价值的重要性，主权国家为基础的多元化主体之间的博弈也展示了正义价值才是人类社会演进的终极价值，欧盟法已然在一定程度上可被视为自然正义价值的国际实践。同时，由于国际社会的平权结构和不同国家之间的政治意识形态差异，国际社会难以形成权威的"世界政府"，这使国际法的发展缺乏政治基础。欧盟公民身份表示欧盟具备了政治共同体的原始特征，其建立和完善实现了欧盟法的外在化。在组织视角下，联合国大会构成主权国家实现自由平等协商的平台，其制度机制的民主性与国际公民社会相一致。沿着社会契约论的逻辑和人类主体性的发展路径，联合国扮演了原始的国际政治共同体的角色，推动了国际公民社会的萌芽。换言之，基于民主政治的联合国体系发展将推动国际公民社会的形成与国际法正义价值的实现，而全球风险社会中全人类共同利益的形成以及民族文化融合背景下的人类主体性强化为其提供了社会基础和民主动力。

三、全球风险社会下国际组织的发展路径和中国方案

随着全球风险社会的到来，国家间的相互依存关系愈发密切，国家和国际

[①] 李明明：《从移民安全问题看欧盟的公民身份制度》，载《同济大学学报（社会科学版）》2008 年第 5 期。

[②] 法律的进化有两种发展路径：法律的内在化和法律的外在化。法律的内在化也就是公民对法律的信仰化和法律自身的直接民主化；法律的外在化是指法律主体通过权利的让渡建立独立于任何个体的权力机构，从而以外在的强制力保障法律的实施。参见江河：《欧盟法的内在化与外在化》，湖北人民出版社 2009 年版，第 21～22 页。

组织的依赖关系也不断增强。国际组织数量的增多和职能的扩大表明其在国际社会上发挥着越来越大的作用。作为国际法的重要主体，国际组织的良性发展也代表了国际法的未来演进方向。由于国际组织派生于主权国家，其发展不仅取决于国际组织自身的合法性和实效性，也必然受到国际组织与其成员间互动关系的影响。作为现代国际组织体系的核心，联合国在维护国际和平与安全、实现国际协调与合作等方面发挥了重要作用。在新的时代背景下，联合国体系法律制度的变革，特别是其民主政治和国际法治的实践，将决定未来联合国的兴衰和国际法的实效。作为联合国安理会五大常任理事国之一，和平崛起的中国肩负着维护国际和平与安全、促进国际社会公平发展的历史使命和责任担当。面对百年未有之大变局和国际组织发展之困境，中国提出了建立在全人类共同利益基础之上的"人类命运共同体"理念，其被纳入了重要国际组织的文件和决议中，为国家的外交实践以及国际关系的长久发展提供了中国智慧和中国方案。通过"人类命运共同体"理念及其在国际组织中的外交实践，进一步提升国际组织参与权和国际事务话语权，不仅有利于中国以负责任大国的姿态推动国际合作以应对单向度全球化引发的全球风险，也有助于促进国际秩序朝着更加公平合理的方向发展。

（一）全球风险社会的理性选择：联合国体系的民主政治

早在 20 世纪，德国的乌尔里希·贝克和英国的吉登斯就对"风险社会"进行了探讨。贝克认为人类正处于一个风险社会之中，这对人类的生存与发展产生了威胁，因此需要行动起来，建立应对全球风险的"国际制度"。[①] 两次世界大战及美苏冷战的历史表明，"热战"和"冷战"都无益于国际社会的和平安全，唯有通过国家间合作才能实现持久的和平与发展。通信技术的发展和科技的进步使国家间的政治、经济、文化交流日益密切并紧密相连，逐渐加快的全球化进程推动了国际组织的产生、发展和变革，国际组织也成了国家间交往和合作的机制平台。对于主权国家而言，积极参与和利用国际组织有利于谋求更多的国家利益，并增强应对全球化风险的能力。随着联合国体系的日益完善及其功能的逐渐拓展，其权威性受到众多国家的认可，并形成了国家间行为的框架和准则，通过联合国宪章维护国家主权以及通过专门机构促进职能合作也成为各国追求共同利益和解决国际争端的重要路径。维护联合国体系

---

① 李惠斌、薛晓源：《全球化与公民社会》，广西师范大学出版社 2003 年版，第291 页。

的合法性和实效性并实现其良性发展,一方面,需要发挥其成员国的政治主体性以实现大国与小国之间的实质平等,另一方面,应通过普惠的全球发展治理实现发达国家和发展中国家的公平发展。

面对全球风险的冲击和影响,加强国家间合作与交流成为必然趋势。作为巨大"国际组织网"的协调中心,联合国的地位和重要性不言而喻。然而,联合国及其大多数成员国的主体性在特定政治国际事务中面临强权政治乃至霸权政治的挑战,其中以美国的单边主义和霸权政治为甚。例如在科索沃战争中,北约未经联合国授权就发动了对南联盟的轰炸,其后美国再次公然违背《联合国宪章》发动了第二次伊拉克战争。在这种情形下,联合国未能发挥其维护国际和平与安全的首要职能,甚至其决策机制经常为西方国家所滥用,联合国体系的实效性强化及其决策机制的变革迫在眉睫。只有将民主政治和全人类的共同价值内化于联合国体系的运行过程中,才能有效地增强其合法性和实效性。基于欧盟区域一体化的成功经验,联合国应当建立更为民主的政治协商机制,引领其成员国和其他国际行为体共同推动全球文明的融合与国际公民社会的萌芽。在联合国的组织机制中,具有大国特权面向的安理会否决权制度由于不符合国际法的民主平等原则而备受争议。尽管在特定的历史时期,安理会通过集体安全制度与大国一致原则维持了战后的和平与稳定,但随着国际社会的价值取向逐渐由"消极和平"转向"积极和平",联合国的重心逐渐向促进实质平等与普遍发展的方向倾斜,发展中国家地位的上升使得广大中小国家越来越反对大国滥用特权。历史和实践表明,过渡形态的大国政治具有一定的历史进步性。虽然霸权主义倾向的大国政治是国际法治的抑制因素,但是负责任的大国政治对于联合国主要宗旨特别是国际和平与安全的实现至关重要。实力均衡是国际法运作的社会基础。[①] 因此完全取消联合国安理会的大国否决权无益于国际和平与安全,何况国际组织的执行性机构一般由大国代表构成,从而保证其执行效率。在此背景下,应当通过联合国大会和安理会的辩证关系来限制安理会大国特权的范围和行使,提高联合国大会的地位和作用来降低否决权的消极作用。

21 世纪以来,和平与发展成为时代主题,传统军事安全威胁逐渐减少,非传统安全问题成为国际组织的关注重心,越来越多的国家要求国际组织履行

---

① L. Oppenheim, *International Law: A Treatise*, *Vol*.1, *Peace*, Longmans, Green and Co., 1905, p.73.

其宗旨和职能以实现国际社会的积极和平与共同发展。在现代国际组织体系中,全球性的国际组织大多是由大国主导建立和运作的,虽然新时代背景下国际格局的演变使国际组织内的权力结构发生了新的变化,大国在特定问题上需要作出一定妥协,但这并未改变发达国家在主要国际组织中占据主导地位的现实。当大国政治向霸权主义倒退时,这些国际组织的运作往往也会受到政治霸权的影响。随着"二战"后发展中国家地位的提升,"发展问题"成为事关国际经济秩序发展的重大问题。民粹主义的兴起和贸易保护主义抬头也使得联合国创立的普惠制名存实亡,发达国家和发展中国家的矛盾愈发激烈。作为联合国体系发展机制的重要构成部分,世界银行集团、国际货币基金组织等专门机构对国际经济秩序的建构发挥着重要作用,但其制度的建立和发展却难以摆脱美国"话语霸权"、"议题设置"和"程序霸权"的影响,发达国家与发展中国家的不对等地位使联合国的普惠制无法导向政治主体性的平等,这阻碍了公正合理的国际新秩序的建立。在全球风险社会中,应以全人类共同利益为出发点,摒弃国家利益导向的政治霸权,通过在联合国体系中建立导向民主政治的组织机制来实现大国政治和小国政治的良性互动,从而以发达国家和发展中国家的公平发展推动全球经济秩序的变革和重建。

(二)国际组织发展的中国方案:以人类命运共同体理念为基础

随着单向度全球化负外部性的日益凸显,非传统安全威胁引发了人类共同的生存危机,也促成了全人类共同利益的形成,为此各国必须协同合作,摒弃国家间关系中一方受益必然导致一方受损的"零和博弈",转向以合作实现共同利益的"猎鹿博弈",通过国际组织机制的有效运行应对全球性风险和挑战。作为推动国际社会实现全球化良性发展的重要行为体,国际组织不仅应提供国际合作公共产品以解决具体的全球性问题,更应积极推动全球化的多向度、多维度发展,从根本上改善单向度全球化的消极后果。只有在民主基础上形成政治、经济和文化三重互动的多向度全球化,才能充分发挥民主和法治的社会整合作用,而这种经济全球化向政治、文化乃至法律全球化的溢出,有赖于全球性和区域性国际组织在全球化、地方化与区域一体化互动中的协调机制和制度保障。作为当今国际体系的后来参与者,中国在应对全球性挑战、推动全球治理变革中发挥了应有的大国担当。以联合国为核心的国际组织体系不仅构成中国参与国际事务、实现和平崛起的重要途径,也是中国作为"负责任大国"推进全球治理和国际法治互动的主要平台。通过国际组织的公共外交,中国逐渐推动"人类命运共同体"理念成为国际社会的价值共识,这一理念与联合国的基本宗旨也相契合。以全人类共同利益为出发点,人类命运共同体理念在国际组织的实践中进一步强化了人类的主体性,有利于在新的时代背景下有效应对全球公共安全危机。

人类命运共同体理念对于国际组织的可持续发展具有价值形构作用。近代民族国家的兴起和新自由主义思潮的发展,使西方中心主义文化观在国际价值秩序建构中占据主导地位。在经济全球化进程中,西方发达国家通过文化霸权向其他国家尤其是落后的发展中国家输出其价值观,但所谓的普世价值并未解决全球化的消极影响。美国主导的全球治理体系正逐渐暴露出其局限性和不公正性,西方新自由主义在逆全球化浪潮中日益失去其价值建构功能。面对全球性的非传统安全威胁,人类命运共同体理念以人类共同利益为基点,为全球安全合作机制的建构提供了价值基础,极大地促进了国际安全共同体的形成。以普遍安全为基本前提,实现和平、发展、公平、正义、民主、自由的全人类共同价值,有赖于人类主体性的强化和人类共同体的多元价值融合。世界文明与民族文化承载了人类的价值资源,而人类命运共同体理念对文化融合的促进作用有利于实现人类价值的共同化和普遍化。作为文化融合的必然前提,协调多元文化包含了两个维度:一是包容互鉴,实现多元文化的融合;二是平等互利,避免文化霸权主义。人类命运共同体理念在尊重国家主权的基础上主张大国与小国之间的平等对话,强调通过和平方式解决国际争端,并在终极价值上否定和拒绝"霸权",推动了人类价值由消极和平到积极和平、由形式平等到实质平等的转向。"人类命运共同体"所蕴含的协调多元文化的文明观具有极大的包容性,它主张通过求同存异、兼收并蓄的文明交流,在文化多样性中追求人类的主体性,因而克服了"文明冲突论"的局限,弥合了"普世价值"对其他文明的消解。以安全共同体为基础,以文化共同体为路径,人类命运共同体理念在人类主体性的强化过程中推动了全人类共同价值的构建,为国际组织的发展提供了根本的价值正当性。

与西方新自由主义强调个人权利本位不同,人类命运共同体理念从全人类的视角提出了人类集体人权思想,[①]在国际组织的外交实践中,通过发展权、和平权、环境权等集体人权的实践推动了人类主体性的法律化过程。面对人类共同的生存危机和人权挑战,以美国为首的西方国家主导的国际人权治

---

① 廖凡:《全球治理背景下人类命运共同体的阐释与构建》,载《中国法学》2018 年第 5 期。

理体系难以摆脱霸权政治的消极影响,无法有效实现国际人权的保护。中国则以大多数国家人民的利益为出发点强化了集体人权的理念,通过集体人权和人类命运共同体理念的外交实践丰富了国际法的主体论,以国际组织为制度基础实现了人类主体性的国际法话语建构功能。作为和平崛起的新兴大国和世界上最大的发展中国家,中国既勇于承担负责任大国之担当,积极促进国际合作与交流并为国际社会提供"国际和平与安全""公平发展制度"等公共产品,也始终坚持发展中国家的立场,反对霸权主义和强权政治,致力于推动实现各国人民的平等权和发展权。随着中国在国际组织中的地位逐渐提升,中国始终坚持在联合国体系下维护和实现《联合国宪章》的宗旨和原则,通过"人类命运共同体"的特色外交实践担当起负责任大国的历史使命。在和平与安全问题上,中国积极履行了作为安理会常任理事国的大国责任,尊重当事国国民的生存权和发展权,并坚定不移地支持和参与联合国维和行动,为维护世界和平作出突出贡献。针对发展问题,中国以维护广大发展中国家的利益为基本立场,主张联合国框架内的国家间公平合作和共同发展,谋求公正合理的国际经济新秩序。在环境问题方面,中国提出"双碳目标"以应对全球气候变化,积极参与并推动制定生物多样性保护、海洋环境与资源保护、荒漠化防治等一系列国际环境合作制度和规则,并成立"一带一路"联盟以加强区域环境保护合作的机制化建设,为解决全球和区域环境问题作出努力和突出贡献。从已有的外交实践来看,中国在双边、地区、全球层面都践行了构建人类命运共同体的倡议,在联合国体系内推动了以和平权、发展权和环境权等为内涵的集体人权的发展。人类命运共同体理念超越了西方自由主义的人权观,通过集体人权在国际组织中的发展和实践,为人类主体性的法律转化提供了价值指引和内在动力。

结　论

国际组织的发展是一个漫长的历史过程,现代国际组织已然成为维护国际和平与安全,促使各国加强合作与交流共同应对风险的重要平台。但面对全球公共安全问题和风险社会的挑战,国际组织的现实困境逐渐暴露出来,霸权主义和强权政治影响了其合法性和有效性,进一步削弱了国际法的实效。联合国作为世界上最大的综合性国际组织,自然肩负起了和平与发展的时代使命。欧盟在区域一体化的成功经验对如何在联合国体系下实现《联合国宪章》的宗旨、通过国际会议实现民主协商具有一定的启示。文明的冲突与公民身份的缺失是国际社会冲突与合作并存的根本原因,而民主政治则是国际政治的发展方向。基于国际政治和国际法的互动关系,国际法应追求和体现主权国家之间的实质平等和全人类共同价值。人类命运共同体理念立足全人类共同利益,不仅成为中国外交实践的方针与准则,其中的"人类主体性"和"命运共同体"思想也为国际法的本体建构提供了行动理念和法律价值。世界因多元文化而精彩,人类命运共同体理念中包容多元文化的思想内涵促进了中西方文化的交流,有助于促进自然法之正义价值的复兴。中国通过"人类命运共同体"理念及其负责任大国的外交实践,致力于实现大国与小国之实质平等,可为国际组织提供不竭的政治动力并增强其合法性。

(本文责任编辑:邹义风)

The Subjectivity Evolution of International Organizations: a Perspective of Interaction between Politics and Law

Jiang He   Chang Pengying

Abstract: The evolution of the intension and extension of any legal system is essentially the history of its natural subject's political identity and legal personality, which reflects the historical practical logic of human sociality, and also reveals the dialectical relationship of the unity of opposites between politics and law. In the objective trend of the integration of international society, the subjectivity of global comprehensive international organizations will determine the essential characteristics of the international legal order and its systematic evolution. The interaction between the subjectivity of international conferences and that of international organizations in the diachronic and synchronic dimensions promotes the formation and strengthening of the legal personality of international organizations. However, the sovereign state's position as a natural subject of international relations and the significance of the principle of sovereign equality legitimize the formation, development and termination of the legal personality of international organizations through will-coordination by means of international conferences. A comparative analysis of the legal systems of the European Union and the United Nations shows that the citizenship will determine the outcome of the subjectivity game between sovereign states and international organizations. In the global risk society, the diplomatic practice of the conception of a Community with a Shared Future for Mankind will politically contribute to the development of the legal personality of international organizations and their competence of regulation, and enhance the legitimacy and effectiveness of their legal systems.

Key Words: international conference; international organizations; political identity; legal personality; natural subject

论条约效力根据的三重性[*]

包运成[**]

内容摘要：条约的效力根据问题是国际法学者长期争论的一个重要问题，但是至今尚未得到一致认可的意见，这难以适应国际法治建设的需要。维护条约的权威和尊严，增强国际社会对国际法治的信心，推进全球治理，保障"一带一路"倡议的落实和人类命运共同体的构建，亟须厘清条约的效力根据。条约的效力根据具有三重性：条约的第一重效力根据是指国际法主体以同意或者认可的方式缔结了条约，条约的第二重效力根据是指条约符合社会发展规律，条约的第三重效力根据是指条约符合自然规律。条约的三重效力根据依次是决定和被决定的关系、反映和被反映的关系。

关键词：条约；效力根据；三重性

目 录

---

   * 本文系贵州省哲学社会规划项目"构建'一带一路'命运共同体的法律保障研究"（立项编号：18GZYB50）阶段性成果之一。

   ** 包运成，贵州师范大学法学院教授，硕士生导师，法学博士。

绪　论

随着全球化的不断发展,国际社会交往日益频繁,国际社会融合程度不断提高,国际社会主体及其利益诉求多元化也日益发展,国际社会主体之间的矛盾和冲突也日益增多。这些矛盾的解决、冲突的协调,国际社会的和谐发展,亟须国际社会的法治化,但是国际社会至今远未达到法治化的程度,包括条约在内的国际法屡屡受到挑战,如美国 1983 年武装入侵格林纳达、1989 年入侵巴拿马、1999 年组织北约轰炸南斯拉夫、2003 年入侵伊拉克、2011 年军事打击利比亚、近年来空袭叙利亚等行为,都违反了《联合国宪章》等条约,使国际法治建设受到了巨大冲击,引发国际社会对国际法治的不信任。条约是当今国际社会重要的国际法渊源,维护条约的权威和尊严是当前重建国际社会对国际法治的信心、推进国际法治建设的重要工作,而厘清条约的效力根据,有助于人们更好地理解条约、遵守条约,进而促进条约权威和尊严的维护。

一、对国内外学者关于条约效力根据的观点评析

条约的效力根据问题是国际法的根本问题,也是国际法学者长期争论的

一个中心问题，[①]学者关于这一问题主要有以下几种观点：

一些学者否认国际法的法律性质，认为国际法不是法，条约等国际法没有法律那样的效力，国际法是由舆论确立的，国际法之所以得到实施、拘束其对象，在于社会道德的强制。[②] 持这种观点的人数极少，现在绝大部分学者都认为，包括条约在内的国际法是具有法律拘束力的。现实中，条约确实是一种调整国际社会关系的法律，并且大多数情况都是得到遵守的，[③]违反条约者常常并不承认它们是对条约的违反。

一些学者认为，国际法的效力根据在于"昭示着宇宙和谐秩序的自然法"，[④]自然法是符合理性的，绝对正义是自然法所追求的永恒价值目标，自然法是衡量实在法良善与否的标准。[⑤] 如果认为自然法"是对法的一种基本看法或一种法律观"，[⑥]而又将条约的效力归结于这样的自然法，那么这种观点就是不妥的，因为条约的效力根据应该是客观的，[⑦]将条约的效力根据仅仅归结于主观的"自然法"，最终将使条约效力根据成为虚无缥缈的东西。如果将自然法看作规律[⑧]是有道理的，因为，规律本身就是客观的，条约也应该符合规律，只不过规律分社会规律、自然规律，而自然法学者并没有讨论条约的效力根据是自然规律还是社会规律。

一些学者认为，条约的效力根据在于"条约是有拘束力的"这一习惯规则，

---

① 王铁崖：《国际法引论》，北京大学出版社 1998 年版，第 26 页。

② ［英］约翰·奥斯丁：《法理学的范围》，刘星译，中国法制出版社 2002 年版，第 226 页。

③ ［英］劳特派特修订：《奥本海国际法》（上卷）（第一分册），王铁崖、陈体强译，商务印书馆 1989 年版，第 10～11 页。

④ 《国际公法学》编写组：《国际公法学》，高等教育出版社 2018 年第 2 版，第 29 页。See DE Re Publica, transl. C. W. Keyes（Loeb Classical Library ed., 1928），BK. III. xxii. S. Pufendorf, *Elementorum Jurisprudentiae Universalis*, Washington D.C.: Carnegie Endowment，1931，p.165.

⑤ ［古罗马］西塞罗：《国家篇 法律篇》，沈叔平、苏力译，商务印书馆 2002 年版，第 158 页。

⑥ 严存生、郭军明：《自然法 规则法 活的法——西方法观念变迁的三个里程碑》，载《法律科学》1997 年第 5 期。

⑦ 中共中央马克思恩格斯列宁斯大林著作编译局：《马克思恩格斯选集》（第 1 卷），人民出版社 1995 年版，第 289 页。

⑧ ［法］孟德斯鸠：《论法的精神》（上），张雁深译，商务印书馆 1961 年版，第 4 页。

且这种拘束力是具有客观基础的。① 这一观点认为条约的效力根据具有客观性,是值得肯定的,但是将条约效力根据归结为条约具有拘束力这一习惯规则,是不妥的,因为这种主张并没有说明条约为什么具有拘束力。人们认为条约具有拘束力,并纷纷遵守条约,进而使得"条约具有拘束力"成为习惯规则,但是习惯规则也仅仅是一种规则,不能仅从规则中寻找条约的效力根据,而且不能从这一习惯规则中找到人们要遵守条约的原因。

一些学者认为,国际法的效力根据在于社会连带关系,因为当国际法被违反时,社会连带关系就会受到损害,而处于社会连带关系中的人们的权益因而受到损害,为了维护这种利益、维护这种连带关系,客观上就有必要对违反国际法者进行制裁,进而保障国际法的实施和国际法效力的实现。② 条约等国际法拘束其调整对象,当条约等国际法被违反时,确需国际社会力量来维护,而且国际社会也是相互关联的,特别是全球化背景下的国际社会,相互联系更加紧密。这种不是从主观而是从客观社会中寻找国际法的效力根据的观点是值得肯定的。但是,将条约等国际法的效力根据仅归结为社会连带关系,也是存在不足的,因为社会关系虽是关联的,但是社会关系也是复杂的,条约的效力根据是在于哪些社会关系呢? 即使是指一时的整个国际社会关系也不一定是适当的,因为某一个时间点、时间段的国际社会关系所影响的条约,并不一定符合社会发展规律、自然规律,因而不符合社会发展规律、自然规律的国际社会关系所影响的条约的效力,可能导向的是与国际社会发展相悖的结果,因此,这样的社会关系也就很难说是条约的真正的效力根据了。

一些学者认为,条约的效力根据在于"基础规范"③、"承认规则"④。这些"基础规范""承认规则"都是实在法律规范,将条约等国际法的效力根据限于实在法律规范范围之内,也是存在问题的,因为这些最本源的"基础规范""承认规则"究竟是什么,他们并没有阐述清楚,最终这些本源规则就成了看不见、

---

① [英]劳特派特修订:《奥本海国际法》(上卷)(第一分册),王铁崖、陈体强译,商务印书馆1971年版,第312页。

② [法]狄骥:《宪法论》(第一卷:法律规则和国家问题),钱克新译,商务印书馆1962年版,第138~139页。

③ [奥]凯尔森:《法与国家的一般理论》,沈宗灵译,中国大百科全书出版社1996年版,第477页。

④ [英]H.L.A.哈特:《法律的概念》(第2版),许家馨、李冠宜译,法律出版社2006年版,第89~104页。

摸不着、无法感知的虚无缥缈的东西,而且这些"基础规范""承认规则"的效力根据是什么也不得而知,故"基础规范""承认规则"也难以成为条约的效力根据。另外,条约等法的内容是由"物质生活条件决定的",①条约的效力根据也离不开客观物质世界,而不能限于规则之内。

一些学者将条约等国际法的效力根据归于"各国的意志的协调一致",②这种观点反映了条约主要是国家之间协调意志而形成的事实,但是通过意志协调一致而形成的条约,也并不意味着一定有效、具有拘束力,因为通过意志协调一致而形成的条约,其内容如果是合法、公正的,条约就是符合国际法原理的;如果条约内容是违反国际法基本原则的、不合法的,这样的条约就不应具有拘束力,这些被历史上的许多事例所佐证;历史上,一些国家意志协调一致订立的条约,擅自将第三国的领土划给另一方的条约(如 1938 年的《慕尼黑协定》),违反国际法的基本原则,这样的条约即使一时得到实施,但其效力最终将被否定。可见,即使条约是国家意志协调一致的结果,但国家意志协调一致并不一定就使条约具有拘束力,至少国家意志协调一致不是条约的最终效力根据。

有学者肯定"各国意志的协调"在条约效力根据中的重要作用,并主张条约的最终效力根据是国际社会规律。③ 这种主张是有进步意义的,因为条约大多是国际法主体意志协调一致的结果,国际法主体自主表达意志而订立条约,理应遵守条约;同时,各国际法主体的意志最终也受国际社会规律的制约。但是这种主张也不完善,因为条约不仅受缔约者一致意志和国际社会规律的制约,而且最终受自然规律的制约,自然规律是条约最基础的效力根据。

综上所述,现有的研究成果在一些方面揭示了条约等国际法效力根据的内容,但是对于条约等国际法效力根据问题的研究仍然难以满足社会现实的需要,在构建人类命运共同体、落实"一带一路"倡议的背景下,亟须解决保障命运共同体构建和落实"一带一路"倡议的法律问题,特别是条约效力根据这一根本问题。根据国际社会规律及条约本身来看,条约的效力根据具有三重性:一是国际法主体认可或者参与制定了作为法律的条约,二是条约符合社会

---

① 中共中央马克思恩格斯列宁斯大林著作编译局:《马克思恩格斯选集》(第 1 卷),人民出版社 1995 年版,第 289 页。
② 王铁崖:《国际法引论》,北京大学出版社 1998 年版,第 36 页。
③ 罗国强:《国际法的性质与效力依据:新视角下的再考量》,载《浙江社会科学》2009 年第 3 期。

发展规律,三是条约符合自然规律。这三重效力根据不是平等并列的,而是由浅入深、逐步递进的。

二、条约的第一重效力根据:国际法主体以同意或者认可的方式缔结了条约

(一)国际法主体缔结了作为法律的条约

条约是由强制力保障其效力得到实现的一种法律。历史上,一些学者因为条约时不时遭到违反而否定条约的法律属性。事实上,条约在大多数情况下为国际法主体自动遵循,而不是被强制执行的,[①]条约的法律属性现已得到普遍认可,一些学者甚至认为现今的一些条约带有较强的国际共同体法的性质,[②]条约的这种属性正是保障"一带一路"命运共同体构建的法律所应具备的。条约的效力根据,实质上是作为法律形式之一的条约的效力根据,探讨条约的效力根据,首先就应存在作为法律形式之一的条约。法律都有强制力来保障其实施。既然条约是一种法律,也就有相应的强制力来保障其实施。事实上,保障条约实施的强制力也是较多的,如国家可采取停止对对方的优惠减让、反措施、报复等,安理会为维护国际和平与安全而采取的措施,国际刑事法院对犯有种族屠杀罪、危害人类罪、战争罪、侵略罪的个人进行起诉和审判等。条约对相关人、事、物具有约束力,条约效力的实现也就有了强制力的保障。当然,保障条约效力得到实现的强制力与保障国内法效力得到实现的强制力是存在差异的,不能以存在这样的差异而否定条约的效力。国际法主体缔结了作为法律的条约,也就为国际法主体借助强制力来实施该条约提供了基础。

(二)条约是国际法主体同意或者认可的

条约是通过国际法主体同意或者认可而缔结的,体现了相关国际法主体的意志。"条约是至少两个国际法主体意在原则上按照国际法产生、改变或废止相互间权利义务的意思表示的一致。"[③]根据 1969 年《维也纳条约法公约》

---

① Thomas Franck, *The Legitimacy of Power Among Nations*, Oxford University Press, 1990, p.3.

② Antonio Cassese, *International Law*, Oxford University Press, 2001, pp.15-27.

③ 李浩培:《条约法概论》,法律出版社 1987 年版,第 1 页。

第 6 条和 1986 年《维也纳条约法公约》第 6 条的规定,国家和国际组织都具有缔约能力,而各个国家根据其国内法、各个国际组织根据其本身的规则来决定代表其缔结条约的具体组织机构及其缔约权。各个国际法主体根据相关规则通过议定约文、认证约文、表示同意受条约拘束以及通知批准、交换或交存批准书等方式缔结条约、加入条约,使条约对缔约方产生约束力。在条约的缔结或者加入过程中,各个参与方表达自己的意思,以此尽可能体现或者维护其利益,最终使缔结的条约内容是各方意志协调的结果,不同程度地反映了各参与方的意志或者利益,只要一国际法主体缔结了某条约或者加入了某条约,就表示该国际法主体在一定程度上同意或者认可了该条约,除非该国受到强迫而不是自愿地缔结条约。如果条约的缔结,不是出自国际法主体的自愿(甚至是被迫的),一般情况下,该条约对该国际法主体也就不具有拘束力,在这种情况下,即使强求该国际法主体去遵循该条约,也可能遇到很大的阻力。同样地,国际法主体如果没有缔结某条约、加入某条约,一般情况下,该国际法主体是不受该条约约束的,因为这样的条约根本就没有反映该国际法主体的意志。

(三)国际法主体信守"约定必须遵守""不得反言",并受到监督

一个国际法主体与其他国际法主体通过协商谈判缔结条约或者加入条约,其签署、批准等行为是同意或者认可条约的形式表现,而国际法主体同意或者认可条约的实质内容在于相关国际法主体对条约内容达成的合意,这种合意常常包括相关国际法主体对条约规定的各方权利义务的约定、对各方信守该条约的约定、对争端解决的约定等方面的内容。① 国际法主体既然表达了自己的意志,自愿达成了协议,作出约定,就应该遵守该约定,不得出尔反尔,故禁止反言被国际社会广泛认可。"约定必须遵守"是从罗马法时代以来就为人们所遵守的规则,条约效力之所以得以实现,常常出于缔约的国际法主体的信守。条约的缔结者之所以缔结条约、遵守条约,是有原因的,其中重要的原因在于利益,该利益的获得有赖于该条约的实施,因此,使条约对缔约方具有约束力,保障该条约的实施,常常是缔约方所希望的。国际法主体于不同时期缔结不同的条约可能出于不同的利益诉求,不同缔约方对于条约实施所获得的利益可能不同。尽管这样,只要该条约的实施不因情势变更而损害其根本利益、造成其极端困难,缔结条约的国际法主体就应该信守条约,而不得因其获得的利益少于缔约他方而不遵守条约,这既是对自己先前同意或者认

---

① 银红武:《论国际法效力基础的构成》,载《衡阳师范学院学报》2011 年第 2 期。

可条约行为负责,也是维持和发展国际正常秩序的需要。

保障条约效力实现,除了缔约方自身信守以外,还有缔约他方、依条约设立的机构或者国际司法机关的监督,如 WTO 争端解决机构授权缔约方对不遵守规则者进行报复,国际法院引用"禁反言"等规则将隆端寺判归柬埔寨。一缔约方不遵守条约,可能损害守约方的利益,甚至损害整个缔约方的利益,这是守约者所不愿意接受的,因此使条约约束各缔约方,使条约得到切实遵守,是有利益基础的,所以守约者也就会尽力采取措施保障条约得到遵循。

基于条约的相对性,对于条约的信守一般是条约的缔结者,但是也不排除一些情况下,相关主体并没有缔结某一条约,却须遵循该条约的规定,这就涉及强行法等规则,涉及条约的更深层次效力根据问题,如果条约规定的内容是社会规律、自然规律要求必须遵循的,那么即使不是该条约缔结者也应遵循该内容。

三、条约的第二重效力根据:条约符合社会发展规律

"规律,从本体论上来界定的话,是指事物发展过程中本身所固有的本质的、必然的、稳定的联系,它规定着事物发展、运动的方向、道路与趋势。"[①]规律是事物本身所固有的,并不是外部所强加的,既不能被消灭,也不能被创造,规律意味着事物必定这样发展的趋势,不得违反。因此,调整国际关系的条约也不得违背规律。当条约及其实施符合规律,也就获得了保障其效力得到实现的基础。规律包括自然规律和社会规律,社会规律以自然规律为基础,条约既需要符合社会发展规律,更需要符合自然规律。

(一)条约应符合不以人的意志为转移的社会规律

社会发展规律众多,其中马克思主义所揭示的社会发展三大规律是最基本的社会发展规律,因为马克思主义关于社会存在与社会意识、生产力与生产关系、经济基础与上层建筑之间的矛盾运动规律从宏观、整体上揭示了社会发展的基本内容,这三大社会发展规律是其他社会发展规律的基础,决定社会发展的基本方向。因此,条约符合社会发展规律,首先应符合这三大社会发展规律。

---

① 肖燕飞:《马克思社会发展规律思想研究》,2013 年武汉大学博士学位论文。

条约应符合社会存在与社会意识之间的矛盾运动规律。根据社会存在与社会意识之间的矛盾运动规律,社会存在决定社会意识,社会意识反映并反作用于社会存在,这是物质与意识关系在社会领域的体现。不同国际社会情况对于调整国际关系的条约的需求是不同的,国际法主体缔结的条约只有以现实的国际社会状况、国际关系为基础,才能成为调整国际关系的良法,才能对国际社会产生积极作用。否则,条约就难以发挥其调整国际关系的积极作用,条约的效力也就难以实现。条约是一种社会现象,它是社会意识对社会存在的反映。条约也受到社会发展规律的制约,必须符合社会发展规律。

条约应符合生产力与生产关系的矛盾运动规律。根据生产力与生产关系的矛盾运动规律,生产力决定生产关系,生产关系反作用于生产力。不同生产力水平的国际社会对于条约的需求是不同的,[1]因此,条约的订立和实施就应符合这种要求:在封建社会里,生产力水平相对低下,人们一般只能从事简单的生产活动,自给自足的小农经济成为封建社会经济的典型特征,封建社会的国家就不能像现代国家那样订立面向全球的产业分工协作的条约;在没有发明飞机前,国家之间就不可能缔结调整国家间航空运输关系的《国际航空运输协定》。

条约应符合经济基础与上层建筑之间的矛盾运动规律。根据经济基础与上层建筑的矛盾运动规律,经济基础决定上层建筑,上层建筑反作用于经济基础。经济全球化、一体化需要各个国家加强合作,各个国家、国际组织之间缔结促进国际合作的条约,以便尽可能地利用各个国家的资源,发挥各自的优势,促进各国发展的最优化,这就是上层建筑适应社会现实、适应经济基础需要的体现。[2] 当然,条约除了应符合这三大社会发展规律以外,还应符合其他社会发展规律。社会发展规律是客观的,不以人的意志为转移,只有符合社会发展规律,才能适应社会需要,而符合社会发展规律也就成为条约的效力根据。

(二)条约符合社会发展规律为其效力的实现提供基础

社会发展规律是客观的、必然的,不以人的意志为转移的。作为上层建筑

---

[1]　中共中央马克思恩格斯列宁斯大林著作编译局:《马克思恩格斯选集》(第 1 卷),人民出版社 1995 年版,第 257 页。

[2]　中共中央马克思恩格斯列宁斯大林著作编译局:《马克思恩格斯选集》(第 1 卷),人民出版社 1995 年版,第 252 页。

一部分的条约必须适应社会发展规律的需要,反映社会存在。社会规律规定了社会发展的基本方向、道路和趋势,条约符合社会规律,也就与社会发展的基本方向、道路和趋势相一致,条约及其实施也就顺应了社会发展的趋势,就会得到社会发展力量的助推。比如,《联合国宪章》是第二次世界大战结束时,国际社会为了尽快结束战争,维持国际社会和平与发展而订立的,这是符合国际社会发展需要的,因而得到了国际社会的广泛支持,成立70多年来为维护、推动国际和平与发展发挥了极其重要的作用。再如,推进互联互通、推进"一带一路"命运共同体建设的条约,有利于加强人们交往、促进生产力发展和社会经济发展以及人们生活水平的改善,因而是符合社会发展规律的,这些条约的实施也必将因符合社会发展规律而得到有效实施,发挥其推动和保障"一带一路"命运共同体建设的积极作用。

当然,社会发展规律是必然的,是从最终决定意义上来说的,它并不排除某些社会活动在一定时间、一定范围内有所偏离,不过这种偏离是暂时的、局部的,从全局和最终来看,上层建筑必须适应经济基础的需要。相应地,并不是所有的条约都必须符合社会发展规律,一些条约在一定时间、一定范围内可能偏离社会发展规律,但是从最终的角度来看,条约必须符合社会发展规律。

条约如果严重背离社会发展规律,即使是其借助某些力量一时得到实施,也发挥其对社会的影响力,但是这种条约最终将得不到遵循而被废弃,因为社会发展规律是客观的,不以人的意志为转移,不符合社会发展规律的条约,也就与社会发展方向相悖。如果与社会新生力量的利益相悖,随着社会向前发展,这样的条约将越来越不适应需要,以致最终无立足之地。不符合社会发展规律的条约,最终被废弃的情形,为历史上众多的例子所证明。比如,第二次世界大战期间,德国、意大利、日本等为了侵略而订立的条约,虽然凭借其一时的强权,这些条约在一定时间、一定地域不同程度地得到了实施,但是这种反社会、反人类、违反社会规律的条约,最终与德国、意大利、日本法西斯主义一起被扫进了历史的垃圾堆。

条约符合社会发展规律,反映社会发展规律,就为条约的实施、条约效力的实现奠定了基础。相反,如果条约违背社会发展规律,条约的效力最终将被否定。因此,是否符合社会发展规律成为条约的效力是否最终得到实现的一个重要标准。

四、条约的第三重效力根据：条约符合自然规律

（一）条约应符合不以人的意志为转移的自然规律

自然规律是指自然界中的事物所固有的、本质的、必然的、稳定的联系，它具有客观性、必然性等方面的特性。

条约应符合客观的自然规律。根据马克思主义原理，自然规律具有客观性，只要该自然规律得以发生作用的相应条件具备，无论人类社会是否对其进行干涉、影响，自然规律都客观存在，都发生相应的作用，故条约内容涉及自然规律的，就应遵循自然规律。比如，自然遗产受到人类活动的影响需要保护，即使是没有人类活动的影响，自然遗产由于自然规律的作用也会受到损害甚至消失，因此，保护自然遗产就应遵循自然规律。所以，《保护世界文化和自然遗产公约》对于自然遗产保护的规定，就要求缔约方"进行周密的科学、经济和技术研究""建立一个根据现代科学方法制定的永久性的有效制度"，以便使保护自然遗产的相关行为符合自然规律，只有这样才能更好地保护自然遗产。

条约的内容应符合自然规律所确定的事物发展方向。自然规律规定了事物发展的方向、道路和趋势，如人的一生受自然规律的影响而必须经历出生、成长、衰老、死亡等过程，从出生的弱小到成年的强大，再到老年的衰弱，这是人受自然规律规定而在不同时期所呈现的形态。联合国《儿童权利公约》遵循自然规律作出一系列规定：考虑到儿童身心尚未成熟，需要从法律等方面对儿童进行特殊保护；各缔约方应给予其儿童特殊保护，禁止使用童工，保障儿童的生存权、发展权等一系列权利。对于身心成熟、健全的一般成年人，条约平等地保护他们即可。① 联合国大会 1991 年第 46/91 号决议通过的《联合国老年人原则》则要求，给予老年人以特殊照顾和保护。这些条约、原则所规定的内容，都是符合自然规律要求的。

条约应符合蕴含于事物内部的自然规律的要求。自然规律蕴含于事物内部，体现了事物的本质联系，代表着事物的发展方向，自然规律不能被制造，也

---

① 《经济、社会和文化权利公约》第 3 条规定"本公约缔约各国承担保证男子和妇女在本公约所载一切经济、社会及文化权利方面有平等的权利"。

不能被消除，①只要满足它所需要的条件它就发挥作用，条约就应适应自然规律这样的特性。比如，生物多样性对于生物进化以及生物圈生命维持系统的保持都非常重要——生物之间相互竞争，形成"物竞天择，适者生存"的局面，从而促使生物不断优化，这种情形得以出现和保持的前提就是保持生物的多样性。不然，生物之间就缺乏竞争或者竞争性程度不够，也就难以起到促进优化的作用。1993 年生效的《生物多样性公约》就适应保护生物多样性的需要作了规定：各缔约方有责任在其主权所及范围内采取切实有效的措施保护生物多样性，而且各缔约方还应就保护生物多样性与相关国际组织或者其他缔约方进行合作。

（二）条约是否符合自然规律决定条约效力最终能否得到实现

条约符合自然规律为条约效力的实现提供了坚实的基础。调整国际社会关系的条约符合自然规律，也就顺应了自然界及其事物发展的总趋势，因为自然规律规定了自然界事物的发展方向、道路和发展总趋势。自然界及其事物在向前发展的过程中，尽管存在着向不同方向发展的力量，但是从总体趋势上看，推动自然界及其事物向自然规律所规定的方向发展的力量，占主导地位。条约是以国际关系为调整对象的，而国际关系是建立在自然界及其事物基础上的，条约符合自然规律，条约的实施及条约效力实现的方向，也就与推动自然界及其事物发展的方向相一致，条约的实施及条约效力的实现也就会获得助推的力量。借助自然界及其事物向着自然规律所规定的方向发展的力量，条约在实施过程中即使受到一些阻力的影响（这些阻力终究无法抵挡助推自然界及其事物发展的趋势），条约的实施及条约效力的实现也终将是一个时间问题。比如，1988 年生效的《保护臭氧层维也纳公约》、1993 年生效的《生物多样性公约》、2016 年生效的《巴黎气候变化协定》等都得到世界上绝大多数国家的签署或者批准，这些条约在目的和总体思路方面都是符合自然规律的，所以这些条约的实施也得到了广泛的支持，尽管这些条约的实施也存在一些阻力，甚至在一定时间内这些阻力对于这些条约的实施影响还很大，但是从长远、总体上来看，这些条约已经或者必将得到有效实施，这些条约保护自然、维护生态平衡等目的终将得到落实。

不符合自然规律的条约，其效力最终会被否定。如果条约不符合自然规

① 中共中央马克思恩格斯列宁斯大林著作编译局编译：《马克思恩格斯全集》（第 32 卷），人民出版社 1975 年版，第 541 页。

律,条约的实施就会在该自然规律发生作用的相关领域遭遇阻力,即使是这些条约借助某些力量在一定时间、一定范围内得到实施,但是从长远来看,这些条约的效力终究难以得到实现,①因为事物的发展最终总是趋向于符合自然规律所规定的方向,事物内部的主要力量最终也是推动事物向着这个方向前进的。如果条约不符合自然规律,促使条约效力实现的力量,最终无法阻挡事物向前发展的强大力量,条约效力最终也就无法实现。如果强行订立不符合自然规律的条约,并强力推动这样的条约实施,其结果将是:条约的效力不仅不能实现,条约的订立者和实施者还可能因违背自然规律受到惩罚。

因此,在订立条约时,应尽可能地使条约反映或者符合自然规律的要求,从而为条约效力的实现奠定基础。

五、条约三重效力根据之间的关系

条约的三重效力根据并不是平行的,它们是决定和被决定的关系、反映和被反映的关系。

(一)决定与被决定的关系

1.第三重效力根据决定第二重效力根据

第三重效力根据决定第二重效力根据,是指条约符合自然规律是最根本的,而条约符合社会规律处于次一等级的。如果条约不符合自然规律但是符合社会规律,该条约的效力即使是得益于某种力量而暂时实现,最终也将被否定,这是因为社会是建立在自然基础上的,②社会规律也是建立在自然规律之上的:生产力决定生产关系这一社会发展规律的前提基础,在于尊重自然规律——只有尊重自然规律,才能不断地提高生产力,进而影响生产关系;经济基础决定上层建筑这一社会发展规律的前提,也在于尊重自然规律——只有尊重自然规律,才能建立和不断改善经济基础,进而影响上层建筑;其他社会规律也必须遵循自然规律。因此,条约符合社会规律受制于条约符合自然规

---

① 中共中央马克思恩格斯列宁斯大林著作编译局编译:《马克思恩格斯文集》(第 9 卷),人民出版社 2009 年版,第 559～560 页。

② 中共中央马克思恩格斯列宁斯大林著作编译局:《马克思恩格斯选集》(第 1 卷),人民出版社 1995 年版,第 50～135 页。

律,条约符合自然规律相较于条约符合社会规律来说,更为根本。

2.第三重效力根据决定第一重效力根据

第三重效力根据决定第一重效力根据,是指条约符合自然规律是根本性的,国际法主体通过同意或者认可而缔结条约,必须遵循自然规律,条约的内容必须符合自然规律。符合自然规律的条约,即使受到阻碍,其效力最终必将得到实现;而不符合自然规律的条约,即使借助力量,其效力暂时得以实现,最终将被否定。其根本原因在于:人具有自然属性,人的思想、意志来源于自然,基于自然;国家、国际组织等国际法主体尽管不同于自然人,但是国际法主体缔结条约时,都是借助自然人来表达意志的,国际法主体的思想、意志也根基于自然、实践。国际法主体的利益以及国际法主体是否缔结条约、如何缔结条约、缔结怎样的条约都直接或者间接受制于自然规律。可见,条约符合自然规律作为条约的效力根据,更为根本。

3.第二重效力根据决定第一重效力根据

第二重效力根据决定第一重效力根据,是指条约符合社会规律与条约是国际法主体通过同意或者认可而缔结的,都是条约的效力根据,但是前者更为根本,前者制约后者。符合社会规律的条约,即使是受到阻力,其效力一般最终会实现;而不符合社会规律的条约,即使是通过国际法主体同意或者认可的,且借助力量促进其实施,但是其效力最终将被否定,这是因为:国际法主体以及作为国际法主体缔结条约的直接操作者的自然人,都是社会的一部分,都受社会规律的制约,国际法主体是否缔结条约、如何缔结条约、缔结怎样的条约、保障条约实施的力量,都受到社会规律制约。国际法主体正是受到社会规律的影响,适应社会的需要才决定缔结条约、保障条约的实施。

(二)反映与被反映的关系

条约的三重效力根据之间不仅存在着决定与被决定的关系,还存在着反映和被反映的关系。

1.条约第一重效力根据反映第二重效力根据

条约第一重效力根据反映第二重效力根据,是指国际法主体通过同意或者认可而缔结条约时,使条约的缔结和实施行为本身遵循社会规律要求,使条约的内容符合社会规律,并通过实施条约使社会关系符合社会规律,这是因为:按照社会规律要求缔结和实施条约以及使条约符合社会规律,国际法主体才能顺利缔结条约、实施条约;条约内容符合社会规律以及这样的条约得到有效实施,正是国际法主体所需要的。尽管条约是国际法主体通过同意或者认可的,受制于条约符合社会规律,但这是从根本上说的。国际法主体并不是被动受束缚,他们可以发挥主观能动性,认识社会规律,并在条约缔结过程中,将社会规律的要求与国际法主体的需要有机结合起来,进而将其固定到条约之中。

2.条约第一重效力根据反映第三重效力根据

条约第一重效力根据反映第三重效力根据,是指国际法主体在通过同意或者认可方式而缔结条约时,使条约的缔结和条约的实施遵循自然规律,使条约的内容符合自然规律,最终通过条约的实施,使自然规律的作用得到发挥,这是因为:国际法主体并不是被动地受自然规律的制约,他们可以发挥主观能动性,认识自然规律、利用自然规律来缔结条约,并通过条约规定的内容和条约实施,反映自然规律的要求,从而使自然规律的作用得到发挥。同时,尊重自然规律、利用自然规律也符合国际法主体的利益。相反,如果国际法主体缔结条约、实施条约,不符合自然规律要求,条约的缔结和实施就会受到阻碍,条约的效力最终得不到实现。

3.条约第二重效力根据反映第三重效力根据

条约第二重效力根据反映第三重效力根据,是指国际法主体缔结的条约符合社会规律,符合与自然规律相一致的社会规律,这是因为自然规律是最基础的,社会规律以自然规律为基础。国际法主体所缔结的条约,需要符合社会规律要求,同时更需要符合自然规律要求。这时的社会规律与自然规律应该相一致,如果暂时不一致,因受自然规律作用的影响,社会规律终究要排除各种障碍与自然规律相一致。国际法主体在缔结条约时,发挥主观能动性,使条约的规定既符合社会规律的要求,也符合自然规律的要求,从而使社会规律和自然规律的要求在条约内容及其实施时,协调一致。这样,不仅符合国际法主体的利益,也有利于更好地发挥社会规律和自然规律的作用。

结　语

条约的三重效力根据相互联系、相互作用。对于条约的三重效力根据,不加区分,不行;把它们割裂,也是错误的。

社会规律、自然规律可能被认识到,并被人通过理性的方式整理出来,但是即使是未被认识到,它们也客观地存在着,起着作用——符合它,就发展顺利;不符合它,就可能受到阻碍,甚至受到惩罚。条约符合社会规律、自然规律,是条约具有拘束力的根本依据,有助于条约效力的实现,这对社会规律、自然规律作用的发挥也是极为重要的。为了使条约更好地符合社会规律、自然规律,需要人们更多、更好地认识社会规律、自然规律,使条约更好地反映社会规律、自然规律,使条约与社会规律、自然规律一致。

以同意或者认可的方式缔结法律形式的条约,是条约的第一重效力根据,这也是直观的。符合社会发展规律是条约的第二重效力根据,它常常以法律原则、强行法等形式体现。符合自然规律是条约的第三重效力根据,它是最终的效力根据。第一重效力根据需符合第二重效力根据、第三重效力根据,第二重效力根据需符合第三重效力根据,不得逆反。

第三重效力根据对第二重效力根据和第一重效力根据的决定,第二重效力根据对第一重效力根据的决定,是从最终意义上说的。很多时候并不是直接的,被决定者有一定的活动空间,被决定者的活动可以有一定的方向偏离,只要这些偏离仍处于必然性规定范围之内,都是被允许的。但是符合前一重效力根据而不符合后一重效力根据的条约,无论经过怎样的曲折过程,其效力最终是趋向后重效力根据的。

人有自己的思想意识,人既具有社会属性,又具有自然属性,是自然属性和社会属性的结合体。人是自然的一部分,社会是由人及其相关关系组成的。因此,条约的缔结、效力的发生,都离不开人,条约的效力也就需要遵循社会规律、自然规律。人具有社会属性和自然属性,人又是条约制定和实施的具体操作者,这就决定了条约效力根据的层次性,这也正是条约三重效力根据得以相互联系、相互作用的根本原因。

明晰条约效力根据的三重性,有利于更好地认识条约的效力根据,更好地促进条约的缔结和实施,更好地发挥条约在调整国际关系中的作用。

(本文责任编辑:刘毅楠)

On the Tripartite Nature of The Basis of Treaty Effectiveness

Bao Yuncheng

Abstract:The validity basis of treaties is an important issue debated by scholars of international law for a long time, but no consensus has been reached so far, which is difficult to meet the needs of international rule of law construction. To safeguard the authority and dignity of the Treaty, enhance the international community's confidence in the international rule of law, advance global governance, and ensure the implementation of the "One Belt and One Road" cooperation initiative and the building of a community with a shared future for mankind, it is imperative to clarify the basis for the effectiveness of the Treaty. The validity basis of the treaty is threefold, that is, the first validity basis of the treaty means that the subject of international law has concluded the treaty by means of consent or recognition; The second validity basis of the treaty is that the treaty conforms to the law of social development. The third basis of validity of a treaty is that the treaty conforms to the law of nature. The threefold validity of a treaty is based on the relationship between decision and determined, and the relationship between reflection and reflected.

Key Words: treaty; basis of validity; tripartite nature

论国际强行法的理论发展

宋尚聪 *

内容摘要：国际强行法长期存在概念不清、渊源不明、范围不定等问题。国际法学者们试图从多个角度对国际强行法进行定义，然而这些定义或无法体现国际强行法的本质特征，或无法反映国际强行法的重要地位。联合国国际法委员会自 2015 年起对国际强行法进行专题研究，在一定程度上反映了学界对国际强行法研究的最新理论进展。是故，本文拟探析国际强行法理论的最新发展，分析国际法委员会对国际强行法的科学定义，并对国际强行法的主要特征和法律渊源进行梳理，在此基础上总结国际强行法的识别标准，以期帮助识别具有强行法性质的国际法具体规范，确认并巩固国际强行法在国际法理论及实践层面的重要地位。

关键词：国际强行法；法律渊源；《维也纳条约法公约》；一般国际法规范；联合国国际法委员会

目 录

---

* 宋尚聪，华东政法大学国际法学院 2021 级博士研究生。

一、问题的提出

强行法（*jus cogens*）也称绝对法或强制法，起源于国内法。国内法上的强行法概念是与任意法规则相对的概念，最早可以追溯到《罗马法学说汇纂》，目前几乎所有国家的国内法中都有强行法规则的存在。① 国际法层面的强行法概念之兴起可以追溯到 20 世纪上半叶。② 20 世纪 60 年代末，国际社会第一次以多边公约的形式在《维也纳条约法公约》中对国际强行法作出规定，这表明国际强行法在当时已得到世界大多数国家的认可。③ 虽然目前世界各国都普遍接受了国际强行法的概念，但国际强行法的内涵和外延仍不明确。④ 对于如何界定国际强行法、哪些国际法规范能够构成国际强行法、区域强行法是否存在、普遍义务和国际强行法之间的关系如何等问题，国际法学界尚无定论。国际法的发展给国际强行法的理论和观念带来新的反思机会和挑战，⑤并促使国际法学界愈发认识到研究国际强行法问题的重要性。联合国国际法委员会（International Law Commission，ILC，以下简称"国际法委员会"）于

① 李浩培：《条约法概论》，法律出版社 2003 年版，第 238 页。

② Markus Petsche, Jus Cogens as a Vision of the International Legal Order，*Penn State International Law Review*，2010，Vol.29.

③ 张潇剑：《国际强行法论》，北京大学出版社 1995 年版，第 3 页。

④ United Nations General Assembly, Sixty-ninth Session Official Records，Sixth Committee Summary Record of the 19th Meeting，A/C.6/69/SR.19，2014，pp.12,15；United Nations General Assembly，Sixty-ninth Session Official Records，Sixth Committee Summary Record of the 20th Meeting，A/C.6/69/SR.20，2014，pp.9,12,17.

⑤ 何志鹏：《漂浮的国际强行法》，载《当代法学》2018 年第 6 期。

2015 年将强行法专题列入工作方案,并任命特别报告员就此专题进行研究和报告。特别报告员自 2016 年至 2019 年提交了四次报告,对国际强行法相关问题进行了较为系统的阐释。分析国际法委员会关国际强行法的结论报告,厘清国际强行法的定义和特征,梳理国际强行法的法律渊源,对于确认国际强行法的识别标准、确认和巩固国际强行法的重要地位具有重要意义。

二、国际强行法概念界定及特征厘清

中外国际法学者对于国际强行法的概念界定尚未达成共识,且纷杂的概念难以精准阐释国际强行法的特征。1969 年《维也纳条约法公约》第 53 条对国际强行法内涵的界定具有较高的接受度。该条虽然第一次正式肯定了强行法规范在国际法中的存在,但是其定义存在模糊之处,很难据此确定哪些具体规范属于国际强行法规范。[①] 国际法委员会在一读通过的《关于一般国际法强制性规范(强行法)的结论草案》(以下简称《结论草案》)中沿用并发展了《维也纳条约法公约》第 53 条的规定。从国际法委员会对国际强行法下的定义中可总结出其具有的普遍适用性、规范等级优先性、反映并保护国际社会的基本价值观等主要特征。

(一)学界对国际强行法的理论观点

国际法学者们试图从多个角度对国际强行法进行定义。英国国际法学者麦克奈尔(Lord McNair)认为,国际强行法规则是指那些为保护国际社会公共利益或维持各国承认的公共道德标准所必需的法律规则。[②] 海德(Heydte)认为国际强行法是由文明国家所承认为强行法的一般法律原则以及与国际法的结构有关的基本构成性原则所组成的。[③] 马尔科姆·肖(Malcolm N. Shaw)认为国际强行法在某些方面类似于国内法律秩序中的公共秩序或公共政策的概念。[④] 劳特派特(Hersch Lauterpacht)也曾提出过"国际法的超越一

---

① 张文彬:《强行法在国际法上的存在及其内容:一个比较国内法的研究》,载《比较法研究》1992 年第 Z1 期。

② Lord McNair, *The Law of Treaties*, Oxford University Press, 1961, p.214.

③ 张潇剑:《国际强行法论》,北京大学出版社 1995 年版,第 47 页。

④ Malcolm N. Shaw, *International Law*, 8th edition, Cambridge University Press, p.93.

切的原则"的观念。① 然而,这些观点均无法对国际强行法的性质、特征等进行较为全面的阐释,因此很难称其为国际强行法的定义。

目前,我国国际法学界关于国际强行法的著作并不多见。李浩培先生在《强行法与国际法》一书中引用了苏伊(Eric Suy)关于国际强行法的概念,即"国际强行法是一些一般法律规则的综合,对于这些法律规则如果不加遵守,就可能影响它们所隶属的法律体系的本体,因而法律主体就不得以特别契约加以背离,否则契约就遭受绝对无效的制裁"。② 这一概念虽然比上述国际法学者们的概念更为完善,能够体现出国际强行法规范的重要地位,但其仍未能揭示国际法层面上的强行法与国内法层面强行法相比所具有的特殊性。此外,张潇剑教授认为"所谓国际强行法,是国际法上一系列具有法律拘束力的特殊原则和规范的总称,这类原则和规范由国际社会成员作为整体通过条约或习惯,以明示或默示的方式接受并承认为具有绝对强制性,且非同等强行性质之国际法规则不得予以更改,任何条约或行为(包括作为与不作为)如与之相抵触,归于无效"。③ 该定义能够揭示国际强行法的某些特征,如国际强行法需"由国际社会成员作为整体"接受,但不能明确反映国际强行法规范不容克减的性质,也未能揭示国际强行法属于一般国际法规范的本质属性。

(二)国际法委员会关于国际强行法定义的最新进展

国际法委员会在第六十六届会议期间将国际强行法专题列入委员会长期工作方案,对国际强行法的概念、一般性质、违反后果等进行持续研究和报告。④ 根据国际法委员会《结论草案》的案文,国际强行法指"被国家组成之国际社会全体接受和承认不容克减的规范,此类规范只能由嗣后具有相同性质的一般国际法规范加以变更"。

国际法委员会的概念实际上沿用了 1969 年《维也纳条约法公约》第 53 条的规定,并通过案文和评注进一步完善了《维也纳条约法公约》中国际强行法

---

① United Nations, *Yearbook of the International Law Commission* 1953, Vol. II, United Nations Publication, A/CN. 4/ SER. A/ 1953/ Add. 1, 1953, pp. 154-156.

② Eric Suy, *The Concept of Jus Cogens in International Law*: *Papers and Proceedings Conference on International Law*, Lagonissi (Greece), 1966, p.18.

③ 张潇剑:《国际强行法论》,北京大学出版社 1995 年版,第 52 页。

④ International Law Commission, *Third Report on Peremptory Norms of General International Law (Jus Cogens) by Dire Tladi*, *Special Rapporteur*, A/CN.4/714, 2018, p.3.

的概念。《维也纳条约法公约》第 53 条规定"条约在缔结时与一般国际法强制规律抵触者无效。就适用本公约而言,一般国际法强制规律指国家之国际社会全体接受并公认为不许损抑且仅有以后具有同等性质之一般国际法规律始得更改之规律"。实际上,该条第一句话是从条约法的角度说明条约与国际强行法冲突的后果,并非定义性的;第二句话才是对国际强行法概念的界定。[①] 该定义也在国家实践、国际法院判决和咨询意见以及学术著作中得到了较为广泛的认可。[②] 然而,"就适用本公约而言"的表述将《维也纳条约法公约》对于国际强行法定义的适用范围进行了限制,国际法委员会在《结论草案》中将该适用范围加以拓展,使其不仅限于《维也纳条约法公约》项下。

(三)国际强行法的主要特征

1969 年《维也纳条约法公约》第 53 条关于国际强行法的定义实际上总结了国际强行法的三个构成要素,可称之为国际强行法的基本特征:首先,国际强行法不容损抑或克减;其次,国际强行法是一般国际法规范;最后,国际强行法需由国家之国际社会全体公认。此外,《维也纳条约法公约》第 64 条还就国际强行法在效力上的绝对优先性进行了规定,即"遇有新一般国际法强行规律产生时,任何现有条约之与该项规律抵触者即成为无效而终止"。特别报告员迪雷·特拉第(Dire Tladi)在《关于强行法的第一次报告》中指出,除上述《维也纳条约法公约》明确阐述的特征外,理论和实践显示国际强行法还存在其他三个显著特征,包括普遍适用性、等级优先性以及反映并保护国际社会的基本价值观。[③]

第一,国际强行法具有普遍适用性。国际强行法的普遍适用这一特性源自其不容克减的性质。难以想象一项不容克减的规则仅对部分国家适用。普遍适用意味着各国不得通过制定与强行法规则相冲突的其他特殊规则对强行法进行损抑。该观点被许多国家接受,如瑞士联邦最高法院在 Youssef Nada 诉国家经济事务秘书处和联邦经济事务部案中曾指出强行法规范对于国际法

---

① Dinah Shelton, Sherlock Holmes and the Mystery of Jus Cogens, in *Netherlands Yearbook of International Law* 2015, edited by Heijer M., van der Wilt H. (eds.), T. M.C. Asser Press, 2016, p.26.

② Sévrine Knuchel, Jus Cogens: Identification and Enforcement of Peremptory Norms, Schulthess, 2015, p.19.

③ International Law Commission, *First Report on Jus Cogens by Dire Tladi, Special Rapporteur*, A/CN.4/693, 2016, p.36.

的所有主体都具有约束力。① 此外,普遍适用性还意味着习惯国际法规则方面的一贯反对者规则不适用于国际强行法。多国代表在国际法委员会会议上的发言也证实了"强行法不被一贯反对者规则限制"的观点。② 另外,由于"国家组成之国际社会全体接受和承认"之"全体"并不要求所有国家,而是绝大多数国家即可,故少数国家对习惯国际法规则的一贯反对并不会影响以该习惯国际法为渊源的国际强行法规范的出现。若一国一贯反对的习惯国际法规则被整个国际社会接受和承认为不可克减的国际法规则,并且只能由嗣后具有相同性质的一般国际法规范加以变更,那么该规则将上升为国际强行法规范,一贯反对的效果也会随之消失。

第二,国际强行法在规范等级上具有优先性,高于其他国际法规范。李浩培先生曾对强行法的地位作出如下论述:"在国内法上,法律规则在等级上有高下的不同;强行法规则处于上位,而任意规则处于下位。法律之所以作出这种区别,显然是因为前者涉及国家的重要利益和社会的一般幸福,而后者并无这种性质。"③这一论述反映了国内法层面上的强行法在等级上具有优先性,同样适用于国际法层面的强行法。④ 国际强行法的第二个主要特征即其在规范等级上高于其他国际法规范。国际强行法的等级优先性同样源于其不容克减性。一项国际法规范不容克减,换言之即其位于优先等级。前南斯拉夫问题国际刑事法庭在"检察官诉 Furundžija 案"中曾就禁止酷刑规则进行阐释,指出禁止酷刑规则的一个特征涉及国际规范秩序中的规则等级。由于它所保护价值观的重要性,禁止酷刑规则已演变成一项强制性规范或强行法,即在国际等级中享有比条约法甚至"普通"习惯规则更高等级地位的规范。⑤ 多国国内法院在判决中也使用各种表示等级优先的词句来表述国际强行法的优先

---

① Switzerland Federal Supreme Court,*Nada（Youssef）v. State Secretariat for Economic Affairs and Federal Department of Economic Affairs*,*Administrative Appeal Judgment*,Case No. 1A 45/2007,BGE 133 II 450,ILDC 461（CH 2007）,2007,para.7.

② United Nations General Assembly,*Seventy-first Session Official Records*,*Sixth Committee Summary Record of the 22nd Meeting*,A/C.6/71/SR.22,2016,pp. 3-5.

③ 李浩培:《条约法概论》,法律出版社 2003 年版,第 239 页。

④ 张潇剑:《国际强行法之理论考察》,载《河北法学》2009 年第 8 期。

⑤ International Criminal Tribunal for the Former Yugoslavia,*Prosecutor v. Anto Furundžija*,Case No.IT-95-17/1-T,1998,p.569.

性,如美国第九巡回上诉法院曾指出国际强行法是在国际法中享有最高地位的规范。① 国际强行法在等级上的优先性引发的后果是与之相抵触的其他国际法规范将归于无效:条约在缔结时与强行法相抵触者无效,习惯国际法与强行法相抵触者无法形成,国际组织决议、决定或其他行为如与强行法相抵触则在抵触范围内不创设国际法义务。

第三,国际强行法反映并保护国际社会的基本价值观。国际社会的基本价值观通常也被称为国际公共秩序,换言之,国际强行法的存在有利于建立一个更加"以道德价值观为导向的公共秩序"。② 支持强行法源于自然法的学者认为,国际规则高于和超越国家自由意志的理念需要用基于道德和价值观的高级法——自然法概念来解释。③ 通过确立强行法,国家之间可以确认国际社会的共同价值。④ 而实在法学派主张,国际法是国家意志的产物,其对国家的拘束力基于各国的同意,强行法规范代表了整个国际社会的共同或协调意志。⑤ 据此,无论是从自然法学派还是从实在法学派的角度,国际强行法均与公共秩序和基本价值观相关联。而国际法委员会在《结论草案》中使用的"反映并保护"这一词组强调了国际强行法与基本价值观之间双重互动、相辅相成的关系。"反映"表明基本价值观为一般国际法规范的强行法地位提供理由,而强行法规范可以落实特定的基本价值观。"保护"则表明了强行法对基本价值观产生的效果——特定的强行法规范可以保护相关价值观。强行法规范所反映的基本价值观将通过对该规范的遵守而得到保护。⑥

---

① United States Court of Appeals for the Ninth Circuit, *Siderman de Blake v. Republic of Argentina*, 965 F.2d 699 (9th Cir. 1992), p.717.

② Alain Pellet, Comments in Response to Christine Chinkin and in Defense of Jus Cogens as the Best Bastion against the Excesses of Fragmentation, in *Finnish Yearbook of International Law*, Vol.17, edited by Jan Klabbers and Katja Creutz (ed.), Leiden, The Netherlands: Brill, 2006, p.87.

③ Janis, Mark Weston, The Nature of Jus Cogens, *Connecticut Journal of International Law*, 1988, Vol.3.

④ 何志鹏:《漂浮的国际强行法》,载《当代法学》2018 年第 6 期。

⑤ 张潇剑:《国际强行法之理论考察》,载《河北法学》2009 年第 8 期。

⑥ United Nations, *Report of the International Law Commission Seventy-first Session* (29 *April*-7 *June and* 8 *July*-9 *August* 2019), A/74/10, 2019, p.151.

三、国际强行法的法律渊源

根据 1945 年《国际法院规约》，国际法的渊源包括条约、国际习惯和一般法律原则三种形式。[①] 国际强行法作为一般国际法规范的一种，其法律渊源也应从条约、国际习惯和一般法律原则中确定。但学界就国际强行法的法律渊源尚未形成统一的认识，有学者认为国际强行法的法律渊源主要是一般法律原则，有学者认为国际强行法规范主要渊源于国际条约和国际习惯，甚至有学者认为国际强行法是一项独立的国际法渊源。国际法委员会在《结论草案》的结论 5 标题中使用的是"一般国际法强制性规范（强行法）的基础"这一词组。结论 5 第 1 款指出习惯国际法是强行法的最常见的"基础"（basis），第 2 款规定条约规定和一般法律原则也可作为强行法的"基础"（bases）。根据布莱克法律词典的释义，"基础"（basis）一词通常指"一个基本原则，潜在的事实或状况"。[②] 国际法委员会在本结论的评注中指出，"第 1 款中的'基础'（basis）和第 2 款中的'基础'（bases）应作灵活和广义的理解，它们旨在涵盖各种国际法渊源可能导致出现一般国际法强制性规范（强行法）的一系列方式"[③]。是故，虽然结论 5 的标题和正文中并未出现"渊源"的用词，但从案文评注和对"基础"一词的释义中有理由认为该条结论是对国际强行法规范的国际法渊源之论述。

（一）国际强行法的法律渊源之理论误区

有学者认为国际强行法是独立于条约、国际习惯和一般法律原则的一种特殊的国际法渊源，与国际法的其他渊源并列。[④] 该观点的错误在于其没有厘清国际法的表现形式与国际法规范之间的关系，即国际法渊源的"载体"地位，并且没有认识到强行法实际上是国际法规范的一种，而是试图通过扩展国际法渊源范围的方式，将国际强行法纳入现行国际法体系。

---

① United Nations，*Statute of the International Court of Justice*，1945，art. 38.

② Bryan A. Garner (ed.)，*Black's Law Dictionary*，9th ed.，West，2009，p.171.

③ United Nations，*Report of the International Law Commission Seventy-first Session*（29 April-7 June and 8 July-9 August 2019），A/74/10，2019，p.159.

④ 陈海明：《国际强行法的基本法理思考》，载《太平洋学报》2013 年第 4 期。

1945 年《国际法院规约》第 38 条第 1 款作为国际法学界公认的对国际法渊源的权威说明,规定了条约、国际习惯和一般法律原则三种国际法的渊源。国际法渊源是指确定国际法原则和规则的现实存在及其法律效力的表现形式。这些表现形式是条约、国际习惯和一般法律原则。① 根据国际法委员会对国际强行法的定义,国际强行法首先是一种"规范"(norm),这种规范被国家组成之国际社会全体接受和承认为不容克减。而国际法的"规范"是包含国际法所有的规则、原则和制度的总称,即条约、国际习惯、一般法律原则中所包含的规则、原则、制度统称为国际法的"规范"。因此,国际强行法作为国际法的"规范",其外延应包括原则、规则和制度。强行法本身并不能成为一项国际法渊源,而是以国际法渊源为载体,被条约、国际习惯和一般法律原则这三种不同形式的国际法的渊源加以确认和表现。国际强行法作为现实存在和确实有效的国际法规范,其可能以条约、国际习惯和一般法律原则的形式存在和表现。故此,国际强行法并非条约、国际习惯和一般法律原则之外的第四种国际法的渊源,而是在条约、国际习惯和一般法律原则范畴中的某些具有强行法性质的国际法规范。②

此外,还有学者认为国际强行法的渊源主要是国际条约和国际习惯。③ 理由是虽然 1945 年《国际法院规约》第 38 条是对国际法渊源的最权威说明,但是获得普遍承认的国际法渊源只有国际条约和国际习惯两个。国际强行法作为国际法的一个范畴,尽管有其特殊性,但在渊源方面与国际法的渊源没有本质差别,是故国际法强行法的渊源也主要是国际条约和国际习惯。笔者认为,该观点基于对国际法渊源的不完整认识,没有正确理解国际法的渊源包括条约、国际习惯和一般法律原则三种形式,并且没有考虑到国际强行法与其他国际法规范相比具有的特殊性,从而导致没有正确理解国际强行法渊源的主要形式。

学者们关于国际强行法的法律渊源并没有定论,由于 1969 年《维也纳条约法公约》在对强行法进行规定时使用了"就适用本公约而言"的表述,也有学者据此认为至少在条约法层面的强行法制度也同时是以公约为渊源的;还有

---

① 王虎华:《国际法渊源的定义》,载《法学》2017 年第 1 期。
② 黄异、周怡良:《国际法中的强行法:性质、产生原因及违反的效果》,载《山东大学法律评论》2011 年卷。
③ 张潇剑:《国际强行法论》,北京大学出版社 1995 年版,第 69~70 页。

学者认为《维也纳条约法公约》中的表述限定了国际强行法的适用范围,即国际强行法主要适用于各国之间的条约关系。①

(二)国际习惯是国际强行法的最主要渊源

1945 年《国际法院规约》第 38 条第 1 款第(丑)项规定的"国际习惯,作为通例之证明而经接受为法律者"是国际法最古老、最原始的法律渊源。② 国际习惯是一般国际法最明显的表现形式,因此有学者认为作为一般国际法强制性规范的国际强行法的最常见基础也是习惯国际法,也即国际习惯是国际强行法最主要、最基本的渊源。国际法委员会在《结论草案》的结论 5 中也采纳了这一观点。意大利国际法学者安东尼奥卡塞斯(Antonio Cassese)认为"一类特殊的通过习惯产生的一般规则,被赋予法律效力:它们具有强制性质,并构成所谓的强行法"。③ 若奥·赫里斯托福洛(João Ernesto Christófolo)认为"作为一般国际法的最有可能的来源,习惯法规范将构成强行法规范的事实上和法律上的优先来源"。④ 阿萨莫阿认为习惯法是强行法的唯一渊源。而国际条约中所包含的国际强行法原则和规范,主要是对国际习惯法上同类原则和规范的编纂与确认,而国际习惯也通过国际条约使其自身得以明文规定并进一步获得缔约各方的明示承认。⑤

实践中,国际法院也在判决中证实了强行法规范以习惯国际法为基础的观点。例如"与起诉或引渡义务有关的问题案"中,国际法院指出禁止酷刑是"已成为强行法的习惯国际法的一部分"。⑥ 国际法院还用"国际习惯法不可违反的原则"这一表述来描述"许多人道主义法规范",即确认了法院称为"不可违反的原则"的强行法规范以习惯国际法为基础。⑦ 此外,前南斯拉夫问题

---

① 王铁崖:《国际法引论》,北京大学出版社 1998 年版,第 248 页。

② 王铁崖主编:《国际法》,法律出版社 1981 年版,第 50～51 页。

③ Antonio Cassese, For an Enhanced Role of Jus Cogens, in *Realizing Utopia: The Future of International Law*, edited by Antonio Cassese (ed.), Oxford University Press, 2012, p.164.

④ João Ernesto Christófolo, *Solving Antinomies between Peremptory Norms in Public International Law*, Zurich: Schulthess, 2016, p.115.

⑤ 张潇剑:《国际强行法论》,北京大学出版社 1995 年版,第 71、74 页。

⑥ International Court of Justice, Questions relating to the Obligation to Prosecute or Extradite (Belgium v. Senegal), Judgment, *I.C.J. Reports* 2012, p.457.

⑦ International Court of Justice, Legality of the Threat or Use of Nuclear Weapons, Advisory Opinion, *I.C.J. Reports* 1996, p.257.

国际刑事法庭也曾指出,禁止酷刑是"习惯国际法规范",同时"它进一步构成强行法规范"。①

(三)条约规则和一般法律原则可以成为国际强行法的法律渊源

通过上文对国际法委员会倡导对"一般国际法"进行广泛理解的分析,可知"一般国际法"是一个通用术语(generic term),其包括产生普遍接受的法律规则的国际法所有正式来源。虽然习惯国际法是形成国际强行法最常见的基础,但1945年《国际法院规约》第38条第1款所列的其他两项国际法的渊源,即国际条约和一般法律原则,只要可以被视为一般国际法规范,也能够作为构成强行法的基础,成为国际强行法规范的其他渊源。国际委员会《结论草案》第5条第2款指出"条约规定和一般法律原则也可作为一般国际法强制性规范(强行法)的基础",该条款中的"也可"表明虽然国际条约和一般法律原则不是国际强行法最主要的国际法渊源,但仍然存在由国际条约和一般法律原则构成国际强行法基础的情况之可能性。

条约规则可以编纂或宣誓一项现有的一般国际法规则;缔结一项条约规则也将有助于新出现的一般国际法规则具体化;条约规则通过后,也可以在嗣后实践的基础上反映一般国际法规则。而对于一般法律原则,其是一般国际法的一部分,因为它们有"对国际社会所有成员具有同等效力"的普遍适用范围。② 综上,国际习惯是国际强行法的最主要渊源,条约规则和一般法律原则也可以成为国际强行法的渊源。是故,国际强行法定义中"被国家组成之国际社会全体接受和承认为不容克减的规范"中的"承认和接受"的对应性也将得到呼应,即"承认"用于以国际条约及一般法律原则为法律渊源的国际强行法规范,而"接受"则用于以国际习惯为法律渊源的国际强行法规范。③

此外,《结论草案》还指出国际法院判决和权威公法学家学说是确定国际强行法的辅助资料。该条结论实际上是对1945年《国际法院规约》第38条第1款第(卯)项规定的演化和借鉴,即司法判例以及各国具有最高权威之公法

---

① International Criminal Tribunal for the Former Yugoslavia, *Prosecutor v. Zejnil Delaliçet al.*, Case No.IT-96-21-T,1998,p.166.

② International Court of Justice, North Sea Continental Shelf Cases, Judgment, *I.C.J. Reports* 1969,pp.38-43.

③ United Nations, *United Nations Conference on the Law of Treaties：First Session Vienna*, 26 March—24 May 1968 *Official Records-Summary Records of the Planery Meetings and of the Meetings of the Committee of the Whole*,1969,p.471.

学家学说,在国际法院裁判案件时作为确定法律原则的"补助资料"。《结论草案》中使用了"国际法院的决定"而非"司法判例",所以能够作为确定国际强行法规范辅助资料的司法判决仅包括国际性法院的决定,而不包括国内法院的判决。但是,根据《结论草案》第 8 条的规定,国内法院的判决也可能构成本条规定中的"各国法院的判决",从而成为确定国际强行法规范辅助资料之外的主要证据。

四、国际强行法的识别标准

国际强行法指被国家组成之国际社会全体接受和承认不容克减的规范,且只能由嗣后具有相同性质的一般国际法规范加以变更。国际强行法的定义实际上释明了识别强行法规范的"两步法"规则:首先,需要有相关证据证明一项规范为一般国际法规范;其次,该规范必须被国家组成之国际社会全体接受和承认为不容克减的规范。国际法委员会在 2001 年《国家对国际不法行为的责任条款草案》的评注中对 1969 年《维也纳条约法公约》的描述也证实了识别强行法规范的"两步法"。[①]

(一)确定一项规范为"一般国际法"规范

根据国际强行法的定义,国际强行法必须是一项"一般国际法"规范。识别国际强行法规范的标准是严苛的,该规范必须符合"一般国际法"规范的标准,具有"一般国际法"规范的约束力。因而,第一步识别的难点即在于如何确定一项规范为"一般国际法"规范。需要明确的是,"一般国际法"目前尚无公认的定义,[②]其含义也并非始终明确。"一般国际法"有多种不同的用法,包括用于指代通用国际法规则,不论是条约法、习惯国际法,还是一般法律原则。[③]例如,在"尼加拉瓜境内和针对尼加拉瓜的军事和准军事活动案"中,"一般国

---

① International Law Commission, *Draft articles on Responsibility of States for Internationally Wrong-gful Acts*, *with Commentaries*, A/56/10, 2001, p.85.

② International Law Commission, *Fragmentation of International Law: Difficulties Arising from the Diversification and Expansion of International Law: Conclusions*, A/CN.4/L.702, p.10.

③ United Nations, *Report of the International Law Commission Seventieth Session* (30 *April-7 June and 2 July-10 August* 2018), A/73/10, 2018, p.123.

际法"被用作指与特别法相对的概念。①

　　根据国际强行法的特征,其必须具有普遍适用性,被国家组成之国际社会全体接受和承认。据此,笔者认为在识别一项国际强行法规范时,应根据国际强行法的概念,将"一般国际法"中的"一般"理解为适用范围上的一般。国际法委员会也在报告中强调,国际强行法概念中的"一般国际法"并非指与特别法相对的一般法,此处的"一般"指的是有关规范适用范围上的一般,即国际法院在"北海大陆架案"的判决中指出的"必须对国际社会所有成员具有同等效力"。② 从这个角度出发,对于有些学者提出的存在"区域强行法"的观点,③笔者并不赞同。因为如果存在"区域强行法",其在适用范围上也不可能满足适用于国际社会全体成员,所以其不是"一般国际法",不满足国际强行法的识别标准,进而不能构成国际强行法。

（二）表明一项规范被国家组成之国际社会全体接受和承认为不容克减

　　第二步识别规则要求该规范被国家组成之国际社会全体接受和承认为不容克减的规范。其一,"国家组成之国际社会"要求这一立场是国家的立场,而不是其他行为体的立场,即不包括国际组织和非政府组织的态度和做法。但这并不意味着其他行为体的立场就是无价值的,它们的行为和实践对该步识别具有辅助意义,能够提供历史背景和评估资料,可以在一定程度上反映国家的立场。国际法委员会在《关于习惯国际法识别的结论草案》中也曾提到,国际组织的实践等非国家行为体的行为能够为国家的接受和承认提供证据,可能与国家实践的评估相关。④

　　其二,此处的"全体"指的是绝大多数国家的接受和承认,而不要求由所有国家接受和承认。"全体"是为了强调能够上升为强行法规范的一般国际法规

---

① International Court of Justice, Military and Paramilitary Activities in and against Nicaragua (Nic-aragua v. United States of America). Merits, Judgment. *I.C.J. Reports* 1986, pp.137-138.

② International Court of Justice, North Sea Continental Shelf Cases, Judgment, *I.C.J. Reports* 1969, pp.38-39.

③ Robert Kolb, *Peremptory International Law-Jus Cogens: A General Inventory*, Oxford: Hart Publishing, 2015, p.97.

④ United Nations General Assembly, *Resolution Adopted by the General Assembly on 20 December* 2018, Conclusion 10 of the Conclusions on the Identification of Customary International Law, A/RES/73/203, 2019, p.4.

范必须由作为整体的各国或国际社会接受和承认。而确定是否被绝大多数国家接受和承认，并非简单地统计国家的数量即可，还需考虑该"绝大多数国家"是否符合不同区域分布、法律制度和文化类型的要求。①

结　语

国际强行法指被国家组成之国际社会全体接受和承认不容克减的规范，此类规范只能由嗣后具有相同性质的一般国际法规范加以变更，其在国际法理论和实践中具有重要地位。除 1969 年《维也纳条约法公约》第 53 条规定的不容克减性、属于一般国际法规范、需由国家之国际社会全体公认的特性外，国际强行法还具有普遍适用性、等级优先性以及反映并保护国际社会基本价值观的主要特征。国际强行法最主要的渊源是国际习惯。此外，如果条约规则和一般法律原则能够被视为一般国际法规范，其也有可能成为国际强行法的渊源，反映国际强行法的现实存在及法律效力；国际法院判决和权威公法学家学说也可以成为国际强行法的辅助资料。识别一项国际强行法规范需要满足"两步法"规则：首先，需要有相关证据证明一项规范为一般国际法规范；其次，该规范必须被国家组成之国际社会全体接受和承认为不容克减的规范。确认国际强行法的识别标准有助于识别具有强制性的国际法规范，确认并巩固国际强行法在国际法理论及实践层面的重要地位。

（本文责任编辑：刘若琳）

The Theoretical Development of *Jus Cogens*

Song Shangcong

Abstract：*Jus cogens* has had problems such as vagueness of concept, unclarity of source of international law and uncertainty of scope for a long time. Scholars have tried to define *jus cogens*. However, those definitions may not reflect the characteristics of *jus cogens* or its essential position. The International Law Commission of the United Nations has conducted studies

① United Nations，*Report of the International Law Commission Seventy-first Session*（*29 April-7 June and 8 July-9 August* 2019），A/74/10，2019，p.168.

on *jus cogens* since 2015, which, to a certain extent, reflects the latest theoretical progress in the research on *jus cogens*. Therefore, this article intends to analyze the latest development of the theory of *jus cogens*, analyze its scientific definition by the International Law Commission, and sort out the main characteristics and sources of law of *jus cogens*. On this basis, this article summarizes the criteria for the identification of *jus cogens*, to help identify the specific norms of international law with the nature of *jus cogens*, and then confirm and consolidate the critical position of *jus cogens* in the theoretical and practical aspects.

Key Words: *jus cogens*; source of international law; vienna convention on the law of treaties; norm of general international law; international law commission

论联合国安理会决议的国际法地位

秦　男*

　　内容摘要：自"美国 911 恐怖袭击事件"以来，国内外诸多学者围绕联合国安理会决议是否具备造法功能或称具有"造法性"展开长期讨论。从行为法律效力的角度来看，安理会依据《联合国宪章》行使职权，不具有造法权限但具有造法便利；从决议法律性质的角度来看，依照《国际法院规约》第 38 条的规定，安理会决议不属于国际法渊源的法定形式，但可定性为辅助资料。如果不拘泥于有无"造法"的结论，从国际法发展的角度来看，安理会决议"造法性"之争亦即国际法渊源有无发展之争，其地位因此宜落脚于"正在造法"并促进国际法发展的一种重要形式。

　　关键词：安理会决议；造法性；联合国；国际法渊源

目　录

　　* 秦男，华东政法大学国际法学博士研究生，上海市浦东新区人民法院自由贸易区法庭（自由贸易区知识产权法庭）审判员。

四、从国际法的发展看安理会决议的地位

（一）安理会"造法"性之争的本质

（二）国际法发展视角下的"正在造法"

日前,俄乌局势将联合国安全理事会(以下简称"安理会")这一联合国机构的重要性再度凸显。截至目前,安理会已就俄乌局势召开了两次紧急会议,并持续呼吁和平处理乌克兰问题。① 作为"二战"后战时主要盟国共同规划战后集体安全体制的产物,联合国成立的主要目的之一即维护国际和平与安全。依《联合国宪章》规定,安理会作为联合国设立的六大主要机构之一,承担了维护国际和平与安全的首要责任。《联合国宪章》共计111条,其中53条直接与安理会相关,且专章编排上紧随联合国大会之后,足见其重要地位。安理会决议是安理会正式表达意见或意愿的载体。美国和苏联冷战结束后,在国际和平与安全事务不断复杂化的同时,由于常任理事国减少行使其否决权等原因,安理会决议数量呈现几何级数增长状态,由截至1990年年底的683个上升为截至2021年年底的2617个。② 与数量增长相应,其所涉国际问题的范畴不断扩大,职权范围也出现扩张趋势,并有国外学者因此认为国际体系无法再称为严格意义上的"无政府状态"。③ 故此,安理会决议在国际法体系中的性质、地位、作用等问题,于近20年内引起了广泛的讨论。

一、安理会决议"造法性"之争及问题剥离

"美国911恐怖袭击事件"对国际和平与安全构成严重威胁,恶性昭然,此后安理会决议的内容出现了方向性改变:由以前仅针对某个国家、某个区域、

---

① "Give Peace a Chance", Secretary-General Urges Russian Federation at Security Council Meeting on Ukraine, Saying too Many People Have Died, https://www.un.org/press/en/2022/sgsm21155.doc.htm.,下载日期:2022年2月25日。

② 数据来源:https://www.un.org/securitycouncil/zh/content/resolutions.,下载日期:2022年2月23日。

③ 伊恩·赫德:《联合国安理会与国际法治》,付炜译,章前明校,载《浙江大学学报(人文社会科学版)》2013年第5期。

某一事件而向特定国际法主体施加义务,扩展为针对普遍情势、具有普遍意义,向所有联合国成员国家提出行为要求,并出现可能创设新国际法规则的迹象。对这一现象,国内外不少学者将其解读为安理会决议产生了"立法性"(legislation)或具备了"造法"功能(produce law/law-making function)。① 如表 1 所示,该些观点主要聚焦于以下三个安理会决议。

表 1　安理会决议"造法性"讨论的主要决议信息

决议号	年份	主要内容
第 1267(1999)号决议	1999 年	全体成员国需采取针对塔利班的通航及经济制裁措施,决定根据《联合国安全理事会暂行议事规则》第 28 条的规定设立安理会的一个委员会,监督本决议的履行。②
第 1373(2001)号决议	2001 年	全体成员国不得为恐怖分子提供支持或庇护,并对恐怖分子采取国内立法、证件控制等限制措施,决定根据《联合国安全理事会暂行议事规则》第 28 条的规定设立安理会的一个委员会,监督本决议的履行。③

---

① "for the first time in history the Security Council enacted legislation for the rest of the international community", see UN Doc. A/56/PV.25, at 3 (Costa Rica). P. C. Szasz, The Security Council Starts Legislating, *The American Journal of International Law*, 2002, Vol.96. 相关观点参见 S. Talmon, The Security Council as World Legislature, *The American Journal of International Law*, 2005, Vol.99; Vesselin Popovski, The Legislative Role of the Security Council's Thematic Resolution, in *The Security Council as Global Legislator*, edited by Vesselin Popovski and Trudy Fraser (eds.), Routledge, 2014, p.3; 简基松:《对安理会"决议造法"行为之定性分析与完善建言》,载《法学》2009 年第 10 期;何田田:《联合国安理会决议与国际法渊源关系的思考》,载《南都学坛(人文社会科学学报)》2017 年第 3 期;王虎华、蒋圣力:《联合国安理会决议造法的国际法思考》,载《时代法学》2015 年第 6 期;王虎华、肖灵敏:《再论联合国安理会决议的国际法性质》,载《政法论丛》2018 年第 6 期等。

② S/RES/1267 (1999).

③ S/RES/1373 (2001).

续表

决议号	年份	主要内容
第 1540(2004)号决议	2004 年	全体成员国不应支持制造及运输核武器且需采取措施防止核武器扩散,并要求全体成员国禁止任何个人、组织等非国家行为者扩散核武器,决定根据《联合国安全理事会暂行议事规则》第 28 条的规定设立安理会的一个委员会,监督本决议的履行。①

上述决议在作出后,不仅为所涉国家所落实,并且在此后其他相似议题的国别性、特定性的决议中被多次引用并得到重申。② 与此同时,否认安理会决议具有"造法性"的观点则从《联合国宪章》文义解读、法律规则产生模式及其道德逻辑、安理会决议效力来源等角度出发,认为安理会决议出现的改变不能等同于其产生了造法功能。③ 然而鉴于客观事实,反方观点亦不得不承认的是,以"美国 911 恐怖袭击事件"为代表的国际和平与安全维护事务日益繁重,而上述无法名正言顺"造法"的安理会决议,不仅为各成员国所广泛接受,同时也对维护国际和平与安全起到了实质促进作用。是故,笔者以为,对安理会决议有无"造法"的理解,无论是非判断如何,仅仅落脚于当下结论本身的讨论可谓意义单薄,应从发展的视角建立起新的观察维度展开思考。

在这场讨论中,透过各种观点所采的论证方式、理论依据及论述逻辑,可予剥离的核心问题其实有二:一是安理会作出决议行为的法律效力是什么,二是安理会决议的法律性质是什么。

---

① S/RES/1540(2004).

② 如在第 1378(2001)、1386(2001)号关于阿富汗局势的决议序言中均载明"该决议支持根据《联合国宪章》根除恐怖主义的国际努力,并重申 2001 年 9 月 28 日第 1373(2001)号决议"。

③ C. H. Powell, A Fullerian Analysis of Security Council Legislation, *International Organizations Law Review*, 2011, Vol.8, No.1; Matthew Happold, The Security Council Resolution 1373 and the Constitution of the United Nations, *Leiden Journal of International Law*, 2003, Vol.16, No.3.

二、从《联合国宪章》看安理会决议的行为效力

作为联合国大会的下设主要机关,安理会的主体定位是明确的,为国际组织的职能机构,或因其组织协调功能而被称为政治机构。① 因此,从组织机构角度看,安理会的权力运行模式归属于国际组织模式,即权力来源为会员国的授权,职权范围的依据为《联合国宪章》,其行使职权必须"按章行事"。

(一)安理会的职权范围及自由裁量权

根据《联合国宪章》的规定,成立安理会的目的是维护国际社会的和平与安全。安理会的法定权威主要建立在宪章第 25 条、第 27 条、第 39 条、第 41 条、第 42 条,这些条款,经过各会员国预先同意,授权安理会决定哪种国际行为是"对和平的威胁和破坏或是属于侵略行为",并决定何时采取相应措施。一旦安理会确定有国家对国际和平与安全构成了威胁,那么它有权要求这些国家改正它们的行为,同时可以自行采取军事行动或临时办法进行补救与调整。与此同时,《联合国宪章》也对安理会的权力作出一些限制,其中最主要的是第 2 条第 7 项"本宪章所规定的内容皆无法授权联合国干涉在本质上属于任何国家国内管辖之事件",这是对联合国包括安理会在内所有行动的一个总体限制,防止联合国干涉一国的内部事务。②

从宪章中可以看出,在各会员国的明确授权下,安理会的行动被视为是各国自己的行动。因此,安理会是依国家集体授予的权力,为各国具体执行国际法规则以维护国际社会和平、安全的机构,并没有得到替各国创设国际法规则并要求其遵从的授权。诚然,安理会决议,尤其是前述具有普遍意义的决议,确实在为国家创设新的国际法或国内法义务,如第 1267(1999)号决议要求全体成员国需采取针对塔利班的通航及经济制裁措施;第 1373(2001)号决议要求全体成员国不得为恐怖分子提供支持或庇护,并对恐怖分子采取国内立法、证件控制等限制措施;第 1540(2004)号决议要求个人和组织间不得扩散核武

---

① 王玫黎、谭畅:《冲突与协调:安理会与国际法院的关系新论》,载《西南政法大学学报》2012 年第 5 期。

② 伊恩·赫德:《联合国安理会与国际法治》,付炜译,章前明校,载《浙江大学学报(人文社会科学版)》2013 年第 5 期。

器等。但必须注意到的是,该些义务在国际法上并不是独立的"新"义务。消除恐怖主义行为本来就是维护国际和平与安全的应有之义,各国并因此对恐怖主义行为享有国际法上的普遍管辖权,该些新创设的国际法义务并非没有国际法依据,也未形成新的国际法规则,而更加接近于对既有国际法规则的必要申明、细化或执行方式的具体化。从这个角度上讲,安理会决议实际上也是安理会依职权行使自由裁量权的结果。如果比照国内执法机关中的公安部门、司法机关中的执行部门、行政机关中的工商等职能部门,该些部门均可在依法行使职权的前提下出具具有拘束力的法律文书,如逮捕命令、执行裁定书、处罚决定书等,该些文书中必然载有关于当事人应当如何履行具体法律义务的办法与措施,但显然我们不会认为该些文书具有立法性,也不会在其"执行性"上产生动摇或模糊认识。

(二)安理会职权的扩张及限制

虽然安理会在联合国下设的机构中规模最小,但其决策与执行权力无疑是最大的,并因此被誉为"联合国的心脏"。① 在国际法学家伊恩·布朗利的观点中,人们普遍认为联合国机构都有能力判断自身的职权范围,特别是在宪章没有明文规定的时候,联合国机构常常通过对实践的解释来不断发展其职权的范围。② 该观点被称为国际组织的"暗含权力说"。国际法院曾在"执行联合国服务时所受损害的赔偿"咨询意见案即科索沃咨询案中,为了回答联合国是否具有求偿权这一问题,强调国家享有国际法所承认的完全的权利与义务,而对于像联合国这样的国际组织实体,其权利与义务依赖于国家设立该组织的目的,设立该组织的宪法性文件所"明确或隐含"规定的职能,以及该组织在实践中所发展出来的职能。亦即,求偿权在宪章中虽没有明文规定,但由于其对于联合国履行义务至关重要,可以认为必要地隐含于宪章之中。③ 国内也有观点认为,宪章没有明确限制安理会进行"造法",安理会就没有被剥夺获

---

① 梁西:《国际困境:联合国安理会的改革问题——从日、德、印、巴争当常任理事国说起》,载《法学评论》2005 年第 1 期。

② [英]伊恩·布朗利:《国际公法原理》,曾令良、余敏友等译,法律出版社 2003 年版,第 759 页;饶戈平、蔡文海:《国际组织暗含权力问题初探》,载《中国法学》1993 年第 4 期。

③ Reparation for Injuries Suffered in the Service of the United Nations,Advisory Opinion of 11 April 1949,I.C.J. Reports,1949,https://www.icj-cij.org/en/case/4.,下载日期:2022 年 7 月 12 日。

得该项职权的资格。① 但与此同时，对于安理会的权力是否已经无端、非法扩张的思考，有力对抗了"暗含权力说"在此处的合理性：如果不加限制地、没有依据地认可安理会享有宪章规定范围之外的权力，那么将无法避免其被强有力的联合国成员作为工具的状况发生，②并使其决议的权威性受到减损。③

国际法上的最高权威是国家主权。国家同意与否，由于涉及主权让渡的明示程序及其边界，其实并不只是实践或政策的问题，更是一个规范问题，这一点在《维也纳条约法公约》及其制定过程中得以充分体现。④ 如此类比，国际组织"暗含权力说"实际上类似于国内法上的"法无禁止皆可为"。但应当注意到的是，安理会所享有的极高的国际法权威性有别于其他国际组织，其决议获得了断然、普遍的执行效力，故不应将其视为是一个单纯的、可以期待其自由发展的国际组织，而必须将其行使职权的紧迫性、比例性、正当性与可能损害的主权利益予以具体并实时的衡量，在情形足够危险时，未获得当事国的同意才能被视为正当。如在安理会决议设立黎巴嫩特别法庭的问题上，有学者认为，尽管黎巴嫩民主政体无法也不会最终表示同意，但这并非不合理。在这个案例中，在所有其他条件相同的情况下，国际刑事司法自身的特殊内部动态使天平倾向于更多而不是更少的国际干预。⑤ 该

---

① 简基松：《对安理会"决议造法"行为之定性分析与完善建议》，载《法学》2009 年第 10 期；王虎华、肖灵敏：《再论联合国安理会决议的国际法性质》，载《政法论丛》2018 年第 6 期。

② 汉斯·考施勒：《国际关系中的权力模糊与联合国的未来》，孙露译，载《吉林大学社会科学学报》2013 年第 3 期。

③ Nigel D. White, The Will and Authority of the Security Council after Iraq, *Leiden Journal of International Law*, 2004, Vol.17. 另见《中国常驻联合国代表呼吁改进安理会制裁的设计和执行》, http://m.people.cn/n4/0/2022/0208/c23-15429543_2.html., 下载日期：2022 年 2 月 25 日。

④ 古祖雪：《国际造法：基本原则及其对国际法的意义》，载《中国社会科学》2012 年第 2 期。

⑤ "Despite the inability of Lebanese democracy conclusively to give its agreement, was not unreasonable. This was a case where, all other things being equal, international criminal justice's own peculiar internal dynamics shifted the scales in favour of more, not less, international intervention." See FRÉDÉRIC MÉGRET, A Special Tribunal for Lebanon: The UN Security Council and the Emancipation of International Criminal Justice, *Leiden Journal of International Law*, 2008, Vol.21.

观点说明,肩负着"维护国际和平与安全"的使命,安理会的职权本身即与国家主权具有不可避免的冲突性。然而,虽然宪章本身规定的模糊性以及联合国创立后 60 多年国际形势的迅速发展,都使得安理会权力的法律限制问题显得相当复杂,①但在权力行使过程中,安理会理应遵守必要的法律限制,这虽然没有被"禁止""不得"之类的言辞所载明,但决然是《联合国宪章》要求其在宪章框架下行使职权的本意。实际上,安理会不得任意扩张职权的问题已经得到许多国家以及联合国本身的注意,②许多认为安理会决议具有"造法性"的观点,最终也落脚于强调"造法"需在程序公正的前提下或宪章规定的框架下进行,或认为"安理会立法应是例外情形"。③

三、从《国际法院规约》第 38 条看安理会决议的法律性质

值得注意的是,之所以会产生前述对安理会决议"造法"功能的争议,根本原因在于国际法的效力来源不同于国内法,国际法这一特点,使得国际法本身是否存在也一度成为争议对象。与之相似,习惯国际法的识别路径、一般法律原则的具体类别以及契约性条约是否属于国际法的渊源等问题,均产生于国际法作为"法"的权力如何合理取得、固定并有效运行于国际社会所带来的思考。

(一)国际法的效力来源

如果说国内社会的权力结构是纵向的,那么国际社会就是横向结构,也因此有学者称国际法是"协调的法"(law of co-ordination)而非"服从的法"(law

---

① 何田田:《论〈联合国宪章〉对安理会权力的限制——基于条约解释的视角》,载《中山大学法律评论》2005 年第 1 辑。

② A/63/69-S/2008/270《关于联合国安全理事会与法治问题的 2004—2008 年奥地利倡议最后报告》,https://documents-dds-ny.un.org/doc/UNDOC/GEN/N08/330/20/PDF/N0833020.pdf? OpenElement.下载日期:2022 年 7 月 13 日。

③ 王佳:《从反恐决议看联合国安理会职能的扩张》,载《国际论坛》2011 年第 4 期;赵建文:《联合国安理会在国际法治中的地位和作用》,载《吉林大学社会科学学报》2011 年第 4 期。

of subordination)。① 由于国际社会没有统一的、权力凌驾于各国之上的立法机关,也不存在"超国家"的强制执行机构,故与确认国内法规则的"找立法模式—找立法主体—找法—找具体规定"的"顺藤摸瓜"的思路完全不同,②确认国际法规则是否存在,需要经过一定的辨识过程,并仰赖于过程中"证据"的充分程度,以至于识别国际法规则的过程,本身就是一项习惯国际法规则。

对国内法的效力来源,实证主义法学家约翰·奥斯汀认为"法律是主权者的命令",并认为法律效力是以国家制裁产生的威胁为后盾的,与之相较,国际法只能算是一种"实证道德"(positive morality)。③ 奥斯汀曾举例,有时个别或具体的命令也被称为法律,如主权者为应对眼前的粮食紧缺而禁止已经装运和等待出港的谷物出口,实际上是一个具体的命令,但由于是由主权者发布的,披上了一层法律的外衣,并因此被认作成法律。④ 纵观现代各主要国家的立法实践,这无疑仍是对国内法效力来源的一个贴切例证。虽然该理论因为仅仅将国际法置于国内法的理论框架中"挑毛病"而在后来受到多重批判,国际法的效力来源上也存在新自然法学派、社会连带法学派、纯粹法学派等不同学说观点,但可以看到,无论在国内法与国际法的比较,还是国际政治与国际法治比较的讨论中,在探讨法的效力来源时,国家意志或称主权意志的位置都是首要且不可撼动的。从国家意志出发,国际法的效力来源,或称遵从体制,可以理解为是国家在行使主权过程中对国际法规则以各种方式(明示、默示)表现出的认同。即国内法的效力模式可以总结为"因国家制定而存在规则并应当被遵守",国际法的效力模式相应为"因被国家遵守而存在规则"。故从国际法的效力来源上讲,国家意志是唯一的效力来源,而能够证明存在国家意志的,是不同形式的国家实践,能够被称为国际法规则的,则是根据某些标准得以被识别的国家实践。

---

① Shabtai Rosenne, *Practice and Methods of International Law*, Oceana Pubns, 1984, p.2.

② 帕瑞·凯勒:《中国法的渊源》,桂万先译,载《南京大学法律评论》1998 年第 2 期。

③ Henry Wheaton: *Elements of International Law*, Philadelphia, 1836; reprint New York: De Capo Press, 1972, pp. 5-16. 转引自何志鹏:《国际法的遵行机制探究》,载《东方法学》2009 年第 5 期。

④ [英]约翰·奥斯汀:《法理学范围之限定》(英文版),中国政法大学出版社 2003 年版,第 26 页。转引自甘德怀:《作为命令的法律——兼评约翰·奥斯汀〈法理学的范围〉》,载《河北法学》2007 年第 2 期。

（二）国际法规则的载体及其辨识

奥斯汀的主权观点产生于国际法产生之初，与之不同的是，在现代国际关系中，国家之间已经就国际法作为一个整体的持续存在和效力状态达成共识。无论是在领土、条约、外交领域，还是在争端解决领域，绝大多数情况下国家会依据国际法规则行事，①当一国被指责违反某项国际法规则时，已经见不到"不存在国际法"的诡辩言论，而多为"规则并非如此"或"并未违反规则"的辩称，即在如何辨识与演绎国际法规则上寻找支撑。可以想见，与国内法院相似，国际法院在作出裁判时，对于国际法规则的准确辨识和适用具有最直接的需求。如果我们假设有一桩涉及安理会决议是否具有"造法"功能的争议提交至国际法院，或者在某个国际争端中的请求或抗辩以安理会决议作为依据，那么国际法院在查明事实后应如何作出判断？应始于比照《国际法院规约》第38条。

国际法渊源是国际法规则的载体，笔者将其理解为是装载国际法院据以作出裁判所依据的具体国际法规则的各种容器。② 暂且不论国际法院作为联合国主要司法机关的职权行使对象问题，尽管学界对于国际法渊源的定义、种类、作用等均存在争议，但无论是国内还是国外国际法学者，只要讨论到国际法渊源，都离不开《国际法院规约》第38条，使该条规定成为讨论国际法渊源问题的基点。称安理会决议具有"造法"功能，即认为安理会决议本身制造或确认了一项国际法规则。然而从《国际法院规约》第38条第1款的规定来看，国际法院可以适用并据以裁判的国际法渊源形式有且仅有条约、国际习惯、一般法律原则和公允及善良原则（当事国同意）。③ 亦即，国际法院可以从上述渊源形式中确认一项国际法规则的存在。依照该条规定，安理会决议并不属于国际法的任一法定渊源形式，国际法院作出裁判时，不能直接引用安理会决

---

① 车丕照：《国际秩序的国际法支撑》，载《清华法学》2009年第1期。

② 王虎华：《国际法渊源的定义》，载《法学》2017年第1期。

③ 《国际法院规约》第38条规定："一、法院对于陈诉各项争端，应依国际法裁判之，裁判时应适用：（子）不论普通或特别国际协约，确立诉讼当事国明白承认之规条者。（丑）国际习惯，作为通例之证明而经接受为法律者。（寅）一般法律原则为文明各国所承认者。（卯）在第五十九条规定之下，司法判例及各国权威最高之公法学家学说，作为确定法律原则之补助资料者。二、前项规定不妨碍法院经当事国同意本'公允及善良'原则裁判案件之权。"第59条规定："法院之裁判除对于当事国及本案外，无拘束力。"文件来源https://www.un.org/zh/documents/statute/text.htm.，下载日期：2020年9月30日。

议作为裁判依据。至于该条规定对于国际法渊源形式的列举有无穷尽,起码从其起草与修改过程中,尚且找不到有所"遗漏"的确切证据。① 即从国际法渊源的角度上,认为安理会决议具有制造并承载国际法规则的功能,是于法无据的。

(三)安理会决议对于辨识国际法规则的作用

毋庸置疑的是,安理会作为联合国的一个下设机构,其决议从其作出主体上讲,应属于国际组织决议。对于国际组织决议的法律性质,虽然尚无直接涉及安理会决议的案例予以明确,但关于同为国际组织决议的联合国大会决议的案例,已经一定程度上确定了其从证明国家实践角度作为确定习惯国际法规则的辅助资料的性质。在 1986 年裁决的"军事行动案"(尼加拉瓜诉美国)中,国际法院认为不干涉内政原则构成习惯国际法规则,可由各国代表在发言中屡屡提及该项原则这一事实作为实证,并为此援引了联合国大会决议作为证据。② 可以说,此案在事实上形成了将国际组织决议作为确定习惯国际法规则存在的辅助资料的结论。有国内外学者认为,国际法院这一援引是为了证明各国存在"法律确信"这一主观因素,③而事实上,不难发现国际法院此举其实是或主要是为了证明存在各国对不干涉内政原则的普遍实践(general practice)。且有鉴于此,国际法委员会在其 2018 年度工作报告的"习惯国际法的识别"的结论评注中,明确表述如下:在习惯国际法的识别过程中,应主要审查国家的实践。事实上,在许多情况下,确定习惯国际法规则的存在及内容仅与国家实践相关。正如国际法院在尼加拉瓜境内和针对尼加拉瓜的军事和准军事活动案中所述,要"审议有哪些习惯国际法规则适用于本争端……必须关注各国的实践和法律确信"。④

证明国家的普遍实践存在,需要达到"各国普遍"的程度,但对"普遍"的界定,各方观点与国际法上的许多问题一样莫衷一是。如果考察"普遍"的具体

---

① 宋杰:《〈国际法院规约〉第 38 条:起草过程与启示》,载《国际法研究》2019 年第 4 期。

② Military and Paramilitary Activities in and against Nicaragua (Nicaragua v. United States of America), Merits, Judgment, *I. C. J. Reports* 1986, para.202.

③ 张华:《反思国际法上的"司法造法"问题》,载《当代法学》2019 年第 2 期。

④ 联合国国际法委员会报告第七十次会议(2018 年 4 月 30 日至 6 月 1 日和 7 月 2 日至 8 月 10 日), https://documents-dds-ny. un. org/doc/UNDOC/GEN/G18/252/66/PDF/G1825266.pdf? OpenElement., 下载日期:2020 年 11 月 30 日。

程度,联合国大会决议根据《联合国宪章》可视为获取了"到会及投票之会员国"中 2/3 国家的接受,而国际法院与嗣后国际法委员会的报告,显然认为该 2/3 的比例是满足"普遍"标准的。① 可见,国际法院和国际法委员会都认为,联合国大会决议中所记载的各国意见,有效地固定了该些国家接受某项国际法规则的国家意志。相较之下,安理会决议从《联合国宪章》中所获取的权限则为全体联合国会员国预先设定于宪章中的接受与履行。② 在"普遍"的程度上,安理会决议所得到的权限显然是超过联合国大会决议的,只要依照宪章通过,即能够代表所有联合国会员国的意志。

故此,笔者以为,安理会决议虽然能够通过国家预先赋权的方式获得国家行为上的遵从效果,但从国际法渊源的角度上找不到认可其"造法"权限的国际法依据。如果类比联合国大会决议,认为在尼加拉瓜诉美国案中,国际法院以联合国大会决议中反映的国家实践的"普遍"程度而将其定性为确认一项习惯国际法规则存在的辅助资料是具有适当性的,那么以安理会决议的更高"普遍"性,则足以确认它是一种更优质、高效、可信的辅助资料。

四、从国际法的发展看安理会决议的地位

(一)安理会"造法"性之争的本质

在国际法的渊源中,除了明显具有造法性质的公约外,无论是习惯国际法还是一般法律原则,均首先发端于国家的实践,因此可以说,国际法的产生是

---

① 《联合国宪章》第 18 条规定:"一、大会之每一会员国,应有一个投票权。二、大会对于重要问题之决议应以到会及投票之会员国三分之二多数决定之。此项问题应包括:关于维持国际和平及安全之建议,安全理事会非常任理事国之选举,经济及社会理事会理事国之选举,依第八十六条第一项(寅)款所规定托管理事会理事国之选举,对于新会员国加入联合国之准许,会员国权利及特权之停止,会员国之除名,关于施行托管制度之问题,以及预算问题。三、关于其他问题之决议,包括另有何种事项应以三分之二多数决定之问题,应以到会及投票之会员国过半数决定之。"资料来源:https://www.un.org/zh/charter-united-nations/index.html.,下载日期:2020 年 10 月 4 日。

② 《联合国宪章》第 25 条规定:"联合国会员国同意依宪章之规定接受并履行安全理事会之决议。"资料来源:https://www.un.org/zh/charter-united-nations/index.html.,下载日期:2020 年 10 月 4 日。

从国家实践开始的。即使是具有造法功能的条约,在产生之初,其首要任务亦在于对碎片化的习惯国际法规则的法典化。① 国际法规则难以辨识的特殊属性亦归因于此。在此视角下,如果认为安理会得以"造法",则实践中安理会决议先设立规则,联合国会员国嗣后再采取行动、接受监督的效力发生模式,实际上与国际法规则的产生方式完全不符,相较之下,似乎更接近于国内法上"立法并实施"的模式。与国内法相比,国际法仍然保留了很多学说色彩,但缺乏对行为和规则的严格区别,而国内法的发展程度成熟得多,要求法律事先区分合法行为和违法行为。② 鉴于国际法体系缺乏统一性及集中解释权的特点,人们很容易对安理会决议法律性质的模糊性感到失望。③ 反观前述安理会决议"造法性"之争,其实从侧面反映出了学界对于在国际法体系中建立类似于国内法形态的法律秩序的研究兴趣与论述倾向,也表达出对于国际法规则体系的供给机制不够充足、稳定的焦虑心情。

仔细辨别前述安理会决议有无"造法性"的争议焦点,笔者以为,从表面看,争点在于如何逻辑自洽地看待安理会决议内容出现明显变化这一现象,而实质上,安理会作出决议的行为效力如何、安理会决议的法律性质如何,这两个问题导出了"造法性"争论之本质——国际法及国际法的渊源有无发展,以及安理会决议的变化是否涵摄于这一发展进程。从这个角度切入,我们不难发现,那些认为安理会决议具有"造法"功能的观点,实际上也可以理解为认为安理会坐拥"造法"并"执法"的卓越便利:因安理会决议具有国际法上罕见的普遍性及强制执行效力,且有国际法允许的武装力量保证执行,安理会的职权范围与权力规模,非常便于进行造法,亦将具有任何其他国际法规则产生方式

---

① 古祖雪:《国际造法:基本原则及其对国际法的意义》,载《中国社会科学》2012 年第 2 期。

② 伊恩·赫德:《联合国安理会与国际法治》,付炜译,章前明校,载《浙江大学学报(人文社会科学版)》2013 年 9 月第 43 卷第 5 期。

③ "In this respect, and given that the primary concern for the belligerent parties is arguably the possibility or prevention of sanctions or other coercive measures, if greater consistency can be developed in the linkage between ostensibly binding ceasefire resolutions and the imposition of enforcement measures, for example, there would not only be greater clarity on the law, but also greater prospects that warring parties would heed the call to lay down their arms. " See Christian Henderson and Noam Lubell, The Contemporary Legal Nature of UN Security Council Ceasefire Resolutions, *Leiden Journal of International Law*, 2013, Vol.26.

所不具有的拘束效率和执行力。这其中暗含了另一层意思,即在国际条约、国际习惯、一般法律原则之外,还存在并应当存在《国际法院规约》第 38 条明文规定之外的确认国际法规则的方式,并且这些方式尚有可行的促进空间。这其中,安理会决议当然被认为是最有潜力的"种子选手"。而认为安理会决议不具有"造法性"的观点,实际上均来自对该种国际法规则确认方式的合法性、规范性及正当性的担忧。

(二)国际法发展视角下的"正在造法"

那么,国际法及其渊源有无发展?答案是肯定的。在全球化背景下,空前密切、频繁的国际交往不断对国际法的供给体系提出新挑战,并得到了一些回应。国际法不是一个闭塞的自我循环系统,而是一个敞开的、交融的、多元的体系。例如在国际法委员会 2018、2019 两年的年度工作报告中,国际组织决议、国内法院裁判已被确定地列入证明"国家实践"的证据当中,但在早些的 2014、2015 年尚未得出该些结论,这反映出近年来国际组织地位的提高,以及国内法对国际法影响的加深。安理会作为国际上执行性最强的国际组织职能机构,其决议内容的变化方向,也映射出国际组织决议在国际法中地位发展变化的趋势,以及国际社会对国际法权威输出的巨大需求。回到法律性质,结合较早论述,国际组织决议至少可以视为是证明某项国际法规则正在被国家实践的重要证据,亦即,其国际法性质相较于"造法"而言,"正在造法"是更为准确的。亦因如此,国外赞成安理会决议具有造法功能的学者多称其性质为"quasi-legislative"即"准立法",①或称其造法效力仅限于具体案件。②"尽管 1999 年《制止向恐怖主义提供资助的国际公约》第 1 条第 2 款亦作了相同的规定,但由于截至安理会通过上述决议的 2001 年 9 月 28 日,仅有博茨瓦纳、斯里兰卡、英国、乌兹别克斯坦四个国家就加入公约交存了批准书,远未达到该公约规定的生效条件,故在安理会通过上述决议时,该公约实则尚未生效。因此,上述安理会的决议,实际上并非是对一项既有的国际法规则的重申,而

---

① J. W. Halderman, *The United Nations and the Rule of Law: Charter Development through the Handling of International Disputes and Situations*, Oceana Publications, Dobbs Ferry/NY: 1966, pp.65, 70.

② H. Kelsen, *The Law of the United Nations: A Critical Analysis of Its Fundamental Problems*, Preager, 1964, p.295.

是创设了一项新的国际法规则。"①这一支持"造法性"的观点及其论据,其实从时间维度上准确展现了安理会决议"正在造法"的特殊状态。

对于"正在造法"这一特殊的国际法形成阶段,一些新兴领域的研究成果具有更加贴切的说服力。如在外层空间法领域,由于相应的国际法规则付之阙如,郑斌先生(Bin Cheng)在其 20 世纪 60 年代关于外层空间法的研究成果中首次提出"速成国际习惯法"(instant international customary law)概念。不同于传统国际习惯法的形成对国家实践"持续"且"普遍"的要求,郑斌先生提出,即便是在较短时间之内并且在少数个别国家之间,也应当同样能够产生法律确信,并进而形成(速成)国际习惯法。② 同时,有学者提出,联合国大会第 1962〔XVIII〕号决议可以作为对外层空间法领域速成国际习惯法的证明,进而认为联合国大会决议是一种值得重视的"国际软法"。③ 笔者认为,赋予联合国大会决议等国际组织决议以"国际软法"的称呼,一方面表达出对传统国际法规则形成过程及识别方法中,对据以确认国家意志的"国家实践"的积累要求已然不合时宜的一种谦让式对抗,另一方面也为规则真空地带暂且找到了可行的补位方式。就本文讨论的安理会决议,虽然依据《国际法院规约》第 38 条并非国际法规则的法定载体,根据《联合国宪章》也并未获得"造法"授权,但对其保守、严谨的定性,并不妨碍我们积极地承认其在国际法体系中促进、见证、指导国际法规则形成与国际法发展的定位。另有国外学者认可安理会决议立法的观点,实际上建立在"破格"认为安理会取得了普遍国家授权的基础上,其所依据的宪章条款被解释为"安全理事会和成员国都享有立法权……默认的立场是,只要成员国能够有效地实现共同目标,立法权仍在成员

① See Jan Wouters and Jed Odermatt, Reflection on the Law-making Powers of the Security Council, in Vesselin Popovski and Trudy Fraser (eds.), *The Security Council as Global Legislator*, Routledge, 2014, p.3.

② See Bin Cheng, United Nations Resolutions on Outer Space: "Instant" International Customary Law, *The Indian Journal of International Law*, 1965, Vol.5.

③ 蒋圣力:《联合国大会决议法律效力问题重探——以外层空间国际法治实践为例》,载《国际法研究》2020 年第 5 期。

国手中"①。这样的思路,虽然是种"为了认可而认可"的做法,但其反映出的对安理会决议功能和性质的应然性期待,对于我们考虑从何处出发来审视类似的国际法发展有关问题,是有启发作用的。

因而,笔者认为,安理会决议无论从作出决议的行为效力、安理会决议本身的法律性质来看,认为其具有"造法性"的观点,与其说是于法无据的错误结论,不如说是稍显急躁的殷切期待。但该些观点,也直接反映出安理会进行造法的便利性与可预期性受到了关注,其对于国际法规则的辨认和识别起到了重要且高效的辅助作用。如果跳出非此即彼的视角,从国际法发展的角度看,安理会决议具有一种"正在造法"的特殊状态,安理会决议"造法性"之争折射为国际法渊源有无发展之争,其地位亦因此宜落脚于"正在造法"并促进国际法发展的一种重要形式。

（本文责任编辑:金　晟）

An Analysis of the Status of United Nations Security Council Resolutions

Qin Nan

Abstract: Since the "911" Incident, many scholars at home and abroad have been discussing whether UNSC (United Nations Security Council) resolutions have a law-making function. From the perspective of the legal effect of UNSC resolutions, the Security Council exercises its authority in accordance with the UN Charter, it has no law-making authority but law-making convenience. From the perspective of the legal nature of UNSC resolutions,

---

① "If both the Security Council and member states enjoy legislative powers, the immediate question, then, is to decide when it is opportune for the Security Council to exercise such power, which is an inquiry into subsidiarity stricto sensu. More specifically, what needs to be ascertained is whether the issue has a transnational aspect, the regulation of which will satisfy an objective pursued by the United Nations and its member states, and whether that objective can be achieved by member states through the normal law-making processes or more efficiently by the Security Council. It transpires, then, that the default position is that law-making remains with the member states as long as they can attain the common objective effectively." See Nicholas Tsagourias, Security Council Legislation, Article 2(7) of the UN Charter, and the Principle of Subsidiarity, *Leiden Journal of International Law*, 2011, Vol.24.

in accordance with Article 38 of the *Statute of the International Court of Justice*, UNSC resolutions do not fit in any of the legal forms of sources of international law, whereas they can be characterized as subsidiary means for the determination of rules of international law. Without being limited by drawing the conclusion of whether they are "law-making" or not, taking a perspective of the development of international law, it can be seen that the debate on the "law-making" nature of UNSC resolutions is also a debate on the development of the sources of international law, and that the status of UNSC resolutions should be therefore appropriately determined as "in the process of making laws" and making a contribution to the development of international law.

Key Words: UNSC resolutions; law-making function; the united nations; sources of international law

世界大变局时代国际经济法的
三层次理论调适

漆 彤 王茜鹤[*]

内容摘要：世界百年未有之大变局，为国际经济法的运行带来了多重现实挑战。市场全球化发展受阻、国家障碍层出不穷、国际协调机制失灵，昭示出国际经济法权力结构的失衡。从国际经济法的发展与演变出发，通过对市场调节机制及其法律保障进行梳理与研究可以发现，国际经济法是调整国际经济调节关系之法，以弥补市场缺陷、消除国家障碍为根本任务。正确认识国际经济法的性质与任务、协调市场与国家力量，统筹运用国内经济法与国际经济法，有助于实现新形势下国际经济法的重新定位与理论调适，使国际经济法权力结构回归动态平衡。

关键词：国际经济法；国际调节；市场全球化；国家障碍

目 录

---

* 漆彤，武汉大学国际法研究所教授，博士生导师；王茜鹤，武汉大学国际法研究所国际经济法专业硕士研究生。

一、大变局时代国际经济法面临的现实挑战

（一）市场全球化发展阻力频生

伴随着三次工业革命的开展，市场全球化经历了"贸易全球化—国家全球化—产业（企业）全球化"的三重发展阶段，[①]并在 21 世纪初达到了前所未有的高度。2008 年次贷危机爆发后，市场全球化速度下降、范围收窄，全球价值链增长及供应链扩张均趋于平缓，[②]逐渐进入"慢球化"（slowbalisation）时代。[③] 近年来，全球供应链变短、跨境贸易逐渐向区域化发展，[④]全球化经济的下行风险与不确定性进一步增强。根据联合国于 2022 年 5 月发布的文件，在 2022 年全球经济展望过程中，通货膨胀率将可能达到 6.7％，而经济增速则大幅下滑至 3.1％，[⑤]全球经济正面临着严重的滞胀危机。当前，世界正经历

---

① 金凤君、姚作林：《新全球化与中国区域发展战略优化对策》，载《世界地理研究》2021 年第 1 期。

② UNCTAD, UNCTAD Statistics，https://unctadstat.unctad.org/wds/TableViewer/tableView.aspx? ReportId＝96740，下载日期：2022 年 6 月 28 日。

③ Adjiedj Bakas，Capitalism & Slowbalization-Market，State and Crowd in the 21st Century，PR Newswire，https://www.prnewswire.com/news-releases/capitalism--slowbalization---market-state-and-crowd-in-the-21st-century-523846291.html.，下载日期：2022 年 6 月 28 日。

④ 李虹林、陈文晖：《新冠疫情对全球制造业供应链的影响及我国应对策略》，载《价格理论与实践》2020 年第 5 期。

⑤ United Nations，World Economic Situation Prospects as of mid‑2022，https://www.un.org/development/desa/dpad/publication/world-economic-situation-and-prospects-as-of-mid-2022/.，下载日期：2022 年 6 月 12 日。

百年未有之大变局,市场全球化面临严峻的内生困境与剧烈的外部冲击,在不断调整的过程中展现出了新的变化特点,包括全球化发展动力机制、发展模式的重大变化,发展速度的缓和以及数字化、区域化的发展趋势等。①

1.市场全球化面临内生困境

经过了历时数百年的全球化进程,生产要素得以在世界范围内流动、资源配置相对得以优化、全球社会分工得以形成与演进,并最终建构起符合资本主义制度需要的全球分工体系。② 然而,资本的逐利性与扩张性,在增强全球经贸互联互通的同时,也激化了市场内部隐藏的经济危机与社会危机,加剧了市场全球化的内生困境。

一方面,在全球化进程中,资本积累雄厚的发达经济体往往会选择通过资本输出的方式将产业资本转移至新兴经济体,缓解自身生产过剩、需求不足的矛盾,并转而依赖金融服务以获取超额利润。这种发展方式所导致的过度金融化与产业空心化,严重冲击了资本主义国家的经济基础,③加之新兴经济体快速崛起,最终导致原有资本积累社会结构难以为继。而构建新资本积累社会结构的前提是反思并消解金融资本的过度扩张、强化监管力量,④由此便不可避免地导致了市场全球化的逆向风潮。

另一方面,伴随资本的无序扩张和以制造业为代表的产业对外转移,发达经济体内部就业岗位减少、失业人口增加,社会财富分配逐渐失衡,"马太效应"日益加剧。⑤ 而贫富差距日益悬殊、资本与劳动力收益差距的日益拉大,使得劳动力市场的脆弱性凸显、波动性增强,⑥普通民众与精英集团之间的矛盾不断激化、原有社会结构受到冲击。 在此背景下,极端民粹主义思潮涌动,

---

① 王栋:《后疫情时期全球化发展特征及趋势》,载《人民论坛·学术前沿》2022 年第9 期。

② 吕春成:《经济全球化条件下国际分工机制的递变趋势》,载《财贸经济》2003 年第4 期。

③ 赵建、王静娴:《过度金融化、全球金融危机与中国金融治理体系的现代化》,载《经济研究参考》2022 年第 2 期。

④ 谢长安、丁晓钦:《逆全球化还是新全球化?——基于资本积累的社会结构理论》,载《毛泽东邓小平理论研究》2017 年第 10 期。

⑤ 孙烽、尹於舜:《全球化进程中的资本主义新危机:经济学视角的思索》,载《当代经济研究》2001 年第 6 期。

⑥ 卫灵、杜吟滔:《新冠疫情下美国社会矛盾加剧的深层原因透视——基于经济全球化发展视域的分析》,载《北京联合大学学报(人文社会科学版)》2021 年第 1 期。

"反全球化"声浪迭起，①要求加快本国实体产业与资本回流、实施"再工业化"的呼声高涨。市场内部的反对与抵触进一步激化了全球化过程中积累的矛盾、加剧了全球化治理困境。

2. 市场全球化屡遭外部冲击

市场全球化既是人类社会科学技术与生产力发展所导致的必然结果，又具备天然的内在缺陷。近年来，全球公共健康危机肆虐、地缘政治博弈形势复杂多变，频繁出现的外部冲击虽然无法从根本上动摇市场全球化的发展基础，却使市场全球化格局愈发动荡不安，进一步加剧了其内生困境。

2020 年暴发的新冠肺炎疫情，曾成为全球化进程最大的不确定因素之一，在公共健康危机的催化下各国政策普遍呈现出较强的内倾趋势。国际市场在供应链与货物、人员、资金流动等诸多方面均直接或间接遭受重创：全球市场需求普遍下滑，人员货物流动困难，国际运输成本提高、稳定性下降，企业现金流短缺、入不敷出。② 疫情导致的经济危机不仅加剧了经济脆弱性，也降低了市场的风险承受能力。各经济体的复苏速度因实力差异而有所不同，其内部的地区分化也愈加严重。③ 这些负面影响呈现出非线性特征，④未来可能会进一步扩大全球经济发展的不平衡、加剧"逆全球化"危机、迟滞市场全球化复苏进程。

近年来，伴随着国家间实力对比的发展变化，各个国家与区域间的地缘战略关系也出现了新的组合演变。⑤ 中美贸易摩擦、印巴与美伊关系变化、英国脱欧、乌克兰危机等事件接连爆发，为市场全球化发展带来诸多变数。地缘政治博弈带来的不稳定性，可能会导致更多企业在全球产业布局中放弃"成本效益最大化"原则，转而在战略层面追求安全平稳，将业务转移回本国或布局至

---

① 罗皓文、赵晓磊、王煜：《当代经济全球化：崩溃抑或重生？——一个马克思主义的分析》，载《世界经济研究》2021 年第 10 期。

② 刘宏松：《新冠肺炎疫情下的全球化与全球治理的强化路径》，载《上海交通大学学报（哲学社会科学版）》2020 年第 5 期。

③ 王栋：《后疫情时期全球化发展特征及趋势》，载《人民论坛·学术前沿》2022 年第 9 期。

④ 王栋、贾子方：《新冠肺炎疫情与技术进步双重影响下的全球化趋势》，载《国际论坛》2021 年第 1 期。

⑤ 王鹏、颜婕：《美国推动构建"三边安全伙伴关系"的地缘战略逻辑》，载《当代美国评论》2022 年第 1 期。

邻近地区。① 随着跨国企业撤出全球市场,通货膨胀的概率被推高,全球供应链延误风险将进一步加剧。

(二)国家障碍类型日益多样化

主权国家出于本国利益考量,往往会通过制定国内法、政策或规则等形式管制国际经济贸易往来,若这种管制超过一定的限度,便会成为阻碍市场机制运作的国家障碍。自 19 世纪下半叶至第二次世界大战中后期,广泛推行的贸易保护主义政策、垄断资本主义的迅速扩张与随其伴生的经济问题,使亚当·斯密的自由贸易理论、大卫·李嘉图和约翰·斯图亚特·穆勒的比较优势理论再度成为显学,各国纷纷签订诸多双边、多边条约以促进国际间经济往来,并逐渐构建起一种脱离政府管制的经济贸易秩序,②由此推动了国际经济法的萌芽与形成。在超过半个世纪的发展与演变中,国际经济法条约体系由国际货物贸易扩张至国际服务贸易、投资、知识产权保护等诸多领域,以约束和限制来自国家的过度干预、保障市场资源配置优化。与之相对,发展逾百年的资本主义经济体系却面临着越来越大的危机,周期性的经济萧条与金融动荡已然成为惯常,③各国为应对经济危机,普遍会周期性奉行贸易保护主义,通过设立国家障碍逃避乃至对抗多边经贸体制的束缚,④从而保护本国的产品、技术与市场。近年来,国家障碍经历了由边境措施(border measures)到边境后措施(behind-the-border measures)的纵向扩张,和管制范围及考量因素愈发多元的横向扩张。

1.由边境措施到边境后措施的纵向扩张

早期国际经贸谈判主要以推动关税减让、扩大市场准入为目标,大多聚焦于各国边境措施。随着以世界贸易组织(World Trade Organization,以下简称 WTO)为代表的多边贸易体制的发展,各国在关税、配额、进出口许可等边

---

① 戴翔、张二震:《逆全球化与中国开放发展道路再思考》,载《经济学家》2018 年第 1 期。

② 王宇松、杨晓培:《国际经济法的法"理"和法"力"演化探析》,载《江西社会科学》2012 年第 2 期。

③ J. H. Cochrane, *Financial Market and the Real Economy*, 11193 NEBR Working Paper 70-71 (2005). https://www. nber. org/papers/w11193? utm _ source = wechat _ session&utm_medium = social&utm_oi = 683661033621557248.,下载日期:2022 年 7 月 22 日。

④ 熊光清:《贸易保护主义盛行及发展的根源》,载《人民论坛》2020 年第 3 期。

境议题上逐渐达成共识,传统国家障碍日益淡化。

21 世纪以来,第四次工业革命的开展进一步改变了全球市场分工与贸易结构,人员、技术与服务的广泛流动和法规政策的殊异造成各国监管分化,导致合规与贸易成本提高。① 为提高本国产品竞争力,各国纷纷转向采取国内规制方式,通过设立"边境后"的监管措施、非关税壁垒与行政管理规则等构筑贸易壁垒、实施贸易保护。相比于限制出入境贸易的传统边境措施,边境后措施主要集中在各国的补贴、政府采购、知识产权、环境、劳工、信息技术等国内法规中,成了当前各国规则博弈的重点之一。

2.由成本效益最大化到增强非经济关切的横向扩张

不同于传统贸易保护主义,"巨型保护主义"(jumbo protectionism)与"隐蔽保护主义"(murky protectionism)日益得到各国青睐,正在全球范围内得到广泛适用。② 这些新型贸易保护主义不再局限于贸易领域,大多具备合理、合法的外观与实施依据,往往以保护人权、环境,保障劳工权利、消费者权益等为由,在事关公共利益的议题上设置各项歧视性规则,直接或间接采取限制甚至禁止贸易、投资的措施,③从而达到实施贸易保护的目的,本质上依然属于国家障碍。

同时,正如布莱恩·波林(Brian Pollins)所提出的"贸易是跟随旗帜的"这一论断,④受地缘政治博弈的影响,国家障碍的政治浓度也日益增强,对竞争政策、主权安全等多个领域产生影响。例如,近年来西方聚焦国有企业竞争中立议题,美国、欧盟、日本、巴西等经济体相继发布单独或联合声明,指责中国国有企业对全球贸易的扭曲。⑤ 此外,以保障国家主权安全为目标的外资国家安全审查制度呈现全面"扩大化"趋势,体现出强烈的泛政治化色彩。近年

---

① 徐泉、耿旭洋:《边境后措施国际监管合作发展趋向与问题阐释》,载《上海对外经贸大学学报》2021 年第 5 期。

② Global Trade Alert,The 25th Global Trade Alert Report,https://www.global-tradealert.org/reports/48,下载日期:2022 年 7 月 1 日。

③ 朱明晶:《国际贸易中绿色壁垒的应对管理措施》,载《中国商论》2020 年第 5 期。

④ Brian M.Pollins,Does Trade Still Follow the Flag?,*The American Political Science Review*,1989,Vol.83,No.2,pp.465-480.

⑤ 如 2018 年 5 月 31 日,美国、欧盟、日本作出三方联合声明,将第三国非市场政策作为不公平竞争的原因,并提出七项判断指标;2020 年 10 月 14 日,美国、日本、巴西针对美国提出的八项判断市场导向的指标作出联合声明。

来,各国对涉外经贸领域的国家安全审查重视程度均有大幅提高,美国、欧盟、英国、德国、法国、日本、俄罗斯等出台或不断强化其国家安全审查立法,①总体上呈现出受审查的"外国投资"范围更加宽泛、审查重点向 TID(critical technology, critical infrastructure, and sensitive personal data)领域扩展、审查标准日趋严格、审查机关的自由裁量权不断扩张等特点。联合国贸易和发展会议《2021 年世界投资报告》披露,在 2021 年通过的 109 项投资政策措施中,不利措施的占比达 42%,再创历史新高。② 总体来看,受保护主义与民粹主义影响,相对于追求纯粹的经济利益,各国转而给予其他政策目标更多的关注。

(三)国际经济治理机制日益边缘化

国际组织是近一个世纪以来参与国际经济治理的重要力量。然而,种种现象表明,目前的国际经济治理机制在效力与范围上均存在明显不足,甚至存在逐渐被边缘化的风险,难以应对市场深层次发展与国家障碍日益多样化所带来的挑战。

一方面,以规则为导向的国际社会运作模式正在被打破。首先,以 WTO 为代表的多边贸易体制发挥的作用正在被削弱,多哈回合谈判停滞不前、上诉机构停摆,新的多边贸易规则改革举步维艰。其次,作为解决国际投资争端最重要的途径之一,国际投资仲裁机制在透明度、第三方参与、仲裁员委任等多项议题上仍待完善;正在讨论中的投资仲裁上诉机制改革,也可能为裁决的承认与执行带来新的挑战。③ 部分国家无视国际秩序,对国际规则的效力造成了严重冲击。如美国推行"美国优先"战略,持续阻挠 WTO 上诉机构甄选程序,积极构建"印太经济框架"(Indo-Pacific Economic Framework)、美欧贸易技术委员会(EU-US Trade and Technology Council)等盟友组织,体现出较强的单边主义、对抗主义色彩。以规则为导向的国际经贸体系并未得到良好遵守,难以发挥其实际效用。

另一方面,现有国际规则发展具有较为明显的滞后性,在传统和新兴领域

---

① 项松林:《西方国家外资安全审查的发展历程与政策趋势》,载《兵团党校学报》2022 年第 3 期。

② UNCTAD, World Investment Report 2022, https://unctad.org/system/files/official-document/wir2022_en.pdf,下载日期:2022 年 7 月 2 日。

③ 汪蓓:《论承认与执行国际投资仲裁裁决面临的挑战与出路——基于上诉机制改革的分析》,载《政法论丛》2021 年第 5 期。

依然存在诸多空白之处。例如,传统贸易形态下生成的 WTO 多边贸易规则不仅难以应对农业、知识产权等传统议题的新发展,也缺乏对服务贸易、数字贸易等新兴议题的协调,相关领域的规则谈判进度缓慢,与目前的全球经贸格局无法完全匹配;国际社会在边境后措施、国家安全审查制度等重要议题上一直缺乏广泛而有效的国际监管合作机制,导致各国政策透明度不足、监管差异巨大;由于安理会决议、国际法与国家责任法契合度不足,至今仍存在单边制裁等"灰色地带",于理于法均饱受争议。[①] 这些空白与滞后限缩了国际调节机制的作用范围,也构成了对其发挥效用的进一步制约。

二、对国际经济法的再认知

国际经济法所面临的现实挑战与困境,反映了当前国际经济法在理论与实践发展层面的局限性。主要经济体为求自保而加速去全球化趋势,国家障碍影响力逐渐增强,以 WTO 为代表的国际调节机制却日益"失灵",国际经济法的实际效力屡遭质疑,很大程度上源于当前国际经济法体系中的权力结构配置不均衡。本文将从国际经济法的发展演变出发,通过对现有理论进行梳理与反思,对国际经济法的性质与根本任务进行重新认知,并在此基础上寻求对国际经济法的准确定位。

(一)国际经济法的发展流变

任何一个部门法都有其产生与发展的社会基础与独特过程,随着国际间经济交往与联系的日益紧密,国际经济法也在不断变化中得以发展。自由资本主义时期,以 1864 年英国《谷物法》的废除为标志,国家开始对国际间财产流转关系进行管理,其时英国与欧洲大陆各国签订的诸多自由贸易协定已经具备了现代意义上的国际经济法规范雏形,不仅推动了跨国自由贸易的蓬勃发展,也为国际经济法的起源奠定了基础。[②] 第一次世界大战后,垄断资本主义迅速发展,各国普遍对内加强经济干预,对外与他国签订调节跨国经济行为

---

① 张辉:《单边制裁是否具有合法性:一个框架性分析》,载《中国法学》2022 年第 3 期。

② 姜雪来、王梦蝶:《国际经济法的产生与发展阶段探析》,载《重庆科技学院学报(社会科学版)》2011 年第 19 期。

的国际条约,这种国际调节的模式在"二战"后达到新的高度。布雷顿森林体系形成,《欧洲经济合作公约》《国际复兴开发银行协定》《关税与贸易总协定》等多边条约得以签订,国际经济法进入转折与更新阶段。如今,随着市场全球化的深入,国际经济法的调节范围已由国际贸易扩展至投资、金融、税务、知识产权等多个领域,区域性、专业性公约不断发展,各国涉外经济法不断完善,国际经济法迎来了大发展的时代。

然而,自国际经济法产生发展至今,学界对于其性质一直缺乏统一定论。传统的国际经济法性质学说以"狭义说"和"广义说"为代表,二者主要以调整对象为区分标准,前者认为国际经济法的调整对象仅限于国际法主体,即国家与国际经济组织,国际经济法调整的是国家与国际经济组织相互之间的经济关系;后者则认为国际经济法的调整对象不应局限于国际法主体,还应包括私人,国际经济法调整的是国家与国际经济组织相互间、国家与他国私人之间、国际经济组织与私人之间以及不同国籍的私人之间的经济关系。① 在传统学说的基础上,国内外学界对国际经济法的理解随着市场全球化的深入而不断发展。以美国学者杰赛普(P. C. Jessup)的"跨国法"(transnational law)理论为基础,日本学者金泽良雄提出,国际经济法是基于国际经济总体立场形成的国际法秩序;②美国学者杰克逊(John. H. Jackson)则认为,国际经济法可以分为交易性(transactional)的法与管制性(regulatory)的法,前者主要研究跨国交易,后者则主要研究国际组织与机构。③ 在我国学界,自 20 世纪 80 年代至 21 世纪初,国际公法学者与国际经济法学者对于国际经济法性质、概念的讨论层出不穷,姚梅镇教授与王名扬教授认为,国际经济法是一个综合的、独立的法学部门,既包括公法,也包括私法;既包括国际法规范,也包括国内法规范;既包括实体法规范,也包括程序法规范,④这也成了目前我国国际经济法学界的通说。

虽然上述理论在国际经济法的体系结构方面观点各异,但都强调国际经

---

① 左海聪:《中国国际经济法学研究:世纪之交的回顾与展望》,载《法学评论》2001年第 3 期。

② 左海聪:《姚梅镇先生与中国国际经济法学的创立》,载《武大国际法评论》2015 年第 1 期。

③ John H. Jackson, *Global Economics and International Economic Law, The Jurisprudence of GATT & the WTO*, Higher Education Press, 2002, p.11.

④ 孙新强:《再论"国际经济法"的属性》,载《国际法研究》2014 年第 1 期。

济法的调整对象是国际经济关系,部分学者还进一步强调了其管制性色彩的一面。"国际经济关系"含义广泛,既包含平等主体之间的商事关系,也包含非平等主体之间的国际经济调节关系,①不加区分、将其笼统界定为国际经济法的调整对象显然过于宽泛模糊,难以适应市场全球化的社会背景与时代需要。一方面,受实用主义进路影响,许多研究更加重视解决具体的现实问题而非建构抽象的基础理论,在一定程度上影响了国际经济法体系的严密性与内容的精细性;②另一方面,许多从事国际经济法研究的学者由其他法学学科(如国际公法、经济法)转来,其观点中不免带有其他法学学科视角,既缺乏对国际经济法的专门理论研究,也忽视了对国际市场内部结构与演变过程的考察。

(二)市场调节机制及其法律保障的三层次结构演变

找准国际经济法的定位、实现对国际经济法性质与根本任务的再认知,离不开对市场及其调节机制层次结构的准确把握。从市场本体论哲学视角来看,市场由"商品交换场所"与"商品交换关系"两个属性组成。③ 作为商品交换场所,市场主要指各类有形的商品交易场地;作为商品交换关系的总和,市场则是通过各要素有机联系与组合形成的社会经济系统,涵盖社会再生产的各个行业与环节。作为分工经济中最基本的资源配置方式之一,④市场的稳定运行离不开有效的调节机制和与之相适应的法律保障。从发展规律来看,市场经历了从自由化市场到社会化市场再到国际化市场的三个发展阶段。根据治理力量的不同,市场调节机制可以划分为三个不同层次,分别是以市场为核心治理力量的市场化调节,以国家为核心治理力量的社会化调节和以国际社会为核心治理力量的国际化调节。

1.市场化调节

市场化调节的结构演变以统一的国内市场为基础进行,以各国所制定的民商事法律为保障。早在古罗马与古希腊时期,欧洲国家就已经形成了中世

① 漆彤:《市场调节机制的三元化与国际经济法性质的思考》,载《国际经济法学刊》2005 年第 2 期。

② 廖凡:《从"繁荣"到规范:中国国际经济法学研究的反思与展望》,载《政法论坛》2018 年第 5 期。

③ 赵飘飘、陈林生、沈迪尔、孙茂然:《市场理论的"实践关系"本体转向及其命题形式》,载《浙江理工大学学报(社会科学版)》2022 年第 2 期。

④ 王娜、谭力文:《双边市场:一个概念性的文献综述》,载《兰州商学院学报》2010 年第 2 期。

纪特有的商业惯例与交易习惯,并随之演变出统一的商人法。① 中世纪的商人法强调契约自由,并发展出许多至今仍得以适用的规则。随着资本主义萌芽、资产阶级民主革命的展开,商品交换活动变得日益频繁,现代自由市场逐渐形成,国际市场开始出现。现代市场经济主要通过发挥价值规律的作用进行市场调节,各国纷纷制定民法典、商法典以适应交易需要,保障市场经济的公平、稳定运行。20 世纪以来,科学技术、通信技术与交通行业进一步发展,伴随着两次世界大战的催化,资本逐渐突破国界,开始对外扩张,全球贸易得以开展,并因此形成了广泛的卡特尔化。② 20 世纪 90 年代,数字信息科技兴起、冷战结束,市场全球化进入了全面、深入的发展阶段,逐步趋于稳定。21 世纪以来,市场全球化的发展主要体现为资本的自由流动与服务贸易的迅速增长。随着第四次工业革命的开启与进行,数字技术、物理科学、生物科技正日益发挥着引领市场的作用,数字经济登上历史舞台。对数据安全、个人信息安全与网络安全等议题进行研究正成为当前市场化调节的协调重点。由市场调节所形成的自发秩序以"自主决定"与"竞争选择"为基本属性,在单纯的市场调节机制下,国家并不会作为主体直接参与商业活动、干预经贸关系,但会通过制定民商事法律、法规对市场主体间的经济往来以及由此形成的社会关系进行调整,③保障市场发挥调节作用。

2.社会化调节

国际经济调节并不能完全依靠自发的市场化调节。根据亚当·斯密所构建的市场模型,唯有在完全竞争市场中才不存在任何市场障碍,④但事实上,完全竞争(perfect competition)市场并不存在,"帕累托效率"(pareto efficiency)不可能完全达到。在现实的不完全竞争(imperfect competition)市场中,存在垄断与掠夺性定价、限制性定价、排他性交易等诸多不正当竞争行

① 中世纪商人法主要是一种习惯法,其伴随 11 世纪开始的欧洲商业革命而逐渐产生。朱慈蕴、毛健铭:《商法探源——论中世纪的商人法》,载《法制与社会发展》2003 年第 4 期。

② 张盛发:《20 世纪上半叶"世界革命"的理论和实践问题》,载《东欧中亚研究》1998 年第 3 期。

③ 徐国栋:《市民社会与市民法——民法的调整对象研究》,载《法学研究》1994 年第 4 期。

④ [英]亚当·斯密:《国富论》(上),郭大力等译,译林出版社 2011 年版,第 16~25 页。

为,由此形成或积极或消极的市场障碍,阻止市场竞争充分有效进行。彼得·霍尔(Peter A. Hall)与大卫·索斯凯斯(David Soskice)认为,自由市场经济中的收入不平等本质上要高于协调市场经济中的收入不平等,[①]而这种不平等又与市场失灵息息相关。在充分发挥自由市场作用的情况下,自由竞争反而会导致与竞争相悖的垄断行为,完全的自由市场经济反而会导向自由的悖论与困境。因此,当自由的困境过度膨胀、社会矛盾空前激化时,单一的市场化调节已无法应对其内生缺陷,需要依靠更具强制力的国家手段进行干预,由此产生了以国家为核心治理力量、以经济法为法律保障的社会化调节。

早在 16 世纪,欧洲国家就已经在民族主义与重商主义的影响下开始对市场进行干预,[②]国际通商需要受来自政府贸易法规的诸多限制,内容包括关税、垄断、殖民地贸易特惠安排与数量限制等。20 世纪 30 年代,经济大萧条带来的危机导致金本位制取消、凯恩斯主义盛行,各国以邻为壑,纷纷加征保护性关税、进行资产国有化。[③] 21 世纪以来,伴随着国际政治经济格局的变化与新兴经济体的崛起,部分欧美国家重拾贸易保护主义,通过实施国内立法和出台针对性政策吸引资本与制造业回流,并设立国家障碍以保护本国产业竞争优势。

社会化调节强调国家力量对市场的干预。不同于市场化调节中国家扮演的"旁观者"与"调整者"的身份,在社会化调节中,国家的干预力量被强化,甚至超越市场力量,成为社会经济活动的决定者。因此,调节平等主体之间经济关系的民商事法律已无法适应社会化调节的需要,经济法应运而生,[④]负责调整国家干预和调节经济的活动与行为。

然而,国家力量的过度干预不仅不利于国际经济调节,也会危害市场全球化进程。伴随着全球化的纵深发展,国家间的经济利益冲突也愈发深入,为了最大化本国利益,重商主义、保护主义倾向正日益显露,国家障碍此起彼伏。若完全依靠国家力量进行国际经济调节,将会导致垄断与不正当竞争行为由

[①]　Peter Hall & David Soskice, *Varieties of Capitalism : The Institutional Foundations of Comparativ-e Advantage*, Oxford University Press, 2001, pp.36-44.

[②]　主要包括重视对货币与对外贸易的干预,借助国家力量发展本国商业与制造业等。参见张国昀:《论重商主义》,载《西北师大学报(社会科学版)》2004 年第 5 期。

[③]　昌忠泽:《对 30 年代大萧条的反思》,载《世界经济》2000 年第 2 期。

[④]　史际春、陈岳琴:《论从市民社会和民商法到经济国家和经济法的时代跨越》,载《首都师范大学学报(社会科学版)》2001 年第 5 期。

市场层面扩大到国家层面,严重阻碍国际市场的公平竞争。因此,为了使国际经济调节活动有序进行,需要新的机制对国际经济调节关系进行调整。

3.国际化调节

当市场突破国界、经贸往来范围涵盖全球时,市场化调节与社会化调节机制的缺陷不断暴露,新的国际秩序亟待建立,国际化调节得以产生。国际化调节主要以缔结国际条约、协定为调节方式,国家与国际组织得以借此对国际经济调节关系进行外部作用,从而维护国际经济贸易的协调与稳定。

最早的国际经济秩序可以追溯至近现代时期,欧洲国家奉行重商主义,干预航海通商活动,使得国际间商业往来具有较强的政治色彩,缺乏有效的法律保障。因此,各国通过签订双边商事条约推动航海通商有序进行,"最惠国待遇"条款、"国民待遇"条款与市场准入条款接连出现,以规则为导向的多边贸易体系渐露雏形。19世纪后,在国际贸易、交通运输、货币金融与知识产权等诸多领域均出现了专门性公约与协定,[1]自由贸易秩序蓬勃发展。两次世界大战时期,经济与法律均呈现强烈的政治化色彩,国际秩序直至20世纪40年代后才逐渐复苏,自《大西洋宪章》《联合国宪章》《关税与贸易总协定》后形成了多边性、普遍性、综合性的国际经济框架关系。[2] 此后,在世界范围内,各国力图通过多边实践建构新的国际秩序。目前,国际化调节力量以1995年创立的WTO为代表,主要由政府间国际组织构成。近年来,随着上诉机构停摆,多边贸易体制作用被削弱,加之民粹主义与单边主义盛行,国际社会的参与力量存在一定的衰落趋势。

国际化调节的出现与发展,主要源于国际市场中市场化调节与社会化调节的缺陷及不足,通过国际社会的调节与干预,私人、各国企业及主权国家在全球化市场中的经济交往活动得以有效规制,从而有助于实现稳定国际市场运行结构、营造公平国际市场环境的目的。

(三)国际经济法的性质与根本任务

随着市场全球化的深入与生产力、生产关系的更迭,市场调节机制及其法律保障不断发展演变,学界对于国际经济法的理解也开始向国际经济法的根本任务靠拢,经历了由宽泛到清晰、由浅表到深刻的过程。然而,原有学说对于国际经济法调整对象的认识依然是模糊、不彻底的,未能精准把握国际经济

---

① 如《联合国国际货物买卖合同公约》《海牙规则》《建立世界知识产权组织公约》等。
② 姚遥:《中国的新国际秩序观与战后国际秩序》,载《国际问题研究》2020年第5期。

法的本质。现代国际经济调节中产生的社会关系已经呈现出新的情况与特点,需要新的机制对此进行调整。这种调整作为规范性活动,无法由市场自发完成;作为国际性立法,也难以依靠各国单独制定。正是在这种情况下,国际经济法依托市场及其调节机制的革新而产生,其在创立之初的核心目的就是为这种新的调节结构,即国际化调节提供法律保障,以便于更好地调整新的国际经济调节关系、应对新的国际经济调节问题。因此,从本质上来看,国际经济法是一种调节之法,是调整国际经济调节主体与被调节主体之间的社会关系,即"国际经济调节关系"的法。① 从任务上来看,国际经济法的根本任务在于弥补国际经济调节中的市场缺陷、消除国际经济调节中的国家障碍。

一方面,国际经济法作为国际化调节的法律保障,对国际市场调节起补充作用。亚当·斯密指出,一国内部自发、有效的市场秩序依赖于一个适当的"法律和制度"结构,② 与之相符,作为国内市场的延伸,在国际市场中也需要适当的法律和制度约束,从而保障国际经济贸易自由公平、国际竞争不受扭曲。受国际价值规律与私人剩余价值规律的影响,市场化调节的局部利益驱动功能会使国际经济发展中的差异性与不平衡性进一步放大、波动性进一步增强,③ 依赖市场化调节不但成本高昂、速度缓慢,且往往难以合理配置社会资源,因此需要通过国际化调节予以弥补。通过改变原有松散的调节机制、规范调节活动,国际经济法使国际化调节得以在国际价值规律的基础上有效运作与实施。例如,许多国际组织通过提供报告、数据、预测等方式为市场参与者提供各类信息资源,如世界银行自 1978 年起发布年度《世界发展报告》,至今已连续发布超过 40 年;国际货币基金组织则会定期发布《世界经济展望》《全球金融稳定报告》《财政监测报告》及年报等各类刊物。通过规范的调节活动,国际社会力量得以引导和推动市场经济活动有序开展,从而弥补市场化调节自身的盲目与缺漏。

另一方面,国际经济法应当对国际经济调节中的国家力量起到必要的约束作用,其约束主要体现为以条文形式规范、指导各国政府的经济调节活动,

---

① 漆彤:《市场调节机制的三元化与国际经济法性质的思考》,载《国际经济法学刊》2005 年第 2 期。

② [英]亚当·斯密:《国富论》(上),郭大力等译,译林出版社 2011 年版,第 16～25 页。

③ 高建昆:《论国际经济调节在资源配置中的作用》,载《海派经济学》2017 年第 2 期。

以及协调各国之间的经济调节行为。纵观全球各国的经济发展历史,不仅是市场,国家也存在结构性失灵的状况,[①]若任由国家过度干预,将导致全球市场被"公共意志"化,沦为权力斗争的舞台。因此,需要通过国际经济法来协调国家力量偏差,构建国际市场新秩序的重要法律保障。近年来,以《全面且先进的跨太平洋伙伴关系协定》与《区域全面经济伙伴关系协定》为代表的区域贸易协定迅速发展,这些协定大多涉及环境与气候变化、劳工问题、动植物卫生等新兴领域,反映出了国际社会正在超越关税减免、探索非关税壁垒应对策略的深层次合作趋势,也进一步凸显了国际经济法在国际化调节中的保障作用。国际经济法所面对的现实挑战也进一步表明,强化国际经济法的实施机制,尤其是对国家行为的约束效力,十分必要。

三、大变局时代国际经济法
与市场调节机制的秩序与互动

(一)国际经济法的基本定位

在全球化市场发展与全球价值链面临严峻现实挑战、多边制度规则失衡的时代,迫切需要发挥国际经济法在国际化调节中的保障作用,厘清市场、国家和国际社会三类主体之间的关系,明确国际经济法的性质与根本任务、找准其定位,进而实现世界经贸格局的重构。

国际经济法依托市场国际化而产生,以调整国际经济调节关系为根本目的。自由资本主义时期,国家往往不会介入公民社会经济生活,市场作为唯一的治理力量存在,在其自发调节下形成了一元化的市场调节机制;垄断资本主义时期,社会化调节为弥补市场化调节的固有缺陷而产生,国家成为重要治理力量,由此形成二元化的市场调节机制;随着市场全球化的发展,资本的扩张使国际化调节应运而生,国际社会成为新的治理力量,因而形成了三元化的国际市场调节机制。[②] 在国际市场调节机制中,市场是基础性力量,市场化调节

---

① 闫娟:《改革开放以来我国政府与市场关系研究》,上海社会科学院 2020 年博士学位论文。

② 漆多俊、漆彤:《国际调节与国际经济法学科理论新视角》,载《当代法学》2004 年第 2 期。

依然是最为基本的调节机制,唯有坚守市场化改革方向、破除市场障碍,才能发挥市场化调节的基础效用;国家是保障性力量,社会化调节是市场化调节的保障机制,处理好国家作为"旁观者"与"参与者"的关系,才能实现利益平衡、保障市场良性运转;国际社会是调和性力量,国际化调节是弥补市场化调节缺陷、控制社会化调节限度的调和机制,需要在效力与调节范围上持续完善发展,以便更好发挥其调节作用。找准国际经济法的定位,有助于正确把握市场、国家、国际社会三重治理力量在国际市场调节机制中发挥的作用,实现对市场化、社会化、国际化调节结构的正确认知,从而在变局下抓住先机,探索具有中国特色、中国立场的国际经济法范式,发挥我国在新形势下的引领作用。

(二)注重市场与国家力量的协调

协调市场力量与国家力量、平衡市场化调节与社会化调节是国际经济法的核心任务之一。卡尔·波兰尼(Karl Polanyi)认为,国家是处于市场之上的第三方,国家职能既包括营造有利于市场经济的环境,也包括防止因市场失灵而导致的社会利益受损或市场机制破坏。① 市场与国家力量博弈的最优结果是通过资源配置使人类生存发展的需要得到满足,② 由于这种需要是变化的,市场与国家力量的关系也应当是动态平衡的。协调市场与国家力量的关系主要依靠社会化与国际化调节进行,应以最大限度发挥市场效用为中心,既要化解市场化调节过程中的各项障碍,又要避免完全依靠市场力量进行调节的"自由市场主义"关系形态。

1.节制权力:破除国家障碍

在现实国际经济活动中,市场力量在资源配置活动中需要受到价格规律的约束,而国家力量通常能够凌驾于价格规律之上,在资源配置活动中具有绝对的任意性。③ 因此,在良效国际经济市场的构建中,国家障碍往往构成了最大的阻碍因素之一,协调市场与国家力量、平衡市场化调节与社会化调节,需要节制权力,破除各项国家障碍。④

---

① ［匈牙利］卡尔·波兰尼:《大转型:我们时代的政治与经济起源》,浙江人民出版社 2007 年版,第 73～82 页。

② 范思凯:《国家与市场、社会的关系形态》,载《沈阳师范大学学报》2017 年第 1 期。

③ 范思凯:《国家与市场、社会的关系形态》,载《沈阳师范大学学报》2017 年第 1 期。

④ 就国内市场而言,也需要打破来自市场以外的地方保护和市场分割。我国近年来不断强调要商品、要素、资源在更大范围内畅通流动,要加快建立全国统一的市场制度规则,目的就在于打通制约经济循环的关键堵点。

首先,就边境措施而言,在 WTO 多边贸易体制内,各国至今在以关税为代表的边境措施方面已经达成了相当多的共识,世界主要经济体在边境措施上的运作空间也得到了一定的限缩,但利用边境措施进行的国际博弈从未停止,近年来受到普遍关注的碳关税①便是最好的例证,其将气候与环境问题和贸易救济捆绑,本质上依然属于国家障碍。对于国家力量而言,要在 WTO 规则范围内自主发挥宏观调控职能,在边境措施的优化中,应以市场化调节下自发形成的竞争差异与利益诉求为基础,考虑产业竞争力与国际市场发展需求,科学制定并灵活运用边境措施。例如结合产业国际竞争力、全球供需情况与他国关税水平对关税税率、税则税目、专项税收优惠等进行调整,改革知识产权边境措施、激发市场主体活力等,对资源配置进行优化,保障国际市场的有序流通与供需平衡。对于国际社会力量而言,则要在尊重国家主权的基础上加快推进原有边境措施的国际间合作,尤其是针对非标准意义上的边境措施,②需要尽快完善落后规则、弥补漏洞,以防止边境措施工具化与国家力量的异化。

其次,就边境后措施而言,国家力量需要保障市场化调节的独立性与社会化调节的稳定性,这一方面要求其着力于打破政府与市场相互间的依附性结构,如明晰产权与合同制度、规范政府采购行为、深化国有企业改革;另一方面,国家力量也要致力于提升本国法律法规与有关政策的透明度,以减少市场化调节中有关经济活动参与者的信息不对称。同时,国际社会力量也需要对市场化调节的自主性与社会化调节的有效性予以调和,通过增强边境后措施领域的监管合作一致性来减少隐蔽的边境后贸易壁垒,避免"囚徒困境"。③例如,经济与合作发展组织(Organization for Economic Co-operation and Development,以下简称 OECD)曾于 2013 年的报告中列举了 11 种进行国际监

---

① 碳关税是指主权国家或地区对于没有征收碳税或能源税、存在实质性能源补贴的出口国的进口产品征收的二氧化碳排放税。蓝庆新、段云鹏:《碳关税的实质、影响及我国应对之策》,载《行政管理改革》2022 年第 1 期。

② 如前文提到的碳关税,其并非标准意义上的关税,在税基、征收方式等方面与传统关税有所不同,也在合法性、有效性等方面存在理论争议。

③ 此处的囚徒困境指国际贸易中的一种恶性循环,当所有政府均通过设置贸易壁垒使他国出口商受损、本国生产商获益时,就会导致他国生产者与消费者利益受损,从而引发报复性连锁反应。参见徐泉、耿旭洋:《边境后措施国际监管合作发展趋向与问题阐释》,载《上海对外经贸大学学报》2021 年第 5 期。

管合作的具体方式,①为各国参与国际化调节提供了一定的探索路径。

最后,保障社会公共利益、维护国家主权安全一直是国家力量的重要职能,国际化调节以主权国家的参与为基础,大量贸易、投资条约与国际协定中列有明确的例外条款,以确保国家为了本国安全利益而采取一定的行动,这无疑是基于对主权原则与国家力量的尊重。近年来,在全球各国广泛建立与完善的外资国家安全审查制度也是各国行使主权的有力体现。然而,公共利益与主权安全不能成为国家实施贸易保护、限制外国投资的借口,虽然安全例外条款与外资国家安全审查制度分属于不同的调节层次,但其本质都是为了协调市场与国家力量,实现市场自由与国家安全之间的平衡。作为国家力量,在进行公共利益关切与国家安全考量时应遵循"保护—规制"的法律逻辑,②完善并细化有关审查标准、遵循正当程序原则,提高全过程透明度;作为国际社会力量,则应通过多种方式发挥其引导、协调作用,如 OECD 于 2009 年发布《投资接受国与国家安全相关的投资政策指南》,为各成员国进行国家安全审查提供了多项基本原则,如非歧视性原则、透明度原则、监管相称性原则与问责原则,③意在提高各国国家安全审查的规范程度,避免审查的政治化。

2.节制资本:防范市场失灵

纯粹的市场化调节必然会导向市场失灵,④为防范这一情况,需要社会化调节对此予以矫正,也需要国际化调节从中予以调和。

对于国家力量而言,资本扩张所引发的垄断与不正当竞争是其需应对和处理的首要问题,因此应充分发挥社会化调节层面的作用,为市场力量提供保障。这里的保障不应体现为操控市场或帮助本国企业进行市场竞争,而是应

---

① 具体包括:采纳良好监管实践、签订国际协定、寻求国际情报、咨询他国利益相关方、评估跨越边境的影响、谅解备忘录、相互认可、等效性、贸易协定中的监管条例、监管合作伙伴关系、参与国际论坛、签订特定谈判协议。See OECD, International Regulatory Co-operation: Addressing Global Challenges, https://read.oecd-ilibrary.org/governance/international-regulatory-co-operation_9789264200463-en,下载日期:2022 年 7 月 5 日。

② 苏丽娜、张乐:《美国外资国家安全审查机制的政治异化及其法律因应》,载《国际贸易》2022 年第 3 期。

③ OECD, Guidelines for Recipient Country Investment Policies Relating to National Security, https://legalinstruments.oecd.org/en/instruments/OECD-LEGAL-0372,下载日期:2022 年 7 月 6 日。

④ 金太军:《市场失灵、政府失灵与政府干预》,载《中共福建省委党校学报》2002 年第 5 期。

致力于搭建自由的市场平台、创造并维护公平的市场化调节环境。竞争与垄断并非对立,市场化调节的"竞争选择"特性所导致的优胜劣汰往往会指向垄断,这种垄断又会被创新发展后的参与者竞争所打破,形成动态的两重性。①因此,一方面要加强在竞争领域的立法、司法,增强执法力度;另一方面也要注重对竞争行为的限制程度,避免对市场力量造成打压,恪守市场化调节与社会化调节层之间的边界。

对于国际社会力量而言,私人主导的不完全竞争行为已经对国际市场造成了威胁,大型跨国企业通过发起跨国并购在国际市场中扩展势力,给市场国际化带来严重损害。这一变化不仅促使各国对国内竞争法进行修订,也使国际化调节中的反垄断合作成为大势所趋。特别是在各国反垄断法域外救济冲突的情况下,缺乏反垄断合作不仅会使得市场化调节效率下降,也会导致社会化调节失去适用性。国际间竞争领域的合作往往以双边为起点,经由区域性合作发展为多边合作,②目前来看,双边正式或非正式合作依然是各国间最主要的反垄断合作模式,但从长远来看,区域性与多边竞争规则将更加有助于维护国际市场调节机制。因此,应该在深入双边合作的同时积极推进区域性与多边竞争规则合作,协调国家力量,防范市场失灵,保障国际市场的平稳运行。

(三)统筹运用国内经济法与国际经济法

良法乃善治之前提,国内经济法与国际经济法分属于不同的调节层次,但二者并非对立,而是共同构成了调节国际市场的法律秩序。正确认识并处理二者的关系,统筹运用国内经济法与国际经济法,才能增强国际经济法的调节能力,更有效地发挥其法律保障作用,使市场化调节与社会化调节在国际化调节的协调下动态交互,构建起运作有序的国际市场,推动全球化的进一步深入。

一方面,要发挥国际经济法对国内经济法的调节作用,对国内经济法进行必要的约束。国际经济法与国内经济法分别是国际化调节与社会化调节得以运行的法律保障,国际经济法对国内经济法的调节作用在法律秩序上主要体现为两个层面,一是对现有国内经济法规则的约束,二是国际经济法新规则的内化。这要求各国在国际经济活动中,不仅要将自己置身于国际经济法框架

---

① 眭纪刚、刘影:《创新发展中的竞争与垄断》,载《中国软科学》2018 年第 9 期。
② 金美蓉、董艺琳:《经营者集中反垄断域外救济冲突与国际合作机制》,载《法学家》2022 年第 2 期。

内、遵守国际经济法规则,还要提高自身法治建设水平,在国内法上对国际经济条约、协定实现立法和实践层面的转化与落实,破除市场准入前后的诸多壁垒、避免产生直接或间接的国家障碍,用先进法治激发市场主体活力、消解国家保护主义倾向。

另一方面,要发挥国内经济法对国际经济法的补充作用,弥补国际经济法的不足。国际化调节是市场由内至外发展的产物,这一传导过程注定了国际经济法的发展也具有滞后性与阶段性,因此在制度的空白期,通过现有国内法进行管制,能够尽量避免因缺乏规范而导致的调节失灵。同时,作为社会化调节的主导者与国际化调节的参与者,国家力量的作为使两个调节层次得以联动,持有不同利益见解的国家通过参与多边、双边合作与国际经贸规则谈判等调节平台表达本国主张,既有助于维护多边主义,也有助于扩大国际经济法的调节范围、丰富其调节手段。另外,相对于已经得到广泛适用的条约、协定等方式,可以考虑灵活运用各类软法,即与他国之间缔结的各类不具强制约束力的非条约性国际文件,如备忘录、联合声明、宣言等,将其作为替代性机制加以选择,以作为对全球"碎片化"经济格局的临时应对。

经过交叠与转化,国内法与国际法在不断冲突中谋求同化与融合,[①]然而,国内经济法存在其自身的适用边界,终究无法代替国际经济法而作用于国际经济调节关系中。纵然目前的国际经济法在规范上仍有疏漏、国际化调节依然存在内部缺陷,如许多新兴议题在规则体系与内容上存在空缺、现行规范的法律强制力与拘束力仍有不足等,但全球化发展的逻辑与内在动力决定了市场全球化不会逆转,[②]由其伴生的国际化调节与国际经济法也将跟随市场全球化的演变规律,循序渐进、臻于至善。统筹运用国内经济法与国际经济法,是协调市场化、社会化、国际化三层次调节结构、建立自由而不失序的国际市场之所必然。

---

① 秦亚青:《中国国际关系理论的发展与贡献》,载《外交评论(外交学院学报)》2019年第 6 期。

② 权衡:《经济全球化的实践困境与"一带一路"建设的新引擎》,载《世界经济研究》2017 年第 12 期。

结　语

市场调节机制的治理主体与规范力量此消彼长,最终形成三层次调节结构。作为国际化调节的法律保障,国际经济法以调整国际经济调节关系为本质,以弥补市场缺陷、克服国家障碍为根本任务;其作用于市场机制与国家之手,也深受二者的反作用。在世界百年未有之大变局下,需要对国内经济法与国际经济法进行统筹运用,从而实现各层次调节结构的动态平衡与良性共振。国内法治自应为本,国际法治也不可或缺,涉外法治大有可为。通过对国际经济法的重新定位,有助于在"人类命运共同体"主题下进一步构建国内国际"双循环"的新发展格局,综合发挥国内法治与国际法治的双重作用;通过对国际经济法性质的多层次理论推导与调适,有助于推动全球化市场的有序发展,寻求国际善治与合作共赢。

(本文责任编辑:黄　许)

Three-level Theoretical Adaptation of International Economic Law in the Era of Great World Changes

Qi Tong　Wang Qianhe

Abstract：The world's unprecedented changes in the past century have brought multiple practical challenges to the operation of international economic law. The development of market globalization has been hindered, national barriers have emerged, and the international coordination mechanism has failed, indicating the imbalance of the power structure of international economic law. From the development and evolution of international economic law, we can find that international economic law is the law that regulates international economic regulation, and the fundamental task is to make up for the defects of the market and eliminate the obstacles of the state. The correct understanding of the nature and tasks of international economic law, the coordination of market and state forces, and the integrated application of domestic economic law and international economic law can help to reposition and adjust the theory of international economic law under the new situation, and bring the power structure of international economic law back to dynamic balance.

Key Words：international economic law；international regulation；market globalization；national barriers

"长臂管辖"、对外制裁与阻断立法

廖　凡　崔心童[*]

内容摘要:"长臂管辖"原系美国法上的专有概念,属于民事诉讼中的对人管辖权,在我国语境中泛化为域外管辖或者国内法域外适用的代名词。美国的"长臂管辖"与其对外经济制裁密切关联,其霸权性在所谓次级制裁中体现得尤为明显。"长臂管辖"本身并不当然地违反国际法,也并非美国的独特实践,但美国在国内市场、关键技术、金融体系等方面的优势地位使其得以恣意伸展"长臂",导致"长臂管辖"的实际运用存在严重的单向性和任意性。《阻断法》是欧盟对抗美国"长臂管辖"的重要工具,其基本定位是否认和抵消美国法的域外适用效果,本质上是让欧盟经营者及其他相关实体在美国法与欧盟法之间"选边",客观上易于导致相关实体陷入两难境地。我国现行反外国制裁法律制度中有类似规定,也面临类似难题。应当审慎适用此类法律法规,避免造成"选边"的过大压力和过高成本。

关键词:"长臂管辖";域外管辖;域外适用;次级制裁;阻断法

目　录

---

　*　廖凡,中国社会科学院大学法学院教授;崔心童,中国社会科学院大学法学院博士研究生。

一、域外管辖与"长臂管辖"

"管辖(权)"(jurisdiction)是国际法上具有基础性意义的重要概念。这一概念内涵丰富,在不同语境下含义不尽相同,但通常用以"描述国家或其他规制主体制定、适用和实施行为规则之权能的界限"。[①] 在国内层面,管辖是指国家无论是经由立法、执法还是司法机关,对人、地、物行使权力的能力。在国内法语境下,管辖权一般分为立法管辖权、执法管辖权和司法管辖权。立法管辖权是指一国立法机关指定相关法律规则的权力;执法管辖权是指行政机关执行和实施相关法律规则的权力;司法管辖权是指司法机关在受理、审判具体案件的过程中,适用相关法律规则的权力。

在国际层面,管辖权则是国家主权的体现,是指"国家根据国际法调整或影响人、财产和情势的权力,反映国家主权、国家的平等和不干涉内政等基本原则"。[②] 基于管辖权的依据或者说连接点,主权国家在国际法上的管辖权一般分为属地管辖权、属人管辖权、保护管辖权和普遍管辖权,分别对应一国基于领土、国籍、国家利益和针对特定国际罪行而行使的管辖权。在国际法上,国家本质上是一个地域实体,各国在其领土(地域)范围内享有完全、排他的管辖权。[③] 事实上,国家有权对其领土(包括领陆、领水和领空)范围内的行为进

---

① Vaughan Lowe & Christopher Staker, Jurisdiction, in Malcolm Evans (ed.), *International Law*, 3d ed., Oxford University Press, 2010, p.313.

② [英]马尔科姆·N.肖:《国际法》(第 6 版),白桂梅等译,北京大学出版社 2011 年版,第 505 页。

③ Steve Coughlan et al., *Law Beyond Borders: Extraterritorial Jurisdiction in an Age of Globalization*, Irwin Law Inc., 2014, pp. 29-30.

行规制,被认为是不证自明的公理。① 换言之,属地管辖权是管辖权的核心和基石,其他管辖权均在不同程度上依赖和受制于属地管辖权。

域外管辖(extraterritorial jurisdiction),顾名思义,是指一国将其管辖权延伸至领土(地域)范围之外。用联合国国际法委员会的话说,域外管辖可以理解为"一国在其境外行使主权权力或权威"。② 域外管辖并不是一类独立的管辖权,而是主权国家在实践中发展出来的行使管辖权的一种具体方式。实际上,属地管辖权、属人管辖权、保护管辖权和普遍管辖权这四类管辖权都可能成为域外管辖的基础,其各自的主要连接点也都可能成为国家行使域外管辖权时的参照。③ 与域外管辖既相区别又有联系的一个概念是国内法的域外适用:后者是指国家将具有域外效力的法律适用于其管辖领域之外的人、物和行为的过程,既包括国内行政机关适用和执行国内法的行为,也包括国内法院实施司法管辖的行为。一方面,域外管辖的含义比国内法域外适用更为宽泛,既包括国家行使立法管辖权、制定域外管辖规则的权力,也包括通过执法管辖权和司法管辖权适用这类规则的权力;另一方面,二者又密切相关,域外管辖权是国内法域外适用的前提,域外适用则是国家行使域外管辖的过程和结果。④

近年来国人日渐熟悉的"长臂管辖"(long-arm jurisdiction),是美国法上的一个特有概念,因其源自 20 世纪以来美国各州制定的、旨在对并非本州居民的被告行使民事管辖权的所谓"长臂法"(long-arm statute)而得名。⑤ 在1945 年的"国际鞋业公司诉华盛顿州案"(International Shoe Co. v. State of

---

① D. W. Bowett, Jurisdiction: Changing Patterns of Authority over Activities and Resources, in R. St.J. Macdonald & D. M. Johnson (ed.), *The Structure and Process of International Law: Essays in Legal Philosophy Doctrine and Theory*, Martinus Nijhoff Publishers, 1983, p.555.

② 《联合国大会第 61 届会议正式纪录补编第 10 号》,A/61/10,第 390 页。

③ 廖诗评:《国内法域外适用及其应对——以美国法域外适用措施为例》,载《环球法律评论》2019 年第 3 期。

④ 廖诗评:《中国法域外适用法律体系:现状、问题与完善》,载《中国法学》2019 年第 6 期。

⑤ 例如,随着汽车的日益普及,新泽西等州立法规定,任何人(包括本州和外州居民)在该州道路上驾驶汽车,就意味着此人同意接受该州法院对于因驾驶引发的所有诉讼的管辖权。参见戚凯:《霸权羁缚:美国在国际经济领域的"长臂管辖"》,中国社会科学出版社 2021 年版,第 6～7 页。

Washington)中,美国联邦最高法院以"最低限度联系"作为确立民事诉讼管辖权的标准,从而确认和澄清了长臂法下的对人管辖权。具言之,只要被告与法院地之间存在"最低限度联系",保证诉讼不违反传统的公平正义观念,法院便可对非本州居民的被告行使对人管辖权、送达司法文书。① 美国国会未在联邦层面制定长臂法,但其联邦民事诉讼规则允许联邦法院"借用"其所在州的长臂法,从而取得对外国被告的对人管辖权。② 严格来说,长臂管辖仅涉及司法管辖权,限于私人主体之间的民商事争议,其适用依据也是私法性质的民商事规则。换言之,无论是从行使主体、适用对象还是所涉规则看,长臂管辖的概念范围都比域外管辖更窄,只是域外管辖的一种特定形式。

目前在我国官方口径和主流舆论中,"长臂管辖"这一术语的使用有所泛化,实际上成为域外管辖或者国内法域外适用的代名词。国务院新闻办公室 2018 年 9 月发布的《关于中美经贸摩擦的事实和中方立场》白皮书就明确指出:"'长臂管辖'是指依托国内法规的触角延伸到境外,管辖境外实体的做法。近年来,美国不断扩充'长臂管辖'的范围,涵盖了民事侵权、金融投资、反垄断、出口管制、网络安全等众多领域,并在国际事务中动辄要求其他国家的实体或个人必须服从美国国内法,否则随时可能遭到美国的民事、刑事、贸易等制裁。"③这里无疑是将"长臂管辖"作为域外管辖的同义语来使用。从严格的学术角度看这一表述尚可推敲,④但就所指向的基本目标、所传递的基本信息和所表达的基本态度看,这种"扩张解释"不致混淆视听,可谓无伤大雅。毕竟,"长臂管辖"的确切内涵及其与域外管辖的关系颇为微妙,有时连美国的专业文献也不予严格区分。例如,《布莱克法律词典》(袖珍版)对"域外管辖"词

---

① 霍政欣:《国内法的域外效力:美国机制、学理解构与中国路径》,载《政法论坛》2020 年第 2 期;霍政欣、金博恒:《美国长臂管辖权研究——兼论中国的因应与借鉴》,载《安徽大学学报(哲学社会科学版)》2020 年第 2 期。

② 李庆明:《论美国域外管辖:概念、实践及中国因应》,载《国际法研究》2019 年第 3 期。

③ 国务院新闻办公室:《关于中美经贸摩擦的事实和中方立场》,http://www.xin-huanet.com/politics/2018-09/24/c_1123475272.htm,下载日期:2022 年 3 月 23 日。

④ 李庆明:《论美国域外管辖:概念、实践及中国因应》,载《国际法研究》2019 年第 3 期;霍政欣:《国内法的域外效力:美国机制、学理解构与中国路径》,载《政法论坛》2020 年第 2 期;霍政欣、金博恒:《美国长臂管辖权研究——兼论中国的因应与借鉴》,载《安徽大学学报(哲学社会科学版)》2020 年第 2 期。

条的释义是:"法院在其领土界限之外行使权力的能力,见'长臂法'。"①显然,这也是将"长臂管辖"与域外管辖一视同仁了。鉴于此,为行文方便起见,下文中如无特别说明,"长臂管辖"均作为"域外管辖"的同义语使用。

如上所述,在国际法上管辖权是国家主权的体现,本质上是一种属地权力。因此,管辖权的任何域外行使,或者说一国在其领土范围之外行使权力的任何行为,都必然暗含着对其他国家权利和利益的影响。② 那么,在国际法上,如何判定和评价特定域外管辖行为的合法性与正当性?国际常设法院在1927年"荷花号案"(Lotus Case)判决中确立的标准迄今仍是关于这一问题的经典论断。国际常设法院在该案中认为,国际法并不阻止土耳其对公海中法国商船上官员的行为适用土耳其法,并指出,"国家不能在他国领土内行使管辖权……但这并不意味着国家不能在本国领土内对发生在本国领土之外的行为进行管辖,除非国际法禁止国家进行此种管辖……然而国际法只是在少数领域存在这种禁止性规则,其他情况下,国家可以自行决定是否进行管辖"。③该案判决所确立的"国际法不禁止即为允许"的原则被称为"荷花号原则",对国际法的演进产生了深远影响。据此,判断域外管辖是否违反国际法,原则上取决于是否存在国际法上的明确禁止。④

二、美国对外经济制裁与"长臂管辖"

美国的"长臂管辖"与其对外经济制裁密切相关。或者说,美国的"长臂管辖"之所以广招诟病却又令人忌惮,原因在于其同美国对外制裁措施相辅相成。概言之,所谓对外制裁是指美国在经贸、金融等领域,对外国国家、机构、个人实施强制性的措施,以迫使后者改变相关政策或做法。"二战"以来,经济

---

① Bryan A. Garner, *Black's Law Dictionary*, Second Pocket Edition, West Group, 2001, p.384.

② Steve Coughlan et al., *Law Beyond Borders: Extraterritorial Jurisdiction in an Age of Globalization*, Irwin Law Inc., 2014, p.30.

③ 廖诗评:《国内法域外适用及其应对——以美国法域外适用措施为例》,载《环球法律评论》2019年第3期。

④ 霍政欣:《国内法的域外效力:美国机制、学理解构与中国路径》,载《政法论坛》2020年第2期。

制裁一直是美国推行外交战略的辅助手段。近年来,美国对外经济制裁日益以"国家安全"为动因,具体制裁方式也从针对某一国家实施贸易禁运,转变为针对该国特定企业或个人实施制裁。① 据学者统计,美国对外实施的制裁包括:(1)停止或减少援助;(2)限制官方和私人的经济交流;(3)扣押和冻结外国在美国管辖范围内的资产;(4)限制某些产品的进口或出口;(5)取消或禁止某些政府采购合同;(6)对国际金融机构的贷款、赠款项目投反对票或弃权票;(7)取消或拒绝延长双边贸易协定或者附加条件;(8)禁止美国进出口银行提供资金;(9)中断空中、海上交通或陆地交通运输;(10)将某些与被制裁活动有关的行为定为刑事犯罪,并对相关人员处以刑罚。②

例如,2019 年香港特别行政区"修例风波"后,美国于当年 11 月颁布所谓《香港人权与民主法》(Hong Kong Human Rights and Democracy Act),③要求美国总统就其认定的任何对于在香港实施法外引渡、任意拘留、酷刑或其他严重违反公认国际人权的行为负有责任的外国人,向国会提交报告;对于这些所谓"责任人",该法授权采取范围广泛的制裁措施,包括冻结在美资产、拒绝入境美国,以及施加民事乃至刑事处罚(其中刑事处罚为 100 万美元以内罚金或 20 年以内有期徒刑,可并处)。2020 年《中华人民共和国香港特别行政区维护国家安全法》通过后,美国又于当年 7 月颁布所谓《香港自治法》(Hong Kong Autonomy Act),④进一步升级制裁措施,包括:(1)要求美国国务卿,经商美国财政部长,就其认定已经、正在或试图实质性帮助中国政府不履行其在中英联合声明和香港基本法下义务的外国人及其相关行为,以及在明知情况下与该等外国人进行重大交易的外国金融机构,向国会提交报告;(2)授权对上述外国人进行制裁,包括禁止其获得、持有、使用、转让任何在美国管辖范围内的财产,行使与该等财产有关的任何权利,或者进行涉及该等财产的任何交易;(3)授权对上述外国金融机构采取范围广泛的制裁措施,包括禁止美国金融机构对其提供贷款、禁止美国人(包括个人和企业,下同)对其投资、禁止其

---

① 赵海乐:《安理会决议后的美国二级制裁合法性探析》,载《国际法研究》2019 年第 1 期。

② 孙昂:《美国对外事务法律机制》,国际文化出版公司 2010 年版,第 530 页。

③ S. 1838-Hong Kong Human Rights and Democracy Act, https://www.congress.gov/bill/116th-congress/senate-bill/1838/text,下载日期:2022 年 3 月 23 日。

④ S.3798-Hong Kong Autonomy Act,https://www.congress.gov/bill/116th-congress/senate-bill/3798/text,下载日期:2022 年 3 月 23 日。

使用美国金融支付系统,乃至禁止其从事美国管辖范围内的外汇交易等。

上述制裁措施涉及所谓"清单制裁",这是美国对外制裁中一种颇具特色和杀伤力的实施方式。概言之,清单制裁是指美国相关部门将企业、个人等制裁对象列入特定"清单",给予"重点关照",施加一系列相应的限制或禁止措施。这本质上是一种"黑名单"制度。其中,使用较多、影响较大的包括美国商务部工业和安全局(BIS)的"实体清单",以及美国财政部海外资产控制办公室(OFAC)的"特别指定国民清单"。实体清单与美国的出口管制制度相联系。美国商务部根据其《出口管理条例》,制定其所谓"实体清单"(entity list),凡有合理理由认为其已经或正在参与违反美国国家安全或外交政策利益之活动或者有参与此种活动之重大风险的实体(包括个人和企业,下同),以及代表这类实体行事的实体,均可被列入该清单;凡被列入该清单的实体,美国人向其出口列入出口管制清单(包括数千种军民两用设备、材料、软件和技术)上的产品和技术,以及外国人向其出口包含有美国成分或者使用了美国技术、设备的管制清单内产品和技术,均须向 BIS 事先申请并获得许可;后者对于申请采取严格的审查标准,即所谓"推定拒绝"(presumption of denial),一般不给予许可。① 例如,华为公司即因为被列入实体清单而无法从美国及第三国供应商处获得关键芯片。

"特别指定国民清单"(specially designated nationals and blocked persons list,以下简称"SDN 清单")是美国财政部负责实施的美国对外金融制裁措施,也是其中最主要、最核心、最严厉的一种。SDN 清单分为两类:一是针对特定国家或地区,将目标国家或地区拥有、控制或代表其行事的个人、企业列入清单;二是在非国别制裁项目下,将涉及恐怖主义、毒品走私、跨国犯罪等制裁主题的个人、团体、机构列入清单。② SDN 清单动态更新并进入美国联邦公报系统,成为美国政府各个部门的共同"黑名单"。③ 列入 SDN 清单的实体,其所拥有的位于美国、来自美国或者由美国人控制的财产均将被冻结,且

---

① 廖凡:《比较视角下的不可靠实体清单制度》,载《比较法研究》2021 年第 1 期。

② US Department of Treasury, Specially Designated Nationals And Blocked Persons List (SDN) Human Readable Lists, https://home. treasury. gov/policy-issues/financial-sanctions/specially-designated-nationals-and-blocked-persons-list-sdn-human-readable-lists,下载日期:2022 年 3 月 23 日。

③ 郑联盛:《美国金融制裁:框架、清单、模式与影响》,载《国际经济评论》2020 年第 3 期。

禁止美国人与其有任何业务往来;若该 SDN 清单具有次级制裁效力(与朝鲜、伊朗、俄罗斯等国有关的制裁清单),则美国境外实体也将被禁止与其有任何业务往来。不仅如此,SDN 清单还实行"穿透式"管理,清单上实体单独或合计拥有 50% 以上财产性权益的实体也将被视为列入 SDN 清单,受制于同样的制裁措施,从而进一步扩大制裁范围。① 应当说,SDN 清单是比上述 BIS 实体清单更为直接、广泛和严厉的制裁手段。2020 年以来,美国财政部以涉港、涉疆问题为借口,多次将中国相关机构和个人列入 SDN 清单,单边主义、霸权主义本色表露无遗。

美国对外制裁的霸权性或者说"长臂性",在其所谓"次级制裁"中体现得尤为显著。根据作用机制和影响范围的不同,美国对外制裁可以分为"初级制裁"与"次级制裁":主要旨在禁止美国人同制裁对象(目标实体)进行交易的制裁称为初级制裁,除此之外还禁止第三国国民(包括个人和企业,下同)同目标实体进行交易的制裁则称为次级制裁。具言之,次级制裁的特点是其所涵盖的主体及行为与美国之间不存在任何"连接点",即相关主体不是"美国人",相关交易也没有利用或通过"美国人"、使用美国金融系统或者涉及美国原产货物或美国含量超过特定比例的货物。② 若第三国国民违反次级制裁要求,美国可以依据次级制裁立法对其进行处罚,包括禁止其产品进入美国市场、禁止美国企业或金融机构与其进行交易或为其提供融资等。③ 次级制裁将遵守制裁措施的范围(一国国内法的适用范围)扩展至第三国国民,有别于传统的以领土为连接点的属地管辖和以国籍为连接点的属人管辖,是典型的国内法域外适用和"长臂管辖"。理论上,与美国人有义务服从美国法律不同,第三国国民并无遵从美国次级制裁立法的义务,因其并非联合国安理会制裁决议之类具有普遍约束力的国际法规则。但由于美国庞大的国内市场和垄断性的技

① 蔡开明:《SDN 清单和中美经贸摩擦》,Business China Law,https://www.bizchinalaw.com/archives/21096,下载日期:2022 年 3 月 23 日。

② 杨业伟:《从法律制度看美国对外经济制裁》,载《新理财》2019 年第 6 期。

③ 需要注意的是,无论是初级制裁还是次级制裁,制裁指向的对象或者说"制裁"一词的宾语应当是一致的,即都是被制裁国(如朝鲜、伊朗等)的目标实体,区别仅在于是禁止美国国民还是禁止第三国国民与目标实体进行交易。第三国国民若违反次级制裁要求,将会承担相应后果、受到相应处罚,在比较宽泛的语义上往往也说是受到"制裁"。但严格来说,此"制裁"不同于彼"制裁",不应理解为次级制裁本身是针对第三国国民的制裁。换言之,应当对次级制裁本身与违反制裁要求而受到的处罚加以区分。

术、金融地位,第三国国民经过现实的利益权衡,往往只能"主动"遵从。换言之,这是迫使第三国国民在与制裁目标国进行交易同与美国进行交易之间取舍,从而迂回达到对目标国进行制裁的效果。[1] 进而言之,美国强大的整体经济实力和政治影响力、发达的跨国金融市场体系和金融基础设施、在网络信息及其他高科技领域的垄断地位,以及美元在国际经济体系中的霸权地位,[2]是美国能够得心应手乃至肆无忌惮地实施对外制裁和"长臂管辖"的现实基础,也是我们分析相关问题、设计相关制度时必须加以考虑的客观因素。

三、针对次级制裁和"长臂管辖"的欧盟《阻断法》

(一)《阻断法》的背景与沿革

美国以"世界警察"的姿态在全球范围内强力实施"长臂管辖",不仅针对其对手和"敌人",也针对其盟友和伙伴。在《海外反腐败法》下严厉打击外国公司的海外腐败行为,就是典型的例子。因海外反腐"长臂管辖"而身陷囹圄的法国工业巨头阿尔斯通前高管弗雷德里克·皮耶鲁齐在《美国陷阱》一书中声称:"十几年来,美国在反腐败的伪装下,成功地瓦解了欧洲的许多大型跨国公司,特别是法国的跨国公司。美国司法部追诉这些跨国公司的高管,甚至会把他们送进监狱,强迫他们认罪,从而迫使他们的公司向美国支付巨额罚款。"[3]这一论断固然有"阴谋论"嫌疑和个人情绪掺杂,但书中提供的种种细节,以及其他信源的相关信息,都显示美国执法部门在实施"长臂管辖"的过程中拥有超乎想象的权力,能够采取非同寻常的手段,且其中相当一部分存在争议。[4]

---

① 赵海乐:《安理会决议后的美国二级制裁合法性探析》,载《国际法研究》2019年第1期。

② 戚凯:《霸权羁缚:美国在国际经济领域的"长臂管辖"》,中国社会科学出版社2021年版,第34~54页。

③ [法]弗雷德里克·皮耶鲁齐、马修·阿伦:《美国陷阱》,法意译,中信出版集团2019年版,第1页。

④ 戚凯:《霸权羁缚:美国在国际经济领域的"长臂管辖"》,中国社会科学出版社2021年版,第105页。孟晚舟事件中也存在类似问题。参见肖永平:《"长臂管辖权"的法理分析与对策研究》,载《中国法学》2019年第6期。

基于政治、经济等方面的综合考虑,欧盟(包括此前的欧共体)并不一概反对域外管辖,①对于美国对外经济制裁、"长臂管辖"的态度也在动态变化。②但对于次级制裁以及与之相联系的"长臂管辖",欧盟和欧洲国家始终强烈反对,认为这违背其传统上所坚持的国际法基本原则。早在"二战"后,美国就对社会主义阵营国家进行过大规模经济制裁,并将制裁措施的适用范围扩大到其他国家,欧洲国家当时就曾强烈抵制;20 世纪 80 年代初发生的苏联天然气管道事件再次引爆了美国和西欧国家之间关于管辖权问题的争执,并以美国让步告终。③ 1996 年《古巴自由与民主团结法》(又称《赫尔姆斯-伯顿法》)和《伊朗利比亚制裁法》(又称《达马托法》)这两部制裁法律的出台,将欧美域外法权之争推向了白热化。这两部法律都包含次级制裁条款:前者允许在古巴革命后财产被征收的美国公民向美国联邦法院起诉那些"非法交易"被征收财产的外国公司以请求赔偿,并可禁止这些公司的高管及其配偶和未成年子女入境美国;后者则更加直接,禁止任何国家的国民在伊朗和利比亚能源领域进行超过一定限额的投资,无论所涉投资与美国有无联系。美国"长臂管辖"之霸道,于此展露无遗。

在此背景下,欧盟于同年 11 月制定了《关于防御第三国立法以及以其为

---

① 例如,对于美国在《海外反腐败法》下的域外管辖和执法,欧盟基本采取了默许的态度,一些欧洲国家还仿效美国制定了类似法律。又如,欧盟反垄断法有着域外适用的长期传统;早在 20 世纪 90 年代,欧盟就依据其《合并条例》,否决了当时的全球第一大飞机制造商美国波音公司与第三大飞机制造商麦道公司的合并案,在迫使后者作出重大让步后才予以放行。

② 杜涛:《欧盟对待域外经济制裁的政策转变及其背景分析》,载《德国研究》2012 年第 3 期。

③ 当时,经过多年谈判,一些西欧国家与苏联达成天然气和管道交易协议,由苏联向西欧国家输送天然气,西欧国家则参与管道建设并提供相关材料、设备和技术。美国对此极为不满,里根政府于 1981 年宣布了对苏联的一系列制裁措施,其中包括不得对苏联出口管道铺设设备。1982 年 6 月,美国进而出台《石油及天然气管制修正案》,将管制对象扩大至美国人所拥有或控制,或者使用了源自美国的技术生产相关设备的外国公司。此举引起欧洲国家强烈反弹,法国率先发难,并得到西德、英国、意大利的明确支持;欧共体也就该修正案的违法性向美国国务院提交正式声明。后经双方协商,美国最终于 1982 年 11 月废除了《石油及天然气管制修正案》。参见杜涛:《欧盟对待域外经济制裁的政策转变及其背景分析》,载《德国研究》2012 年第 3 期。

基础或源头之行动的域外适用效果的第 2271/96 号条例》,①旨在回应上述制裁法律,抵消其域外适用效果,习惯上称为《阻断法》(Blocking Statute)。该法的具体内容,下文将详细讨论。与此同时,欧盟还于当年 10 月就《赫尔姆斯-伯顿法》向世界贸易组织提起争端解决程序,指称美国的上述制裁措施侵犯了欧盟成员国根据世贸组织相关协定同古巴进行自由贸易的权利。② 后经协商,欧盟与美国达成共识,美国搁置《赫尔姆斯-伯顿法》和《达马托法》中涉及次级制裁的关键条款或豁免其对欧盟国家适用,欧盟则搁置在世贸组织的相关程序。此后,《阻断法》一直处于备而不用的状态。③

由于伊朗违反核不扩散国际义务从事敏感核活动,联合国安理会于 2006 年、2007 年、2008 年和 2010 年先后通过第 1737 号、第 1747 号、第 1803 号和第 1929 号四份决议,逐步升级对伊朗的国际制裁,包括禁止各国与被制裁的伊朗相关实体从事有关经贸活动。这种制裁与美国基于国内法的制裁存在本质区别,因为根据《联合国宪章》第 25 条,安理会决议对全体成员国具有法律约束力,是国际法的重要组成部分。④ 正是在这种多边制裁的大背景下,当美国于 2010 年 7 月通过《全面制裁伊朗、问责与撤资法》,实施比《赫尔姆斯-伯顿法》和《达马托法》更严厉的全面经济制裁(包括次级制裁)时,欧盟并未如此前那样激烈反对,反而采取了同步行动,制定了内容高度相似的制裁条例。⑤但随着 2015 年 7 月六方《联合全面行动计划》即通称的《伊核协议》的达成,联合国安理会通过第 2231 号决议,终止了上述四份制裁决议。美国和欧盟对伊朗的相关制裁也相应停止。2018 年 5 月 8 日,特朗普政府宣布单方面退出《伊核协议》,重启对伊朗的制裁措施,包括具有域外适用性的次级制裁措施。欧盟委员会旋即于 2018 年 6 月 6 日通过第 2018/1100 号委员会授权条例

① Council Regulation (EC) No 2271/96 of 22 November 1996 Protecting against the Effects of the Extra-territorial Application of Legislation Adopted by a Third Country, and Actions Based Thereon or Resulting Therefrom, OJ L 309, 29.11.1996.

② 杜涛:《欧盟对待域外经济制裁的政策转变及其背景分析》,载《德国研究》2012 年第 3 期。

③ 廖凡:《比较视角下的不可靠实体清单制度》,载《比较法研究》2021 年第 1 期。

④ 《联合国宪章》第 25 条规定:"联合国会员国同意依宪章之规定接受并履行安全理事会之决议。"

⑤ 杜涛:《欧盟对待域外经济制裁的政策转变及其背景分析》,载《德国研究》2012 年第 3 期。

(delegated regulation)，①重新激活《阻断法》，并对其附件加以更新，以此阻断和抵消美国制裁措施对欧盟实体(条例称"欧盟经营者")的不利影响。

(二)《阻断法》的内容与适用

《阻断法》附件列举了该法所针对的若干美国域外适用立法(以下简称"列明立法")。更新后的列明立法包括 6 部法律和 1 部法规，即 1993 年《国防授权法》、1996 年《赫尔姆斯-伯顿法》、1996 年《达马托法》、2012 年《伊朗自由与反扩散法》、2012 年《国防授权法》、2012 年《减少伊朗威胁及叙利亚人权法》以及《伊朗交易与制裁条例》。《阻断法》第 1 条开宗明义地指出："本条例旨在防御和抵消条例附件所列明之法律，包括法规及其他法律文件，以及基于或者产生自这些法律的行动的域外适用效果；该等适用影响了第 11 条所指的、在共同体与第三国之间从事国际贸易及/或资金流动和相关商业活动的人员的利益。"《阻断法》的基本原则是，欧盟经营者不得遵守列明立法以及据之作出的任何决定、判决或裁决，因为欧盟不承认其对欧盟经营者的适用及效果。(第 5 条第 1 款)如果列明立法以及据之采取的行动损害了欧盟经营者的经济或财务利益，后者还应在相关情形发生 30 日内告知欧盟委员会。(第 2 条第 1 款)同时，《阻断法》第 7 条授权欧盟委员会在阻断清单中视情添加或删除源于列明立法的法规或其他法律文书。

概言之，《阻断法》主要从以下三个方面反制美国相关立法，并为欧盟经营者提供保护。

其一，否认和抵消任何基于列明立法作出的行政决定、法院判决或仲裁裁决的效果。(第 4 条)这意味着第三国当局基于列明立法相关条款作出的任何决定，无论是行政、司法、仲裁或是其他任何性质的决定，在欧盟内均不受承认。同样地，任何基于上述决定而对欧盟经营者提出的扣押财产或强制执行要求，在欧盟内也都不会得到执行。②

其二，规定欧盟经营者若因列明立法或者据之采取的行动而受到损失，有权向造成损失的自然人、法人或任何其他实体及其代表或中介寻求赔偿。(第

---

① Commission Delegated Regulation（EU）2018/1100 of 6 June 2018 amending the Annex to Council Regulation（EC）No 2271/96 Protecting against the Effects of Extra-territorial Application of Legislation Adopted by a Third Country，and Actions Based Thereon or Resulting Therefrom，OJ L 199 I，7.8.2018.

② European Commission，Guidance Note，Questions and Answers：Adoption of Update of the Blocking Statute，2018/C 277 I/03，at 5.

6条第1款至第2款)欧盟经营者可以向欧盟成员国法院起诉求偿,管辖权依据1968年《关于民商事案件管辖权及判决执行的布鲁塞尔公约》中的相关规则确定。(第6条第3款)但由于《关于民商事案件管辖权及判决执行的布鲁塞尔公约》已被2012年欧盟关于民商事案件管辖权及判决承认与执行的第1215/2012号条例所取代,①因此,第6条第3款现在应当解读为指向第1215/2012号条例。第6条第4款进而规定,赔偿可以通过扣押或出售致损方或者其代表或中介在欧盟内的资产和股份来实现。

其三,允许欧盟经营者请求欧盟委员会准许其全部或部分遵守列明立法,如果不这样做将会对其利益或者欧盟利益造成严重损害。(第5条第2款)《阻断法》没有明确何谓"严重损害",但基于其不接受列明立法域外适用的基本立场,这个标准显然不低。根据欧盟委员会不具约束力的指引性说明(guidance note),请求准许的欧盟经营者至少必须说明其需要遵守列明立法的哪些条款以及想要具体从事何种行为,并说明不遵守列明立法为何以及将会如何对其利益或者欧盟利益造成严重损害。② 欧盟委员会根据相关标准和程序,在由各成员国代表组成的专门委员会协助下作出决定。

此外,《阻断法》第9条还明确规定,成员国应当对违反该法任何相关规定的行为给予处罚,处罚应当有效、成比例并具有劝阻性。该条没有规定处罚上限,因此,理论上处罚可以是无限的。

《阻断法》的基本理念是否认和抵消美国法的域外适用效果,但其并不是要强迫欧盟经营者与古巴或伊朗做生意,而是旨在确保它们的商业自由。欧盟委员会的指引性说明指出:"欧盟经营者可以根据欧盟法和可适用的国内法、以其认为合适的方式自由地经营业务。这就是说,它们可以根据其对商业形势的评估,自由地选择是否在伊朗或古巴开始、继续或停止业务活动,以及是否涉足某个经济部门。《阻断法》的目的就在于确保其这类商业决定仍然是自由地作出,而不是被列明的域外适用立法所强加;欧盟法不承认这些法律适

---

① Regulation (EU) No 1215/2012 of the European Parliament and of the Council of 12 December 2012 on Jurisdiction and the Recognition and Enforcement of Judgments in Civil and Commercial Matters,OJ L 351,20.12.2012.

② European Commission,Guidance Note,Questions and Answers:Adoption of Update of the Blocking Statute,2018/C 277 I/03,at 9.

用于欧盟经营者。"①尽管如此,由于《阻断法》规定欧盟经营者若因列明立法或者据之采取的行动受到损失有权起诉求偿,因此若欧盟经营者为遵守列明立法而拒不履行同其他欧盟经营者已经签订的合同,将违反《阻断法》并可能面临索赔和处罚。例如,《达马托法》禁止在明知的情况下向伊朗提供一定金额以上的商品、服务或进行特定类型投资;若其他当事方(可以是欧盟经营者也可以不是)因遵守该法而拒不履行其对欧盟经营者的合同义务,则后者根据《阻断法》可以在欧盟内法院起诉前者索赔。

自"复活"以来,《阻断法》实际适用的案例并不多见(下文将进一步分析原因),2020 年 4 月荷兰鹿特丹法院判决的 Payesh Gostaran Pishro Ltd. v. Pipe Survey International CV and P&L Pipe Survey 是其中一个。在该案中,一家签约为伊朗公司提供管道检修服务的荷兰公司主张,美国对伊实施的次级制裁构成不可抗力,其应当因此免于继续履行合同。法院则认为美国的次级制裁并不构成法律上的履行不能,理由之一就是《阻断法》明确否认次级制裁的法律约束力;尽管该荷兰公司若不遵守次级制裁措施将面临被美国市场拒之门外的实质性商业风险,但这并不构成不可抗力。② 换言之,荷兰法院明确援引《阻断法》来否认美国次级措施的"强制性"或者说"禁止性"。但其他法院并非均持此种观点。例如英国高等法院和上诉法院在一个类似案例中就认为,鉴于违反次级制裁措施的严重后果,其构成"强制性法律规定"。③ 总体而言,关于次级制裁、"长臂管辖"和《阻断法》的案例法仍在发展之中。

四、《阻断法》适用的两难:以"梅利银行案"为例

2021 年 12 月 21 日,欧洲法院应德国国内法院请求,就"伊朗梅利银行诉

---

① European Commission, Guidance Note, Questions and Answers: Adoption of Update of the Blocking Statute, 2018/C 277 I/03, at 6.

② Daniel Pilarski, Conflicts of Laws: Blocking Statutes and Antiboycott, https://www.marinelink.com/news/conflicts-laws-blocking-statutes-483175,下载日期:2022 年 3 月 23 日。

③ Daniel Pilarski, Conflicts of Laws: Blocking Statutes and Antiboycott, https://www.marinelink.com/news/conflicts-laws-blocking-statutes-483175,下载日期:2022 年 3 月 23 日。

德国电信案"(Bank Melli Iran v. Telekom Deutschland GmbH,以下简称"梅利银行案")作出初步裁决,自《阻断法》1996 年 11 月制定以来首次对该法作出解释。① 通过这一裁决,可以管窥《阻断法》适用中不同利益考量的两难处境。

在"梅利银行案"中,原告伊朗梅利银行在德国汉堡设有分行,其核心业务是与伊朗进行外贸结算。被告德国电信是德国最大的电信服务提供商德国电信集团的子公司,该集团在全球拥有超过 27 万名员工,其中 5 万多人在美国,营业额的 50% 来自美国。原告与被告之间签有一份框架合同,委托被告向原告位于德国的所有机构提供通信服务。2018 年 5 月,美国退出伊核协议,重启对伊制裁后,8 月 6 日梅利银行被再次列入 OFAC 的 SDN 清单。11 月 16日,德国电信向梅利银行发出终止所有合同的通知。梅利银行就此向汉堡地区法院提起诉讼,认为被告德国电信的行为违反了《阻断法》关于不得认可和遵守美国对伊朗制裁措施的规定,并请求法院命令被告继续履行合同义务。11 月 28 日,汉堡地区法院作出判决,认为德国电信的终止通知符合合同中关于允许单方解约的规定,并未违反《阻断法》。原告不服一审判决,向汉萨高等地区法院提出上诉,提出被告终止合同的行为违反《阻断法》第 5 条第 1 款的规定,应被认定无效,因为后者终止合同的唯一动机是遵守该法附件所列的一项外国制裁立法。被告则辩称,《阻断法》第 5 条并未改变一方合法终止合同的权利,这一终止行为是否合法也不取决于终止的理由;合同和德国法律均未要求其披露终止合同的原因,因此终止合同的动机无关紧要。

汉萨高等地区法院认为,欧洲法院对《阻断法》第 5 条的解释是解决争端的先决条件,因此终止诉讼程序,并根据《欧洲联盟运行条约》,将以下问题提交欧洲法院进行初步裁决:(1)《阻断法》第 5 条第 1 款是仅适用于欧盟经营者直接或间接获得美国行政或司法命令的情形,还是同样适用于没有任何此类命令但以遵守次级制裁规定为前提的情形;(2)第 5 条第 1 款是否应被解释为凌驾于允许无正当理由终止合同的国内法之上;(3)违反第 5 条的行为是必须被确认无效,还是可以施加替代处罚(如罚金)来实现《阻断法》的目的。《阻断法》第 5 条第 1 款的原文为:"任何人(欧盟经营者)均不得直接或通过附属机

---

① Judgment of the Court of Justice on Case C-124/20, Bank Melli Iran v. Telekom Deutschland GmbH, https://lupicinio.com/en/judgment-of-the-court-of-justice-on-case-c-124-20-bank-melli-iran-v-telekom-deutschland-gmbh/,下载日期:2022 年 3 月 23 日。

构或其他中介,以作为或故意不作为的方式,遵守直接或间接来自列明法律或者来自基于或产生自这些法律的相关行动的任何要求或禁令,包括外国法院的请求。"

对于汉萨高等地区法院的问题,欧洲法院佐审官(Advocate General,或称总法律顾问)杰拉德·霍根(Gerard Hogan)法官于 2021 年 5 月 12 日给出了他的咨询意见。① 霍根认为:第一,第 5 条第 1 款的禁止性规定,应解释为即使在经营人未经外国行政或司法机构强制而遵守此类立法的情况下也适用;第二,若根据国内法规定,欧盟经营者可以终止与列入 SDN 清单的当事方的合同义务,而无须证明其终止合同决定的正当性,则第 5 条第 1 款应理解为排除上述国内法规定的效力,即凌驾于相关国内法之上;第三,第 5 条第 1 款应解释为,若未能遵守该条款规定,则受制裁当事方所在国法院必须命令欧盟经营者维持这种合同关系,即确认相关违规行为无效。不难看出,霍根对《阻断法》作出完全忠于立法初衷的、颇为"原教旨主义"的解释,没有给被告留下辗转腾挪的空间。对此他略显无奈地表示:"欧盟《阻断法》是一件非常呆板的工具,旨在消除美国制裁措施在欧盟内的侵入性域外适用效果。这种'消杀法'不可避免地会造成附带损失,很多人认为鉴于其庞大的在美业务,德国电信将首当其冲。正如我已经暗示的那样,这些问题值得欧盟立法者深思。但欧洲法院只是法院,我们的职责是落实正当制定的法律的规定。基于我已经给出的理由,我认为欧盟《阻断法》第 5 条第 1 款具有这样广泛的影响,即使在此情形下该规定可能会被认为是以异乎寻常的侵入性方式凌驾了通常的商业自由。"

欧洲法院的裁决最终没有完全采纳霍根法官的咨询意见,而是对第 5 条第 1 款作出更具灵活性和宽松度的解释。法院认为:第一,第 5 条第 1 款应解释为,禁止欧盟经营者遵守《阻断法》附件所列美国法律(列明立法)规定的条件或禁令,即使其并未收到要求其这样做的美国行政或司法指令,而是主动遵守。法院指出,在解释欧盟法律的规定时需要考虑相关措辞、立法背景和立法目的,从"包括""基于"等表述中可以看出即使没有外国行政或司法机构的指令,这项规定也仍然适用。因此,无论外国行政或司法机构是否明确出台禁令,欧盟经营者均应主动遵守第 5 条第 1 款。

---

① Bank Melli Opinion: The EU Blocking Regulation Grows Teeth,https://www.debevoise.com/insights/publications/2021/05/bank-melli-opinion,下载日期:2022 年 3 月 23 日。

第二,第5条第1款应解释为,不排除欧盟经营者根据其国内法规定无理由终止合同的权利,但若表面证据显示其遵守了列明立法,则其必须证明其终止合同并非旨在遵守列明立法。换言之,《阻断法》第5条第1款并不当然凌驾于允许欧盟经营者无理由终止合同的国内法规定之上,欧盟经营者也并不因为合同相对方被列入相关外国制裁清单而当然丧失无理由终止合同的权利,但若原告提交的相关材料足以构成认定被告解约行为与外国制裁有关的表面证据,则被告需要证明其解约行为与所述外国制裁无关,而是有其他正当理由,即此时举证责任发生转移。

第三,第5条第1款应解释为,不排除国内法院将欧盟经营者终止合同的行为认定为无效,但应当符合比例原则,将经营者若不遵守列明法律所遭受的经济损失的可能性和程度相权衡。换言之,认定解约行为无效(即强制要求维持合同关系)并非必然或唯一选择。关于其他处罚措施,法院指出,在欧盟没有统一立法规定相关处罚措施的情况下,成员国有权依据欧盟法的一般原则制定处罚措施,但同样需要依据比例原则确定处罚力度,如罚款数额。法院同时强调,欧盟经营者固然有《欧盟基本权利宪章》第16条规定的经营自由,但这种经营自由并非绝对特权,《阻断法》第5条第1款本身就是对经营自由的合法限制,企业应当遵守法律规定。

可以看出,在这起"《阻断法》解释第一案"中,欧洲法院竭力在维护《阻断法》权威、实现立法者意图与正视《阻断法》"副作用"、减轻对欧盟经营者"杀伤"之间寻求平衡。《阻断法》是直接针对美国次级制裁及其"长臂管辖"的反制措施,有其积极意义。首先,这是对美国相关制裁法律域外适用的合法性和效力的直接否定,也是对己方立场的鲜明宣示,是法律意义上的"亮剑";其次,这使得相关企业在面对美国的制裁法律时,有了不予遵守的正当理由。但《阻断法》的局限性也是客观存在的:在"阻断国"与美国之间的实力、手段和"筹码"有所差距的情况下,《阻断法》并不能从根本上改变或改善被制裁企业的处境。本质上,《阻断法》是让欧盟经营者在美国法与欧盟法之间"选边",但这种"选择"并非单纯的法律或道德问题,从根本上说更是一种商业判断。[①]《阻断法》固然措辞严厉,但鉴于美国的实际控制力和影响力,对于许多全球性公司而言,屈从于美国的压力可能仍是最终的"合理"选择。面对美国市场禁入、技术"断供"、金融"封锁"等方面的现实压力,很多公司可能会选择违反《阻断

---

① 廖凡:《我国对外国法不当域外适用"亮剑"》,载《中国外汇》2021年第6期。

法》,即便为此受到欧盟成员国的金钱处罚。在很大程度上,《阻断法》的政治意义多于法律意义、象征价值高于实际价值。而从受影响企业的角度看,这种象征性价值对于缓解其所面临的法律和经济困境并无太多助益。也正是基于这一客观现实,《阻断法》第 5 条第 2 款授权欧盟委员会全部或部分豁免特定欧盟经营者遵守该法的义务,即允许该等经营者全部或部分遵从外国制裁立法或措施。但如前所述,这种豁免须以"如果不这样做将会对其利益或者欧盟利益造成严重损害"为前提,且"严重损害"的标准颇为不低。而欧洲法院在"梅利银行案"中的初步裁决,核心要义是对《阻断法》的适用附加一些限定条件和情境标准,为成员国法院和相关当事方提供更多操作余地和腾挪空间,以尽可能减少该法的"附带损害"。

五、比较与借鉴

以 2021 年 6 月出台的《中华人民共和国反外国制裁法》为标志,我国已经初步形成以《反外国制裁法》为统领,以先期出台的《不可靠实体清单规定》和《阻断外国法律与措施不当域外适用办法》(以下简称《阻断办法》)为配套,以同样先期出台的《中华人民共和国出口管制法》等为补充的反外国制裁法律制度体系。

2021 年 1 月由中国商务部颁行的《阻断办法》,同《阻断法》一样,也是针对次级制裁。尽管该办法没有明确提及"次级制裁"这一概念,但从"本办法适用于外国法律与措施的域外适用……不当禁止或者限制中国公民、法人或者其他组织与第三国(地区)及其公民、法人或者其他组织进行正常的经贸及相关活动的情形"这一表述(第 2 条)看,所指向的无疑就是次级制裁。根据《阻断办法》,一旦认定外国相关法律和措施存在不当域外适用情形,商务部可以发布不得承认、不得执行、不得遵守有关外国法律和措施的禁令。若有关当事人不顾禁令,仍然遵守禁令范围内的外国法律和措施,由此侵害中国公民、法人或其他组织(以下简称"中国主体")合法权益,后者可以依法向人民法院提起诉讼,要求前者赔偿损失。该办法还规定,中国主体可以向商务部申请豁免遵守禁令,由商务部决定是否批准。可见,《阻断办法》在基本思路和主要内容上与《阻断法》大体相同,但在具体制度设计上又有所区别和创新。同《阻断法》一样,《阻断办法》也是定位于否认和抵消外国相关法律和措施的域外适用效力,所针对的也是次级制裁以及与之相联系的"长臂管辖"。两者的主要区别在于,《阻断法》明确针对美国并具体列举了其所涵盖的美国相关立法,并概括认定所有列明立法对欧盟经营者的域外适用均系不当和无效,而未再区分"不当"与否;《阻断办法》至少在形式上更加抽象地指向"外国相关法律和措施",并附加了"不当"这一先决条件。此外,《阻断办法》规定,对于根据该办法未遵守有关外国法律与措施并因此遭受重大损失的中国实体,有关部门可以根据具体情况给予必要的支持(第11条),也是颇具中国特色的创新。尽管如此,二者所规定的本质上是同一种制度和机制。

如上所述,就其作为域外管辖或者国内法域外适用的同义语而言,"长臂管辖"并不必然包含负面评价,也并不必然违反国际法。例如在反垄断领域,国内法域外适用是常态,美国、欧盟、中国都是如此。真正的问题在于,"长臂管辖"的实际运用是不平衡、不对等的。美国凭借其庞大的国内市场、垄断性核心技术和美元结算系统所形成的支配性地位,使得其他国家在相关领域对其高度依赖、难以"反抗",从而近乎随心所欲地伸展"长臂",特别是与次级制裁这种尤为霸道的对外制裁措施相结合。就此而言,"长臂"之"长"是否应当有个限度,这个限度又该如何划定,是国际社会需要回答的问题。《阻断办法》将"是否违反国际法和国际关系基本准则"作为有关外国法律与措施是否存在不当域外适用情形的第一个评估因素。[①] 但迄今为止,国际法上对于国内法域外适用和"长臂管辖"的明确禁止并不多见,也并未形成关于"长臂管辖"合理限度的有约束力的一般性判定标准,使得对此问题的处理具有相当难度和不确定性。目前国际社会关于国内法域外适用的国际条约和国际习惯并不充分,联合国大会《消除以强制经济措施作为政治和经济胁迫的手段》决议等少数文件仅能作为主张美国《托里切利法》和《赫尔姆斯-伯顿法》违反国际法基本原则的依据,并且决议本身因缺乏国际法约束力而解释效力较弱,执法机关和司法机关在多数情况下只能借助宽泛的主权原则来进行解释。对于寓含我国重要外交政策的这一宽泛表述,各级行政部门和法院能否准确理解和运用

---

① 《阻断办法》第6条规定:"有关外国法律与措施是否存在不当域外适用情形,由工作机制综合考虑下列因素评估确认:(1)是否违反国际法和国际关系基本准则;(2)对中国国家主权、安全、发展利益可能产生的影响;(3)对中国公民、法人或者其他组织合法权益可能产生的影响;(4)其他应当考虑的因素。"

是不确定的,个案处理中也易于导致"以外交思维取代法律原则"的偏颇。①

作为针对外国制裁的反制措施类型之一,《反外国制裁法》也规定了阻断外国制裁措施效力的相关规则。该法第 3 条第 2 款规定:"外国国家违反国际法和国际关系基本准则,以各种借口或者依据其本国法律对我国进行遏制、打压,对我国公民、组织采取歧视性限制措施,干涉我国内政的,我国有权采取相应反制措施。"第 12 条规定:"任何组织和个人均不得执行或者协助执行外国国家对我国公民、组织采取的歧视性限制措施。组织和个人违反前款规定,侵害我国公民、组织合法权益的,我国公民、组织可以依法向人民法院提起诉讼,要求其停止侵害、赔偿损失。"这里的"歧视性"是关键词,同《阻断办法》中的"不当"一脉相承,框定了反制/阻断的对象。同时,《反外国制裁法》的出台也在一定程度上弥补了《阻断办法》立法层级过低的缺憾。例如,《阻断办法》作为部门规章,不能被人民法院在民事诉讼案件中作为裁判依据直接援引,而相关当事方向所在国法院就相对方违反阻断立法的行为起诉求偿恰恰是阻断发挥作用的重要路径。但应当看到,这种弥补是不完整、不充分的。《反外国制裁法》和《阻断办法》在适用上并不完全重合,《阻断办法》的部分具体规则并未被《反外国制裁法》所吸纳,两者的立法目的也存在显著差别,这些都使得《阻断办法》适用中的一些突出问题和障碍依然存在,如同国内民事法律体系的衔接问题、当事方相关请求权的法律基础问题等。② 因此,未来仍需在《反外国制裁法》框架下,进一步完善相关阻断法律规则。

而且,《阻断办法》与欧盟《阻断法》规定的本质上是同一种制度和机制,这就意味着欧盟及其《阻断法》所面临的困难和障碍,中国及其《阻断办法》同样会遭遇。在现实条件没有发生根本转变的情况下,必须采取实事求是的应对思路和处理方法。就国家层面而言,一是在适用《阻断办法》时务须审慎,避免对我方实体造成"选边"的过大压力和过高成本;二是可以考虑联合欧盟及其相关成员国,就可能为"长臂管辖"划定限度的"国际法和国际关系基本准则"共同研商,形成较为具体、明晰的判定标准和操作规则,力争在多边层面推动相关议程。而就个人和企业层面而言,一是要强化"底线思维",增强合规意识,尽量避免落入次级制裁和"长臂管辖"的陷阱;二是需要在通盘考虑和细致权衡两种"违法"后果的基础上,在"制裁法"与"阻断法"之间作出必要选择和取舍。

---

① 丁汉韬:《论阻断法的实施机制及其中国实践》,载《环球法律评论》2022 年第 2 期。
② 丁汉韬:《论阻断法的实施机制及其中国实践》,载《环球法律评论》2022 年第 2 期。

进而言之,"梅利银行案"以及欧洲法院的初步裁决,也为《阻断办法》及《反外国制裁法》相关条款的适用提供了借鉴和启示。首先,该案显示,在适用《阻断法》相关条款时,成员国国内法院不会擅自解释,而是由欧洲法院来统一作出解释,并作为国内法院的裁判依据。而目前在实施和适用《反外国制裁法》及相关阻断性规则时,是否由最高人民法院统一进行解释,是否征求最高人民法院的意见(既包括行政机关与司法机关之间,也包括司法系统内部),需要深入思考。对于这个问题,最高人民法院可以考虑以司法解释及/或内部指导意见的形式予以明确。其次,如上所述,对于市场主体而言,《反外国制裁法》往往会造成"选边"的两难处境。故此,在《阻断办法》及《反外国制裁法》相关条款适用过程中,需要重视比例原则和适度要求,以及在此基础上的豁免机制构建。在"梅利银行案"中,欧洲法院基于经营自由原则和比例原则,对《阻断法》的适用和处罚措施的设定作了一定的限制和平衡,这也与《阻断法》保护欧盟经营者的立法目的相契合。这种做法值得我国有关部门在后续实践中借鉴。此外,由于《反外国制裁法》《阻断办法》的实施和适用政治性强、牵涉面广、复杂度高,应当尽快落实《反外国制裁法》第 10 条关于"国家设立反外国制裁工作协调机制,负责统筹协调相关工作"的规定,建立运行外交、商务、司法等部门之间的沟通协调机制。

(本文责任编辑:蒋昊禹)

"Long-arm Jurisdiction", External Sanctions and Blocking Legislation

Liao Fan Cui Xintong

Abstract:Originally a peculiar concept under the US law and referring to a specific type of jurisdiction in personam in civil litigations,"long-arm jurisdiction" has been more broadly used as a substitute for "extraterritorial jurisdiction" in the Chinese context. The "long-arm jurisdiction" of the US is closely connected to its economic sanctions,and the bullying nature of such jurisdiction is most obviously seen in the so-called secondary sanctions on other countries. "Long-arm jurisdiction" does not violate international law per se,nor is it the unique practice of the US. However,the dominant position of the US in such areas as domestic market,key technologies and financial system enables it to extent its "long arm" almost at will,leading to serious unilateralism and arbitrariness in the actual exercise of the "long-arm jurisdiction". An important tool used by the European Union against the "long-arm jurisdiction" of the US is the Blocking Statute. Oriented at denying and offsetting the extraterritorial effect of the relevant US laws, the Blocking Statute essentially forces the EU operators and other relevant entities to "take sides" between the US law and the EU law, which easily poses a dilemma for such entities. There are similar provisions in the current Chinese anti-foreign sanctions legal institutions, and thus similar dilemma exists. The application of blocking laws and regulations should be prudent, so as to avoid excessive pressure and cost of "taking sides".

Key Words: "long-arm jurisdiction"; extraterritorial jurisdiction; extraterritorial application; secondary sanctions; blocking statute

世界银行集团反腐败制裁规则和"腐败行为"定义探析

张晓君　魏祥东 *

内容摘要:世界银行集团的反腐败制裁形成于对腐败态度的转变,其反腐败制裁规则较为复杂,形成了包括基础规则、集团规则、成员机构规则的三级规则,具有以两层制裁体系为基础的制裁程序,其"腐败行为"的定义具有模糊性。借助制裁委员会决定,对"腐败行为"的谓语、宾语、状语和"归责于上"原则进行明确有助于明确"腐败行为"的定义。中国企业面对世界银行集团的反腐败制裁应当事先隔断风险,在直接行为、间接行为和"归责于上"层面隔断风险,并在事后积极应对。

关键词:世界银行集团;制裁;规则;腐败行为

目　录

＊ 张晓君,西南政法大学国际法学院院长,中国-东盟法律研究中心主任,教授,博士生导师;魏祥东,西南政法大学国际法学院博士研究生。

一、问题的提出

世界银行集团（以下简称"世行集团"）致力于寻求在发展中国家减少贫困和建立共享繁荣的可持续之道，由五个成员机构组成，分别是国际复兴开发银行（International Bank for Reconstruction and Development，IBRD）、国际开发协会（International Development Association，IDA）、国际金融公司（International Finance Corporation，IFC）、多边投资担保机构（Multilateral Investment Guarantee Agency，MIGA）和国际投资争端解决中心（International Centre for Settlement of Investment Disputes，ICSID），其中 IBRD 和 IDA 组成世界银行。世行集团拥有 189 个成员国，员工来自 170 多个国家，并在 130 多个地点设有办事处。世行集团是作为面向发展中国家的世界最大的资金和知识来源，通过 IBRD 和 IDA 与发展中国家政府合作，通过 IFC、MIGA、ICSID 和私营部门进行合作，提供资金、技术援助等多种帮助，①从 2020 年 4 月到 2021 财年末，世行集团提供融资超过 1570 亿美元。② 在世行集团的项目中，由于腐败会影响其目的的实现，为此世行集团设置了制裁机制，以维护其目的的实现。

中国是世行集团项目的积极参与者，同时也积极参与发展中国家项目，尤其是"一带一路"倡议提出后，我国企业积极走向"一带一路"国家。"一带一路"沿线多为发展中国家，正是世行集团的援助对象，同时这些国家的腐败现象也较为严重。根据世行集团全球治理指标中的腐败控制指标（control of

---

① 世界银行：《我们是谁》，https://www.shihang.org/zh/who-we-are，下载日期：2022 年 4 月 25 日。

② 世界银行：《世界银行 2021 年年度报告》，https://openknowledge.worldbank.org/bitstream/handle/10986/36067/211778CH.pdf，下载日期：2022 年 4 月 25 日。

corruption),"一带一路"65 国中半数以上国家的腐败治理能力低于世界平均水平。我国企业"走出去"面临严峻的腐败风险,极易被世行集团制裁,目前我国共 19 个实体正在被世行集团以腐败行为为由进行制裁①。世行集团制裁会对企业带来严重的不利影响。首先,企业会被禁止从事世行集团项目。2010 年,中国建筑因被世行集团制裁,其在越南志明市的一项工程被中止。该项目为世界银行所援建,合同金额 8500 万美元(约合 5.8 亿元人民币),执行期 3 年,已接近尾声。② 其次,企业会被其他国际多边发展银行联合制裁,其关联企业也会被制裁,不得参与其他国际多边发展银行的项目。浙江网新集团曾因其关联公司的行为被欧洲复兴开发银行资助和世行集团制裁。③ 最后,企业自身的经营也会受到影响。制裁会使企业声誉受损,且会因制裁程序的保密性要求不得向第三方提供相关信息,④企业可能会因此失去商业机会。因制裁的"连坐"制度,企业可能丧失潜在的并购机会。

可见,我国企业"走出去"走向的国家腐败猖獗,同时世行集团反腐败制裁后果严重,已经使我国企业面临严峻风险。世行集团反腐败制裁的复杂性更是让企业难以应对,使风险雪上加霜。世行集团反腐败制裁的复杂性主要体现为两个方面:首先,世行集团的反腐败制裁规则较为复杂,存在一个形成和发展的历史过程,并非在世行设立之初就存在,且并非规定于单个文件之中,不同文件可能还处于不同的效力级别;其次,世行集团对"腐败行为"(corrupt practice)的定义用语宽泛,难以使企业产生准确的预期。现有的学术研究主要集中于讨论世行集团制裁制度的制裁体系及其国际影响,⑤尚未对世行集团反腐败制裁进行深入讨论。鉴于此,本文对世行集团反腐败制裁的规则进

---

① World Bank, Procurement—World Bank Listing of Ineligible Firms and Individuals, https://www.worldbank.org/en/projects-operations/procurement/debarred-firms,下载日期:2022 年 4 月 25 日。

② 贺灵童:《黑名单效应与启示》,http://www.lubanway.com/opinion/show/1/234,下载日期:2022 年 4 月 25 日。

③ 贺灵童:《黑名单效应与启示》,http://www.lubanway.com/opinion/show/1/234,下载日期:2022 年 4 月 25 日。

④ World Bank Sanctions Procedures, Article 11.05.

⑤ 彭亚媛:《世界银行对华企业制裁的法律依据、成因以及对策》,载《国际经济法学刊》2020 年第 2 期;陈一峰:《世界银行反腐败制裁机制与全球治理》,载《国际法研究》2015 年第 6 期;朱杰进、向晨:《世界银行的反腐败标准及其对金砖银行制度建设的启示》,载《国际观察》2017 年第 4 期。

行梳理,对"腐败行为"的定义结合制裁委员会决定进行明确。

二、世界银行集团反腐败制裁规则梳理

世行集团的反腐败制裁规则较为复杂,它并不是自世行成立以来就存在,而是具有一段不断演进和完善的历史。规则由多个文件组成,彼此之间形成了不同的效力层级,形成了三级规则的规则体系。本部分首先对反腐败制裁规则的形成历史进行介绍,将相关的规则文件分为三级规则进行梳理,进而对世行集团的反腐败制裁程序和"腐败行为"的定义进行介绍。

(一)形成历史

世行集团制裁体系的形成历史在一定程度上体现了世行集团对腐败行为的态度以及制裁的动机和目的。世行集团虽然成立很早,其前身以及当今的机构之一国际复兴开发银行成立于 1944 年,但是由于《国际复兴开发银行协定》第 4.10 条规定了"禁止政治性活动",即银行不得干涉成员方的"政治事务",银行的决定不得受"政治因素"影响。[①] 由于腐败在很长一段时间被视为政治问题,世行集团的反腐败一直未能提上正轨。[②]

直至 20 世纪 90 年代,世行集团愈发强调治理(governance)在发展中的重要作用。[③] 1992 年世界银行发布了《治理与发展》(Governance and Development)作为其明确探讨治理的第一份报告,并在该报告中对世行职权范围内的治理问题进行探讨。其中世行专门讨论了腐败的预防并表示会通过措施帮助贷款方消除腐败。[④] 1994 年世行后续又发布了《治理:世界银行的经验》(Governance:The World Bank's Experience)[⑤],在其中表示世行对治理的关注是由于其对资助项目的可维持性(sustainability)的关注。并且在该报告

---

① IBRD Articles of Agreement:Article IV,Section 10.

② 彭亚媛:《世界银行对华企业制裁的法律依据、成因以及对策》,载《国际经济法学刊》2020 年第 2 期。

③ 陈一峰:《世界银行反腐败制裁机制与全球治理》,载《国际法研究》2015 年第 6 期。

④ World Bank,Governance and Development,https://elibrary.worldbank.org/doi/abs/10.1596/0-8213-2094-7,下载日期:2022 年 4 月 25 日。

⑤ World bank,Governance:The World Bank's Experience,https://documents1.worldbank.org/curated/en/711471468765285964/pdf/multi0page.pdf,下载日期:2022 年 4 月 25 日。

中,世行表示其对治理的关注完全是由于社会和经济发展原因,与政治无关。在此基础上,世行提到了国际社会对腐败的态度转变并列举了世行的一系列反腐败措施。可见,以上两个重要文件体现了世行集团态度的转变,世行集团不再将腐败视为政治事务和政治因素,而是在经济和社会发展范畴内开展反腐败措施。其反腐败的目的在于保障其资助项目的可持续发展,促进贷款方的经济社会发展,这与世行集团本身的目的是息息相关的。

1998 年,世行集团首次设立了其制裁机构——制裁委员会(Sanctions Committee)。当时,制裁委员会由 5 名成员组成,皆为世行集团员工。制裁委员会负责审查关于不当行为的指控,并向世行集团总裁提出关于是否以及如何制裁的建议。① 相比于现在的制裁体系,当时世行集团的制裁体系并不完善,制裁委员会的成员作为世行集团员工缺乏独立性,也不存在如今类似于上诉机制的两层制裁体系。制裁委员会本身也是作为提供建议性质的机构,对制裁缺乏决定权,本身也缺乏独立性。虽然相较于当前,彼时的制裁体系并不完善,但是当时世行制裁委员会仍审查了涉及 400 多个实体和个体的指控,为实现世行集团的治理目的作出贡献。

2002 年,世行开始对制裁程序进行内部审查。在这一过程中,美国前总检察长及联合国前副秘书长理查德·索恩伯勒(Richard Thornburgh)结合一些国际组织的经验提出了改革建议。根据理查德·索恩伯勒的建议,世行集团于 2004 年开始了一系列针对制裁体系的改革以期提高效率和独立性。最终世行集团形成了如今的两层制裁体系。如今的世行集团制裁规则也在多个方面体现出国内法和国际法规则的痕迹,其"上诉机构"制裁委员会采用的重新审理标准(de novo)、优势证据的规则(preponderance of the evidence)、"归责于上"(respondeat superior)的责任原则,以及制裁委员会采用的先例制度等都体现出了这一点。因此在对其规则和案例进行研究时也可在一定程度上借鉴对国内法和国际法规则的分析。②

世行集团的主要目标在于减少发展中国家贫困,建立共同繁荣的可持续方案。回顾其制裁体系的发展,世行集团的制裁机制也是始终围绕着这个目的进

---

① World Bank Group, World Bank Group Sanctions Board Law Digest 2019, https://openknowledge.worldbank.org/bitstream/handle/10986/33062/K880405.pdf? sequence = 2&isAllowed=y,下载日期:2022 年 4 月 25 日。

② 廖凡:《全球金融治理的合法性困局及其应对》,载《法学研究》2020 年第 5 期。

行建立和改革。世行集团意识到良好的治理对于实现其可持续发展和减少贫困的目标至关重要,而腐败则会让资金无法真正用于发展项目,无法到达真正需要的人和地点,阻碍世行集团目标的实现。因而,世行集团的制裁是试图在经济和社会发展范畴内通过制裁避免其项目涉及腐败,同时也通过腐败的威慑作用减少未来的腐败可能性,从而保障其资金能够用于促进发展、减少贫困的目标。可以说,世行集团制裁的根本目的并非在于惩罚,而是在于指引、矫正和预防,从而实现世行集团本身的目标,这样的举措对于世行集团来说并不罕见。[①] 这样的目的也体现于世行集团所考虑的加重制裁或是减轻制裁的考虑因素、和解机制、制裁经常附带的合规要求、合规官的设置等方面。世行集团的反腐败制裁,更多是希望被告(respondent)以及未来的其他实体个人能够符合世行集团的规则并杜绝腐败,保障世行集团的资金能真正用于帮助发展中国家可持续发展、摆脱贫困。在对世行集团的反腐败制裁规则和案例进行分析,以及对制裁的预控和应对过程中,以世行集团制裁的根本目的为出发点更有助于理解和分析世行集团的规则,积极有效地针对制裁进行预控和应对。[②]

(二)三级规则

世行集团的反腐败制裁规则可以分为三个级别:基础规则、集团规则、成员机构规则。其中基础规则和集团规则适用于世行集团的所有反腐败制裁案件,成员机构规则适用于各自成员机构的反腐败制裁案件,而各成员机构规则的内容基本完全相同。图 1 是根据世行集团反腐败制裁规则整理出的三级规则。

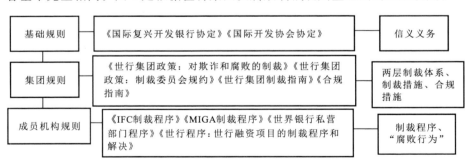

图 1　世行集团反腐败制裁三级规则

---

① 陈一峰:《世界银行与全球管理主义——对世界银行〈环境与社会框架〉的思考》,载《北京大学学报(哲学社会科学版)》2016 年第 6 期。

② 张晓静、张金矜:《布雷顿森林机构的合法性危机以及克服路径》,载《国际法与国际关系学刊》(第 6 卷),厦门大学出版社 2016 年版,第 228 页。

基础规则是指作为世行集团制裁的基础,为反腐败制裁提供指引和支持的规则。《国际复兴开发银行协定》和《国际开发协会协定》提供了制裁的基础规则,要求确保世界银行提供的资金用于预期目的并适当注意经济和效率,① 由此也为世行设定了所谓的信义义务(fiduciary duty)。正是以这样的信义义务为基础,世行集团制定了一系列行政性质的规则和工具,以预防和打击世行集团项目中的欺诈和腐败行为。可见,世行集团反腐败制裁的基础在于其信义义务,由于世行集团的资金多来自成员国,世行集团反腐败制裁在此意义上也是为了履行对成员国的义务。②

集团规则是指在世行集团层面制定的,适用于涉及世行每个机构的制裁案件的规则,主要有《世行集团政策:对欺诈和腐败的制裁》③、《世行集团政策:制裁委员会规约》④、《世行集团制裁指南》⑤、《合规指南》⑥。世界银行制裁体系的集团规则主要规定了以下几个方面。首先,确立了两层制裁体系(two-tier sanctions system),形成了第一层为廉政局(Integrity Vice Presidency,INT)和资格暂停和除名办公室(Suspension and Debarment Officer,SDO),在涉及 MIGA 和 IFC 项目的案件中为评估官(Evaluation Officer,EO)。第二层为制裁委员会(Sanctions Board)的两层制裁体系。世行集团并没有在集团层面对第一层制裁进行具体而详细的规定,但是对组成第二层制裁程序的制裁委员会进行了具体规定。对于作为世行集团制裁体系的"上诉机构"和作出终局性决定的机构的制裁委员会,世行集团在《世行集团政策:制裁委员会规约》中对制裁委员会的选任、组成、决定、回避、行为准则等进行了规定。制裁委员会共 7 名成员,其中 3 名由世界银行选任、两名由 IFC 选任(包括 1 名候补成员)、两名由 MIGA 选任(包括 1 名候补成员),7 人均不得在世行集团任职。制裁委员会在审理案件时或是组成 3 人出席的小组会议(Panel Session),或是在特殊情况下组成 5 人出席的全体会议(Plenary Sessions),当涉

①　IBRD Articles of Agreement,Article II,Section 5(b),IDA Articles of Agreement,Article V,Section 6.

②　饶戈平:《走出国际组织法的迷思——试论何谓国际组织法》,载《北京大学学报(哲学社会科学版)》2016 年第 6 期。

③　WBG Policy:Sanctions for Fraud and Corruption.

④　WBG Policy:Statute of the Sanctions Board.

⑤　World Bank Group Sanctioning Guidelines.

⑥　Summary of World Bank Group Integrity Compliance Guidelines.

及特定世行集团成员机构的案件时，必须有该机构选任的成员出席。目前制裁委员会的 7 名成员均来自不同的国家，且涵盖了发达国家和发展中国家，[1]一定程度上保证了制裁委员会的中立性。其次，世行集团还在集团层面规定了关于制裁的原则、制裁措施、合规措施等。在《世行集团政策：对欺诈和腐败的制裁》中确定了制裁体系的目的、制裁体系的原则、制裁的范围和性质。在《世行集团制裁指南》中列举了具体的制裁措施和加重以及减轻情节。在《合规指南》中列举了良好的合规举措，为制裁后的合规提供指引。最后，世行集团还和非洲开发银行集团、亚洲开发银行、欧洲复兴开发银行、泛美开发银行集团共同签订了《相互执行禁止决定的协议》，[2]其中一方的制裁措施，在满足一定条件的情况下也会被其他各方承认和执行。这种"交叉制裁"的出现进一步增加了世行集团制裁的威慑力。

成员机构规则主要是由世行集团各成员机构通过的，规定了涉及各个机构的案件的具体制裁程序和对"腐败行为"的定义，主要有《IFC 制裁程序》《MIGA 制裁程序》《世界银行私营部门程序》《世行程序：世行融资项目的制裁程序和解决》，各成员机构在自身的反腐败制裁案件中适用自身的规则。各个成员机构规则内容基本完全相同，这意味着各个成员机构在反腐败制裁中采用几乎相同的程序和"腐败行为"的定义。具体的程序和定义会在下文中详细介绍。

（三）反腐败制裁程序

如上文所述，世行集团在集团规则层级规定了两层制裁体系，在成员机构规则层级规定了制裁的程序。世行集团的反腐败制裁程序，是世行集团的两层制裁体系进行制裁的程序。图 2 是根据规则整理的世行集团双层制裁体系。

世行集团反腐败制裁程序由第一层制裁体系中的 INT 启动。INT 主要通过接受举报启动对案件的调查。大部分案件都是通过世行的网站进行的举报，[3]世行集团为举报人提供保障措施，包括可以匿名提交举报。当 INT 收

---

[1] World Bank，World Bank Group Sanctions Board，https://www.worldbank.org/en/about/unit/sanctions-system/sanctions-board#6，下载日期：2022 年 4 月 25 日。

[2] Agreement for Mutual Enforcement of Debarment Decisions.

[3] World Bank Group，Fill out the online Integrity Complaint Form，https://wbgc-msprod. microsoftcrmportals. com/zh-CN/anonymous-users/int-fraud-management/create-new-complaint/，下载日期：2022 年 4 月 25 日。

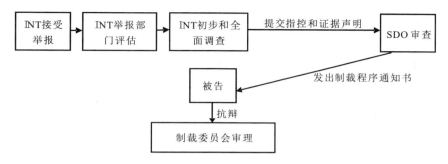

图 2　世行集团双层制裁体系

到腐败行为举报后,由 INT 的举报部门进行初步评估,决定案件是否与世行集团项目有关以及廉政局是否有管辖权。符合标准的举报会被 INT 进行初步调查,收集文件和线索,为全面调查作准备。① 如果 INT 经过全面调查认为有足够的证据证明存在腐败行为,决定启动反腐败制裁程序,则会向 SDO 提交指控和证据声明(statement of accusations and evidence)。② 接着,如果 SDO 决定 INT 的指控有足够的证据支持,其会向被告发出制裁程序通知书(notice of sanctions proceeding),通知书中包括将要对被告实施的制裁。被告可以在收到制裁程序通知书的 90 天内向制裁委员会提出抗辩,如果被告未提出抗辩,制裁将会生效。③

　　如果被告在收到制裁程序通知书的 90 天内向制裁委员会提出抗辩,则进入第二层制裁程序,由制裁委员会对案件进行审理。制裁委员会对案件采用重新审理(de novo)的标准,独立地对案件进行审查,不会参考第一层制裁程序的结论。并且,制裁委员会参考的内容会比第一层制裁程序更多,包括新一轮的辩护、新的证据,任何一方和制裁委员会主席还可以要求口头听证。制裁

---

　　①　World Bank Group，World Bank Group Sanctions System Annual Report Fiscal Year 2021，https://documents1. worldbank. org/curated/en/284891634566178252/pdf/World-Bank-Group-Sanctions-System-FY21.pdf,下载日期:2022 年 4 月 25 日。

　　②　Procedure：Bank Procedure：Sanctions Proceedings and Settlements in Bank Financed Projects，Article 3.01；Pr-ocedures：IFC Sanctions，Section 4.01；MIGA Sanctions Procedures，Section 4.01；World Bank Private Sector Sanctions Procedures，Section 4.01.

　　③　Procedure：Bank Procedure：Sanctions Proceedings and Settlements in Bank Financed Projects，Article 4.01-4.04；Procedures：IFC Sanctions，Section 5.01-5.04；MIGA Sanctions Procedures， Section 5. 01-5. 04； World Bank Private Sector Sanctions Procedures. Section 5.01-5.04.

委员会还会就第一层程序未解决的任何管辖权、证据和程序问题作出决定，并且考虑更广泛的因素来决定是否制裁。① 因此，制裁委员会可能会依据不同的推理和证据材料，就是否制裁和制裁的严重程度作出与第一层制裁程序不同的决定。制裁委员会的决定是终局的，是世行集团反腐败制裁的两层制裁体系的最终结果。

（四）"腐败行为"的定义

世界银行集团对"腐败行为"的定义规定于反腐败制裁规则中，位于成员机构规则之中。

世行集团的反腐败制裁规则具体规定在《IBRD 和 IDA 资助项目反腐败指南》《IFC 反腐败指南》《MIGA 反腐败指南》《世行私营部门反腐败指南》中。除了《IBRD 和 IDA 资助项目反腐败指南》为单独的文件外，其他三者都位于各自机构制裁规则的附件 A。② 各个机构对于反腐败制裁都采用了一致的标准，这体现于各个文件对腐败行为的定义采用了完全相同的用语："腐败行为是指直接或间接提供、给予、接受或索取任何有价值的东西，以不当影响另一方的行为。"在《IFC 反腐败指南》《MIGA 反腐败指南》《世行私营部门反腐败指南》中，在对"腐败行为"定义后设置了"解释"（interpretation）部分共五段解释。第一，把"回扣"和"贿赂"纳入腐败的定义，并且指出腐败行为必须涉及使用"不正当手段"来违反接收者所负的义务，以便支付人获得不正当利益或逃避义务。第二，只要当地法律允许且在支付人的记录中充分披露，支付人以善意的（bona fide）社会发展目的作出贡献或向善意的当地慈善机构捐款，不构成腐败。第三，除非违反法律，私人当事人之间提供、赠送、接受或索取符合国际公认行业标准的商业应酬和礼物不构成腐败。第四，在符合法律和国际公

① World Bank Group，World Bank Group Sanctions System Annual Report Fiscal Year 2021，p. 45，https://documents1. worldbank. org/curated/en/284891634566178252/pdf/World-Bank-Group-Sanctions-System-FY21. pdf，下载日期：2022 年 4 月 25 日；具体程序可参考 Procedure：Bank Procedure：Sanctions Proceedings and Settlements in Bank Financed Pr-ojects，Article 5-7；Procedures：IFC Sanctions，Section 6-8；MIGA Sanctions Procedures，Section 6-8；World Bank Pri-vate Sector Sanctions Procedures，Section 6-8.

② Guidelines on Preventing and Combating Fraud and Corruption in Projects Financed by IBRD Loans and IDA Credits and Grants，Section 7(a)；IFC Sanctions Procedures，Annex A；MIGA Sanctions Procedures，Annex A；World Bank Private Sector Procedures，Annex A.

约的情况下,私营机构人士支付公职人员的合理旅费和招待费不构成腐败。第五,世行集团把便利费(facilitation payments)视为腐败,对便利费的解释会参考相关法律和国际公约。

三、"腐败行为"定义的明确

(一)"腐败行为"定义的模糊性

如上文所述,世行集团把"腐败行为"定义为"直接或间接提供、给予、接受或索取任何有价值的东西,以不当影响另一方的行为"。具体分析,"腐败行为"的定义由三部分组成。第一部分是谓语部分,即"直接或间接提供、给予、接受或索取"的行为;第二部分是宾语部分,即行为的接受者"任何有价值的东西";第三部分是状语部分,对行为附加了一定的条件限制,即需要具有"以不当影响另一方的行为"的腐败意图。世行集团的反腐败制裁和对"腐败行为"定义具有独立价值和实践价值,[1]但是"腐败行为"的定义中以上三个组成部分均存在模糊性,需要进一步明确。[2]

谓语部分"直接或间接提供、给予、接受或索取"中"提供、给予、接受或索取"虽然也有待明确,但是可以理解为广泛涵盖了涉及收付的一切行为所以尚可理解,而何为"直接"、何为"间接"则更难理解和解释。企业与"提供、给予、接受或索取"的行为之间的隔断需要做到什么样的程度,需要设立怎样的"防火墙",可以不视为企业参与了腐败行为,或是仍会被视为"间接"地参与腐败,这需要进一步的明确。

宾语部分"任何有价值的东西"(anything of value)则是一个更加模糊的概念。如何理解"有价值"?此处的"价值"(value)是仅指有金钱和经济方面的价值,或是会考虑到其他方面的价值?而"东西"(anything)是否仅仅指实体的物品,或是包括了更加虚拟的概念层面的东西?

状语部分"以不当影响另一方的行为",此部分规定了构成腐败需要具有腐败意图,这种腐败意图通过不当影响另一方的行为意图而表现出来。

---

① 廖凡:《论软法在全球金融治理中的地位和作用》,载《厦门大学学报(哲学社会科学版)》2016 年第 2 期。

② 杨仁寿:《法学方法论》,中国政法大学出版社 2013 年版,第 136 页。

涉及主观意图的定义往往需要具体的标准进行明确。意图是藏于个人内心之物,在反腐败制裁程序中是无法直接证明行为人的内心的,内心的意图只有通过外在的行为进行推断和证明,这就给腐败意图的解释带来了困难。世行集团单纯"以不当影响另一方的行为"的定义并不能划定清晰的标准来判断什么样的行为能够证明行为人具有不当影响另一方行为的意图。更何况什么是"不当影响",谁是"另一方","行为"又需要是何种行为都存在不确定性。

以上所述的世行集团对腐败行为定义的模糊和不确定性,会使得参与世行集团项目的企业陷入两难的境地。在商事交往中往往存在着赠与礼品、提供接待等表达好意的商业应酬(corporate hospitality)行为,这样的行为很可能并不会影响市场秩序,不会违反世行集团的目的。但是由于世行集团"腐败行为"的模糊性,企业不能判断合理的商业应酬行为和腐败行为之间的界限。这会使得企业或是惧怕被制裁所以放弃合理的商业应酬,从而增加不必要的经营摩擦,增加经营成本;或是在不清楚界限的情况下过度实施了自以为的商业应酬行为而被世行集团制裁,蒙受巨大损失。

此外,如上文所述,《IFC 反腐败指南》《MIGA 反腐败指南》《世行私营部门反腐败指南》中,在对"腐败行为"定义后设置了"解释"部分共五段解释。但是一方面,《IBRD 和 IDA 资助项目反腐败指南》中并没有这样的解释,这意味着这五段解释在规则层面上并不绝对适用于世界银行资助的项目,而世界银行资助项目又是世行集团项目的主要部分,世行集团的绝大部分制裁案件都涉及世界银行的资助项目。虽然这五段解释作为规则的一部分具有参考价值,适用于 IFC、MIGA 和世行私营部门的腐败案件的同时,这三个机构部门对腐败行为解释的一致性也在一定程度上体现世行集团的态度,但是这些解释的内容有限,这五段解释并非是对"腐败行为"进行整体性的澄清,而是把几个行为纳入腐败,把几个行为剔出腐败,这样的解释对于准确地把握"腐败行为"并无太大贡献,无法解决腐败行为定义的模糊性,并不能解决根本问题。

(二)结合制裁委员会决定明确"腐败行为"

制裁委员会将其作出的自 2012 年以来的决定均发布在世行集团网站,①

---

①　World Bank, World Bank Group Sanctions Board Decisions, https://www.world-bank. org/en/about/unit/sanctions-system/sanctions-board ♯ 4,下载日期:2022 年 4 月 25 日。

涉及腐败行为的有 27 个决定,除去 132 号决定是 125 号决定的被告请求复议且因缺乏新的事实被拒绝以外,其他决定均涉及全新的不同案件。制裁委员会作为世行集团反腐败制裁的最终决定机构,其案例对于明确"腐败行为"具有重要意义。世行集团的制裁体系虽然没有严格地遵循先例(stare decisis)制度,且根据制裁委员会发布的《法律摘要》中对判例(precedent)的定义,这些判例仅是说服性的而并不是决定性的。但是制裁委员会仍然使用了判例这一词,并且将《法律摘要》称之为对于案例法(case law)的编纂,在多个制裁委员会决定中也援引之前的决定作为理由,制裁委员会会在新的案件中考虑先前的决定。因此,制裁委员会的决定在事实意义上几乎可以认为是存在遵循先例的。值得注意的是,《法律摘要》虽然也编纂了案例中的一些观点,但是其仅仅是对观点的列举,并未编纂观点对应的事实。仅有观点而无事实是无益于理解案例和规则的。并且《法律摘要》仅仅编纂了部分观点,有所缺漏。因此,准确地把握"腐败行为"的定义,需要回到制裁委员会决定中去,根据这些案例进行明确。本部分会结合制裁委员会的 26 个决定对"腐败行为"的定义进行明确。同时,制裁委员会在解释和适用反腐败制裁规则时,也会根据"归责于上"原则对企业的间接责任进行论证,因此本部分也会根据对基于"归责于上"的责任问题进行分析。图 3 是根据制裁委员会决定整理的可以用以明确"腐败行为"定义和"归责于上"原则的典型案例。

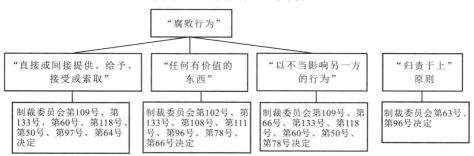

图 3 用以明确"腐败行为"和"归责于上"的典型案例

1."直接或间接提供、给予、接受或索取"

谓语部分"直接或间接提供、给予、接受或索取"涵盖了腐败行为可能涉及的各种行为,因此其模糊性并不在于各种行为的概念内涵,而是更多地来自行为的阶段。行为的阶段是一个范围,其终点是已经完成了腐败行为,如已经完成了金钱交付,而其起点是没有作出行为。行为处于何种阶段会被认定为构成腐败定义下的行为存在模糊性。同时"直接或间接"和"索取"也具有模糊性,"索取"存在为自己索取和为他人索取两种情况。

针对行为的阶段对制裁委员会的决定进行梳理,可以发现对阶段的要求相当的宽松。首先,行为已经完全完成,即已经完成交付,自然构成"腐败行为"。例如第 109 号决定中被告已经为官员购买了一辆汽车,①第 133 号决定中被告作为顾问协议中的项目经理索取并接收到了贿赂款项。② 其次,即使没有实际完成交付,也可能构成腐败定义下的行为。例如,在第 60 号决定中,一个咨询协议中提到了未来可能存在向世行员工支付款项的合同,在缺乏证据证明存在与这些合同相关的给付的情况下,制裁委员会认为根据咨询协议和其他证据,被告承诺未来进行给付,构成腐败行为下的提供。③ 又如在第 118 号决定中,被告分包商屡次在邮件中要求承包商向政府官员给付款项,这样的要求就构成了索取。④ 最后,沉默也可能构成腐败定义中的行为。在第 50 号决定中,制裁委员会指出,当沉默的一方听到并理解了对方的话,并且在当时的情况下保持沉默并不自然,在这种情况下的沉默可能构成默许。在该案件中,在被告与其商业伙伴参加的一场会议中,商业伙伴提出应当给政府官员"管理费",被告的董事始终沉默。在后续各方之间有关支付"管理费"的邮件中,被告的董事依旧沉默。由此,制裁委员会认定被告的沉默构成了对默许的提供。⑤

针对"索取"的定义,第 50 号决定也进行了解释。制裁委员会认为"该定义没有明确要求为自己索取",所以索取"可以包括为自己索取以换取不正当影响和为第三方索取以换取第三方的不正当影响"。⑥ 在第 118 号决定中,被告要求承包商向政府官员支付款项也是为第三方索取的情况,被认定为构成腐败行为。⑦

至于"直接或间接",首先制裁委员会认为有价值东西的接受者并不需要是最后被不当影响的一方。例如在第 97 号决定中,被告支付给其代理人一定

---

① World Bank Group, Sanctions Board Decision No.109.
② World Bank Group, Sanctions Board Decision No.133.
③ World Bank Group, Sanctions Board Decision No.60.
④ World Bank Group, Sanctions Board Decision No.118.
⑤ World Bank Group, Sanctions Board Decision No.50.
⑥ World Bank Group, Sanctions Board Decision No.50.
⑦ World Bank Group, Sanctions Board Decision No.118.

的佣金,并在提出要"不惜一切代价"获得合同,且被告的员工相信代理人会联络政府官员并将一部分佣金支付给后者。由此,制裁委员会认为被告支付给代理人佣金的行为就构成了腐败定义下的行为。而关于"间接",在第 64 号决定中制裁委员会指出"被告不能仅仅通过指示或授权另一方进行付款来逃避责任"。制裁委员会认为,对腐败行为的追责可以包括对直接行为具有可责性,如指示、命令、允许、指引、授权,也可以包括对应对另一方行为负责的情形,如在有监督的义务下故意不干预。① 因此,企业是不能通过借助"白手套"实施腐败行为而逃避责任的,其行为或是会像在第 97 号决定中一样被直接认定为腐败行为,或是会被认定为"间接"行为。但是,如果被告的确和腐败行为毫无关系,对员工的腐败行为没有指示、命令、允许、指引、授权,也没有义务监督员工的个人腐败行为,制裁委员会不认为构成腐败。②

2."任何有价值的东西"

宾语部分"任何有价值的东西",从文义角度理解,可以认为不仅包括金钱,还包括其他利益,这样的理解与制裁委员会的决定是相符的。制裁委员会决定中构成"任何有价值的东西"的情况确不限于金钱,总体而言可以分为四类。第一,金钱类。金钱是理所当然有价值的,自然会被认为构成腐败行为。例如第 102 号决定中的给付款项③、第 95 号决定中给付合同的一定百分比的金额作为"佣金"、④第 133 号和第 108 号决定中制造不要求对方履行义务的"幽灵"合同以给付款项。第二,财物类。财物同样构成腐败中的给付,如第 111 号决定中给对方买车。第三,旅行类。旅行本身就可能构成腐败行为中的"有价值的东西",不管是不是娱乐性旅行,而是否为娱乐性旅行则会被用以考察是否具有腐败意图部分。例如第 96 号决定中,虽然制裁委员会经过后续的论证最终认定不构成腐败,但是在认定提供有价值的东西时认为被告以旅行的形式给予官员有价值的东西。⑤ 第四,雇佣类。为对方雇佣员工,或是雇佣对方的亲属都会构成"有价值的东西"。例如第 111 号决定中为政府项目执

---

① World Bank Group,Sanctions Board Decision No.64.
② World Bank Group,Sanctions Board Decision No.64.
③ World Bank Group,Sanctions Board Decision No.102.
④ World Bank Group,Sanctions Board Decision No.95.
⑤ World Bank Group,Sanctions Board Decision No.96.

行机构雇佣员工提供信息和媒体工作①、第 78 号决定中雇佣项目管理人的女儿②、第 66 号决定中雇佣世界银行员工的儿子③。由此可见，世行集团对腐败行为定义中的"任何有价值的东西"远超金钱的范畴，形式多样，涵盖了相当多种类的利益。

3."以不当影响另一方的行为"

状语部分"以不当影响另一方的行为"是关于腐败意图，即有不当影响另一方的行为的意图。对于被告是否存在腐败意图，制裁委员会是根据特定事实进行推论，认为存在特定事实时，被告是存在腐败意图的。

就"另一方"的定义，制裁委员会决定中主要涵盖了政府公职人员、国际组织工作人员以及依合同为世行项目提供咨询服务的人。例如第 109 号决定中政府项目执行机构的副局长④、第 66 号决定中的世界银行员工⑤、第 133 号决定中的签订了世行资助的项目咨询协议的项目经理⑥。值得注意的是，"另一方"的身份并不需要在客观上被证实，"另一方"更有可能（more likely than not）具有公职人员的身份，对世行集团的项目有影响力，即可构成腐败。例如在第 118 号决定中，被告屡次要求承包商向"G"给付款项，在未完全证实"G"的身份的情况下，制裁委员会根据被告之前所声称的"G"是"首相的顾问"、承包商员工声称听说"G"是个将军且对项目很有影响力等证据，认定"G"构成"另一方"。⑦ 此外，构成公职人员并不需要被实际指派到世行集团的项目，更重要的是对项目有影响力。在第 60 号决定中，制裁委员会指出构成腐败行为并不要求影响的公职人员被具体指定从事特定工作，"即使没有被正式指定在采购过程中负责，公职人员也可能在作出或审查采购决定方面发挥实际或被认为的作用，从而成为影响对象"。⑧ 因此准确来说，世行集团定义的腐败行为并不完全要求利用公职人员的职位，而更强调利用公职人员的影响力。

---

① World Bank Group，Sanctions Board Decision No.111.

② World Bank Group，Sanctions Board Decision No.78.

③ World Bank Group，Sanctions Board Decision No.66.

④ World Bank Group，Sanctions Board Decision No.109.

⑤ World Bank Group，Sanctions Board Decision No.66.

⑥ World Bank Group，Sanctions Board Decision No.133.

⑦ World Bank Group，Sanctions Board Decision No.118.

⑧ World Bank Group，Sanctions Board Decision No.60.

就"以不当影响另一方的行为",所有制裁委员会决定中的"行为"都与世行集团项目有关,如相关合同的取得和评估等。而"以不当影响"在制裁委员会的决定中体现为一个相当宽松的标准。首先,无论是为了让公职人员违反职责,还是为了使公职人员正常履行职责而给予有价值的东西都会被认定为"以不当影响"。例如在第60号决定中,被告辩称付钱给采购顾问是想让他"正确完成工作",而制裁委员会则认为,无论是不是为了让公职人员合法工作,给予公职人员利益以影响其职务行为都会构成不当影响。[1] 这也证实了《IFC反腐败指南》等规则解释中提到的世行集团对便利费的禁止。其次,对于具有"不当影响"的主观意图的认定也较为宽松,被告不需要实际影响到了另一方,也不需要另一方实际作出行为,仅仅需要被告意识到对方具有影响力即可认定具有"以不当影响"的意图。在第50号决定中,制裁委员会指出"预期影响的实际实现对于确定腐败行为而言并不必要,虽然其实现有助于表明具有影响意图"。[2] 在第118号决定中,制裁委员会根据被告意识到"G"是公职人员,对合同有影响力,就判断被告具有"以不当影响"的意图。[3] 此外,制裁委员会也会根据事件的发生顺序辅助其推论。例如,在第78号决定中,被告在投标后一周后收到项目经理要求雇佣其女儿的消息,在项目经理所在的评标委员会推荐了被告后,被告雇佣了项目经理的女儿,制裁委员会以此为由,加之被告事先就明知项目经理的职位和影响力,认定被告构成腐败行为。值得注意的是,在雇佣类行为中,即使被雇佣者本身是完全合格的也不能排除和否定雇主具有"以不当影响"意图。[4]

4."归责于上"原则

在决定中,制裁委员会除了分析证据和事实,解释并适用反腐败制裁规则以外,还时常对员工行为归责于企业的间接责任进行分析。在进行此类分析时,制裁委员会往往根据"归责于上"(respondeat superior)原则,分析员工是否在其受雇的范围内行事,并且至少部分是出于为雇主服务的意图。雇主责任虽起源于为被侵权人提供更及时充分的救济,[5]但是制裁委员会更加强调

---

① World Bank Group,Sanctions Board Decision No.60.

② World Bank Group,Sanctions Board Decision No.50.

③ World Bank Group,Sanctions Board Decision No.118.

④ World Bank Group,Sanctions Board Decision No.78.

⑤ 张宏凯:《雇主责任的起源及理论基础》,载《学海》2017年第6期。

员工的履职和被告对员工的监管。员工不需要是被特别授权或指示去进行腐败行为，而只需要是以"一种方式，尽管是不当方式"履行其职责。① 在第 63 号决定中，员工的腐败行为的部分动机是为了帮助企业取得合同，虽然进行腐败行为的员工是处于企业组织最底层的"操作层员工"，但是制裁委员会认为无论员工的公司职位或级别如何，归责于上原则都适用。当员工在其受雇的范围内行事时，企业的层级制度并不能使企业免于对下级员工的行为承担责任，因而，企业被认定为构成腐败行为。

相应地，如果证据无法证明员工在其受雇范围内行事并且出于为雇主服务的意图，员工的腐败行为是不能归责于企业的。例如在第 96 号决定中，被告公司与一家咨询公司建立了合资企业，被告公司的国家代表同时也是咨询公司的国家代表，该国家代表从事腐败行为。国家代表极少向被告公司报告工作，而是定期向咨询公司报告。国家代表作为代理人为咨询公司工作的时间比为被告公司工作的时间多。被告公司对国家代表的腐败行为并不知情，并且咨询公司的经理也特别指示国家代表不能将腐败行为告知被告公司。因此，制裁委员会认定国家代表并没有作为被告公司的员工行事且没有为被告公司服务的意图，其行为不能归责于被告公司。同时，由于被告公司董事对腐败行为不知情，且对世行项目的参与有限，咨询公司是项目的"牵头公司"，项目的管理由咨询公司负责，所有人员都向咨询公司报告，并且国家代表也是按照咨询公司经理的指示行事。因此被告公司董事对国家代表没有监管责任，由被告公司董事间接构成腐败行为并最终归责于被告公司的论证也是无法成立的。被告公司最终不构成腐败。

四、对世行集团反腐败制裁的应对

（一）事先隔断风险

我国企业在参与世行集团项目的过程中，大量项目位于国外。当前跨国商业贿赂犯罪日趋严重，呈现出范围更加广泛、手段更加隐蔽等特点。②

---

① World Bank Group, Sanctions Board Decision No.63.

② 黄风、赵卿：《跨国商业贿赂治理机制若干问题探析》，载《中共浙江省委党校学报》2017 年第 5 期。

为避免被世行集团以腐败行为为由制裁,蒙受巨额损失,就需要避免被认定为存在腐败行为。企业针对可能出现的违法违规情况进行合规,建立一套旨在防范、识别和应对合规风险的自我监管机制,[①]建立风险的防火墙从而隔断风险,防范法律风险,承担社会责任。[②] 具体而言,可以在三个层面隔断风险。

1.直接行为层面隔断风险

企业应当尽可能地避免与和项目有关的公职人员进行任何交易往来,尽可能避免与对方签订与项目无关的合同,避免给予和承诺给予对方任何物质和非物质的利益。在雇佣员工时也需要仔细审查,确保员工与和项目有关的公职人员之间不存在亲属关系,即使员工是完全合格的,雇佣是完全出于正当的需求,亲属关系的存在也可能被认定为存在腐败意图。表达善意和诚意可以考虑采用商业应酬和礼物以及社会公益的方式。在进行商业应酬和送礼物时,应当对当地和国际商业惯例以及当地的法律有充分的认识,避免商业应酬和礼物超出一般商业惯例的水平,更不能违反当地的反腐败相关法律。[③] 而社会公益可以在符合当地法律并且在账簿和记录中充分披露的前提下为当地慈善机构捐款、为与项目无关的基础建设提供资金。如果需要为公职人员提供旅行,需要确保旅行的目的具有正当性,并且旅行的日程和接待安排应当符合该正当的目的,避免被认定为娱乐性旅行。此外,如果必须和与项目有关的公职人员签订其他合同、与其有交易往来,要确保双方的权利义务对等,并且公职人员方的义务应确保履行,避免被认定为用来伪装腐败行为的"幽灵合同",同时该合同往来应当尽量避免与世界银行项目的投标、评标、执行、评估的时间存在先后关系,减少被认定为存在腐败意图的可能性。反腐败所带来的威慑效应、说服效应和规范效应还会影响企业高管的价值观念,促使其形成"责任、奉献、担当、无私"的责任基调,优化企业管理行为和决策偏好,从而提升企业价值。[④]

---

① 陈瑞华:《企业合规基本理论》,法律出版社 2021 年版,第 8 页。
② 陈瑞华:《企业合规制度的三个维度——比较法视野下的分析》,载《比较法研究》2019 年第 3 期。
③ 弓联兵、王晓青、戚成增:《"一带一路"沿线国家腐败风险及应对》,载《行政管理改革》2019 年第 5 期。
④ 刘建秋、盛开:《反腐败、高管责任基调与企业价值》,载《商业研究》2019 年第 7 期。

2.间接行为层面隔断风险

被认为存在间接行为构成腐败包括对直接行为具有可责性,如指示、命令、允许、指引、授权,也可以包括应对另一方行为负责的情形,如在有监督的义务下故意不干预,因此可以从两个方面隔断风险。企业在聘用代理时应当谨慎,避免指示代理进行腐败行为,消除对代理行为的可责性。同时,企业应当尽量减少对代理工作的监督和控制,减少对代理工作的指示和命令,非必要情况下不要求代理汇报工作,不要求代理就日常工作向企业报告,减少企业对代理的监督义务,减少企业对代理行为负责的情况。同时,雇佣代理时应当尽量避免雇佣对项目有明显影响力的代理,支付给代理的代理费也应当与其工作任务相匹配,避免一次性支付巨额价款,减少被认定为表面支付代理费,实则让代理代为行贿的可能性。

3.归责于上层面隔断风险

企业应建立完善的内部合规和员工培训制度,与项目有关的员工应当明确其职务的范围,并且明确何为履行职务的合法方式,何为不合法的方式,避免员工为履行职务和服务企业而实施腐败行为被归责于企业。同时,企业的相关制度应全面覆盖各阶层员工,因为即使企业管理体系最底层的员工的行为也可能被归责于企业。如果企业与其他合作方在世行集团项目中存在合作,其他合作方在项目中占主导地位,且存在一些员工同时服务于企业和其他合作方的情况,企业可以尽量减少与此类员工的往来,非必要时减少对此类员工的工作指示,不要求此类员工定期报告工作,降低此类员工被认定为其受雇于企业的范围内行事并且出于为企业服务的意图行事的可能性。

(二)事后积极应对

此外,企业在规避世行集团反腐败制裁风险的同时,若腐败行为确已发生,也应当采取措施减轻制裁,降低损失。为了激励企业进行合规,一些国家的法律和监管机构对企业合规予以一定的激励措施,企业为了在日后的执法中,获得从宽处罚的机会,也会主动重视合规。[①] 世行集团的反腐败制裁体系也采用了一些激励企业合规的措施。在被 INT 调查之前,企业如果发现自身存在腐败行为,可以申请世行集团的自愿披露机制(voluntary disclosure program),以符合世行集团要求的方式自行披露腐败行为、进行自我调查并进行

---

① 尹云霞、李晓霞:《中国企业合规的动力及实现路径》,载《中国法律评论》2020 年第 3 期。

合规,世行集团将不会对企业进行制裁,也会对相关信息进行保密。但是如果企业违反了自愿披露机制的相关规定,则会被施加 10 年取消资格的顶格制裁且会被披露。[①] 如果 INT 已经开始了调查,企业可以考虑和解(settlement),可以节省大量时间和资源,并且可以减轻处罚。在世行集团 2017—2021 财年的制裁案件中,和解案件的制裁时间大部分为 1～2 年和 0～1 年,远小于经过第一层和第二层制裁程序的案件的制裁时间。[②] 即使企业不考虑和解,面对 INT 的调查也应当尽量避免加重情节,如干扰调查、威胁或贿赂证人等情节会使制裁加重 1～3 年,应当注意采用减轻情节,如协助和配合调查、内部调查、承认和接受责任、暂时停止世行集团项目投标等行为可以使制裁减轻 33％。[③] 如果经过第一层制裁程序,经 INT 的调查后被 SDO 认定腐败行为并发出制裁程序通知,企业可以向制裁委员会提起抗辩,启动第二层制裁程序。由于制裁委员会采用的是重新审理标准,并不会考虑第一层制裁程序的决定,因此往往会产生不同的结果。在 2017—2021 财年制裁委员会的案件中,仅有 8％的案件结果和第一层制裁程序一致,54％的案件减轻了制裁,31％的案件加重了制裁,7％的案件没有制裁,因此向制裁委员会抗辩总体而言不失为一个理性的决定。最终,如果企业仍被制裁,可以根据世行集团合规官的要求和监督、根据《合规指南》的规定积极合规,确保制裁期限届满后能够如期解除制裁。

(本文责任编辑:侯思琦)

An Analysis of the World Bank Group's Anti-Corruption Sanctions Rules and the Definition of "Corrupt Practices"

Zhang Xiaojun　Wei Xiangdong

Abstract：The anti-corruption sanctions of the World Bank Group are

---

① Voluntary Disclosure Program（VDP）TERMS & CONDITIONS.

② World Bank Group, World Bank Group Sanctions System Annual Report Fiscal Year 2021, https://documents1. worldbank. org/curated/en/284891634566178252/pdf/World-Bank-Group-Sanctions-System-FY21.pdf,下载日期:2022 年 4 月 25 日。

③ World Bank Group, World Bank Group Sanctioning Guidelines, https://www. worldbank. org/content/dam/documents/sanctions/other-documents/osd/World％20Bank％20Group％20Sanctioning％20Guidelines％20January％202011. pdf,下载日期:2022 年 4 月 25 日。

formed from the change of attitude towards corruption, and its anti-corruption sanctions rules are relatively complex. World Bank Group issues three-level rules including basic rules, group rules, and institution rules, and forms a two-tier sanctions system. The definition of "Corrupt Practice" is ambiguous. With the help of the Sanctions Board Decisions, clarifying the predicates, objects, adverbs and the doctrine of *respondeat superior* of corrupt practice will help clarify the definition of corrupt practice. In the face of the World Bank Group's anti-corruption sanctions, Chinese enterprises should cut off risks in advance, cut off risks at the level of direct behavior, indirect behavior and doctrine of *respondeat superior*, and actively deal with them afterwards.

Key Words: World Bank Group; sanctions; rules; corrupt practices

国际投资法转型与改革[*]

王彦志[**]

内容摘要：国际投资法的转型改革已经过了十余年的条约实践，从中可以看出国际投资法改革转型的发展趋势。总体而言，国际投资法呈现出从新自由主义范式转向内嵌自由主义、可持续发展范式的基本趋势。具体来看，国际投资法转型改革呈现明显的复杂图景。在转型改革过程中，国际投资法呈现出趋同化、多元化和复杂性的具体趋势。趋同化体现为新一代国际投资协定（IIA）澄清和限定了投资保护条款，增加和强化了东道国主权公共政策空间、东道国规制权和可持续发展条款。多元化体现为发达国家、新兴大国、其他发展中国家的新一代 IIA 在基本框架和主要内容方面各有不同的范式创新。例如，在投资者与国家间争端解决（ISDS）方面，美国采取投资者与国家间仲裁改良范式，欧盟采取常设投资法院和上诉机构范式，巴西采取缔约国间争端预防与解决范式。在可持续发展维度，美国、欧盟都采取国家间模式。美国采取了环境、劳工条款模式，欧盟采取了东道国公共政策一般规制权模式，而多数非洲区域组织和某些非洲国家则采取了投资者义务、东道国权利、母国义务模式。复杂性体现为 3000 多个 IIA 导致的碎片化、区域化的兴起引起的交叠性和不同 IIA 之间具体内容的差异性。趋同性为国际投资法的多边化提供了条件，但多元化和复杂性则意味着多边化面临的挑战有增无减。国际投资法转型的趋同性、多元性、复杂性和多边化受阻总体上体现了国际投资法的路径依赖和经验演进逻辑。

关键词：国际投资法；国际投资协定；趋同化；多元化；复杂性；多边化

---

[*] 本文系国家社科基金一般项目"'一带一路'倡议下中国视角的国际投资规则创新研究"（18BFX214）的阶段性研究成果。

[**] 王彦志，吉林大学法学院教授，博士生导师，经济学博士。

目　录

引　言

自 21 世纪以来,尤其是 2008 年之后,以投资条约及其仲裁为核心内容的国际投资法律机制遭遇了严峻的正当性危机挑战,在各种利害相关者的参与和互动下,国际投资法进入了持续活跃的重大转型改革时期。① 这种改革总体上呈现为从新自由主义范式向内嵌自由主义、可持续发展或称平衡范式的根本范式性的转型。② 然而,鉴于既有的国际投资法体系是以分散的双边投资条约为主的,而且不同国家的利益和偏好存在多样性,这种范式转型并不是简单的、统一的,而是复杂的、多元的。本文结合国际投资条约转型改革的基

---

① Roberto Echandi and Pierre Sauvé (eds.), *Prospects in International Investment Law and Policy*, Cambridge University Press, 2013; Armand de Mestral and and Céline Lévesque (eds.), *Improving Interna-tional Investment Agreements*, Routledge, 2013.

② 漆彤、余茜:《从新自由主义到嵌入式自由主义——论晚近国际投资法的范式转移》,载《国际关系与国际法学刊》2014 年第 4 卷;UNCTAD, Investment Policy Framework for Sustainable Development, 2015; UNCTAD, Taking Stock of IIA Reform, IIA Issue Note No.1, March 2016; Steffen Hindelang and Markus Krajewski (eds.), *Shifting Paradigms in International Investment Law: More Balanced, Less Isolated, Increasingly Diversified*, Oxford University Press, 2016; Catharine Titi, Embedded Liberalism and IIAs: The Future of the Right to Regulate, with Reflections on WTO Law, in 20 *Years of Domestic Policy Under WTO Law: The Embedded Liberalism Compromise Revisited*, edited by Gillian Moon and Lisa Toohey (eds.), Cambridge University Press, 2017.

本实践和最新发展,分析国际投资法转型改革的发展趋势,并在此基础上探讨国际投资法多边化的前景。

一、国际投资法转型与改革的趋同性

在从新自由主义向内嵌自由主义、可持续发展的范式转型过程中,国际投资法转型改革的内容呈现出总体的趋同性,新一代国际投资协定(IIA)的核心内容是在实现外国投资者私人权益和东道国公共政策空间及其公共利益规制权之间的平衡。

首先,新一代 IIA 澄清和节制了投资者及其投资的实体保护。新一代 IIA 在投资定义方面,限制了受保护投资的范围,规定了投资必须符合资本投入、持续一定期限等限定属性,将主权债券、证券组合等排除在受保护投资以外。在投资待遇方面,明确限定了国民待遇和最惠国待遇的适用范围和适用条件,明确列举国民待遇适用中"类似情形"的考量因素,明确列举国民待遇和最惠国待遇的保留和例外,尤其是将其他条约中投资者与国家间争端解决(ISDS)排除在最惠国待遇之外;将公平公正待遇限制在习惯国际法最低待遇标准范围内,或者限制在排他式列举的具体义务范围内,甚至废除公平公正待遇;将充分保护与安全限定在习惯国际法范围内,进而限制在治安保护范围内;将保护伞条款限制在书面合同范围内,进而将书面合同争端解决限定在合同约定的争端解决方式,甚至废除保护伞条款;明确了间接征收的认定因素,采取了目的和效果相互结合的认定标准,进而将非歧视、合比例的正当公共福利目标规制措施排除在间接征收之外。这些改革都旨在采取各种方式在不同程度上澄清和节制投资者及其投资的实体保护。例如,2016 年缔结的 18 个 IIA 一般都规定了澄清和限制投资保护的内容,如将某些资产排除在投资定义之外,通过详细表述澄清公平公正待遇和间接征收义务,订入汇兑转移例外,将审慎监管措施排除在外,16 个 IIA 排除了保护伞条款。[①]

其次,新一代 IIA 加强了对于投资者与国家间争端解决的可控性。在新一代 IIA 中,各国采取措施增强了投资者与国家间仲裁的透明度,限定了投资

---

① UNCTAD, *World Investment Report* 2017: *Investment and the Digital Economy*, 07 Jun 2017, p.120.

者与国家间仲裁管辖的范围,限制了投资者对于投资者与国家间仲裁的滥用,加强了对于仲裁庭自由裁量权的限制,加强了缔约国对于投资者与国家间仲裁程序的干预。在透明度方面,规定了第三方提交书面意见的程序,规定了仲裁程序中当事人提交材料的公开性,规定了仲裁裁决的公开性,甚至规定了仲裁过程的公开性。在限制投资者滥用诉权方面,规定了对于轻率滥诉(frivolous claims)的初步异议和早期驳回程序。在加强缔约国对于投资者与国家间仲裁的干预方面,规定了缔约国有权对 IIA 作出联合解释而且此种解释对于仲裁庭具有约束力。除此之外,还有些 IIA 规定了将来谈判设立上诉机构的可能性,欧盟在与加拿大和越南的 IIA 中甚至规定设立双边常设投资法院和上诉机构。例如,2016 年缔结的 18 个 IIA 通过各种方式加强了投资者与国家间争端解决的可控性,包括具体规定哪些条约条款可以提交争端解决,将某些政策领域排除在争端解决管辖范围之外,对税收和审慎措施设定特别争端解决机制,以及限制诉讼时效。①

最后,新一代 IIA 加强了东道国主权公共政策空间和可持续发展内容。传统 IIA 片面保护外国投资者私人权益,而严重忽略了东道国主权公共政策空间,片面保护外国投资者经济利益,而严重忽视了东道国及其民众的可持续发展利益。新一代 IIA 则明确加强了东道国主权公共政策空间和可持续发展,主要体现为:规定环境、劳工、可持续发展或者东道国规制权构成其宗旨和目的的重要组成部分;规定缔约国不得降低或减损环境或劳工标准来鼓励和吸引外国投资;规定缔约国应遵守有关的环境、劳工等国际文件中规定的义务,甚至规定缔约双方之间环境、劳工争端的强制磋商和专家组解决程序;规定类似《关税与贸易总协定》(GATT)第 20 条类型的例外;规定东道国享有基于环境、劳工、可持续发展等公共政策目标而行使的一般性的正当规制权;规定东道国的金融审慎监管、税收、国家安全等限制或例外;规定缔约国应确保投资者及其投资应努力遵守有关的环境、劳工、反腐败、人权等国际标准;有的IIA 甚至直接规定了投资者及其投资在环境、劳工、反腐败、人权、公司社会责任等方面的义务。例如,2016 年缔结的 18 个 IIA 大多数都规定了保障缔约国为了可持续发展目标的规制权,其中,9 个规定了类似 GATT 第 20 条的一般例外,11 个规定了缔约方不应减损有关环境、安全、健康标准来吸引投资,

---

① UNCTAD, *World Investment Report* 2017: *Investment and the Digital Economy*, 07 Jun 2017, p.120.

12 个在序言中规定了健康、安全、劳工、环境或可持续发展。①

此外,投资自由化和便利化也是值得关注的两大方面。在投资设立和准入环节,IIA 中兴起了投资准入自由化,投资准入自由化从各国国内法层面的单边自由化转向了纳入国际条约成为受国际法义务约束的双多边和区域自由化。根据联合国贸易和发展会议(UNCTAD)统计,截至 2014 年年底,包含投资设立权的 IIA 占 IIA 总数的 10%,其中主要是发达国家对外缔结的 IIA,尤其是美国、加拿大、芬兰、日本和欧盟,少数亚洲和拉美发展中国家也积极缔结包含投资准入权的 IIA,尤其是智利、哥斯达黎加、韩国、秘鲁、新加坡。② 国际投资法的自由化主要采取投资准入国民待遇加负面清单模式,也就是各国在 IIA 中承诺赋予外国投资者在投资设立和并购环节以国民待遇,并列出不赋予国民待遇的经济部门和政策措施作为保留和例外。这种模式最初为美国所采用,在转型改革过程中,欧盟和其他许多发达国家也纷纷采取此种模式,一些发展中国家也接受甚至采取了此种模式,中国在 2013 年 7 月以来在与美国、欧盟的双边投资条约(BIT)谈判过程中开始接受并采取了此种模式。2020 年年底达成的中国与欧盟全面投资协定(CAI)和 2020 年年底签署的《区域全面经济伙伴关系协定》(RCEP)都采取了投资准入国民待遇加负面清单的投资准入自由化模式。不过,IIA 中的投资准入自由化只是在兴起和扩张,尚未成为普遍发展趋势。在投资便利化方面,越来越多的 IIA 中订入了透明度、人员入境和居留等投资便利措施,也有的条约规定了便利投资争端解决的内容。不过,总体而言,投资便利仍然主要规定在各国国内法之中,IIA 中的投资便利条款仍然非常薄弱。③ 因此,在投资自由化和便利化方面,IIA 转型改革的趋同性目前还比较有限。

二、国际投资法转型与改革的多元性

西欧和美国各自的第一代双边投资条约及其缔约实践尽管存在一定的差

---

① UNCTAD, *World Investment Report* 2017: *Investment and the Digital Economy*, 07 Jun 2017, p.119.

② UNCTAD, IIA Issues Note No.1, February 2015, p.3; UNCTAD, *World Investment Report* 2015: *Reforming International Investment Governance*, pp.110-112.

③ UNCTAD, *Global Action Menu for Investment Facilitation*, Sep 16, 2016.

别和多样性,如在投资准入、公平公正待遇、征收补偿、投资者与国家间争端仲裁范围等方面存在的差别,但是该范式内部的投资条约结构和基本条款大多相同或类似。① 但是,在从新自由主义到内嵌自由主义、可持续发展、投资者与东道国利益平衡的范式转型过程中,投资条约的转型改革虽然具有一定的相似性和趋同性,但是在名称、目的和宗旨、实体条款和程序条款等方面发生了重大分化,目前国际投资条约的整体图景呈现出诸多的差异性、多样性和趋异性。② 比较而言,第一代范式内部的相异性要小于相同性,而新一代范式内部的相异性要大于相同性,甚至可以说是形成了新一代大范式内部的范式多元。

首先,发达国家的新范式。美国新一代国际投资协定与欧盟国际投资协定之间存在若干重要差别。在公平公正待遇条款表述上,美国坚持采取习惯国际法最低待遇标准的表述方式,并采取了非排他的方式列举了公平公正待遇的义务内容,而欧盟则不再提及习惯国际法,而且对公平公正待遇作出排他性的列举,但其列举的义务内容要比美国列举的义务内容广泛得多,美国只列举了依据正当程序原则而在民事、行政和刑事裁判程序中不得拒绝司法的义务,而欧盟则广泛包括了不得拒绝司法、根本违反正当程序、明显任意专断、基于明显错误理由而有针对性的歧视、骚扰或强制或滥权等恶意行为,并规定应考虑投资者基于东道国具体陈述而产生的合理期待。加拿大、新加坡和越南在与欧盟之间的协定中都接受了欧盟范式,欧盟以外发达国家目前一般采取美国范式。在投资者与国家间争端解决方面,欧盟彻底放弃了传统的投资者与国家间投资争端仲裁体制,转而采取全新的常设投资法院和上诉机构体制,而美国则仍然坚持传统投资者与国家间投资争端仲裁体制的改良范式,从而形成了两种根本不同的范式。③ 目前,美国模式的改良范式仍然属于各国国际投资法转型改革的主流范式,《全面与进步跨太平洋伙伴关系协定》(CPTPP)及其前身《跨太平洋伙伴关系协定》(TPP)采取的是美国版本的投

---

① Stephan W. Schill, *The Multilateriration of International Investment Law*, Cambridge University Press, 2009, pp.65-120.

② Wolfgang Alschner and Dmitriy Skougarevskiy, Convergence and Divergence in the Investment Treaty Universe: Scoping the Potential for Multilateral Consolidation, *Trade, Law and Development*, 2016, Vol.8, No.2.

③ Stephan W. Schill, US versus EU Leadership in Global Investment Governance, *Journal of World Investment & Trade*, 2016, Vol.17, No.1.

资者与国家间投资争端仲裁改良范式,而欧盟与加拿大《全面经济与贸易协定》(CETA)采纳了欧盟模式的常设投资法院和上诉机构范式,欧盟和加拿大进一步宣布将来共同推动常设投资法院和上诉机构范式,越南在与欧盟 FTA中接受了欧盟范式,而在 CPTPP/TPP 中接受了美国范式。不过,2016 年以来,美国国内民粹主义兴起,民主党与共和党在投资条约立场上逐步趋同,对于国际投资条约的高标准实体保护越来越谨慎,对于投资条约投资者与国家间争端解决机制越来越反弹,这可能标志着至少在当下美国自己正在背离其国际投资条约与仲裁的改良模式。在这方面,一个明显例子是 2018 年《美国-墨西哥-加拿大协定》(USMCA)。USMCA 投资章节虽然继续采取投资者与国家间仲裁模式,但是有三个重大变化。一是该仲裁机制只适用于美国与墨西哥之间,而在美国与加拿大之间则不再有投资者与国家间仲裁;二是该仲裁机制只适用于投资准入后阶段的非歧视待遇(国民待遇和最惠国待遇)、直接征收与补偿,而不适用于公平公正待遇、充分保护与安全、间接征收与补偿等其他实体待遇;三是该仲裁机制只适用于首先诉诸东道国当地救济并且获得终审判决或者自提交当地救济请求已过 30 个月。① 这是明显偏向缔约国而非常不利于投资保护的做法。英国脱欧之后缔结的 2021 年英国与澳大利亚自由贸易协定、2022 年英国与新西兰自由贸易协定在实体条款上(例如最低待遇标准)更类似于美国模式,却没有投资者与国际间仲裁机制,这也类似于USMCA 投资章节下美国与加拿大之间没有投资者与国家间争端解决机制。

其次,新兴大国的新范式。巴西迄今只在 20 世纪 90 年代签署了 14 个传统欧式双边投资条约,而且这些条约一直都没有被批准和生效。2010 年以来,巴西放弃了传统的双边投资条约,创新推出了投资合作与便利协定(ACFI),ACFI 有许多创新,包括:在结构上突出机构治理、主题议程、风险减少、争端预防和解决;设立联合委员会,负责监督和实施协定,相互交换信息,讨论和分享投资机会,吸收私人部门和公民社会参与,进而规定双方在资本汇兑和转移、人员签证、规制及其经验交流等方面的合作与便利,并在将来设定进一步的合作与便利主题议程;规定了直接征收或国有化的条件和补偿标准,而没有规定间接征收;规定了投资者及其投资直接依据该协定,在可持续发展、环境、健康、劳工、安全、人权、公司善治等诸多领域,承担自愿的软法义务,

① 池漫郊:《〈美墨加协定〉投资争端解决之"三国四制":表象、成因及启示》,载《经贸法律评论》2019 年第 4 期。

通过采纳高度社会负责任的做法,对于东道国及其当地社区可持续发展,实现最大贡献;规定首先由缔约方各自设立的联系中心(监察专员)预防和解决投资者与国家间争端,如监察专员不能解决,则提交联合委员会;如联合委员会不能解决,则提交缔约方相互之间的仲裁等争端解决程序。可见,巴西新范式强调投资合作与便利,而非传统片面的投资保护,只规定了非歧视待遇而没有规定公平公正待遇、充分保护与安全等绝对待遇标准;只规定了直接征收或国有化而没有规定间接征收;规定了投资者及其投资在企业社会责任领域的直接的软法义务,而非只规定缔约方相互之间在公司社会责任领域的软法义务;只规定了投资者与国家间争端的缔约方相互之间的预防和解决机制,而没有规定投资者与国家之间的直接仲裁。ACFI 在基本结构和整体精神上都是与传统欧美国际投资协定范式有所不同的新范式,它更注重积极的投资合作与便利而非消极的投资保护与争端解决,更加注重平衡东道国、投资者及其母国以及利害相关的公民社会和当地社区的利益。目前,巴西已经与 10 多个国家签署了投资合作与便利协定或议定书。巴西新范式在投资保护和投资者与国家间投资争端的缔约方相互之间预防和解决机制的实际效果如何,还有待于将来的实践检验。① 目前,巴西已经缔结了 15 个 ACFI 协定。印度在经历了一系列投资者与国家间投资争端仲裁案件教训之后,制定了 2016 年新范本。该新范本包含了许多创新规定,如严格限制了投资和投资者的定义,将受保护的投资限定在以企业为基础的投资;将地方政府措施、税收措施等诸多事项排除在适用范围之外;将"公平公正待遇"改为"投资待遇",排他性地列举了拒绝司法、根本违反正当程序、基于错误理由而有针对性的歧视、明显滥权对待等

---

① Fabio Morosini and Michelle Ratton Sanchez Badin, The New Brazilian Agreements on Cooperation and Facilitation of Investments (ACFIs): Navigating between Resistance and Conformity with the Global Investment Regime, http://www.law.nyu.edu/sites/default/files/upload_documents/Morosini％20-％20Global％20Fellows％20Forum.pdf, 2016-2-23., 下载日期:2022 年 7 月 31 日;Vivian Gabriel, The New Brazilian Cooperation and Facilitation Investment Agreement: An Analysis of the Conflict Resolution Mechanism in Light of the Theory of the Shadow of the Law, *Conflict Resolution Quarterly*, 2016, Vol.34, No.2;Nitish Monebhurrun, Novelty in International Investment Law: The Brazilian Agreement on Cooperation and Facilitation of Investments as a Different International Investment Agreement Model, *Journal of International Dispute Settl-ement*, 2017, Vol.8, No.1.

四项义务内容;取消了最惠国待遇;将为了保护正当公共福利目标的非歧视措施排除在间接征收之外;规定了投资者义务,包括从投资准入到投资运营阶段的义务、不得行贿的义务、遵守税法的义务、提供信息的义务,以及投资者及其投资应该努力自愿遵守环境、劳工、人权、社区关系、反腐败等领域国际公认的企业社会责任的义务;规定了在提出投资者与国家间投资争端仲裁请求之前用尽当地救济的要求,并且严格要求投资者只有在知道有关措施之日起至少5年之内未能通过当地救济得到满意解决才可以提起仲裁请求。印度新范本虽然是在传统欧式条约基础上修改而成的,但其在投资定义、投资待遇、投资者义务、用尽当地救济的时间限制等方面的规定严格限制了对外国投资的保护,将大量事项排除在投资协定保护范围和投资争端解决范围,因而更偏向于东道国,在这种意义上,该新范本与平衡投资者和东道国的范式有所不同,而构成了一种更偏向于东道国的新范式。① 目前,印度已终止了到期的 58 个BIT,并希望通过联合解释声明的方式实现其余 25 个 BIT 的更新换代。在将来的 BIT 更新换代谈判中,发达国家一般不会接受印度新范本,但许多发展中国家谈判伙伴可能会接受印度新范本。南非终止了与其他国家之间的BIT,其 2015 年新投资保护法虽然旨在平衡规制权、公共利益和投资者权益,但从实体待遇和争端解决规定来看,实际上大幅度削减了对外国投资的保护。② 目前,印度已经缔结了 3 个新范本下的 BIT。

最后,其他发展中国家的新范式。目前,发展中国家尤其非洲国家相互之

---

① Grant Hanessian and Kabir Duggal,The 2015 Indian Model BIT:Is This Change the World Wishes to See?,*ICSID Review*,2015,Vol. 30,No3;Prabhash Ranjan and Pushkar Anand,The 2016 Indian Model Bilateral Investment Treaty:A Critical Deconstruction,*Northwestern Journal of International Law and Business*,2018,Vol. 38(Forthcoming).

② Tarcisio Gazzini,Rethinking the Promotion and Protection of Foreign Investments:The 2015 South Africa's Protection Investment Act,*The 2015 South Africa's Protection Investment Act*,1 May 2017,https://papers. ssrn. com/sol3/papers.cfm? abstract_id=2960567,下载日期:2022 年 7 月 31 日。

间的 BIT 或区域投资协定也有许多重要且独特的范式创新。① 例如,2016 年摩洛哥与尼日利亚 BIT 包含了许多内容创新,包括:将受保护的投资限定在以企业为基础的投资,并明确排除了证券组合等间接投资;设立联合委员会,负责管理和实施该协定,分享相互扩张投资的机会,鼓励私人部门和公民社会的参与,友好解决缔约方之间的投资争端,交流与投资有关的法律法规以及其他各种信息;规定了缔约各方在环境保护方面的非歧视规制裁量权,以及在劳工、健康、安全、人权、反腐败等方面应遵守的义务;规定了东道国享有为了可持续发展和其他正当的社会和经济政策目标而采取规制或其他措施的规制权,而且缔约方采取的遵守其他条约下的国际义务的措施不违反本协定;规定了广泛的投资者及其投资的义务,包括严格的环境影响和社会影响评估以及风险预防原则的适用、在投资设立后维持环境管理体系和 ISO14001 环境管理认证、反腐败、支持东道国人权、遵守国际劳工组织(ILO)核心劳工标准、不得违反东道国或母国作为其当事方承担的国际环境和劳工及人权义务,应满足或超过各国或国际采纳的公司治理标准(尤其是透明度和会计方面的治理标准、与当地社区联络)、应就其与投资有关的行为或决定在东道国造成的损害及人身伤害或生命损失而在母国司法程序中受到民事责任追究,应通过承担高水平的公司社会责任标准而努力为东道国和当地社区的可持续发展作出最大可行的贡献;规定了东道国的权利,包括从投资者或其母国获取投资者及其投资的信息的权利、为了收支平衡和金融监管而采取临时保障措施的权利;规定了母国义务,尤其是帮助东道国促进和便利外国投资的义务;规定了投资争端预防机制,投资者与国家间投资争端应首先由投资者母国向联合委员会

---

① Stephan W. Schill, The New (African) Regionalism in International Investment Law, *Journal of World Investment & Trade*, 2017, Vol. 18, No. 3; Makane Moïse Mbengue, Africa and the Reform of the International Investment Regime, *Journal of World Investment & Trade*, 2017, Vol.18, No.3; Laura Páez, Bilateral Investment Treaties and Regional Investment Regulation in Africa: Towards a Continental Investment Area?, *Journal of World Investment & Trade*, 2017, Vol. 18, No. 3; Makane Moïse Mbengue and Stefanie Schacherer, The "Africanization" of International Investment Law: The Pan-African Investment Code and the Reform of the International Investment Regime, *Journal of World Investment & Trade*, 2017, Vol.18, No.3; Erik Denters and Tarcisio Gazzini, The Role of African Regional Organizations in the Promotion and Protection of Foreign Investment, *Journal of World Investment & Trade*, 2017, Vol.18, No.3.

提出并由联合委员会进行协商谈判解决,在母国提出协商谈判请求的 6 个月内未能解决时,投资者在用尽东道国当地救济的前提下可以将争端提交国际仲裁解决。该 BIT 比较详细地规定了投资者及其投资的义务、东道国的规制权和其他权利、母国的义务,在平衡东道国、投资者及其母国之间的权利义务方面作了许多重要创新。① 非洲区域一体化组织在区域国际投资法创新方面最为突出。2007 年东南非共同市场(COMESA)投资协定规定了共同投资区委员会在环境影响与社会影响评估、劳工标准、尊重人权、冲突地区的行为、腐败、补贴等领域制定与投资有关的共同最低标准的建议权,规定了 COMESA 所有投资者及其投资应遵守其所投资的成员国所有可适用的措施。2008 年西非国家经济共同体(ECOWAS)投资补充法案包含了许多创新,包括:在结构上包含了一般条款、成员国投资者的待遇标准、投资者及投资的义务和责任、东道国义务、东道国权利、母国权利与义务、与其他协定的关系、争端解决、一般例外、最后条款;投资者义务,包括遵守东道国法律、接受东道国管辖、促进东道国发展目标、向东道国提供与投资有关的信息、投资准入前的环境与社会影响评估以及风险预防原则的适用和反腐败义务、投资设立后的遵守东道国公共利益管制规则及人权义务、遵守 ILO 根本劳工标准、公司治理方面的义务、公司社会责任、投资者就其与投资有关的行为或决定而在东道国法院承担民事责任、投资者违反反腐败义务则不得提起投资者与国家间争端解决程序、投资者违反有关义务对于投资者与国家间争端解决实体争点及损害赔偿的影响、投资者违反有关义务时东道国或私人可以基于东道国或母国国内法提起损害赔偿诉讼;东道国的权利,包括在不违反其他国际协定义务的前提下可以对投资者施加业绩要求,以及有权从投资者或其母国获取有关投资者的信息;母国的义务,包括应确保其法律体系和规则允许或不得阻止或不适当限制就其海外投资者在东道国造成损害的民事责任提起民事责任诉讼,此种诉

---

① Tarcisio Gazzini, Nigeria and Morocco Move Towards a "New Generation" of Bilateral Investment Treaties, https://www. ejiltalk. org/nigeria-and-morocco-move-towards-a-new-generation-of-bilateral-investment-treaties,下载日期:2022 年 7 月 13 日;Peter Leon, Andrew Cannon, Vanessa Naish and Elizabeth Reeves, Is the Recently Signed Morocco-Nigeria BIT a Step Towards a More Balanced form of Intra-African Investor Protection? http://hsfnotes. com/arbitration/2017/05/23/is-the-recently-signed-morocco-nigeria-bit-a-step-towards-a-more-balanced-form-of-intra-african-investor-protection,下载日期:2022 年 7 月 13 日。

讼应适用东道国有关民事责任的法律,以及对于投资者贿赂行为实施调查和制裁并提供有关的信息以便投资者与国家间争端解决机构确认投资者是否违反了反腐败义务。该补充法案的基本结构和主要内容则来自 2005 年国际可持续发展研究院(IISD)起草的《国际可持续发展投资协定范本》,在投资者义务、母国义务、东道国权利方面体现了广泛的可持续发展政策目标。2016 年修订的南部非洲发展共同体(SADC)投资议定书也与传统欧美国际投资法范式有很大差别,主要体现在:规定了东道国普遍适用的正当公共福利目标管制措施不构成间接征收,而没有规定对东道国规制权行使的其他限制条件;删除了 2006 年议定书中的公平公正待遇和最惠国待遇,而规定了国民待遇及其适用中"类似情形"的考虑因素;规定了投资者及其投资的义务,即在整个投资周期内都应遵守东道国的法律、规章、行政指南和政策;规定了缔约方为遵守其他条约的国际义务而采取的非歧视措施不违反本协定;删除了投资者与国家间争端解决条款,而只保留了缔约方相互之间的争端解决方式。2016 年非洲联盟《泛非投资法典草案》也包含了许多创新发展,包括:在投资定义方面,采取了以企业为基础而非以资产为基础的定义;在投资待遇方面,规定了国民待遇、最惠国待遇、汇兑转移、征收,而没有规定公平公正待遇和充分保护与安全等国际最低待遇标准,其中规定,只要是非歧视性的正当公共福利目标管制措施就不构成间接征收;在与发展有关的问题上,规定成员方为了促进发展可以规定业绩要求;在投资者义务方面,规定应在透明度、会计、环境、股东平等、就业等广泛的领域满足各国和国际承认的公司治理标准,应遵守广泛的社会与政治义务,包括尊重东道国主权、遵守东道国国内法、尊重社会文化价值、不干涉东道国内政、不干涉政府间关系、尊重劳工权利、不干涉公职人员任命和不向政党捐献金、不使用限制性商业做法和不从非法行为中牟利、不得行贿,承担公司社会责任,包括遵守东道国国内法、不与东道国发展目标相冲突、对东道国可持续发展作出贡献,在开发自然资源方面,不得损害东道国权力和利益,尊重当地人的权利,遵守商业伦理和人权;此外还规定了与投资有关的广泛事项,包括知识产权与传统知识、国家契约、公私伙伴关系、竞争法与政策、技术转让、环境与技术、银行法与政策、外汇管理、审慎措施、劳工问题、外国员工与签证、人力资源开发、环境问题、文化多样性、税收、消费者保护;在投资者与国家间争端解决方面,规定如果双方协商不成,在用尽当地救济的前提下,可以提交仲裁,仲裁应优先选择非洲范围内的仲裁机构,投资者及其投资如果违反了其应承担的义务,将由裁判庭认定是否可能影响实体争点和赔偿,东道国可以就投资者违反义务而提出反请求以寻求赔偿或其他救济。

综上,国际投资法范式的多元化广泛包括投资促进与保护条约内部的多元范式(例如美国范式、欧盟范式)、投资条约结构与宗旨的多元范式(例如促进与保护投资范式、投资合作与便利范式)、投资待遇的多元范式(例如公平公正待遇的有无和差别、最惠国待遇的有无等不同范式)、实体权利义务的多元范式(例如母国权利和投资者权利范式,投资者权利、投资者义务、东道国权利、东道国义务、母国义务范式)、投资者与国家间争端解决的多元范式(例如投资者与国家间仲裁范式、常设投资法院与上诉机构范式、投资争端预防与解决的国家间范式等)。

三、国际投资法转型与改革的复杂性

在转型改革之前,国际投资法也具有复杂性,其复杂性表现为 2000 多个 BIT 及其相互之间存在的差异而造成的国际投资法的碎片化。在转型改革过程中,国际投资法的复杂性非但没有减少,反倒增加了。[①]

首先,国际投资法的碎片化。在转型改革过程中,国际投资法仍然主要是由大量分散的双边投资条约组成,不同的双边投资条约有各自不同的属人和属地适用范围,而没有统一适用的全面综合的多边投资条约,国际投资法继续呈现碎片化状态。而且,不同双边投资条约相互之间在适用范围上可能存在并存或交叠,从而导致了投资者选购条约和"平行诉讼"现象。进而,投资者与国家间争端案件的解决也仍然适用各自的双边投资条约,投资条约的解释和投资争端的裁决仍将继续呈现不一致性。根据 UNCTAD 统计,最近几年,国际投资协定数量继续增加,新增加的 IIA 仍以 BIT 为主。2014 年新增 31 个 IIA,其中 18 个 BIT;2015 年新增 31 个 IIA,其中 20 个 BIT;2016 年新增 37 个 IIA,其中 30 个 BIT。截至 2016 年年底,IIA 总数为 3324 个,其中 BIT 为

[①] Stephan W Schill and Marc Jacob, Trends in International Investment Agreements, 2010-2011: The Increasing Complexity of International Investment Law, in *Yearbook on International Investment Law & Policy* 2011-2012, edited by Karl P Sauvant (ed.), Oxford University Press, 2013, pp.141-179.

2957 个。① 与此同时,近年来,在投资协定转型改革过程中,一些国家也在陆续终止老一代投资协定。截至 2021 年年底,IIA 总数是 3288 个,其中 BIT 是 2861 个,其他 IIA 是 427 个,生效的 IIA 数量是 2558 个,被终止的 BIT 数量是 448 个。② 从目前来看,由于双边条约更新换代的灵活性和双边投资条约的路径依赖效果,国际投资法的双边投资条约主导格局短期内不会发生根本改变。

其次,国际投资法的交叠性。在转型改革过程中,区域投资条约在不断兴起,双边投资条约与区域投资条约并存。区域投资条约往往包含两个或两个以上的国家或地区。从理论上来说,区域投资条约如果能够取代缔约方相互之间的双边投资条约,就会减少国际投资法的交叠性,增进国际投资法的统一性。在实践中,虽然有的区域投资条约取代了缔约方相互之间的双边投资条约,但大多数区域投资条约并没有取代双边投资条约,而是与缔约方相互之间此前的双边投资条约共存,有的区域投资条约甚至规定缔约方相互之间可以继续缔结双边投资条约。此外,区域投资条约相互之间也存在并行共存状态。这就导致了国际投资法的错综复杂的交叠状态。③ 根据一项 2014 年的统计,24% 的双边投资关系到两个、3 个甚至 4 个 IIA 的调整。④ 在这种情形下,就涉及条约冲突的解决问题。对此,有的区域投资条约规定,不影响现存的双边投资条约下的权利和义务,也就是现存条约优先或称前法优先规则。进而,有的条约还规定允许投资者从中选择其认为对其更有利的 IIA,如 2012 年中日韩促进、便利和保护投资协定。有的区域投资条约规定,在缔约方相互之间的双边投资条约或其他投资协定与本区域投资条约有不一致之处时,区域投资

---

① UNCTAD,*World Investment Report* 2015:*Reforming International Investment Governance*,25 Jun 2015,United Nations,p. 106;UNCTAD,*World Investment Report* 2016—*Investor Nationality*:*Policy C-hallenges*,22 Jun 2016,United Nations,p. 101;UNCTAD,*World Investment Report* 2017 - *Investment and the Digital Economy*,07 Jun 2017,United Nations,p.110.

② UNCTAD,*World Investment Report* 2022:*International Tax Reforms and Sustainable Investment*,09 Jun 2022,United Nations,pp.65-66.

③ UNCTAD,*The Rise of Regionalism in International Investment Policymaking*:*Consolidation or Complexity?*,IIA Issues Note No.3,June 2013,p.4.

④ Wolfgang Alschner,Regionalism and Overlap in Investment Treaty Law:Towards Consolidation o-r Contradiction?,*Journal of International Economic Law*,2014,Vol.17,No.2.

条约的规定优先,如 COMESA 投资协定。如果区域投资条约对于条约冲突问题没有规定,则要适用习惯国际法规则解决有关的条约冲突,如适用特别法优先或后法优先规则。从目前来看,尽管超大规模区域经济协定谈判将会越来越艰难,但小规模的区域投资条约将会继续增加,而且多数区域投资条约将会继续采取与双边或其他区域投资条约并存的制度设计,因此国际投资法的复杂交叠状态将会继续存在甚至加剧。

最后,国际投资法的多样化。第一代欧美双边投资条约因其源于相同的早期多边投资条约草案或范本,而且基本上是在发达国家与发展中国家之间谈判缔结的,因此,其基本宗旨、基本结构、基本内容、具体条款大多相同或类似。在转型改革过程中,虽然在总体上存在着平衡保护投资者权益和东道国主权公共政策空间的趋同化,但是,由于没有共同的范本或草案,而且因为受各国相互之间的利益、偏好、权力的差别等各种因素影响,国际投资协定的内容反倒呈现出越来越大的多样性、越来越多的差异性。如前所述,在投资条约宗旨方面,有的条约继续追求投资促进和保护,有的条约则转向了投资合作与便利。在投资定义方面,有的条约继续采取宽泛的以资产为基础的定义模式,有的条约则采取狭义的以企业为基础的定义模式。在投资准入方面,投资准入自由化、投资准入国民待遇加负面清单模式正在兴起,但很多国家仍然不愿接受投资准入自由化、国民待遇和负面清单义务,而宁愿采取传统的依据东道国国内法允许外国投资准入的可控模式。在投资保护和待遇方面,有的条约废除了公平公正待遇、保护伞条款、最惠国待遇、间接征收等,有的条约则改革了公平公正待遇、国民待遇、最惠国待遇、间接征收、保护伞条款等,但各国的改革方式和内容存在很大差别。以公平公正待遇为例,很多国家采取了美国的改革模式,以习惯国际法最低待遇标准限定公平公正待遇,以不得拒绝司法非排他式的列举公平公正待遇的内容,有的国家则采取排他性的方式列举公平公正待遇的内容。再以间接征收为例,很多国家采取美国模式,将不过分严重的非歧视的正当公共福利目标规制措施排除在间接征收之外,而有的国家则将所有的非歧视的正当公共福利目标规制措施排除在外。在投资者与国家间争端解决方面,有的国家彻底废除了投资者与国家间仲裁而只保留缔约方相互之间的争端解决机制,有的国家则对投资者与国家间仲裁进行了改良,而欧盟则采取了常设投资法院和上诉机构的改革模式。更重要的是,在追求包容性增长和可持续发展方面,各国的条约实践更加具有多样性和复杂性。有的国家仅仅采取具体的环境、劳工或者其他公共政策目标例外的表述方式,有的国家则采取了规定东道国一般规制权的表述方式；有的条约规定了包含强制性争端解决机制的环境和劳工条款，有的条约则只规定软法性的、不可诉诸强制争端解决的环境和劳工条款；有的条约只将环境、劳工、企业社会责任等规定为缔约方国家相互之间的权利和义务，而有的条约则直接规定了投资者及其投资在环境、劳工、企业社会责任等方面的义务乃至责任。进而，目前还有大量条约仍然是片面保护投资者权利的第一代条约，还有的国家仍然在缔结几乎没有多少平衡化内容的条约。因此，从内容上来看，国际投资法越来越复杂多样了。从目前来看，在转型改革过程中，因为改革的分散化和偏好的差别化，这种复杂多样性将会继续长期存在。但是，在不断改革和尝试过程中，将来可能会形成越来越多的具体共识，从而促使国际投资法走向更具体的趋同化和统一化。

四、国际投资法转型与改革的多边化前景

迄今，在 GATT、OECD、WTO 等层面试图达成综合全面的多边投资协定的努力一直都未成功，已达成的多边协定局限于投资者与国家间争端仲裁、投资政治风险担保、与贸易有关的投资措施、服务贸易等个别方面。[①] 晚近，随着全球价值链的兴起，贸易与投资的连接日益紧密，外国直接投资被认为是包容性增长和可持续发展的全球驱动力，各国纷纷在双边和区域层面竞相谈判缔结贸易与投资一体化的全面经济协定，而且，随着国际投资格局和国际投资法结构的深层变迁，平衡投资者权益和东道国主权公共政策空间成为国际投资法转型改革的主流趋势，不同发展程度尤其南北两类国家和地区具有更多的利益平衡

---

① Jürgen Kurtz, A General Investment Agreement in the WTO—Lessons from Chapter 11 of NAFTA and the OECD Multilateral Agreement on Investment, *University of Pennsylvania Journal of International Economic Law*, 2002, Vol.23, No.4; Pierre Sauvé, Multilateral Rules on Investment: Is Forward Movement Possible?, *Journal of International Economic Law*, 2009, Vo.9, No.2; José E. Alvarez, *The Public International Law Regime Governing International Investment*, Brill Academic Publishers, 2011, pp.26-28.

和契合之处。① 在这种背景下,国际投资法的多边化努力再次萌动。②

在商业与人权方面,2014 年 6 月联合国人权理事会(UNHRC)第 26 届会议就此通过了厄瓜多尔和南非起草的决议,决定设立一个开放的政府间工作组,并授权其讨论制定一项关于跨国公司和其他工商组织人权事项的具有法律约束力的国际文书。根据 UNHRC 决议,授权该工作组拟订一项具有法律约束力的国际文书,以在国际人权法中对跨国公司和其他工商企业的活动进行监管;该工作组的前两届会议应专门就未来的这项国际文书的内容、范围、性质和形式开展建设性的讨论;该工作组主席兼报告员应考虑到工作组前两届会议进行的讨论情况,编写具有法律约束力的文书草案的要素,该工作组第三届会议开始时就这一议题进行实质性谈判。鉴于其本身的复杂性以及西方国家的普遍反对,商业与人权多边条约化的前景尚不乐观。③ 迄今,该工作组已经先后形成了零草案、零草案任择议定书、修订草案、第二修订草案和第三修订草案,其中,第三修订草案作为 2021 年 10 月国家主导的谈判进程的基础文本。

在投资者与国家间争端解决方面,多边化改革已取得一些进展。在程序透明性方面,联合国国际贸易法委员会(UNCITRAL)于 2013 年通过了《以条约为基础的投资者与国家间仲裁的透明度规则》,于 2014 年通过了《以条约为基础的投资者与国家间仲裁透明度联合国公约》(简称《毛里求斯公约》),该公约目前已有 21 个国家签署、3 个国家批准,并将于 2017 年 10 月 18 日开始生效。《毛里求斯公约》以单一的多边公约的方式将透明度规则纳入现有碎片化

---

① Rainer Geiger, *Multilateral Approaches to Investment : The Way Forward*, in José E. Alvarez and Karl P. Sauvant eds., *The Evolving International Investment Regime : Expectations, Realities, Options*, Oxford University Press, 2011, pp.154-156; Wenhua Shan, An Outline for Systematic Reform of the Investment Law Regime, *Columbia FDI Perspectives*, 2016, No.170.

② Karl P. Sauvant and Federico Ortino, The Need For An International Investment Consensus-Building Process, *Columbia FDI Perspectives*, 2013, No.101; Catharine Titi, Recent Developments in International Investment Law, *European Yearbook of International Economic Law 2016*, 2016, p.731.

③ Olivier De Schutter, *Towards a New Treaty on Business and Human Rights*, *Business and Human Rights Journal*, 2015, Vol.1, No.1; Larry Catá Backer, Moving Forward the UN Guiding Principles for Business and Human Rights: Between Enterprise Social Norm, State Domestic Legal Orders, and the Treaty Law That Might Bind Them All, *Fordham International Law Journal*, 2015, Vol.38, No.2.

的投资条约体系,从而实现了透明度规则的多边化。① 2017 年 7 月 10 日,UNCITRAL 委员会第 50 届会议经审议同意由一个工作组(第三工作组)开始讨论投资者与国家间争端解决的多边改革问题,授权由一个工作组考虑投资者与国家间争端解决的有关问题、改革的可欲性以及具体的改革建议。尽管该授权的支持国强调 UNCITRAL 工作组对于 ISDS 改革不预设任何判断,但一般认为该授权的唯一结果就是设立一个多边投资法院,而且该多边投资法院的设立将会采取《毛里求斯公约》模式,也就是不改变现有双多边和区域条约安排,而另行达成常设多边投资法院和上诉机制公约,由各国自愿签署和批准加入该公约,将现有和将来的投资条约下的投资者与国家间争端交由单一的常设多边投资法院和上诉机构解决。② 2021 年,UNCITRAL 同意扩展第三工作组 ISDS 改革项目时间至 2025 年,以推进各个主题改革选项草案文本并提交一项可能的多边文件。

在投资便利方面,一些国家尝试积极推动谈判达成多边投资便利协定。在 WTO 层面,2017 年年初,墨西哥、印度尼西亚、韩国、土耳其、澳大利亚、阿根廷、巴西、中国、哥伦比亚、尼日利亚、巴基斯坦以及中国香港则单独或联合提议谈判投资便利协定,建议在不触及市场准入、投资保护和投资争端解决等敏感问题的前提下,就投资便利规则展开非正式的和开放性的对话,讨论增强投资政策的透明性、可预测性和非歧视,提高行政管理程序的效率和合理性以便最小化投资壁垒,加强与之有关的国际合作以及对于发展中国家和最不发达国家的特殊与差别待遇、能力建设和技术援助。2016 年年底以来,多边投资便利框架也在 G20 层面被提出来。德国在作为 G20 主席国期间,努力推动 G20 贸易与投资工作组在非约束性的 G20 全球投资政策制定指导原则基础上,达成一项非约束性的 G20 全球投资便利规则,而阿根廷也希望在作为下一任主席国期间继续推动达成全球投资便利规则。2017 年 7 月 8 日,G20 峰会领导人宣言指出,国际投资在促进包容性经济增长、创造就业和可持续发展

---

① Gabrielle Kaufmann-Kohler and Michele Potestà, *Can the Mauritius Convention Serve As A Model for the Reform of Investor-State Arbitration in Connection with the Introduction of A Permanent Investment Tribunal or An Appeal Mechanism? Analysis and Roadmap*, Center for International Dispute Settlement, 3 June, 2016.

② Nikos Lavranos, The First Steps Towards a Multilateral Investment Court (MIC), http://www.ciarb.org/news/ciarb-news/news-detail/news/2017/07/13/the-first-steps-towards-a-multilateral-investment-court-(mic), 13 July, 2017, 下载日期:2022 年 7 月 31 日。

方面能够扮演重要角色,国际投资要求开放的、透明的、有利的全球政策环境,我们将努力找到便利和保持外国直接投资的战略。

不过,目前看来,国际投资法的多边化已经取得的进展仍然局限在极其有限的个别问题方面,而且,即使在这些有限的个别议题上,一旦各国利益分歧严重,达成多边条约的前景也不乐观。投资者与国家间争端仲裁的程序透明度之所以能够达成多边仲裁规则和公约,是因为各国在短期内已经就透明度规范和具体内容形成了基本共识,且各国之间不存在严重利益分歧。但是,在多边常设投资法院和上诉机构问题上,各国利益分歧非常严重,尽管有欧盟及其多数成员国、加拿大等的积极推动,也有毛里求斯、南非和一些拉美国家的积极支持,但是,美国则坚持投资者与国家间争端仲裁,印度、巴西、阿根廷、日本、中国、新加坡、韩国、新西兰、澳大利亚等国家则比较谨慎。① 因此,关于常设投资法院和上诉机构的多边公约谈判将会比较艰难。在商业与人权谈判多边公约问题上,只有一些发展中国家积极支持,多数发达国家一般都反对,而其他国家只同意就此问题展开讨论。可见,在跨国公司和其他工商企业的人权义务问题上,南北矛盾依然非常严重,短期内很难达成多边公约。在投资便利问题上,欧盟及其成员国、加拿大、中国、巴西、阿根廷、土耳其、俄罗斯、印度尼西亚、墨西哥等国积极支持达成多边规则和谈判多边协定,但是,印度、南非、乌干达、厄瓜多尔、玻利维亚、古巴、委内瑞拉等国则持反对立场,其中,印度坚决反对在WTO、G20等多边层面谈判投资便利协定,印度和南非特别强调投资便利涉及国内发展政策空间,属于国内法或双边层面的议题,美国目前也没有兴趣谈判多边投资便利协定。② 可见,多边投资便利协定谈判也存在

① Shubhra Agrawal, *India Rejects Multilateral Trade Investment Pact at WTO*, January 29, 2017, https://theindianeconomist. com/india-multilateral-trade-investment-wto; Nikos Lavranos, *The First Steps Towards a Multilateral Investment Court*(MIC), http://www. ciarb. org/news/ciarb-news/news-detail/news/2017/07/13/the-first-steps-to-wards-a-multilateral-investment-court-(mic), 13 July, 2017,下载日期:2022年7月31日。

② Amiti Sen, *Approval of All Members Needed to Include Investment Facilitation in WTO Talks:India*, http://www. livemint. com/Politics/NwpQl83lDH0SAgS7yWEoLI/No-formal-talks-on-investment-facilitation-at-WTO-says-Indi.html, May 19, 2017.下载日期:2022年7月31日;D. Ravi Kanth, *No Formal Talks on Investment Facilitation at WTO, Says India*, http://www.livemint.com/Politics/NwpQl83lDH0SAgS7yWEoLI/No-formal-talks-on-investment-facilitation-at-WTO-says-Indi.html,下载日期:2017年5月19日。

重要利益分歧,而没有形成普遍共识。① 不过,在 WTO 层面,2021 年年底谈判各方已经就作为谈判基础的文本达成共识并在此基础上开始文本谈判,截至 2022 年 7 月,正在推进文本谈判,预期将在 2022 年年底完成文本谈判。

进而,达成一项全面综合的多边投资协定的前景也是不确定的。达成一项单一的全面综合的多边投资协定可以减少国际投资的交易成本,可以简化全球投资的治理成本。传统发达国家越来越注重维护其作为东道国公共政策规制权,新兴发展中国家越来越重视其作为资本输出国的利益,国际投资政策导向越来越注重包容性发展、可持续发展和发展中国家的发展,国际投资条约转型改革实践越来越趋同于投资者与东道国的权益平衡,大规模乃至超大规模的区域经济协定的兴起在一定程度上增加了国际投资法的统一性。这些都是谈判达成单一全面多边投资协定的有利因素。不过,与此同时,在各国经历了投资者与国家间争端仲裁案件甚至输掉案件的挑战之后,从发达国家、新兴大国到普通的发展中国家,对于国际投资法的立场、政策也逐渐在分化。从国际投资条约整体到其中的诸多重要实体条款和投资者与国家间争端解决条款,已经形成了多元范式。这种立场分化和范式多元增加了国际投资法转型改革的复杂性、多样性和趋异性,也增加了达成单一全面多边投资协定的难度和挑战性。例如,在整体范式上,巴西的投资合作与便利协定范式与传统的投资促进与保护协定范式就存在若干根本分歧,而难以实现协调和统一。在投资者与国家间争端解决改革方面,欧盟创新、倡导和实践的常设投资法院和上诉机构与传统的投资者与国家间争端仲裁机制也完全是两种根本不同的范式,也不可能实现协调和统一,加拿大与欧盟一起力推常设多边投资法院和仲裁机构范式,而美国迄今就坚持传统投资者与国家间争端仲裁的改良范式,坚决拒绝欧盟和加拿大倡导的常设投资法院和上诉机构范式。进而,美国目前对于多边投资协定谈判态度已经不再积极,而印度则明确坚决拒绝单一全面的多边投资协定谈判。无论在传统的发达国家内部,还是在发达国家与新兴

① Kinda Mohamadieh, *Reflections on the Discussion of Investment Facilitation*, Investment Policy Brief, No.8, South Centre, March 2017; Kavaljit Singh, *Do We Need a Multilateral Instrument on Investment Facilitation?*, Briefing Paper, No.19, Madhyam, May 2017; Karl P. Sauvant, China Moves the G20 Toward An International Investment Framework and Investment Facilitation, in *China's International Investment Strategy: Bilateral, Regional, and Global Law and Policy*, edited by Julien Chaisse (ed.), Cambridge University Press, 2019, pp.311-328.

大国之间,对于国际投资法未来的多边形式和实质内容都存在着短期内无法协调的若干根本分歧。这意味着,即使主要资本输出输入大国之间也可能难以达成充分共识和基本协议。

要想达成一项全面综合的多边投资协定,必须走渐进务实的道路。就参加方而言,需要采取诸边协定的形式,先在可以达成基本共识的多数主要资本输出输入国之间谈判达成协议,然后吸收新成员参加,逐步实现多边化。[①] 目前来看,比较可行的路径是,以欧盟和加拿大为主,吸收可能参加的其他主要资本输出输入国参加,推动一项全面综合的诸边投资协定。中国应该积极加入,与欧盟和加拿大一起,共同推动全面综合的诸边投资协定的谈判进程。就具体策略而言,在 G20、WTO、WEF、WBG、UNCITRAL、UNCTAD、OECD等各种多边场合,寻找感兴趣的参加方,谋求达成基本共识,然后以此为依托发起建立一个独立的多边平台,谈判达成多边投资协定。就实质内容而言,应就能够达成共识的广泛议题展开谈判,其中包括投资准入、投资便利、投资保护、与投资有关的非经济议题、投资者义务、投资者与国家间争端解决等重要议题领域,在所有这些议题领域,都要充分平衡保护投资者权益和东道国主权公共政策空间,尤其是在保护投资者免受不正当的政府干涉和确保东道国政府追求正当公共利益规制的政策空间之间达成合理平衡,[②]并且要充分考虑给予发展中国家合理的特殊与差别待遇。

五、国际投资法转型与改革的影响因素

从进程、实践和成果来看,国际投资法转型改革受到诸多因素的影响。

首先,国际投资法转型改革是在既有国际投资法体制基础上进行的,也受到既有国际投资法体制的多方面影响。国际投资法体制的重要特征之一是其双边化构造,这导致迄今为止国际投资法转型改革仍然主要是在双边基础上推进的。目前,各国主要是反思和改革自身的国际投资协定立场、方案和具体内容,最典型的是修改完善自身的国际投资协定范本,进而在此基础上进行新一

---

① Gary Clyde Hufbauer, Rules of the International Trade, Investment, and Financial Systems: What They Deliver, How They Differ, the Way Forward, *Journal of International Economic Law*, 2014, Vol.17, No.4.

② Stephan W. Schill, In Defense of International Investment Law, *European Yearbook of International Economic Law* 2016, Springer, 2016, p.336.

代国际投资协定谈判。但是,这种以双边谈判和双边投资条约更新换代为主的转型改革路径导致国际投资法改革转型进展比较缓慢。同时,因为是双边谈判和双边投资条约更新换代为主,各国投资协定立场和方案之间仍然存在各种差异甚至范式性的差异,从而新一代国际投资协定本身相互之间也仍然存在诸多差异甚至重大差异,从而继续延续了国际投资法的碎片化和不一致性。这与在已有多边体制基础上的转型改革呈现出明显的不同。多边法律体制转型改革一般主要还是以其既有多边体制为基础,谈判的成果一般也是多边统一的。WTO 多边贸易法律体制目前仍然是在多边体制下推进和改革,尽管在面临困境和挑战的背景下也采取了多边框架下的诸边谈判多边受益的模式。这是国际投资法转型改革的一个重要特征。双边化构造是迄今为止启动和推进全面多边投资协定面临的重要现实障碍之一。这是一种制度变迁的路径依赖效应。

其次,国际投资法体制的内容改革也主要受到第一代国际投资协定及其仲裁实践的影响。如前所述,国际投资协定实体内容的改革多种多样,既有共性也有差异。不过,其中一个重要特征是,实体内容的改革主要还是在既有老一代投资条约及其仲裁实践基础上进行修改完善。例如,新一代 IIA 投资定义的投资特征要素实际上是在此前投资条约仲裁实践基础上对于此前仲裁裁决中投资特征的确认或者选择,公平公正待遇及其与习惯国际法的关系也是在老一代 IIA 仲裁实践基础上进行不同方式的澄清和限定,而间接征收及其与无须补偿的正当规制也是在此前投资条约仲裁基础上进行的修改完善。投资者与国家间争端解决的主流改革方式也是如此,主要是在现有 ISDS 基础上进行改良。与此同时,也有一些改革是比较激进的。例如,欧盟提出并推进常设投资法院与常设上诉机构,有些投资条约彻底排除了投资者与国家间仲裁,这都是对传统的投资者与国家间仲裁机制的激进改变。从路径依赖角度来说,一般情况下,制度变迁不会激进改变传统制度,但在传统制度面临重大危机和挑战的背景下,就可能出现激进背离传统制度的新制度。投资者与国家间争端解决的变革恰恰属于此种情形。

再次,国际投资法转型改革是相互学习的过程。在理论上,抽象地说,对于国际投资法改革可以设想出大量的新一代国际投资协定的基本模式和具体表述。不过,在实践中,尽管新一代国际投资协定具有很大的多样性,但基本上仍然是少数几种模式和表述占据主导地位,而不是各国纷纷进行各行其是的创新。例如,公平公正待遇条款的改革主要就是美国模式和欧盟模式两种基本模式,其他创新多数主要是在这两种模式之下的创新。再如,国际投资协定中类似 GATT 第 20 条风格的一般例外条款的引入本身就是受到 GATT 第 20 条的影响,最初由加拿大引入 IIA,后续其他许多国家纷纷效仿加拿大的做法。

最后,国际投资法转型改革也体现了现实主义的权力逻辑。国际投资法的改革是美国、加拿大、墨西哥三国在《北美自由贸易协定》(NAFTA)第 11 章投资仲裁经验和教训基础上率先发起的,其中美国的影响最为重要。广大的发展中国家对于加强东道国规制权、澄清和限定外国投资者权利当然是欢迎的,既然发达国家自身也发起和推进这种平衡化的改革,发展中国家自然也是乐见其成和积极参与的。不过,有些发展中国家的某些改革内容,如订入投资者义务、投资者责任和母国义务条款,往往只是在发展中国家内部相互之间可以推行,而当发展中国家与发达国家谈判缔结新一代 IIA 时则会向发达国家作出很多妥协。例如,2016 年摩洛哥与尼日利亚 BIT 规定了重要的投资者义务和责任条款、2019 年摩洛哥 BIT 范本也规定了重要的投资者义务条款,但 2020 年摩洛哥与日本 BIT 没有规定这样的条款,而主要是采取了日本 BIT 的模式和内容。

总体而言,国际投资法转型改革主要体现了经验演进和路径依赖的逻辑,而不是抽象的理性设计,许多因素交织在一起共同促进了国际投资法转型改革的进程。[1]

---

① Joost Pauwelyn, At the Edge of Chaos? Foreign Investment Law as a Complex Adaptive System, How It Emerged and How It Can Be Reformed, *ICSID Review*, 2014, Vol.29, No.2; Joost Pauwelyn, *Rational Design or Accidental Evolution? The Emergence of International Investment Law*, in Zachary Douglas, Joost Pauwelyn and Jorge E. Viñuales eds., *The Foundations of International Investment Law: Bringing Theory into Practice*, Oxford University Press, 2014, pp.11-43; Jorge E Viñuales, *Too Many Butterflies? The Micro-Drivers of the International Investment Law System*, *Journal of International Dispute Settlement*, 2018, Vol.9, No.4, 2018; Wolfgang Alschner, *Locked in Language: Historical Sociology and the Path Ddependency of Investment Treaty Design*, in *Research Handbook on the Sociology of International Law*, edited by Moshe Hirsch & Andrew Lang (eds.), Edward Elgar, 2018, pp.347-368; Anthea Roberts and Taylor St John, *Complex Designers and Emergent Design: Reforming the Investment Treaty System*, *American Journal of International Law*, 2022, Vol.116, No.1.

结　语

随着传统国际投资法越来越暴露出不平衡性、不一致性、不透明性,加之发达国家、新兴大国和发展中国家在国际投资与国际投资法中身份和地位的结构变迁,在转型改革过程中,国际投资法越来越趋向于平衡兼顾投资保护、东道国公共政策规制权和可持续发展,这种趋同化在一定程度上弱化了传统的南北矛盾,似乎为国际投资法的全面多边化提供了有利条件。然而,在转型改革过程中,国际投资法越来越复杂多元,国际投资法碎片化、不一致性、交叠性依然严重甚至有增无减,这对国际投资法的全面多边化提出了巨大的挑战,也给国际投资法的未来发展带来了很大的不确定性。为此,各国应在国内、双边、区域和多边各个层次上协调国际投资法的转型改革,促进国际投资法转型改革的多边共识,努力推动建立面向包容性增长和可持续发展的多边统一的国际投资法律体制。①

(本文责任编辑:刘毅楠)

Transformation and Reform of International Investment Law

Wang Yanzhi

Abstract：The transformation and reform of international investment law has gone through more than ten years of treaty practice，from which we can see the development trend of the reform and transformation of international investment law. Overall，international investment law shows a basic trend from a neoliberal paradigm to an embedded liberal，sustainable development paradigm. Specifically， the transformation and reform of international investment law presents a obviously complex picture. In the process of transformation and reform， international investment law has shown specific trends of convergence，diversification and complexity. The convergence is reflected in the new generation of international investment a-

① UNCTAD，*World Investment Report* 2017：*Investment and the Digital Economy*，07 Jun 2017，pp.126-153.

greements (IIAs) that clarify and define investment protection clauses, increase and strengthen the host country's sovereign public policy space, host country's regulatory rights and sustainable development clauses. Diversification is reflected in the new generation of IIA in developed countries, emerging powers, and other developing countries, which have different paradigm innovations in terms of basic framework and main content. In terms of investor-state dispute settlement (ISDS), the United States adopts the improved investor-state arbitration paradigm, the EU adopts the permanent investment court and appellate body paradigm, and Brazil adopts the dispute prevention and state-state dispute settlement paradigm. In the dimension of sustainable development, the United States and Europe have adopted the inter-country model, the United States has adopted the model of environmental and labor clauses, the European Union has adopted the model of general public policy regulation rights of the host country, and most African regional organizations and some African countries have adopted mixed model integrating the investor obligation, host country rights and even home country obligations. The complexity is reflected in the fragmentation caused by more than 3,000 IIAs, the overlap caused by the rise of regionalization, and the differences in specific content between different IIAs. Convergence provides the conditions for the multilateralization of international investment law, but diversity and complexity mean that the challenges facing multilateralization continue unabated. The convergence, diversity, complexity and obstruction of multilateralization in the transformation of international investment law generally reflect the path dependence and experience evolution logic of international investment law.

Key Words: international investment law; international investment agreements; convergence; diversification; complexity; multilateralization

CPTPP 的组织形态与运行模式论
——兼论正式组织形式的式微与全球行政法的兴起 *

黄健昀 **

内容摘要：《全面与进步跨太平洋伙伴关系协定》是亚太区域内高标准的区域自由贸易协定。世界贸易组织规则最惠国待遇原则的例外规定条款为其提供了合法性和正当性基础。CPTPP 在组织法上的组织形态属于国际组织法框架下的多边条约执行机构。成员方并未选择以构建国际组织的方式来设计 CPTPP 的合作模式，从而克服了这一传统模式运行中遇到的阻力。通过委员会制来进行领导是 CPTPP 组织结构的一大特点。同时因监管一致性、透明度和反腐败等规则的存在，CPTPP 更偏向于全球行政法的实施模式。CPTPP 的组织运行在整体上呈现出"解构组织"的趋势。各成员方在此合作框架下更注重规则行政与执行的效率，刻意淡化立法和司法的功能。在实现真正的成员驱动的基础上，CPTPP 的组织形态和运行模式能够产生合力推进区域贸易与投资规则的执行。中国在申请加入的过程中，应首先需要对 CPTPP 组织机构及其运行形成整体性认识。

关键词：组织与运行；CPTPP；委员会制；全球行政法；中国的应对

目　录

　* 本文系中国人民大学科研基金项目"总体国家安全观指导下的涉外经贸法律体系完善"（2021030002）阶段性研究成果。

　** 黄健昀，中国人民大学法学院博士研究生。

引　言

亚太地区是世界上经济增长速度与发展潜力最大的地区，其政治经济发展一直以来都备受关注。在这一区域上诞生了众多的区域国际组织（如东盟、太平洋联盟）、政治经济合作模式（如亚太经合组织、亚洲基础设施投资银行）以及多边会议机制（如东盟"10＋3""10＋6"会议）。这些机制为亚太地区的发展创造了良好的政策和制度基础，但亚太各国的现实情况十分复杂。区域内的各成员经济发展水平、市场开发程度存在巨大不同，加上政治、历史、宗教甚至意识形态等方面的原因，各国尚有许多历史遗留问题未得到解决。这造成的直接影响是区域合作难以像欧盟那样充分展开。因此，亚太区域内的组织合作模式趋于松散，难以形成统一的、具有法律约束力的文件约束各方。区域内的政治经济合作只能靠各国自觉遵守与履行相关承诺、自行监督承诺的实施情况。亚太经合组织（APEC）的境遇深刻地体现出了这一根本现状。在非正式的组织框架内，一些成员对经济技术的合作只停留在空谈阶段，而不愿形成实质性的承诺或协议。①

为改变这一现状，亚太区域内的相关国家和国际组织的尝试与努力都未曾停止。《跨太平洋伙伴关系协定》（TPP）的出世对亚太经济合作而言是一个

---

① 陈迎春：《中国参与区域经济合作的现状、问题及建议》，载《经济研究参考》2004年第 4 期。

新的里程碑。TPP 的前身是 2005 年新加坡、新西兰、文莱、智利四国推动的《跨太平洋战略经济伙伴关系协定》。作为自由贸易协定,TPP 最初并不太引发各方关注。但是,由于地缘政治的重要性和"重返亚太"的战略指引,美国于 2008 年开始加入谈判并主导相关议题和谈判进程。这一标榜为"21 世纪最高水平的自由贸易协定"在 2015 年宣布达成,①意在团结与美国志趣相同的国家(the like-minded country),②在亚太范围内实现更高标准和更高水平的市场开放。到了 2017 年美国特朗普政府上台后,美国出乎意料地退出了 TPP。而且,原先的协定在日本的主导下,各缔约国对其稍作变动,更名订立为《全面与进步跨太平洋伙伴关系协定》(CPTPP)。③ 随后的几年间,位于亚太地区东西两岸的中国和美国之间爆发了大范围的贸易摩擦,这使得理论界和实务界对 CPTPP 的关注迅速降温。当前,关于 CPTPP 的讨论又重回公众视野。其中,对美国是否会重返以及中国能否成功申请加入 CPTPP 这两个问题的讨论尤为突出。

究竟哪一种组织形式和法律框架更适合亚太地区?这一实践中的具体问题始终没有最优解。一方面,由于国际社会的组织形式具有多样性,存在如条约型国际组织(或称协定型、宪章型组织)、论坛型组织(或称对话型组织)、多边国际条约的执行机构或国际项目合作等多种组织形式。④ 区域内各方都可以就彼此关注的问题采取多种合作手段。另一方面,因为这些合作模式背后无一例外嵌入了复杂的政治经济权力博弈,甚至是社会历史等诸多社会因素的考量。就对待 CPTPP 的态度而言,各方的言行也前后出现不同程度的剧

---

① Barack Obama, The TPP Would Let America, Not China, Lead the Way on Global Trade, https://ustr. gov/about-us/policy-offices/press-office/press-releases/2016/may/cross-post-president-obama-tpp-would,下载日期:2021 年 10 月 1 日;Office of the United States Trade Representative (USTR), Enhancing Trade and Investment, Supporting Jobs, Economic Growth and Development: Outlines of the TPP Agreement,http://www.ustr.gov/aboutus/press-office/fact-sheets/2011/november/outlines-trans-pacific-partnership-agreement,下载日期: 2021 年 10 月 1 日。

② Ming Du, Explaining China's Tripartite Strategy Toward the Trans-Pacific Partnership Agreement, *Journal of International Economic Law*, 2015, Vol.18.

③ 2017 年 11 月 11 日的 APEC 会议期间,在没有美国参与的情况下,11 个 TPP 成员的贸易部长在越南岘港宣布就 CPTPP 达成协议,标志着从 TPP 到 CPTPP 的转变。

④ 饶戈平主编:《全球化进程中的国际组织》,北京大学出版社 2005 年版,第 4～5、36～89 页。

情"反转"。美国退出了其亲手主导缔造的协定,这一举动可能蕴含着"以退为进"的深层谋虑;①而中国对 CPTPP 的立场也经历了由从忽视到关注、由关注到敌视、再由敌视到重视的过程。② 因此,就组织框架和运行模式来说,亚太地区内的各方会以组织的务实性、高效性及有效性为重要依据,并由此指导具体合作实践。

目前学界大部分精力重点集中于 CPTPP 实体规则的演变,鲜有从组织形态和运行的视角讨论 CPTPP 对亚太地区经济合作的影响。不可否认的是,CPTPP 的实体规则总体相较于 1995 年的 WTO 规则与协定无疑更具有先进性和代表性,相对于国际贸易领域传统的"20 世纪议题"无疑更具全面性和进步性。③ 申言之,CPTPP 在传统贸易领域(货物贸易、服务贸易)、投资领域、知识产权和争端解决领域存在大量规则的创新,同时在一些综合议题(国有企业和制定垄断、劳工、环境等)实现了从无到有的突破。CPTPP 由此被认为是研究自由贸易协定的"黄金范本"。④ 针对 CPTPP 具体贸易规则的研究偏重实证分析、规范研究和法教义学方式,从中固然可以得出中国的影响研判、应对策略。然而,这些方式很大程度上属于战术层面对 CPTPP 规则进行解构。从整体上考察 CPTPP 的组织运行模式,是侧重将中国与作为组织形态的 CPTPP 之间进行动态战略应对。从双方互动的角度切入,能够使中国在申请加入之前做好政策与法律的组织协调和对接、成功加入后更好地与各方一道推动规则的适用和运行。需要特别指出的是,CPTPP 在组织形态与运行模式层面的新动向,也似乎在预示着一场关乎国际组织法新变革的到来。

---

① 韩立余主编:《〈跨太平洋伙伴关系协定〉全译本导读》(上),北京大学出版社 2018 年版,序言,第 5 页。

② 《中方正式提出申请加入〈全面与进步跨太平洋伙伴关系协定〉》,参见中华人民共和国商务部网站,http://kz.mofcom.gov.cn/article/jmxw/202109/20210903200931.shtml.,下载日期:2021 年 10 月 1 日。

③ C. L. Lim, Deborah Kay Elms, and Patrick Low, *The Trans-Pacific Partnership: A Quest for a Twenty-first Century Trade Agreement*, Cambridge University Press, 2013, pp.7-8.

④ Gary Hufbauer and Jeffrey Shottm, Fitting Asia-Pacific Agreements into the WTO System, in Multilateralizing Regionalism: Challenges for the Global Trading System, edited by Richard Baldwin and Pa-trick Low, (ed.), Cambridge University Press, 2009, p.612.

行为体的结构和运转对国家的外交政策具有决定性的意义。[①] 中国在正式申请加入 CPTPP 的过程中免不了要与 CPTPP 的组织机构打交道。在对 CPTPP 组织形态和运行模式讨论尚未充分展开的背景下,本文拟就这一话题进行初步探讨。有鉴于此,下文将以"性质—结构—运行"三个维度对 CPTPP 的组织法问题进行解读,同时将其代入国际组织法分析框架之中进行讨论:首先,明确 CPTPP 在国际法上的基本定位,从国际条约法、国际组织法、世界贸易组织(WTO)规则的角度对 CPTPP 的多重"身份"进行考察;其次,探讨以 CPTPP 委员会统领下的各部门委员协同运行的组织行政运行模式这一突出特点,将会与传统国际组织制度安排产生何种不同的制度效果;最后,从组织制度演进的视角窥探更深层次的本质问题,即 CPTPP 的组织运行是对以 WTO 为代表的多边贸易制度安排的历史性倒退,还是采取"退一进二"的方式对国际社会组织方式进行变革和引领。对前述问题进行综合考察,将有助于把握好中国和 CPTPP 在相伴发展中的彼此关系定位。

一、性质:CPTPP 的国际法定位

事物的本质需要通过特征来认识。[②] 对 CPTPP 性质的认识则需要通过其所处的规则语境进行分析。CPTPP 内涵最小的界定是自由贸易协定(Free Trade Agreement),又因其发起方和原始缔约方处于亚太地区,也可以被认为是区域贸易协定(Regional Trade Agreement),还因为其规则覆盖的议题和范围广泛而被称为"巨型 FTA"(Mega-FTA)。当前自由贸易协定的规则早已突破了调整贸易领域的单一领域,内容覆盖到贸易之外的诸多议题,俨然成为综合性的国际经贸协定。因此,从效果上来说,自由贸易协定由于其规则的示范效应巨大,已经成为当今国际经贸规则制定主导权争夺的新高地。中国政府对此的态度也十分积极。在宏观认识上,中国主张多边贸易体制和区

---

① 〔美〕詹姆斯·罗西瑙主编:《没有政府的治理》,张胜军、刘小林等译,江西人民出版社 2001 年版,第 296 页。

② 〔德〕康德:《逻辑学讲义》,许景行译,商务印书馆 2010 年版,第 57 页。

域贸易安排一直是驱动经济全球化向前发展的两个轮子。[①] 在具体推进上，2020 年年底中国宣布"积极考虑加入"CPTPP，并于 2021 年 9 月 16 日正式申请加入。不论对 CPTPP 的意义和使命如何评价，CPTPP 需要从更本质特征上进行考察，即一方面要从实体规则层面找到依托，另一方面要从组织法层面寻求定位。

（一）WTO 体系下的区域贸易协定

国际法总体上呈现出碎片化和不成体系性的样貌。[②] 但在其中仍可将国际法以规范适用的地域范围、主体间的关系数量等标准，划分为全球性（多边性）国际法、区域性（诸边、有限的多边）国际法和双边国际法。区域国际法似乎是从地理意义上加剧了国际法的碎片化，实际却是区域国际法自成一套完整体系。面临当前国际上多边主义式微、多边国际法规则在调整国际关系乏力，同时面对各国的单边主义行径和"逆全球化"思潮抬头等问题与挑战，区域国际法却依旧坚挺。这集中表现为两个方面：一是众多区域性协定和法律安排的数量不降反升；二是诸多现存区域协定的不断升级与深化。究其原因，区域国际法在特定区域内的体系构建和调整方式业已成熟完善，并且形成了稳定且一致的实践做法。在此基础上，区域国际法对具有共同法律共识的行为体产生法律的实效性，从而更具约束力、执行力与强制力。这一现象在区域一体化程度较高的地区体现得尤为明显。[③]

尽管区域国际法律规范能够以较强的稳定性在地区成员之间形成普遍的遵循，但是基于规则的多边体制，更被认为是迄今为止最合理的国际秩序形态。[④] 近 20 年来，WTO 一直致力于推动多边贸易体制进程，在其中发挥了积极作用，取得了有目共睹的成绩。同时，WTO 也遇到很大阻力。在实体规则

———————————

① 《加快实施自由贸易区战略　加快构建开放型经济新体制》，载《人民日报》2014年 12 月 7 日第 1 版。

② International Law Commission，Fragmentation of International Law：Difficulties Arising from the Diversification and Expansion of International Law，A/CN.4/L.682（April 2006）. https://documents-dds-ny.un.org/doc/UNDOC/LTD/G06/610/76/pdf/G0661076.pdf? OpenElement，下载日期：2021 年 10 月 1 日。

③ 江河：《人类命运共同体与南海安全合作——以国际法价值观的变革为视角》，载《法商研究》2018 年第 3 期。

④ 秦亚青：《全球治理：多元世界的秩序重建》，世界知识出版社 2019 年版，序言，第 2 页。

谈判方面,发展中国家和发达国家之间的分歧巨大,无法协商一致,致使"多哈回合"贸易谈判①名存实亡。在争端解决方面,经过 WTO 争端解决机构在这些年的实践中也略显颓势和疲软。WTO 争端解决机制内的上诉机构如今只剩一名法官在任,因法官人数不足而导致无法受理任何新案件,上诉机构陷入"停摆"危机。在"后 WTO 时代",各国开始转向更易于达成的区域性自贸区建设及区域性诸边体系的治理模式。②

区域贸易协定原指地理区域邻近的国家之间达成的关于削减彼此之间的关税和非关税壁垒、推行区域贸易自由化的国际条约(包括关税同盟、自由贸易协定和过渡协议)。因为区域和双边自由贸易协定不仅为相关贸易伙伴寻求市场准入提供了新的选择,而且这种选择比从多边得到的市场机会面临更少的竞争。同时,自由贸易协定谈判中由相关贸易伙伴自主设置议题,谈判周期短、见效快,导致不少世贸组织成员对复杂性更高、技术难度更大、耗时更长的"多哈回合"谈判逐渐失去兴趣和耐心,转而将更多的谈判资源和政策重点转向双边和区域贸易谈判。双边和区域合作具有很大的灵活性,谈判效率更高,不仅可以超越 WTO 的谈判范围,还可据此掌握未来规则主动权。于是,调整国与国关系的双边或诸边化和信息的有效交流正在逐渐取代正式的多边主义。③ CPTPP 作为当前亚太地区内高水平的国际经贸规则,便是产生于这一复杂的国际背景之中。反过来,CPTPP 的出现又进一步加速了区域规则绕过多边体制、取代多边体制的进程。

WTO 成员间所达成的区域协定之所以具有合法性,其前提在于满足 WTO 规则中的例外规定。④ 早在 1979 年"东京回合"谈判之时,应大多数发

① "多哈回合"谈判的内容涉及三个方面:一是发展问题,几乎涵盖贸易领域与发展相关的一切诉求;二是市场准入问题,如农业、非农产品(工业品)和服务贸易领域的市场开放,取消各种关税和非关税限制;三是修改和制定规则,如关于反倾销、反补贴纪律及争端解决机制规则的修改和完善,对区域贸易协定相关规则的完善,对环境产品自由化以及可能启动的"新加坡议题"规则的制定等。

② 鞠建东、余心玎:《构建华夏共同体,推进对外开放新战略》,载林毅夫等:《"一带一路"2.0:中国引领下的丝路新格局》,浙江大学出版社 2018 年版,第 56 页。

③ Harlan Grant Cohen, Multilateralism's Life-Cycle, *American Journal of International Law*, 2018, Vol.112.

④ 李双元、彭乾芳、冯寿波:《论区域贸易安排与多边贸易体制的互动走势——兼谈我国的法律对策》,载《浙江社会科学》2004 年第 2 期。

展中国家呼吁并通过了《对发展中国家判别和更优惠待遇、互惠和更全面参与的决定》(简称《授权条款》),其中规定了发达国家与发展中国家间达成的区域贸易安排排除适用《关税与贸易总协定》(GATT)第 1 条的最惠国待遇原则。也就是说,这类特殊的区域贸易安排作为该原则的例外而存在。但同时,这些区域安排也受到了一定的限制:第一,应旨在便利和促进发展中国家的贸易,而不是对任何其他缔约方的贸易设置障碍或造成不当的困难;第二,不得构成对在最惠国基础上进行贸易的关税削减或消除及其他限制的障碍;第三,在发达缔约国给予发展中国家这种待遇的情况下,应设计并在必要时加以修改,以积极响应发展中国家的发展、金融和贸易需要。① 此外,从区域安排的形式上看,《授权条款》并没有直接规定区域安排的形式为何,所以可以理解为发展中国家和发达国家之间的区域贸易安排可以是任何形式的普遍优惠安排(preferential trade agreement)。②

WTO 对这些符合与增强多边贸易体制的区域安排是支持和鼓励的。在高水平的区域安排中能够促进更高水平的市场开放、削减较高的关税以及促进贸易和投资的自由化、便利化。③ 在《授权条款》的宗旨与影响下,GATT 1994 第 24 条及《关于第 24 条的谅解》和《服务贸易总协定》(GATS)第 5 条,分别从货物贸易和服务贸易的角度对 WTO 成员间的区域安排进行规定。这些条款的规定在内容上别无二致,细微差别是——GATT 对区域安排的表述为关税同盟和自由贸易区,而 GATS 使用的是区域一体化。显然,服务贸易领域的区域一体化概念明显比货物贸易所使用的概念要宽泛得多。不可否认,多边规则在制定之初具有相当大程度的合理性成分。WTO 现行规则由于无法融入新的概念,从而导致"机体老化",④在这些年的实践中略显颓势和疲软。有观点认为自由贸易协定等区域合作是对 WTO 为代表的多边主义或多边体制的"绊脚石"。⑤ 另一种观点则正好相反,认为自由贸易协定有可能

---

① *Differential and More Favorable Treatment Reciprocity and Fuller Participation of Developing Countries*, Decision of 28 November 1979 (L/4903), para. 3.

② 曾令良:《论 WTO 体制下区域贸易安排的法律地位和发展趋势》,载陈安主编:《国际经济法论丛》(第 7 卷),法律出版社 2003 年版,第 12～13 页。

③ 韩立余:《自由贸易协定新议题辨析》,载《国际法研究》2015 年第 5 期。

④ 许楚敬:《跨 WTO 体制的规则冲突及其解决路径》,载《法学家》2011 年第 2 期。

⑤ [美]贾格迪什·巴格沃蒂:《今日自由贸易》,海闻译,中国人民大学出版社 2004 年版,第 115 页。

会对多边体制起到"垫脚石"（或称为"跳板""奠基石"）的作用，即自由贸易区和自由贸易协定对全球多边贸易存在刺激作用，[①]甚至还能形成一种"多米诺效应"推动全球贸易的进展。[②]

国际法正处在重要的拐点之上（inflection point）。[③] 在多边贸易制（谈判功能和争端解决功能）陷入暂时停滞的情况下，自由贸易协定等区域合作的快速发展，反映的是各国对推进贸易投资自由化的现实需求和理性选择。风头正健的自由贸易协定仅仅是推进自由贸易的"次优"选项。在其中，各国积极引导区域经济合作，坚持开放包容，坚持与多边贸易体制纪律的兼容，以先行方式带动全球贸易和投资自由化的实现。从这个意义上讲，区域经济合作是多边贸易体制的"垫脚石"。区域合作将与多边贸易体制一起，共同促进全球贸易和投资自由化进程。两者在本质追求上殊途同归。[④] 另外还要看到，作为 WTO 规则例外中的区域多边协定，CPTPP 承载的意义早已超越自身规则内容和价值本身。其影响范围辐射到国际经贸规则的谈判、国际贸易的多边体制改革以及全球化和全球治理的方式选择等具体领域，甚至还可能被当作大国战略博弈和地缘政治的重要工具使用。

（二）国际组织法内的多边条约执行机构

之所以从国际组织法的角度考察 CPTPP 的性质，主要是因为以 CPTPP 为代表的巨型自贸协定在国际经贸领域采用了一种不同于以往的组织形式。在此之前，调整国际经贸领域的合作形式遵循着从双边合作到区域合作，进而扩展到多边合作的模式。其中以 WTO 为代表的多边国际组织的调整国际模式最为典型。WTO（包括其前身 GATT）主要的功能是协调各国的关税，为外国货物或服务提供市场准入的权利，同时还采取措施限制一些不公平的贸易行为，从而促进贸易自由化和便利化。为此，国际组织能够从两个方面对国

---

① E. Ornelas，Feasible Multilateralism and the Effects of Regionalism，*Journal of International Economics*，2008，Vol.74，No.1.

② P. Krugman，Regionalism Versus Multilateralism：Analytical Notes，in *New Dimensions in Regional Integration*，edited by J. De Melo，A. Panagariya（ed.），Cambridge University Press，1993.

③ Anthea Roberts，*Is International Law International*？，Oxford University Press，2017，p.17.

④ 陈德铭等:《经济危机与规则重构》，商务印书馆 2014 年版，第 149 页。

际贸易活动进行促进。国际组织的第一个功能是帮助各缔约国摆脱"囚徒困境"。[1] 在自然状态下,各国的政策选择无外乎是采取贸易保护政策,扶持本国国内企业或产业的发展。各国之间的贸易壁垒由此形成。理论上说,如果每个国家都采取这种保护主义的行径,那么世界上所有国家的福利都会因此减少。国际组织的出现为这一困境提供了解决方案,使得各国开始改变保护主义的动机,进而实现贸易自由化。各国都实行贸易自由化的措施后,反而能起到对整体福利的改善以及达到最均衡有效的结果。第二个功能是通过最惠国原则让其他组织成员"搭便车"的激励机制。国际组织的出现使得各国之间的贸易谈判不再单独或一对一进行,还会使得处理相似问题的边际成本变得更低。[2] 在国际组织框架中的谈判仅仅需要通过国际组织秘书处协调推进便可完成随后的各项流程。

狭义的国际组织一般指的是政府间的国际组织,但在对国际组织是什么的定义问题上,国际社会一直没有形成对其统一的标准。由此,正式的政府间国际组织与其他松散的组织形式、合作框架之间难以形成清晰的界分,甚至连跨国公司之类的组织形式也有可能被认定为国际性或跨国性的组织实体。此外,学界对国际组织的本质认识也如国际组织的定义一样多元,其中主要存在主体说、工具说和机制说三大类别。[3] 同时,也产生了不同学说或主义的证明,如功能主义(包括新功能主义)、现实主义(包括霸权稳定论)、自由主义(包括新自由主义和制度自由主义)、建构主义,等等。[4] 因此对于国际组织的认定通常需要考虑三大因素。从成立基础而言,国际组织是依据国际规范性文件设立的组织;从成员构成上看,国际组织至少是由三个或三个以上的国家构成;从组织机构来说,国际组织通常具有一个具有独立意志(独立于各成员国意志)的机构。诚然,上述区分方式能够轻易地将 WTO 和 GATT 区分开来,因为 GATT 最初的定位仅仅是原先预计依据《哈瓦那宪章》成立的"国际贸易

---

① Krzysztof J. Pelc, Eluding Efficiency: Why Do We Not See More Efficient Breach at the WTO?, *World Trade Review*, 2010, Vol.9.

② [美]罗伯特·基欧汉:《霸权之后:世界政治经济中的合作与纷争》,苏长和等译,上海人民出版社 2006 年版,第 91 页。

③ 刘莲莲:《国际组织学:知识论》,社会科学文献出版社 2021 年版,第 238～239 页。

④ Jacob Katz Gogan, Ian Hurd and Ian Johnstone, *The Oxford Handbook of International Organizations*, Oxford University Press, 2016, pp.5-8.

组织"(International Trade Organization)调整货物贸易和关税的协定之一。①
GATT 在理论上不存在一个独立于成员意志之外的独立机构。然而,GATT
所具备的组织性特点是随着时间的推移而发展起来的,其中包括了对各国长
期以来的要求作出的回应和实践总结。

那么具体到 CPTPP 本身,其组织结构和形态究竟该如何定位? 对这个
问题的回答将在很大程度上影响中国在加入 CPTPP 时的态度与立场、认识
与定位。若认为 CPTPP 等同于 GATT,那么又会因 CPTPP 管理委员会这一
机构的存在,符合存在独立于各成员的机构这一特点,间接默许了 CPTPP 发
展成(准)国际组织的可能性。现实情况是,CPTPP 的组织机构是成员方预先
设定的,其职能也是被明确赋予的;反倒是 GATT 的组织化职能是通过自身
的实践逐渐发展起来的。虽然 CPTPP 中的许多国际规则的制定是在 WTO
规则基础上发展而来的,与 WTO 规则存在"原则与例外"的"亲缘"关系,但
CPTPP 的具体规则并未被 WTO 承认或纳入其中。因此 CPTPP 与 GATT
在 WTO 体系中的地位存在本质差别。反过来说,CPTPP 与最初的 GATT
在组织形式上却又存在某些共性。两者最初的组织模式都是作为多边条约的
执行机构而存在。同样地,两者在各自的规则内容上也并没有赋予执行机构
以独立的法律人格的类似表述。CPTPP 是否会随着时间的推移发展成为类
似 WTO 组织形式的政府间国际组织、独立的国际法人,这个问题在目前看来
似乎还不宜过早下定论。

在秉持国际组织功能主义或建构主义的学者看来,国际组织这一制度设
计大部分类比或参照了国家设计,如依据分权制衡理论创设了国际组织的大
会、国际组织秘书处和国际组织争端解决的专门机构。于是基于主权国家的
权力让渡或特别授权,国际组织自身可以在其宪章的基础上获得推动促进条
约缔结的权力、执行本组织日常行政事项的权力以及一部分针对贸易争端裁
决的权力。对照来看,CPTPP 的机构职权与典型国际组织的职能相比是极不
完整的。可以肯定的是,CPTPP 如此组织构建必定存在自身理性的考量。其
中很大部分原因是反思了国际组织运行多年以来产生的问题所得到的深刻经
验。在总结正反两方面的基础上的 CPTPP 组织规则似乎能够与其自身的实
体规则一道,共同成为引领未来国际组织法发展的方向。总的来看,CPTPP

---

① Paul Demaret, Metamorphoses of the GATT: From the Havana Charter to the
World Trade Organization, *Columbia Journal of Transnational Law*, 1996, Vol.34.

的组织结构特点是：重机制和成员的作用、轻组织结构安排；重行动和治理实效、轻象征性与代表性功能。接下来试从国际组织运行过程中两个突出存在的两大闭阻，反观 CPTPP 自身对这些问题的破解之法。

第一，CPTPP 设有委员会会议，而没有缔约国会议或承担类似职能的全体会议，由 CPTPP 委员会行使最高的管理权和决策权。一方面，这样的制度安排能够避免全体大会局限于象征性、代表性机构，尽量通过减少投票和决议程序的方式形成更加务实的决议结果，进而避免大会成为一个除了年复一年地表达行动的决心外，几乎没有任何作为的"橡皮图章"。同时，这种做法也能减少由于联合国大会等机构反复重申后产生的、不具有约束力的"软法"性质决议文件。另一方面，CPTPP 委员会突破了 WTO"科层制"的结构体系设计。WTO 的组织结构体系是由部长级会议、总理事会、理事会和委员会由各个政府的代表组成。① CPTPP 的"总委员会"分管各个"专门委员会"的模式直接绕过了中间层，对具体问题进行决策。这使得委员会对具体事项的主导和把控更为直接，也更加高效。除此之外，采用全体大会制的国际组织通常还会面临成员内部分裂的隐忧。例如新兴经济体的崛起之后，其经济地位和政治实力不相匹配，开始与发达国家之间开展全方位竞争，特别是积极谋求在组织中更多的话语权；② 又如同样是发展中国家，本应秉持相同立场的政治力量，还是会因为自身经济和社会条件的不同，对组织决议持以相近的态度愈加难以形成。组织内存在多数"异质"成员，其结果往往导致国际组织的一致性降低，形成共识也愈加艰难。③

第二，CPTPP 设有争端解决机制，但不设上诉机制。包括上诉机构在内的 WTO 争端解决机制在运行之初曾被广泛赞誉。因其首次在国际法领域实现了"次级制裁"，使得 WTO 规则形成带有"牙齿"的效果。同样，WTO 上诉

---

① WTO Organization Chart，https://www.wto.org/english/thewto_e/whatis_e/tif_e/org2_e.htm，下载日期：2021 年 10 月 1 日。

② 有学者将新兴国家的崛起称之为"其余世界的崛起"（rise of the rest），参见 William W. Burke-White, *Power Shifts in International Law: Structural Realignment and Substantive Pluralism*, *Harvard International Law Journal*, 2015, Vol.56.

③ 如冷战时期的美苏两大阵营之间的矛盾、发达国家和发展中国家之间的矛盾、新兴发展中国家与落后的发展中国家之间的矛盾。原本同一地理区域的国家，或具有共同经济或政治利益的国家，就会结成联盟，形成共同立场，并控制一组选票，但全球化发展带来的不平衡，使共同的政策立场更加难以形成。

机制的陨落也意味着"模范国际法"在国际社会运行中面临的问题和困难仍旧存在。CPTPP 在争端解决机制的选取上,既比照 WTO"一审"程序设计自己的争端解决过程,如提起磋商、成立专家组(任职资格、推选程序、设立名册)、初步报告和最终报告;又明确了 CPTPP 的争端解决与 WTO 争端解决的关系,即如果某一缔约方的行为被认为同时违反 CPTPP 协定和 WTO 协定的,可以在两者之间择一适用。① 从国际组织法角度而言,上诉机构的存在形成了一个独立、常设且稳定的(准)国际司法机构。这一机制构成了国际法上新的理性"权威",因为其裁决是通过理性的推理作出的。② 上诉机构在组织运作过程中可以对"一审"报告行使司法审查权,还可以在报告中对成员方遵守和适用协定或规则进行监督,又可以通过对组织"宪章"具有天然垄断的地位对其进行解释,进而获取"隐性权利"。③ 最后,在前述功能的叠加之下,上诉机构所积累起的"先例"无形之中对后来的裁判者形成学理制约,产生司法"造法"的效力。④

CPTPP 在目前分类的组织形态来说属于国际组织法内的多边条约执行机构。这个初步定位是从成员之间的合作方式和手段方面而言的。未来,CPTPP 将发展到何种地步仍有待观察。而多边条约执行机构作为"准组织"模式,CPTPP 能够为各成员带来提供降低彼此交易成本、共享各类信息、促进问题的及时解决以及增加透明度等合作红利。推崇包容性和多元性的国际组织在异质成员加入后,其推动各方合作难度大大增加,更难形成一致性决议,也很难就新的规则形成达成共识。CPTPP 的组织形态构成了对正式组织形式的扬弃,尝试构建起亚太区域内的"关键多数"WTO 成员⑤在国际经贸领域内的深入合作。在某种意义上而言这是一种探索性的尝

① 《全面与进步跨太平洋伙伴关系协定》第 28.4 条。

② John G. Merrills, *International Dispute Settlement*, Cambridge University Press, 5th ed., 2011, p.308.

③ V. Engström, Implied Powers of International Organizations: On the Character of a Legal Doctrine, *Finnish Yearbook of International Law*, Jufo Level: 1, 2003, pp.129-157.

④ Armin von Bogdandy and Ingo Venzke, On the Democratic Legitimation of International Judicial Lawmaking, *German Law Journal*, 2011, Vol.12.

⑤ Gary Winslett, Critical Mass Agreements: The Proven Template for Trade Liberalization in the WTO, *World Trade Review*, 2018, Vol.17.

试。至于 CPTPP 这一组织方式的效果如何,则需要回到国际经贸领域的具体场景当中探寻其机制运作的特点,进而探寻其意欲实现的合作目标与合作程度。

二、结构:CPTPP 组织形态特点

CPTPP 的"成员主导"与 WTO 的"成员驱动"(member-driven)的内在意涵与实施效果存在很大的不同。从背后的合作目标及方式上看,CPTPP 的组织运行并不追求更高的权力属性,CPTPP 委员会是更为纯粹的成员集体管理组织。WTO 在两年召开一次的部长会议之外,还存在一个常设的总理事会。对比来看,CPTPP 的目的更偏向于成员之间的"自利性",即在区域层面、相互之间给予自由化和便利化程度更高的措施。WTO 早先的实践在 GATT 时代亦曾由此起步。然而,随着 WTO 发展成为"经济联合国"后,原先特殊的待遇变成了普遍的义务。WTO 从小范围内的关切,扩展到对整个国际社会的利益和福祉的关注。从规则和组织的关系上看,基于 WTO 协定产生的 WTO 组织具备独立的国际法律人格,依据成员的授权获得了更高的行动自主性。CPTPP 委员会与 CPTPP 规则本身的关系远未达到能够与成员形成不同意志的独立程度。换言之,CPTPP 是各成员彼此之间进行区域贸易和投资所依赖的政策和法律工具。

(一)"委员会制"下的条约执行

"跨太平洋伙伴关系委员会"是 CPTPP 的最高管理和决策机构。[①] 该委员会可以审议与该协定的执行或实施相关的一切事宜——审议协定修改提案,制定争端解决专家组程序规则,审核争端解决专家组名册等。该委员会还可以设立特设或常设专门委员会或工作组以及其他附属机构。除协定另有规定或缔约方单独决定之外,委员会及一切依该协定成立的附属机构皆应以"全体一致"的方式作出决定。通览 CPTPP 的文本还可以发现其中的另一特色是存在众多的"专门委员会"。CPTPP 所调整的具体议题的章节之中几乎都存在与之相应的管理委员会。从位阶上看,这些调整不同贸易或投资议题的委员会之间是地位平等的。从内部看,这些委员会之间同时也存在等级之分,

---

[①] 《全面与进步跨太平洋伙伴关系协定》第 27.1 条。

即各章节所设立的专门委员会要向 CPTPP 委员会报告本章节规则的执行与实施情况。

展开来看,除"跨太平洋伙伴关系委员会"总揽全局外,其还下辖 17 个委员会(专门工作组)。它们分别是:货物贸易委员会(第 2.18 条)、农业贸易委员会(第 2.25 条)、原产地规则和原产地程序委员会(第 3.32 条)、纺织品和服装贸易委员会(第 4.8 条)、卫生和动植物卫生专门委员会(第 7.5 条)、技术贸易壁垒委员会(第 8.11 条)、金融服务委员会(第 11.19 条)、商务人员临时入境委员会(第 12.7 条)、电信委员会(第 13.26 条)、政府采购委员会(第 15.23 条)、国有企业和指定垄断企业委员会(第 17.12 条)、环境委员会(第 20.19 条)、合作与能力建设委员会(第 21.4 条)、竞争力和商业便利化委员会(第 22.2 条)、发展委员会(第 23.7 条)、中小企业委员会和监管一致委员会(第 26.6 条)。同时期、同地域内的《区域全面经济伙伴关系协定》(RCEP)中的 RCEP 联合委员会仅下辖 4 个次级委员会,①相衬之下 CPTPP 所设立的委员会及其调整方面可谓事无巨细。除此之外,CPTPP 还要求在成员境内设立对话协商机制,即劳工(第 19 章)、环境(第 20 章)、政府部门监管协调(第 25 章)等章节内的协商对话机制。

虽然这些委员会调整的事项各异、名目繁多,但它们被赋予的职权及类型大体相同,进而体现出这些委员会管理方式的一致与统一。首先,从委员会人员构成上看,这些委员会基本上都是由各缔约方政府代表组成。无疑,这些缔约国内的代表必定来自行使相关职权的部门的技术官僚。例如,国内环境部的工作人员有很大可能参与 CPTPP 的环境委员会,工业和信息化部门的工作人员则是 CPTPP 电信委员会的最佳人选。因此技术性和专业程度水平较高是这些委员会的特点之一。其次,从业务和职能履行上看,这些委员会通常只负责各自实施章节的一部分内容。在该议题项下,这些委员会作为专业人员监督、审议缔约方的履行情况,并据此能够提出相关的完善措施。各专门委员会甚至可以就本章节内缔约方之间产生的争端的磋商结果予以监督。由此可见,CPTPP 委员会对于专业问题的判断权完全下放到各个独立的专门委员会手中,这些委员会在各自领域内享有很大的决断权。最后,从表决方式上看,CPTPP 委员和各独立的委员会的一切决定都要遵循全体一致方式达成。

---

① 货物贸易委员会、服务和投资委员会、可持续发展委员会和商业环境委员会,参见《区域全面经济伙伴关系协定》第 18.6 条。

与 WTO 的"反向一致"原则(或"一票通过"制)相比,CPTPP 的决策方式更强调各方的合意与共识,更注重磋商方式的运用。此外,各专门委员会还被要求召开定期会议(一般规定为一年一次),这样一来各缔约方可以就本章节项下议题进行及时沟通、保持密切联系,最终形成一致性的应对与解决方案。频密的会议机制很大程度上能够检视各自领域内规则的动向,以便在适当的时机对相关规则进行更新。

CPTPP 设置如此之多的专门委员会,其背后的原因还要从组织运作的层面进行推敲。一方面,对专业化拔高的同时间接排挤政治化运作的空间。CPTPP 采取如此运转在很大程度上吸取了 WTO 的前车之鉴。两年一度的 WTO 部长级会议作为其最高权力机关,在闭会期间的绝大部分职权落入 WTO 秘书处手中。同时,WTO 争端解决机制(特别是上诉机构)通过法律解释、"司法造法"等手段无形之中又获得隐含权力。如此一来造成了贸易领域内的专业性和技术性的问题通通交由"非专业人士"(政府官员或法律专家)进行判断。专业问题被其他政治官僚所垄断本身就是一种"倒挂"的现象。CPTPP 专门委员会的设立在这个意义上而言可以认为是组织运作剥离政治化的体现以及知识或专业共同体的"回归"。依据对专业问题的判断,CPTPP 可以在自身议题调整上初步构建起权威基础。还需要指出的是,工业革命之后,来自知识共同体的专家对各自领域技术的跨国调整,也被认为是国际组织形成的根源之一。[①]

另一方面,从专门委员会设置的领域来说,CPTPP 在新设议题之中设置委员会的同时,还充分尊重和利用现存 WTO 委员会的判断。CPTPP 被标榜为"先进性"的自贸协定,是因为它反映了国际经济发展的最新趋势,特别是在竞争政策、环境规则、国有企业规则等方面成为自贸协定中的首创。相应地,这些新议题之上都存在专门的委员会为执行该章节的规则保驾护航。但是,CPTPP 在对 WTO 框架下的现存的其他委员会的工作同样也善加利用与认可,如进出口许可问题需要向 WTO 的进出口许可委员会报告,[②]CPTPP 卫生和动植物卫生专门委员会可以与 WTO 卫生和动植物卫生专门委员会进行

---

① Jacob Katz Gogan, Ian Hurd and Ian Johnstone, *The Oxford Handbook of International Organizations*, Oxford University Press, 2016, pp.92-93, 96-97.

② 《全面与进步跨太平洋伙伴关系协定》第 2.12 条。

磋商，①在 CPTPP 发起全球保障措施调查的时候要向 WTO 保障措施委员会提交通知的电子副本等等。② 这样的安排既体现了 CPTPP 作为 WTO 规则抽象法理意义上的"下位法服从上位法"的姿态，同时还展现了 CPTPP 意欲成为开放、包容与合作的新型贸易协定的定位。

CPTPP 的"委员会制"的条约运行和组织架构在很大程度上对原先 WTO 的组织机构和运行模式的变革。此番 CPTPP 对组织机构的改良尝试更偏向于去政治化而重专业性、去集中化而重分权性、去官僚化而重灵活性。其结果料将会在 CPTPP 自身组织运行模式之中促成三大改变。第一，CPTPP 的机构和规则各安其位，并且 CPTPP 的机构是依赖于规则，不再像 WTO 组织机构那样既要制定规则，又要实施规则，还要组织人员依据规则进行裁判。第二，CPTPP 真正实现了成员主导。CPTPP 委员会并没有成为独立的国际法人的制度安排，也不存在所谓脱离成员方的独立意志。③ 同时 CPTPP 的全体一致的表决制度又进一步巩固了各成员的决定权。可以说，CPTPP 是成员自己制定规则，自己监督实施，实行高度"自治"。第三，CPTPP 确保了规则的"自下而上"（bottom-up）更新与形成。"自下而上"的造法方式的推动者主要是私人团体、中层（技术）官僚和非政府组织。他们推进国际造法方式的特点是相对自发、未经编排的，在结果上反倒形成了"法律"。④ CPTPP 各专门委员会的定期会议和实施监督机制能够确保它们能对各自负责章节规则的实施情况更好掌握。若需要对本章节规则进行更新，这个自下而上的过程完全具备了坚实的实践基础。相较于 WTO 回合制谈判"自上而下"进行规则制定的模式来说，CPTPP 规则更新在"自下而上"推动过程中遇到的阻力相对会更小。

---

① 《全面与进步跨太平洋伙伴关系协定》第 7.5 条。

② 《全面与进步跨太平洋伙伴关系协定》第 6.2 条。

③ 至少有一个拥有自己独立意志的组织，被认为是国际组织的特征之一，See Henry G. Schermers and Niels M. Blokker, *International Institutional Law*, 5th Edition, Brill, 2011，p.37，同时这些机构在国际法院看来是具有一定自治权的法律主体，See ICJ, *Legality of the Use by a State of Nuclear Weapons in Armed Conflict*, Advisory Opinion, ICJ Rep. 1996，p.75，para. 19.

④ Janet Koven Levit, Bottom-up International Lawmaking: Reflections on the New Haven School of International Law, *Yale Journal of International Law*, 2007，Vol.32.

(二)"解构组织"的"少边主义"(minilateralism)

从 CPTPP 中派生的"委员会制"这一组织形态和运行模式在国际组织法实践中并不多见。从时间域上考察可以发现,委员会制并不沿用如 WTO 为代表的宪章型国际组织模式,也没有体现出退回到 GATT 时代的倾向。虽然 CPTPP 委员会属于有实际运作能力的国际机构(agency),但不具备国际法律人格、没有独立的国际法主体地位,体现出一定的派生性。经由国际组织与实现多边主义的结果之间既非充分条件,也非必要条件。多边主义和多边制度并非总是互为对应。① 国际组织并不天然能够给各成员带来合作,也可能导致各方的对立、冲突与不合作。反过来说,各个国家间的合作也不一定需要通过国际组织。CPTPP 的自身性质和组织运行过程本身就是对普遍性多边主义的解构。多边主义在国际关系上而言是遵照特定的原则协调三个或三个以上国家的关系。② 从历史发展上看,以"多边"为目的的国际合作模式经历了三个阶段。无论是从"欧洲协作"到"海牙体系",从国际联盟到联合国,国际社会的合作模式在其历史发展过程中被深深打上了多边性、组织化的烙印。

19 世纪多边外交的发展和多边(临时)国际会议的协调功能的形成,是国际组织诞生的雏形。不同于民间交往,政府间会议的召开是主权国家进行交往与接触的一种更高级的形式。随着各国政治经济交流的日渐紧密,各国政府间召开的多边国际会议对于讨论和解决国际问题往往十分有效——典型者如在欧洲"拿破仑战争"之后举行的 1815 年维也纳和会。在这一阶段发展所形成的各国不以大小和实力形成的平等投票权、会议程序的协商讨论决定、出席会议的代表享有的外交特权、会议表决机制的形成、会后的缔约或声明的发表等问题,构成了国际组织运作方式的雏形。③ 尽管这些会议制度在创设初期尚不成熟,仍形成了国际组织的运作体系。从 19 世纪中期到 20 世纪初,在

---

① [美]约翰·鲁杰主编:《多边主义》,苏长和等译,浙江人民出版社 2001 年版,第 61 页。

② John Gerard Ruggie, Multilateralism: The Anatomy of an Institution, *International Organization*, 1992, Vol.46.

③ 梁西:《梁著国际组织法》(第 6 版),杨泽伟修订,武汉大学出版社 2011 年版,第 19~20 页。另见 *Vienna Convention on the Representation of States in their Relations with International Organizations of a Universal Character*, 14th March 1975 (UN Doc A/CONF.67/16). https://legal.un.org/diplomaticconferences/1975_representation/docs/english/vol_2/a_conf67_16.pdf.,下载日期:2021 年 10 月 1 日。

欧洲国家之间所举行的大大小小会议体系被统称为"欧洲协作"时期(Concert of Europe),在欧洲国家之间那些较不成熟的欧洲会议机制的基础上,通常会设立一个"常设性会议"机构,①旨在维护"拿破仑战争"后的欧洲和平局势。②总体上看,"欧洲协作"期间虽然召开了多次和平会议,维持了欧洲地理范围内的局部和平,但最终还是因其未形成永久且固定的制度性机构而草草收场。

20 世纪前后,各大国为重新瓜分殖民地、争夺欧洲和世界霸权,展开军备竞赛。沙皇俄国由于财政拮据,在竞争中感到力不从心。为了赢得时间,1898年俄皇尼古拉二世建议在海牙召开国际和平会议(International Peace Conferences)。③ 在同盟国和协约国两大军事集团斗争日益加剧的情况下,之后的欧洲各国又于 1907 年在海牙召开第二次和平会议,是为第一次和平会议的延续。两次和平会议形成了迄今为止仍然具有法律效力的战争法、中立法规则,在两次会议间所达成的条约一道构成了所谓的"海牙体系"(The Hague System)。④ 相较于"欧洲协作"的初期模式,"海牙体系"的视野并不停留于欧洲一隅,也并不仅仅关注国内事宜,而是着眼于更加广泛的全球事务和国际关系。在"海牙体系"下,与会各国开始采取法典化的行动巩固并发展了一些重要的国际法规则,并客观上产生了一些积极的成绩。其中,第一次海牙和平会议期间,与会各国谈判形成了《和平解决国际争端公约》《陆战法规与惯例公约》《日内瓦公约诸原则适用于海战的公约》三个代表性公约,同时决定成立临时国际调查委员会和国际常设仲裁院。此外,第二次海牙和平会议期间各方还重新审定了 1898 年的三个公约,通过了有关中立问题、海战法规等 10 多项新公约。⑤ 从国际组织发展的历史进程上看,"海牙体系"恰好处于会议体系和国际组织机构之间的过渡阶段,同时也在抽象层面指出了未来在成立国际

---

① Philippe Sands and Pierre Klein, *Bowett's Law of International Institutions*, Sweet & Maxwell, 5th ed., 2001, pp.2-3.

② Gerard J. Mangone, *A Short History of International Organization*, McGraw-Hill, 1954, p.64.

③ Mark Weston Janis, *America and the Law of Nations* 1776-1939, Oxford University Press, 2010, pp.144-145.

④ Inis L. Claude, Jr., *Swords into Plowshares: The Problems and Progress of International Organization*, New York: Random House, 1964, p.24.

⑤ [德]拉德布鲁赫:《法学导论》,米健译,商务印书馆 2013 年版,第 214~216 页。

组织的这一制度的过程中应密切保持对哪些问题重点关切。①

　　成立一个具有综合性、普遍性的协调各国的国家机构,逐渐发展成为全球治理的新模式。极其类似的制度安排是,"一战"后成立的国际联盟(League of Nations)和"二战"后成立的联合国将之前政府间国际会议体系转变成了一个"行政性机构"。各国之间构建以综合性、普遍性和全面性为特征的国际组织,兼具了"欧洲协作"时期的"大国协调一致"原则,如常任理事会制度;同时也保有"海牙体系"下召开全体大会的模式形成的最高权力机关,如全体成员国(缔约国)大会。国际组织成立和运作在某些具体领域弥补了国际社会中缺乏权威存在的不足,一定程度上使得国际法具有垂直性的特点。② 同时,国际组织通过宪章的授权,获得了成员方赋予的法人资格从事并调整着特定领域内的国际事务。因此在这个意义上而言,国际组织在成员资格、调整领域和管辖事项上的广泛性,使得国际组织有资格和有希望作为多边主义的承担者和代言人。国家决定了国际组织的产生、发展和活动范围;反过来,国际组织在职权范围内对国家行为的影响既有促进,又有限制。③ 从良性互动的长远关系考虑,国际组织在国际社会中的境地可类比于"走钢丝绳"——需要在有限的活动范围内做好平衡,既不能完全屈服于国家主权而任由其摆布,又不能盲目地诉诸"超主权"地位或者"超国家行为体"来谋求不切实际的权威。

　　主权国家固然不愿看到一个强大的政府间的国际组织凌驾于自身之上。逐渐在组织运行和结构方面变成"利维坦"的国际组织不再是各国之间进行合作的首选。此外,松散的、非正式的国际会议制度虽然具有协调一致的功能,但是在合作意愿落实与监督层面难以得到有效进行,所以始终不是各国稳定合作选择的主要方式。照此看来,CPTPP 的组织运行模式在很大程度上具有解构组织(或去组织化)的特点,也在一定程度上消弭了正式组织形式或松散会议模式自身固有的不足。就目前而言,CPTPP 的组织和运行在国际组织法框架下至少具有三重意味:一是避免正式的组织形式决议或共识难以达成的困境发生;二是绕过具有独立意志的机构直接领导具体执行;三是将合作框架

　　① Inis L. Claude, Jr., *Swords into Plowshares*: *The Problems and Progress of International Organization*, New York: Random House, 1964, pp.28-29.

　　② Henry G. Schermers and Niels M. Blokker, *International Institutional Law*, 5th Edition, Brill, 2011, p.6.

　　③ José E. Alvarez, Preamble, *International Organizations as Law-Makers*, Oxford University Press, 2005, p.7.

和模式牢牢控制在成员国手中。因此,CPTPP自身的协定执行在形式上摆脱了组织带动的传统模式,回归到真正意义上的"成员驱动"。

为了实现更为纯粹的成员主导,CPTPP在此基础上于自身的组织结构和某些功能中进行了限缩。首先,在成员资格上,CPTPP具有一定的封闭性、半封闭性。凡加入CPTPP,必须要得到现有成员的一致同意。这样一来,CPTPP能够在确保自身规则高效推行和运作的同时,还能在成员之间凝聚更大的共识。此外需要特别注意的是,全体一致同意的背后,还有美国为加拿大和墨西哥设定设置的"毒丸条款"作祟。① 其次,在立法功能上,CPTPP无法实现再创制新的规则,只能在自身范围内进行规则更新。相较于WTO能够发起多边公约的谈判和推动国际法律规则的制定的国际立法组织职能,CPTPP委员会的这部分权力并未被明确授权。因而可以看到,CPTPP在章节体例上看虽然照顾到诸多贸易议题和领域,但实际上是一种以"正向列举"的方式规定的自由贸易协定规则。这样的列举方式从逻辑上看显然不能穷尽区域贸易和投资的全部内容。最后,在司法功能上,CPTPP刻意淡化司法意味,注重非司法、准司法解决方式的运用。WTO的"两审终审"制似乎在程序设计上确保了裁决的公正性。国际争端解决并非全然依靠司法程序,公正合理的判决的判断标准也并非仰赖上诉机构监督这一个指标。② 在成员主导的协定里,磋商方式的运用、仲裁这类替代性方案的补充、专家证人和法庭之友的参与及其他程序透明度的要求,让CPTPP争端解决中形成了多方权威,从而置换了上诉机制的功能。反过来看,这些替代措施的使用将能对成员间的争端解决起到更为积极的作用。

三、运行:CPTPP与全球行政法

国际组织的运作是在全面综合大国协调和会议机制上形成的体制机制,

① 被称为"毒丸条款"的《与非市场经济国家的自由贸易协定》见于《美国-墨西哥-加拿大协定》第32章第10条之中,一共包括8项具体内容。条款规定,若美、墨、加三国中任意一方与"非市场经济国家"签署自由贸易协定,则其他协议伙伴有权在6个月后退出《美国-墨西哥-加拿大协定》,并以新的双边协议取而代之。

② 龚红柳:《TPP协定下的常规争端解决机制:文本评析与启示》,载《国家行政学院学报》2016年第1期。

其内部功能也类比于国内政府组织运作模式,发展起立法、司法和行政三权分工与制衡的格局。在长期实践运作的过程中,国际组织发展日渐成熟,国际组织的角色和功能也与主权国家大体无异。演化于国际关系中的结果是,一个国际组织还可以加入另一个国际组织,作为其成员而存在。大多数国际组织在当前国际社会中的功能却受制于主权国家,造成了宣誓大于行动、代表性和象征性大于功能性、普遍性大于专业性等消极后果。除了联合国安理会外的其他国际组织事实上沦为"清谈馆"。[①] 国际组织在对谁负责的问题上同时存在三个选项:要么仅对其自身、要么仅对其成员、要么仅对国际社会。一旦这三个选项之间不重合,国际组织与其成员之间、与国际社会之间的利益冲突就开始显现出来。所以当前各国在现实利益的驱动下,极有可能绕过国际组织这一正式的组织形式,转而寻求更加积极务实的合作。CPTPP 在设计之初和运行之后,都围绕着成员之间的共同利益而展开。为了实现对成员方的完全负责,CPTPP 一方面完成了在立法和司法功能上的淡化,另一方面则在行政职能上实现了某种统合或强化。

(一)全球行政法兴起的区域映射

与杰赛普教授提出的"跨国法"(Transnational Law)概念相同,全球行政法(Global Administrative Law)理论的生成路径也是为了应对全球化带来的跨政府规制管理在范围和形式上的急剧扩张。[②] 面对这些全球化带来的监管层面的挑战,单靠分散的国内规制很难有效应对。加上这些议题和调整从横向上看跨越了传统意义上的国(边)境,从纵向上看突破了国际和国内的层级。

各种跨国规制体系或规制合作通过国际条约和较为非正式的政府间合作网络建立起来,使得许多规制决策从国内层面转移到全球层面。因此,全球行政法在一些学者看来属于国际组织法与法律的第三种关系,是国际组织发展演进的一个新阶段。[③]

国际组织首先是由国际法创造而来的,国际组织为实现自身的职能需要以国际法治理为手段,最后国际组织的活动还必须受到国际法治的约束。法

---

① [美]莉萨·马丁、贝斯·西蒙斯主编:《国际制度》,黄仁伟、蔡鹏鸿译,上海人民出版社 2006 年版,第 35 页。

② [美]本尼迪克特·金斯伯里、尼科·克里希、理查德·B.斯图尔德:《全球行政法的产生(上)》,范云鹏译,载《环球法律评论》2008 年第 5 期。

③ Jacob Katz Gogan, Ian Hurd and Ian Johnstone, *The Oxford Handbook of International Organizations*, Oxford University Press, 2016, p.33.

律作为国际组织的约束者,主要通过内部和外部两种方式。就内部而言,国际组织的缔造者通过立宪主义(constitutionalism)在国际组织宪章中规定了权力平衡制约机制;就外部而言,则是通过全球行政法对国际组织官僚体系运行的赋权和控制进行问责。可以认为,全球行政法是在国际组织行政以及国内规制者基于条约框架下实施某种共同行政过程中,确保这些决策的作出符合一些既定的标准,如透明度、参与度、知情权以及有效的审查机制等。① 因此在国际组织发展进程中,全球行政法的出现很大程度上扬弃了国际合作的正式组织形式、法人结构以及法律秩序,转而更专注于规则的执行以及执行程序的民主、透明及合法等方面的要求。易言之,国际组织法在某种程度上被全球行政法从内部运作上进行了重构。全球行政法领域的聚集点不在于实体规则的具体内容,而是与确保全球治理合法性有关的既有或潜在的原则、程序规则、审查机制和其他机制。CPTPP 中的委员会制度安排在设计理念上与全球行政法的内在逻辑趋同。由国内规制者或国内官员所组成的委员会和各专门委员会,在 CPTPP 协议的统一安排下负责规则的施行,并在 CPTPP 规则实行过程中对官员进行监督以及就国内政策与协定一致与否进行判断。

第 25 章"监管一致性"和第 26 章"透明度和反腐败",是 CPTPP 中的两个特殊章节安排。这些规定既不属于贸易与投资实体规则,也在以往的自由贸易协定之中鲜有出现。② 原本就复杂的 CPTPP 章节安排中,以这两个章节为代表的特殊规定,增加了 CPTPP 规则形式上的层次性。从功能层面看,监管协调规定的是直面各成员的管理制度不可能统一或一致的这个事实,因此促进各方的监管协调变成 CPTPP 必须完成的前提工作和首要任务。监管一致性指为便利本国政策目标的实现,在监管措施的计划、设计、发布、实施和审议过程中对良好监管实践的使用,以及各政府之间为深化这些目标及促进区域贸易和投资、经济增长和就业而加强监管合作努力过程中对良好监管实践

---

① Sabino Cassese, Administrative Law Without the State? The Challenge of Global Regulation, *NYU Journal of International Law and Politics*, 2005, Vol.37.

② 自美国加入首轮谈判后,监管一致性的条款才被引入其中,最初的 TPP 版本不包括该章节的内容。该章节的内容的大部分规定与美国"良好监管"实践相一致,一定程度上体现了美国的利益倾向,参见杨国华等:《〈跨太平洋伙伴关系协定〉规则研究》,上海人民出版社 2020 年版,第 151 页。另外,有关反腐败的内容是通常只出现在美国签订的 FTA 之中(如《美国-墨西哥-加拿大协定》)。相比之下,CPTPP 中的反腐败规则相比于其他美式 FTA 而言更宽泛。

的使用。① 而透明度和反腐败的规定则一方面是在法律法规公布、行政程序、审查和上诉、信息提供等方面进行透明公开；另一方面则是对腐败违法行为描述、合法性抗辩、起诉与惩处等方面内容进行明确规定。

可以说，监管一致性和透明度的规定是从正向要求 CPTPP 各成员方为一定的行为，避免各成员间的信息不对称，为的是确保前述章节顺利实施和执行；反腐败的规定则是从限制方面，确保 CPTPP 成员之间在重点贸易和投资议题上排除与商业无关的干扰因素。透视 CPTPP 的这两章规则的内容可以发现，CPTPP 各成员正在有意无意地构建起一个协定基础上的"行政空间"。② 各成员通过 CPTPP 为基础进行跨国行政协调，以政府直接调整的方式落实协定。因此 CPTPP 在层次架构上似乎与全球行政法的运作更为相近。通常认为，行政法只存在于国内层面。透明度、程序参与、公开听证、合法性与合理性这些原则性要求也能够在国内法语境下得到确保。③ 国际社会并不存在凌驾于各国之上的行政机关。但是对于透明度之类的原则不可避免地在各国交往过程中形成认同，进而形成全球性共识，由此也确实需要在国际层面进行规制。

具体而言，从监管一致性这一章节设置的目的来看，CPTPP 虽然在组织法上可被划归为多边条约的执行机构，但实际上扮演着就自身调整范围和议题内实施行政治理的角色。为此，CPTPP 关于监管一致性具体表现为三个方面：一是对国内监管措施的制定和实施作出具体指引；二是要求协调一国国内不同监管机构的一致性；三是要求协调不同缔约国国内监管措施的一致性。由此看来，监管一致性的要求意图通过正式的条约框架，整合起分散的行政行为，在一个没有政府治理的国际社会中构筑起某种"权威"，④形成国内层面和国际层面规则规制的协调统一。CPTPP 透明度原则要求各国要向其他成员及时公开与贸易相关的政策、体制和规则。在此指引下，透明度能够确保贸易

---

① 《全面与进步跨太平洋伙伴关系协定》第 25.2 条。

② 姚金菊：《全球行政法的兴起：背景、成因与现状》，载《环球法律评论》2015 年第 4 期。

③ Guilio Napolitano, Going Global, Turning Back National: Towards a Cosmopolitan Administrative Law? *International Journal of Constitutional Law*, 2015, Vol.13.

④ ［美］詹姆斯·罗西瑙主编：《没有政府的治理》，张胜军、刘小林等译，江西人民出版社 2001 年版，第 7～8 页。

政策与实践及其建立程序的公开和可预期程度。① 反腐败一方面是从源头上确保规则是从民主、透明和公正的程序中产生的,另一方面是从规则实施的角度确保本国和外国公职人员、国际组织公职人员能够具备廉洁素质,准确地将规则内容落地实施。因而在某种程度上,CPTPP 监管一致性和透明度、反腐败章节的规定属于"关于规则的规则"(rules about rules)。这些规则并不具体且直接地去调整如成员间的贸易或投资行为,而是在这些规则之外、从旁确保前述实体规则能够更好地实施。相应地,CPTPP 监管一致委员会以及 CPTPP 委员会事实上发挥着综合治理者的职能,对分散在各国的行政规制进行了整合。

从国际组织法角度考察 CPTPP 的组织运行模式,似乎也可以认为这是具有引领性的尝试。CPTPP 并没有选择走向正式的组织形态,而仅仅是以多边条约的执行机构的形态组建。但这也丝毫不影响其规则的高效运行与实施。因为在这种全球行政法的运作框架之下,常设的组织机构或者主要大国的推动并不是一个必选项。国际合作的范式也从对机构、机制的静态构建转移到具体规则的动态实施过程中,并且加强对这个过程的程序监督和价值追求。以专业技术官僚组成的委员会对于那些与贸易和投资有关的专业知识更具权威性。于是以他们的决策判断为基础,CPTPP 的组织形态和运行模式在立法和司法上的功能相应被淡化。CPTPP 一公布便以高水平的自由贸易协定的姿态出现,加上 CPTPP 规则中包含了超越 WTO 现有议题和难以达成的议题,使得今后一个时间段内的贸易规则具有稳定性和可预见性。② CPTPP 便不需要通过常设的组织机构推动规则谈判更新规则或产生规则,因为其自身的专门委员会便可以在现有议题和水平的基础上,实现规则的与时俱进。CPTPP 在争端解决问题上也把权威性锚定在专业人士的判断上,而不过分寻求独立第三方权威;同时 CPTPP 也让"准司法机制"(quasi-judicial body)在行政解决与司法解决较量之下,选择淡化司法色彩,从而鼓励成员方通过政治协商的方式解决、寻求替代性方法的争端解决。

(二)下一代合作范本与中国应对

CPTPP 的组织和运行创立了新的模式,呈现出正式组织形式的式微与全

---

① Terry Collins-Williams and Robert Wolfe, Transparency as a Trade Policy Tool: The WTO's Cloudy Windows, *World Trade Review*, 2010, Vol.9.

② Peter K. Yu, TPP and Trans-Pacific Perplexities, *Fordham International Law Journal*, 2014, Vol.37.

球行政法兴起的特点,深刻影响了同时期以及今后的"巨型 FTA"的组织运作。可以发现,各国在同一时间段内谈判的自由贸易协定大都采取了委员会制或联合委员会制。正在谈判中的《跨大西洋贸易和投资伙伴关系协议》(TTIP)、《服务贸易协定》(TISA)很大程度上会选择参考类似形式的组织管理模式。由此形成的全新组织合作模式,将会给现存国际组织以及包括中国在内的申请加入国带来全新的挑战。如何适应这种来自全球行政法带来的变革则是各方共同需要面对的现实问题。历史上,中国参与国际合作的发展路径并非遵循"双边—区域—多边"演进规律,长期以来在中间"区域国际法"这一环节进程缓慢。[1] 当中国决定正式提出申请加入 CPTPP,这背后除了反映出中国意在补强区域规则的参与、构建和引领这个环节之外,还反映出中国深化改革的决心,即为适应区域贸易和投资规则而倒逼自身国内层面的规则更新。这些改变旨在满足 CPTPP 对其成员在贸易规则领域内的基本要求。而这些法律层面的变化将会在未来的运行和适用过程之前逐渐展开。CPTPP之于中国,当前首先需要考虑的是如何构建起对其合法性的分析论证和在此基础上的认同。

一个机构的合法性,被认为是该机构的目标和实践与为其权力提供正当理由的信念、价值观和期望相一致的结果。这是根据某些规范假设和标准来判断的。如果一个机构的结构、程序和行动符合特定的规范标准,如以某种表示同意、机构完整性或促进正义为基础,则通常认为该机构具有规范性合法性。然而,这些标准并不是普遍的,也不是随时间而变化的,而是通过辩论、说服和社会化的结果。[2] 这个过程无一例外深受国际社会变化的影响。一个组织机构合法性的分析,可以从该组织的输出、过程和结构三个维度进行观测。[3] 输出的合法性是通过组织对某一目标结果构建起共同信念,以及组织实现这些结果的能力达成的。《联合国宪章》确定了人类社会和平与发展两大主题,在联合国安理会这一能够作出具有强制约束力决议的机构的推行下,联合国在维护世界和平和安全的进程中扮演着举足轻重的角色,其合法性也由

---

① 钱芳:《世界秩序危机中的区域国际法缺位问题——基于国际法供给侧的思考》,载《学术探索》2019 年第 2 期。

② Allen Buchanan & Robert Keohane, The Legitimacy of Global Governance Institutions, *Ethics and International Affairs*, 2006, Vol.20.

③ Mark Sutchman, Managing Legitimacy: Strategic and Institutional Approaches, *Academy of Management Review*, 1995, Vol.20.

此而来。过程的合法性是组织通过程序的选择、确保权力以正当方式行使。国际组织的大小国地位平等原则、法律的平等适用、透明度和程序参与等功能也反过来增强了组织的合法性来源。结构合法性则是通过宪章指引下的机构设置,让各国和公众确信该组织对某一事项负责是合适的。

一旦组织在公众或成员心目中确立了自身的合法性,那么即便在没有外力威胁或物质奖励的情况下,各方也会形成相应的自愿服从。[①] 结合这一判断可以发现,CPTPP 的合法性来源两个方向:一个方向是 CPTPP 自身的"自我合法化"过程,另一个方向是通过成员所赋予的合法性认可。CPTPP 在其序言当中作出自我合法性的宣告。在区域经济一体化、实现贸易和投资自由化的基础上,CPTPP 意在实现其后 20 多个章节议题所要达到的最高目标。同时,CPTPP 也被各缔约成员赋予了六大贸易规则制定理念,即自由贸易、公平贸易、价值链贸易、价值贸易、安全贸易和包容性贸易。[②] 确认这些目标设想之后,以美国为代表的成员方在舆论上开始了对 CPTPP 进行推广与宣传。CPTPP 在这个过程中开始取得权威性和影响力。接下来,CPTPP 的合法化努力则转向其他来源。一是通过其自身成员的承认,二是通过寻求区域外的其他成员的承认,三是通过其他非政府组织的承认。同时还需要看到,CPTPP 的合法性也并非自始便形成,也并非不受质疑。突出的表现是,组织的合法性会根据国际社会政治经济情况变化而变化。随着美国的退出,原先 11 个缔约方在日本的主导下继续推进。这段时期内对 CPTPP 的关注度显著降低,各方对日本主导推进 CPTPP 的能力不免产生疑虑。[③]

回到组织与其成员关系本身讨论合法性问题,世界贸易组织的困境和现状可见一斑。从 WTO 角度考察,一个国际性组织的合法性受到挑战主要来源于三个方面。组织在决策程序和结构上无法作出预期的决策,是其合法性遭受到的第一个挑战。现实中,WTO 无法通过现有的"多哈回合"谈判机制有效达成规则更新的协议,令国际社会与 WTO 成员对组织的能力和期望产生了动摇。WTO 上诉机构成员因美国的阻挠、总干事任命被美国影响,进一

---

① Henry Walker & Morris Zelditch, *The Legitimacy of Regimes*, *Advance in Group Processes*, Emerald Group Publishing Limited, 2003, pp.217-249.

② 盛斌、高疆:《透视 TPP:理念、特征、影响与中国应对》,载《国际经济评论》2016 年第 1 期。

③ Ni Yueju, Japan's Policy toward the WTO Reform, *China International Studies*, 2019, Vol.76.

步影响了 WTO 在行使司法职能和日常运行上的合法正当性。可见,成员方不合作、不配合构成了对组织合法性的第二个挑战。此外组织现行规则的滞后性以及无法回应国际社会发展的需求,也进一步影响了组织的合法性。尽管全面谈判已经宣告失败,但是在某些领域,如渔业补贴和电子商务等方面,WTO 成员仍在努力达成协议。"实然法"正在发挥作用,维护着一个现实的多边贸易体制,而"应然法"则是 WTO 不断进步的努力,力求建立一个更好的多边贸易体制。在无政府状态的国际社会,合法性是组织权威与服从的主要来源。① 由于权力与合法性的复杂关系的存在,当现有组织成员的利益受到组织效率性、功能性或结构性降低带来的负面影响时,它们极有可能会否定组织的权威。

国家将其自身委付于某一国际机制,意味着今后在涉及特定议题时约束自身的利益追求。中国决定加入 CPTPP 在某种意义上来说已经默认了其在区域贸易与投资领域的权威性与合法性存在。因而可以看到,中国近几年也在为加入高门槛的 CPTPP 进行积极靠拢,重点在市场准入要求、立法和执法情况、规则的适应程度等方面进行评估。申言之,在深化国内改革层面,中国积极推进国有企业改革,适应"竞争中立"的要求;废除劳教制度,消除因缺少监管机制而出现的强迫劳动现象;改善营商环境,清理影响规范运行的制度性障碍。比如,在自由贸易试验区内进行制度创新,探索外商投资的"准入前国民待遇+负面清单"管理模式、负面清单之外的投资项目由核准制改为备案制以及人民币跨境使用等金融试点改革。此外,需要特别注意的问题是,这些实体规则的改变除了产生积极正向的影响,还要结合监管一致性等具体要求进行分析。CPTPP 监管一致性要求各成员的规则尽可能统一。这实质上是通过合法方式干预成员方的国内规制权。② 如何在确保自身政策独立自主性的同时,又不违反 CPTPP 的规则要求,是中国在决定加入 CPTPP 之时需要考虑的最核心的关切。

如果成功加入 CPTPP,中国国内关于跨境贸易和投资的规则规制将会在 CPTPP 委员会的协调下,努力寻求与其他国家的规则保持一致。这背后反映

---

① Bruce Cronin and Ian Hurd, *The UN Security Council and the Politics of the International Authority*, Routledge, 2008, pp.24-26.

② 李丽、张策:《TPP 中的规制协调问题、影响及对策建议》,载《亚太经济》2016 年第 4 期。

出 CPTPP 虽以多边条约为依托,但其运作方式更侧重于全球行政法的调整方式。这一变革是国际组织法上的新调整,与中国早已熟悉和适应的在国际组织框架下的运行模式大为不同。对此,中国需要在处理与 CPTPP 机构的关系、规则适用相互配合以及权利与责任的分担等方面展开布局。国际组织的运作是将其自身功能与主权国家授权分离开来进行观察;CPTPP 的委员会制在这方面实现了整合,将组织的功能依附在主权国家的管理之下。所以 CPTPP 的日常管理机构并不需要拥有独立于组织成员的独立意志,对独立法律人格地位的需求也并非十分迫切。反过来说,没有复杂精妙的组织程序设计,CPTPP 委员会能够在成员的主导下专注于规则的实施。拥有程序公平、透明要求保证下的 CPTPP 规则实施机制,弥补了烦琐的国际立法程序带来的无法可依的局面,避免了争议落入国际争端解决机制旷日持久的泥淖之中。于是,寻求全球行政法为依托的 CPTPP 在具体活动过程中所产生的责任问题毫无疑问会直接归因于成员方。缺乏国际法律人格这一层关系责任限制屏障,各成员在推进 CPTPP 过程中所遇到的规则与原则区分、一般与例外辨别、适用与解释等问题,都需要进行更为审慎的考虑。

结　语

CPTPP 在美国退出后成了"没有美国主导的美式自由贸易协定"。成员驱动下的"委员会制"的组织形态和"全球行政法"的治理模式,共同确保了 CPTPP 今后运行的自治性。中国在决定正式加入 CPTPP 时要考虑具体的贸易和投资规则的字面表达,还要仔细分析判断其后美国话语权的影响。CPTPP 在被赋予引领国际经贸规则变革重任的同时,也被期待着实现国际组织法、国际政治经济合作模式的新探索。面对"百年未有之大变局",以 CPTPP 为代表的、旨在通过全球行政法整合起来的多边条约执行机制,对包括中国在内的其他国家而言同样是一场全新的考验。CPTPP 的组织机构是实现整个流程顺利进行的执行工具。CPTPP 委员会和各专门委员会在统合各成员国家一级的执行信息和政策信息之后,构筑起自身的合法性来源,在区域贸易与投资规则领域获得主流范式表达的决定性地位。从更广泛的意义上看,CPTPP 不但是成员方或 CPTPP 委员会独有的"财产",更是亚太地区各国共同合作实践的财富。各成员方通过 CPTPP 固然能够实现或增强"自利性"、在合作框架的基础上实现各方的"共利性";但为长远计,还需要考虑如何将 CPTPP 的局部利益转化为整体利益、从区域利益扩展到全球利益。

(本文责任编辑:林沛沛)

CPTPP's Organizational Pattern and Operation Model
—The Decline of Formal Organization and the Uprising of Global Administrative Law

Huang Jianyun

Abstract:*The Comprehensive and Progressive Trans-Pacific Partnership* (CPTPP) is a high-standard regional free trade agreement within the Asia-Pacific region. The exception clause to the most-favored-nation principle of the World Trade Organization rules provides the legality and legitimacy basis for the CPTPP. Moreover, the CPTPP organizes itself constitutionally as a multilateral treaty enforcement agency under the framework of international institutional law. The members did not choose to design the CPTPP's cooperation model in the form of an international organization, thus overcoming the resistance encountered in the operation of traditional international organizations. Leadership through the committee system is a key feature of the CPTPP's organizational structure. The CPTPP's organizational operation shows an overall trend of deconstructive organization due to the existence of rules of regulatory consistency, transparency and anti-corruption. The members focus more on the efficiency of rule administration and executive under this cooperative framework, deliberately downplaying the legislative and judicial functions. On the basis of achieving true member-driven, the organizational form and operation mode of CPTPP can generate synergy to promote the implementation of regional trade and investment rules. In the process of applying for membership, China should first need to develop a holistic understanding of the CPTPP organizational structure and its operation.

Key Words:institution and operation; CPTPP; committee system; global administrative law; china's response

协同与互动:涉外环境法治的体系建构与时代表达[*]

张　昕[**]

内容摘要:随着中国开放发展格局达到了一定的层次与规模,为了切实、精准地维护我国主权、安全、发展利益,坚持统筹推进国内法治与涉外法治已然跃升为建设法治中国的应有之义。目前,中国既处于全球环境治理赤字危机的时代背景下,又深陷西方国家对我国海外投资建设施加绿色规锁的困局。因此,涉外环境法治便成为构建涉外法治话语体系中的关键议题。一方面,涉外环境法治的生成源于国内环境法治与国际环境法治深度衔接的助力,并在国内环境法治与国际环境法治的互动中发挥着转译功能;另一方面,涉外环境法治又试图施展独立的统筹价值,在审视国内环境法治运行的基础上,洞察国际环境法治的发展全貌。在这种互动向互构的发展趋势下,中国亟待完善涉外环境法治体系,从理念意蕴、系统规范、运行机制与特色平台出发,达成涉外环境法治在实体规范与形式效能之间的动态平衡,力求在国际环境法治体系中镌刻中国印记。

关键词:涉外法治;涉外环境法治;国内环境法治;国际环境法治

目　录

---

　　* 本文研究受到教育部哲学社会科学研究重大专项项目"坚持统筹推进国内法治与涉外法治研究"(2022JZDZ005)的支持,特致谢忱。

　　** 张昕,吉林大学法学院博士研究生。

（一）概念界定:涉外法治的绿色型塑

（二）从互动到互构:涉外环境法治与国内环境法治、国际环境法治的关系

三、深层动因:涉外环境法治运行的影响因素

（一）环境利益的隐性牵制

（二）生态安全的显性考量

四、整体布局:涉外环境法治的目标锚定

（一）规划涉外环境立法的方向

（二）构建涉外环境法律运行制度

五、大国实践:涉外环境法治视域下的中国供给

（一）理念意蕴:从人类命运共同体到地球生命共同体

（二）特色平台:绿色"一带一路"建设的助力

结论

一、问题的提出

当前,我国对外开放格局在不断地扩展与延伸,国家发展需要把握国内国际两个大局,这已经成了清晰的客观事理。坚持统筹推进国内法治与涉外法治作为习近平法治思想的核心要旨,恰如其分地为中国开展涉外工作提供了法理支撑。[①] 为了持续优化涉外法治工作战略布局,补齐当前涉外法治建设中的短板,涉外环境法治可以说是涉外法治建设的重点领域。一方面,生态环境问题属于"人类共同关注事项"。全球环境作为一个生态系统,国家或地区的行为极易产生全球性环境问题,在环境负外部性影响的溢出效应与全球绿色产业革命的共同助推下,涉外环境法治的兴起是必然趋势。另一方面,环境因素也制约着我国对外投资实践的发展,环境与经贸议题的时代衔接不仅是我国对外开放发展的持续性需求,也是我国涉外环境法治建设中需要统筹建

---

① 2020 年 11 月 16 日至 17 日,中央全面依法治国工作会议在北京召开。会议正式确立了习近平法治思想在全面依法治国方面的指导地位。习近平提出,要坚持统筹推进国内法治和涉外法治。《坚定不移走中国特色社会主义法治道路 为全面建设社会主义现代化国家提供有力法治保障》,载《人民日报》2020 年 11 月 18 日第 1 版。

设的具体方向。企业在对外投资建设项目中不仅面临着环境风险,更需要接受附带高标准的环境规制。因此,我国亟须在构建涉外法治话语体系与生态文明法治体系的过程中,统筹推进国内环境法治与涉外环境法治。

在国内环境法治与国际环境法治整体发展方向一致的前提下,涉外环境法治体系建设已经初具规模,面对层出不穷的涉外环境司法实践,我国相关部门近年来出台了一系列规范性文件。① 这意味着统筹考量生态文明建设在涉外法治体系中的时代定位,将为处理好涉外环境立法、执法、司法、守法各环节之间的关系打下坚实的基础。但我们也要看到,在涉外环境法治与国内环境法治、国际环境法治三者之间的关系中,尽管外部协调性占据主导地位,但当三者交汇于同一时空时,基于三者背后的发展阶段、内在利益的差异,这种互动可能兼具内部冲突性。因此,如何让这种互动汇集长期共识,减少短线矛盾,引发了一系列待解答的问题。具体而言,涉外环境法治的概念及其内容?坚持统筹国内法治与涉外法治,着眼点在于"统筹",因此,如何实现国际环境法治、国内环境法治与涉外环境法治三者之间从良性互动到互构的格局?影响涉外环境法治发展的固有因素有哪些?

据此,本文对于以上问题的思考与阐述将沿着以下逻辑顺序展开。首先,通过回溯国内、国际环境法治融合的背景,尝试提出涉外环境法治的概念,并系统分析涉外环境法治源于国内环境法治与国际环境法治的互动,但又在此互动的基础上,欲展现涉外环境法治自身的独特价值。其次,通过阐明涉外环境法治运行的制约因素,来规划涉外环境法治需要倾斜发展的重点领域。在以上分析的前提下,致力于在涉外环境法治的价值理念、系统规范、科学机制之间形成一种稳定的状态。此外,除了从国际环境法治中汲取养分,涉外环境法治体系可以在哪些方面为国际环境法治提供中国方案,这是涉外环境法治面临的时代挑战。

---

① 例如:2011 年,商务部、发展改革委、外交部发布《对外投资国别产业指引》;2013 年,商务部、环境保护部(现为生态环境部)开始发布《对外投资合作环境保护指南》;2021 年,商务部、生态环境部发布了《对外投资合作绿色发展工作指引》;2022 年,生态环境部、商务部印发《对外投资合作建设项目生态环境保护指南》,对于 2013 年的《对外投资合作环境保护指南》进行了全面更新;以上文件旨在推动对外投资合作的可持续发展,提升对外投资合作建设项目环境管理水平,更全面地服务于绿色新发展格局。

二、涉外环境法治：涉外法治体系的关键议题

改革开放 40 多年以来，中国对外交往实力不断增强，在经济、文化、环境、数字等领域同其他国家展开深度合作，在法律已经成为国际社会公认的良好治理工具的背景下，中国在国内秩序与国际秩序的互动中发展涉外法律体系是因应鲜明的时代需求。① 生态环境领域作为中国涉外法治工作部署中的必要环节，它既有涉外法治思想与生态文明思想的双重加持，又有国内环境治理和中国参与全球环境治理经验的双向引领。

（一）概念界定：涉外法治的绿色型塑

在展开对涉外法治的绿色"着色"之前，对涉外法治的内涵进行界定是一个前提性问题。通过对我国党内法规的考察，可以发现措辞的变化，体现了我国对于涉外工作的重视程度在不断加深。2014 年涉外法治的具体领域与工作方向已经在《中共中央关于全面推进依法治国若干重大问题的决定》中进行了初步的阐述，②该时期文件的措辞仍为加强"涉外法律工作"。2019 年，在党的十九届四中、五中全会通过的《中共中央关于坚持和完善中国特色社会主义制度　推进国家治理体系和治理能力现代化若干重大问题的决定》中，明确规定："加强涉外法治工作，建立涉外工作法务制度，加强国际法研究和运用，

---

① 何志鹏：《现代化强国的涉外法治》，载《吉林大学社会科学学报》2022 年第 2 期。

② 2014 年 10 月 23 日，该项决定由中国共产党第十八届中央委员会第四次全体会议通过，在加强和改进党对全面推进依法治国的领导下，关于涉外法律工作方面的部署如下：(1)完善涉外法律法规体系，促进构建开放型经济新体制。(2)积极参与国际规则制定，推动依法处理涉外经济、社会事务，增强我国在国际法律事务中的话语权和影响力，运用法律手段维护我国主权、安全、发展利益。(3)强化涉外法律服务，维护我国公民、法人在海外及外国公民、法人在我国的正当权益，依法维护海外侨胞权益；深化司法领域国际合作，完善我国司法协助体制，扩大国际司法协助覆盖面。(4)加强反腐败国际合作，加大海外追赃追逃、遣返引渡力度。(5)积极参与执法安全国际合作，共同打击暴力恐怖势力、民族分裂势力、宗教极端势力和贩毒走私、跨国有组织犯罪。参见《中共中央关于全面推进依法治国若干重大问题的决定》，载《人民日报》2014 年 10 月 29 日第 1 版。

提高涉外工作法治化水平。"此时,文本措辞已经转变为"涉外法治工作"。①
2021 年中共中央《法治中国建设规划(2020—2025 年)》从多个方面对涉外法
治工作进行了全面布局。② 这既表现了我国对涉外工作运行机制的重视,也
暗示着我国在国际规则制定中,从参与者向引领者、制定者过渡的心态。涉外
法治是中国特色社会主义法治体系的重要组成部分,与国内法治共同构成全
面依法治国方略的"鸟之两翼,车之两轮",是国家法治一体两面的系统化表
达。③ 涉外法治是基于法治的思想、理念、实践来指导涉外工作的各领域、全
过程,从国家本位出发,参与、制定明确的实体法律标准,形成并坚持妥当的法
律程序,以此开展跨国家适用与执行的过程。④

　　生态环境领域作为涉外法治建设的组成部分,早在习近平生态文明思想
提出初期,就注重协同国内国际两个面向的法治体系建设。一方面,习近平总

---

　　① 2019 年 10 月 31 日,该项决定由中国共产党第十九届中央委员会第四次全体会
议通过。参见《中共中央关于坚持和完善中国特色社会主义制度　推进国家治理体系和
治理能力现代化若干重大问题的决定》,http://www.gov.cn/zhengce/2019-11/05/content
_5449023.htm,下载日期:2022 年 1 月 5 日。

　　② 关于"涉外法治工作"的内容具体如下:(1)国内立法方面,适应高水平对外开放
工作需要,完善涉外法律和规则体系,补齐短板,提高涉外工作法治化水平。(2)国际立法
方面,积极参与国际规则制定,推动形成公正合理的国际规则体系。加快推进我国法域外
适用的法律体系建设。(3)涉外司法方面,围绕促进共建"一带一路"国际合作,推进国际
商事法庭建设与完善。推动我国仲裁机构与共建"一带一路"国家仲裁机构合作建立联合
仲裁机制。强化涉外法律服务,维护我国公民、法人在海外及外国公民、法人在我国的正
当权益。建立涉外工作法务制度。(4)涉外守法方面,引导对外经贸合作企业加强合规管
理,提高法律风险防范意识。(5)涉外法律服务方面,建立健全域外法律查明机制。推进
对外法治宣传,讲好中国法治故事。加强国际法研究和运用。(6)涉外法治合作方面,加
强多双边法治对话,推进对外法治交流。深化国际司法交流合作。(7)涉外执法方面,完
善我国司法协助体制机制,推进引渡、遣返犯罪嫌疑人和被判刑人移管等司法协助领域国
际合作。积极参与执法安全国际合作,共同打击暴力恐怖势力、民族分裂势力、宗教极端
势力和贩毒走私、跨国有组织犯罪。加强反腐败国际合作,加大海外追逃追赃、遣返引渡
力度。参见《法治中国建设规划(2020—2025 年)》,载《人民日报》2021 年 1 月 11 日第 1、
2、4 版。

　　③ 黄惠康:《准确把握"涉外法治"概念内涵　统筹推进国内法治和涉外法治》,载
《武大国际法评论》2022 年第 1 期。

　　④ 张文显:《习近平法治思想的理论体系》,载《法制与社会发展》2021 年第 1 期;何
志鹏:《涉外法治:开放发展的规范导向》,载《政法论坛》2021 年第 5 期;张巍:《涉外法治的
概念与体系》,载《中国法学》2022 年第 2 期。

书记提出"保护生态环境必须依靠法治。只有实行最严格的制度、最严密的法治，才能为生态文明建设提供可靠保障"。另一方面，习近平总书记认为"建设生态文明关乎人类未来。国际社会应该携手同行，共谋全球生态文明建设之路"。① 因此，在国内面向上，构建最严密生态法治体系的核心在于解决好国内与国际规则协同创制的问题，形成多主体参与、全方位覆盖、全过程协调的共建、共治、共享机制。在国际面向上，积极推动生态环境保护领域的国际合作，充分发挥引领作用，为构建人类命运共同体提供中国智慧。②

涉外环境法治是在国内环境法治的域外延伸与国际环境法治的国内实施中产生的。并且，随着实践的发展，国内环境法治与国际环境法治的互动始终处于钟摆运动状态，从而形成了中国涉外环境法治的内在张力。这种张力表现在涉外环境法治除了在国内环境法治与国际环境法治之间发挥衔接作用，更具有其独立的统筹意义。涉外环境法治指的是国家在涉外工作中制定或参与制定，跨国家生效的，以维护国家环境利益为宗旨的，涵盖涉外环境立法、执法、司法系统运行的功能性规则体系。③ 综上，涉外环境法治主要由两部分组成：一是国内环境法治体系中涉及外国、国际事项的部分，具体内容指向规避涉外环境风险以及建立涉外环境纠纷解决机制；二是中国参与国际环境法治并作用于国际环境法治的部分，即国际环境法治的中国立场。

（二）从互动到互构：涉外环境法治与国内环境法治、国际环境法治的关系

习近平法治思想注重以马克思主义哲学的"系统观念"来引领法治建设。习近平指出："系统观念是具有基础性的思想和工作方法，其精髓在于加强前瞻性思考、全局性谋划、战略性布局、整体性推进，统筹国内国际两个大局。"④ 系统思维作为习近平法治思想鲜明的科学方法，体现在习近平法治思想贯通历史与现实、联系国际和国内、结合理论和实践之中。因此，系统思维需要兼顾两个工作方向：一是要坚持统筹国内环境法治与涉外环境法治；二是要注重国内环境法治、国际环境法治与涉外环境法治三者之间的良性互动，并在互动向互构的演进过程中迈向全球环境法治趋同化。

---

① 习近平：《携手构建合作共赢新伙伴，同心打造人类命运共同体》（2015 年 9 月 28 日），载《十八大以来重要文献选编》（中），中央文献出版社 2016 年版，第 697 页。

② 吕忠梅：《习近平法治思想的生态文明法治理论》，载《中国法学》2021 年第 1 期。

③ 张鸁：《涉外法治的概念与体系》，载《中国法学》2022 年第 2 期。

④ 习近平法治思想概论编写组：《习近平法治思想概论》，高等教育出版社 2021 年版，第 12 页。

1.功能厘定:涉外环境法治对于国际环境法治与国内环境法治的衔接

国内环境法治与国际环境法治不是某一方的单向输出,而是在碰撞与协调中形成的一种双向互动。随着这种互动关系的日益紧密,更是形成了新时期涉外环境法治的雏形。因此,构建新时期涉外环境法治,需要追溯中国涉外环境法律体系的建构过程。从规范法学的角度出发,这种互动的过程仍然以传统的国际法与国内法的"二元分立"为前提,而不能将涉外法治独立于国内法治、国际法治,成为"三元论"。[①] 对于国内法治与国际法治的关系,笔者在此既不探讨何者为先(一元论),也不认为彼此存在对立(二元论)。而是从实际出发认为国际法与国内法的关系,归根结底是国际法在国家内部的执行问题,即国家依照国际法履行义务的问题。[②] 国际环境法治的发展主要带来了两点变化:一是将传统上属于国内法管辖的事项置于国际环境公约的约束下,二是国际环境法与国内环境法具有强烈的理念、规则、制度的互动与互融。[③] 因此,中国在统筹国内环境法治与涉外环境法治的过程中,应当以"参与者"的视角进行前期考察。[④] 从参与者的视角出发,中国接受国际环境法作为行为的导引与批判的标准,并在国内国际的持续互动中表达涉外环境法治的观点。[⑤] 也就是说,统筹国内环境法治与涉外环境法治,需要以国际环境法治的国内化与国内环境法治的国际化为基础,将两种作业机制作为涉外环境法治建设的长期工作方向。

首先,就国际环境法治的国内化而言,主要包括中国参与全球环境治理的立场以及国际环境公约的国内适用。国际制度对于参与国而言并非游离状态,而是融入国家机器的规则设定与运作程序中,即国家从认知、实践层面采纳国际制度,国际制度成为国家机器本身的一个组成部分,这是国际制

---

① 黄惠康:《准确把握"涉外法治"概念内涵 统筹推进国内法治和涉外法治》,载《武大国际法评论》2022 年第 1 期。

② 笔者认同周鲠生教授关于国际法与国内法关系的"自然协调论"。参见周鲠生:《国际法》(上册),商务印书馆 1975 年版,第 16~20 页。

③ 那力、王彦志:《迈向生态文明:国际环境法与 WTO 法的新领域、新挑战、新发展》,高等教育出版社 2022 年版,第 4~5 页。

④ 张磊:《涉外法治的概念与体系》,载《中国法学》2022 年第 2 期。

⑤ [英]哈特:《法律的概念》(第 3 版),许嘉馨、李冠宜译,法律出版社 2018 年版,第 312 页。

度内化的必然结果。① 从中国参与全球环境治理的立场上看,新中国环境外交始于 20 世纪 70 年代,在 1972 年联合国首次人类可持续发展会议上,周恩来派代表参加会议,为中国参与全球环境治理拉开了序幕。中国积极参加联合国环境署(UNEP)、联合国开发计划署(UNDP)、全球环境基金(GEF)、联合国可持续发展委员会(UNCSD)等机构,并先后加入了 14 大类 50 多项多边环境协议,为国际环境公约谈判做出积极贡献。②

就国际环境公约的国内适用而言,这些公约对中国政府具有直接的约束力,但一般是间接适用的方式。国际环境公约主要采用"框架式公约—软法细则"的伞状形式,其宏观上要求缔约国在国际层面上履行公约,对于缔约国履行公约的实体义务一般只规定目标,并未形成一套系统的实施规则。而将制定系统法律规范的义务交给缔约国完成,其目的在于消除国内法律障碍,巩固缔约国内部的实施机制,促进国际环境公约的国内适用。③ 例如,我国《海洋环境保护法》《防止船舶污染海域管理条例》《海洋倾废管理条例》就对《防止船舶污染海洋公约》、《海洋倾废公约》和《国际油污损害民事责任公约》中的原则性规定予以细化。④ 2021 年 10 月,国务院新闻办公室发布了《中国的生物多样性保护》白皮书,表达我国积极践行《生物多样性公约》的决心。国际环境公约是汇集各国意愿的协调成果,其中包含诸多共同的标准。从环境法治的内核上看,基于国际环境法与国内环境法最终目标的一致性,即保护人类生存环境,实现人类社会的可持续发展。因此,一个潜在的趋势是国内环境立法与国际环境立法在法律体系、法律结构以及法律规范上的趋同化现象愈加明显。⑤

其次,国内环境法治的国际化,主要指中国在参与制定国际环境规则中,将本国符合人类共同利益的环境理念、原则、磋商机制拓展到涉外环境事务中,并间接为国际环境法治提供中国法治建设样本。党的十八大以来,"绿色外交"融入中国特色大国外交战略布局中,围绕全球环境治理的各领

---

① 唐永胜、徐弃郁:《寻求复杂的平衡:国家安全机制与主权国家的参与》,世界知识出版社 2004 年版,第 37 页。

② 于宏源:《中国环境外交的历程、成就和展望》,载《人民论坛》2021 年第 33 期。

③ [法]亚历山大·基斯:《国际环境法》,张若思编译,法律出版社 2000 年版,第 355~357 页。

④ 汪劲:《环境法学》,北京大学出版社 2006 年第 2 版,第 687~689 页。

⑤ 汪劲:《论全球环境立法的趋同化》,载《中外法学》1998 年第 2 期。

域提出中国理念，提供技术与金融便利。① 2015 年习近平总书记出席联合国巴黎气候大会，并对《巴黎协定》提出了四点建议。② 2016 年 G20 杭州峰会召开，中国运用主场外交达成《二十国集团落实 2030 年可持续发展议程行动计划》。2017 年举办首届"一带一路"国际合作高峰论坛并形成涵盖绿色"一带一路"建设的成果文件。在 2020 年第 75 届联合国大会上，习近平总书记宣布碳减排承诺"二氧化碳排放力争于 2030 年前达到峰值，努力争取 2060 年前实现碳中和"，③展现了大国责任与担当。2021 年习近平总书记在中国主办的《生物多样性公约》第 15 次缔约方大会（COP15）领导人峰会上系统阐述了构建"地球生命共同体"的理念。同年，国务院新闻办公室发布《新时代的中国国际发展合作》白皮书，致力于为绿色"一带一路"建设、南南合作指明发展方向，为落实《联合国 2030 可持续发展议程》贡献中国智慧。④ 概言之，国内与国际环境治理互融互通，国际环境法治与国内环境法治相互作用是全球环境治理的题中之义。⑤ 并且，基于环境治理自身的外溢性，这也促使国内环境法治不限于讨论国内环境问题，同时需要关切具有共性的国际环境问题。而涉外环境法治是破解国际与国内环境法治碎片化的巧妙路径，可以在提取三者公因式规则时进行合理的编排，在三者之间搭建制度接口。

2.差异互动：涉外环境法治与国际环境法治、国内环境法治

涉外环境法治、国内环境法治与国际环境法治在协同互动中也会产生界限模糊的问题。可以明确的是，涉外法治与国内法治并行，共同构成国家法

---

① 黄惠康：《中国特色大国外交与国际法》，法律出版社 2019 年版，第 284～294 页。

② 习近平总书记对《巴黎协定》提出了四点建议：有利于实现公约目标，引领绿色发展；有利于凝聚全球力量，鼓励广泛参与；有利于加大投入，强化行动保障；有利于照顾各国国情，讲求务实有效。参见《述评〈巴黎协定〉的中国贡献》，http://world.people.com.cn/n1/2016/1006/c1002-28757888.html，下载日期：2022 年 2 月 19 日。

③ 习近平：《继往开来，开启全球应对气候变化新征程——在气候雄心峰会上的讲话》，载《人民日报》2020 年 12 月 13 日第 2 版。

④ 关于《新时代的中国国际发展合作》白皮书的内容，详见国务院新闻办公室网站，http://www.scio.gov.cn/zfbps/32832/Document/1696685/1696685.htm，下载日期：2022 年 2 月 24 日。

⑤ 赵骏：《全球治理视野下的国际法治与国内法治》，载《中国社会科学》2014 年第 10 期。

治。涉外法治并不等于国际法治，涉外法治强调国家视角，以国家为本位，因此，中国的涉外法治是与中国有关的法治架构和法治进程。国际法治注重国家之间的相互依赖、冲突、协调，并且是在各个国家的涉外法治相联系、协调、冲突中形成的。① 例如，日本向太平洋排放核污水的决定，在向海洋排放之前，核污水如何储存及排放，是日本国内环境法治的问题。而一旦决定向海洋排放，造成危及我国民众的跨境污染，乃至于整个国际社会，便成为中国的涉外环境法治问题以及国际环境法治问题。② 因此，在把握涉外环境法治、国内环境法治、国际环境法治之间协同互动的同时，也适时进行系统的比较，在异同中寻求达到一种共生共长的状态。

对于三者之间的联系与界分，将从法律关系的主体、内容、客体等方面进行对比（见表1）。以国家的基本环境权利与义务为线索，也更符合国际法的内在逻辑。③ 从环境法治的目的入手，来界分三者之间的各自倾斜。国际环境公约、软法文件以及世界各国环境法的目的主要分为两种：一是直接目标，即保护和改善环境；二是终极目标，包括保护人类健康与保障经济社会可持续发展。在保护和改善环境这一直接目标上，世界各国几近趋同；在终极目标方面，各国规定则有所差别。多数国家主张环境法的最终目的，首先是保护人的健康，其次是促进经济社会可持续发展，即"目的二元论"（dualism of objectives）。部分国家规定环境法的唯一目的是保护人类健康，即"目的一元论"（monism of objectives）。④ 随着环境危机越演越烈，目的一元论背后的绝对人类中心主义已不符合人类发展需求。20世纪90年代以来，从各国逐渐制定和修改新的环境基本法并确立新的环境政策目标来看，采纳目的二元论者占多数。中国当前国内环境法治就是采纳目的二元论，从"纯粹关注人类利益"到"确认自然环境的内在价值"。⑤ 这是环境法对于传统法律制度的创新与发展，将法律关系从"人—人"拓展至"人—自然—人"的关系。从发现到承

---

① 何志鹏：《涉外法治：开放发展的规范导向》，载《政法论坛》2021年第5期。

② 那力：《日本向海洋排放核污水决定与国际法：应尽未尽的环保、环评、通知与协商义务》，载《太平洋学报》2021年第10期。

③ 那力、王彦志：《迈向生态文明：国际环境法与WTO法的新领域、新挑战、新发展》，高等教育出版社2022年版，第8页。

④ 金瑞林主编：《环境法学》，北京大学出版社1990年版，第34～36页。

⑤ 陈海嵩：《中国环境法典编撰的基本理论问题》，法律出版社2021年版，第110～114页。

认自然环境价值,使我们认识到在环境法律关系上,客体是具有一定的主体性的。传统环境法只承认自然环境作为人类享有良好生活的客观条件,而当前"自然环境价值"已经从附属于人类利益的客体向环境权益的主体身份转变。因此,从"人—人"转变为"人—自然—人"的关系,必须重视人类赖以生存的环境的主体性,环境权亟待确定。[①] 2018 年《国际环境公约(草案)》以确定实体性环境权为重大改革目标,这对于我国当前缺乏与实体环境义务相对应的实体环境权利而言,是一种立法引领。

表 1 涉外环境法治与国内环境法治、国际环境法治的关系

	国内环境法治	涉外环境法治	国际环境法治
目的	保护和改善环境,防治污染和其他公害,保障公众健康,推进生态文明建设,促进经济社会可持续发展[②]	在涉外环境事务中,注重贯彻生态文明理念,通过推动绿色高质量发展,保护和改善环境,维护本国的主权、安全、发展利益	保护和改善人类环境是关系到全世界各国人民的幸福和经济发展的重要问题,也是全世界各国人民的迫切希望和各国政府的责任[③]
影响范围	国内环境损害,未产生跨境影响	国内环境损害行为产生跨境影响或他国环境损害行为对本国产生影响	国家环境损害行为关系到人类社会共同利益
主体	国家、法人、社会团体、公民	国家、法人(跨国公司为主)、社会团体、公民	国家、国际组织、非政府组织、个人

[①] 吕忠梅:《新时代环境法学研究思考》,载《中国政法大学学报》2018 年第 4 期。

[②] 我国《环境保护法》(2014)第 1 条规定环境基本法的目的,即"为保护和改善环境,防治污染和其他公害,保障公众健康,推进生态文明建设,促进经济社会可持续发展,制定本法"。

[③] The protection and improvement of the human environment is a major issue which affects the well—being of peoples and economic development throughout the world;it is the urgent desire of the peoples of the whole world and the duty of all Governments. See Declaration of the United Nations Conference on the Human Environment,Article 2.

续表

内容	权利	尚未制定立法层面实体性环境权	尚未制定立法层面实体性环境权	所有人都有权生活在一个有利于其健康、幸福、尊严、文化和自我发展的健康生态环境中①
	义务	一切单位和个人都有保护环境的义务②	一切单位和个人都有保护涉外环境风险的义务	任何国家或国际机构、自然人或法人，无论公私，都有养护环境的义务③
客体		国家管辖范围以内的自然资源（有形、无形）、主体从事的对环境有影响的行为（开发利用、排污行为、保护行为等）④	与本国利益相关的位于国家管辖范围以外的自然资源（有形、无形）、本国行动主体从事的对涉外环境有影响的行为或者涉外行动主体从事的对本国有影响的行为（开发利用、排污行为、保护行为等）	与人类共同利益相关的位于国家管辖范围以内或国家管辖范围以外的自然资源（有形、无形）、主体从事的对国际环境有影响的行为（开发利用、排污行为、保护行为等）

① 《世界环境公约（草案）》第 1 条关于"享受健康生态环境的权利"：Right to an eco-logically sou-nd environment：Every person has the right to live in an ecologically sound environment adequate for their health，well-being，dignity，culture and fulfilment. See Global Pact for The Environment（Draft），Article 1. https://www.iucn.org/sites/dev/files/content/documents/draft-project-of-the-global-pact-for-the-environment.pdf.，下载日期：2022 年 3 月 13 日。

② 我国《环境保护法》(2014)第 6 条详细规定了各主体义务，即"一切单位和个人都有保护环境的义务。地方各级人民政府应当对本行政区域的环境质量负责。企业事业单位和其他生产经营者应当防止、减少环境污染和生态破坏，对所造成的损害依法承担责任。公民应当增强环境保护意识，采取低碳、节俭的生活方式，自觉履行环境保护义务"。

③ 《世界环境公约（草案）》第 2 条关于"养护环境的义务"：Duty to take care of the environment：Every State or international institution，every person，natural or legal，public or private，has the duty to take care of the environment. To this end，everyone contributes at their own levels to the conservation，protection and restoration of the integrity of the Earth's ecosystem. See Global Pact for The Environment（Draft），Article 2. https://www.iucn.org/sites/dev/files/content/documents/draft-project-of-the-global-pact-for-the-environment.pdf.，下载日期：2022 年 3 月 5 日。

④ 汪劲：《环境法学》，北京大学出版社 2006 年版，第 89～90 页。

3.互构态势:全球环境法治的趋同化

正如前文所述,环境问题应对的全球化为全球环境法治的趋同化奠定了客观基础。除了客观基础的加持外,需要明确国内法治和国际法治是全球法治的两个方面。① 全球环境法治也是在国内环境法治与国际环境法治的互构过程中得以实现的,这种互构主要体现在以下两个方面:首先,在《人类环境宣言》《里约环境与发展宣言》等软法性环境文件的指引下,各国通过立法实践将环境软法文件的主旨原则转化为国际习惯法、各具体环境领域条约,使国际环境法朝着硬法方向发展。② 其次,各国环境法体系也在与国际环境法的适应协调中,不断完善其国内环境立法体系。依次从构建宪法—环境保护基本法—环境保护单行法—环境法典的顺序展开。③ 因此,在全球环境法趋同化的作用下,"全球环境法治"的提出不过是在这一事实的基础上,做更进一步的远景预设。④

当然,就目前来看,涉外环境法治处于全球环境法治尚未确立的局面下,全球环境法治的趋同化也只是在涉外环境法治与国内、国际环境法治的互构趋势中初见端倪。尽管中国环境法治主要借鉴国际环境法治、域外环境法治,国内环境法治对国际环境法治中先进性、科学性的相关规范加以借鉴,从而反馈到国内环境法治建设。但国际条约的制定过程往往是各主权国家为了各自利益互相协调与妥协的过程,即便是在关乎人类共同利益的事项上。⑤ 当前,《世界环境公约(草案)》工作进展缓慢,也从侧面反映出全球环境法治尚未进入整体性布局与系统性立法阶段。对此,中国需要积极参与国际环境条约的谈判、制定工作,反映本国以及广大发展中国家的利益。确保涉外环境法治体系在兼容并蓄的基调下形成国内环境法治、国际环境法治之间理性互动的自觉,对全球环境法治的实现有所助益。

---

① 黄进:《坚持统筹推进国内法治和涉外法治》,载《光明日报》2020 年 12 月 9 日第 11 版。

② 汪劲:《环境法律的理念与价值追求——环境立法目的论》,法律出版社 2000 年版,第 313～318 页;蔡守秋:《当代环境法的全球化和趋同化》,载《世界环境》1999 年第 3 期。

③ 杨兴:《论全球环境立法趋同化的根源及现实表征》,载《时代法学》2011 年第 1 期。

④ 吴宇:《论全球环境法的形成与实现》,科学出版社 2012 年版,第 193～204 页。

⑤ 汪劲:《环境法学》,北京大学出版社 2018 年版,第 341～342 页。

三、深层动因:涉外环境法治运行的影响因素

新时期国际与国内社会的主要矛盾正在悄然发生变化,在环境冲突持续迸发的时期,亟待对碎片化的制约因素进行整合,以此找到影响涉外环境法治运行的根源。这就意味着,当前需要事先纾解环境利益、生态安全与环境法治之间的扭结,厘清环境利益、生态安全对于构建涉外环境法治的影响。

(一)环境利益的隐性牵制

涉外法治既包括国内效力,又注重域外效力,而涉外环境法治背后的政治因素则关系到域外效力的发挥。中国推进涉外环境法治的前提是要审视涉外法治体系与环境治理需求之间的适配度,即回答影响涉外环境法律体系的"事前问题"。剖析"事前问题"有助于解答当前涉外环境法律体系的矛盾来源,弥合国际关系与环境法治发展的鸿沟。全球环境是典型的关乎人类整体生存与发展,而不是单个人或民族、种族、国家生存与发展所必需的利益,即人类共同利益。[1] 以利益为本位的制度谈判面临着各国期待利益的分歧与达成协调一致规则之间的矛盾。[2] 将全球环境利益拆解来看,主要从三个层面进行利益划分:国际社会的整体利益、国家环境利益以及非国家行为体参与方之间的利益协调。

首先,根据环境影响的范围与程度,处于最高层次的是国际社会的根本利益,依次是国际社会的一般利益,国际社会的特殊利益。国际社会的根本利益,又称全人类的根本利益,是维系国际社会存在和发展的基本价值所在。国际社会的一般利益尽管也是国际社会成员的共同利益,但如果其受到损害,并不必然危及国际社会的生存与发展。而国际社会的特殊利益指的是国际社会特定区域内的成员或国际社会特定成员间通过缔结条约所达成的利益。[3] 而全球性的生态利益已经成为超越国界、民族、宗教和社会制度的全人类长久的

---

① 高岚君:《国际法的价值论》,武汉大学出版社 2006 年版,第 128 页。

② 徐崇利:《以利益为本位的制度谈判理论——基于有关国际环境条约的实证分析》,载《国际关系与国际法学刊》(第 7 卷)。

③ 万鄂湘主编:《国际法与国内法关系研究》,北京大学出版社 2011 年版,第 46~51 页。

共同利益,只有通过密切的国际合作,施以国际强行法进行规制才能充分协调。① 因此,在关乎人类社会整体利益的范畴内,国内环境法需要与国际环境法保持一致,符合国际法基本原则与国际强行法的规定。

从国家环境利益来看,鉴于跨界、全球环境损害问题的突出,一方面,各国积极寻求国内环境法的域外适用来保护本国利益;另一方面,发达国家制定排他性环境政策并赋予其全球公共政策的意志,即发达国家的国内环境政策和环境利益的实现牵动着整个世界范围内环境法治体系的嬗变。② 例如,随着欧盟工业化阶段的更迭,其大力发展碳排放交易机制(EU-ETS),在《联合国气候变化框架公约》及其《京都议定书》中推行全球碳交易市场,企图塑造新一轮低碳经济的规则话语权。而美国则主要将经贸协定与高环境标准进行捆绑。早在 2000 年,美国对外贸易办公室和美国环境保护署就正式公布《对贸易协定进行环保审议的指导原则》,成为世界上首个在国内法中对贸易协定确立环保审议标准的国家,对外形成一种"绿色规锁"。③ 所谓"规锁政策"(confinement)的核心在于重新塑造符合本国利益的国际制度来约束他国。④ 将高环境标准内嵌于经贸领域来施以绿色壁垒,实施具有域外管辖效果的单边主义环保措施,反而易滋长环境霸权、恶化多边环境合作,最终难以有效应对全球生态系统危机。

此外,全球环境治理主体除了国家之外,非国家行为体包括社会组织、跨国公司等在内的"多利益攸关方"(multi-stakeholder),⑤使全球环境治理框架在概念基础上实现了主体的包容性。全球环境治理面临参与度、资金等多重集体行动赤字,社会组织、跨国公司为代表的多利益攸关方的参与,被视为弥补国家中心环境治理模式不足的重要支撑。可以说,国际社会整体趋势正在

① E. M. Kornicker Uhlmann, State Community Interests, Jus Cogens and Protection of the Global Environment: Developing Criteria for Peremptory Norms, *Georgetown International Environmental Law Review*, 1998, Vol.1.

② 崔盈:《核变与共融:全球环境治理范式转换的动因及其实践特征研究》,载《太平洋学报》2020 年第 5 期。

③ 李昕蕾:《中美清洁能源竞合新态势与中国应对》,载《国际展望》2021 年第 5 期。

④ 张宇燕、冯维江:《从"接触"到"规锁":美国对华战略意图及中美博弈的四种前景》,载《清华金融评论》2018 年第 7 期。

⑤ A. R. Harrington, *International Law and Global Governance: Treaty Regimes and Sustainable Development Goals Implementation*, Routledge, 2021, p.142.

以国家为中心的环境法治逐步过渡到国家与多利益攸关方行为体并存的状态。① 中国将"一带一路"倡议作为多利益攸关方参与环境治理的平台，"一带一路"绿色发展国际联盟由100多家中外机构组成，提高了多利益攸关方在环境治理中的参与度。

需要明确的是，尽管全球环境是所有行为体采取集体行动才能加以维护的公共产品，但国家利益仍然是国家对外环境政策的内在驱动力。中国完善涉外环境立法、参与制定全球环境规则都以维护本国利益为起点，并合理关切其他国家环境利益。

(二)生态安全的显性考量

2021年1月，世界经济论坛发布了《2021全球风险报告》(The Global Risks Report 2021)。该《报告》显示：尽管面临新冠肺炎疫情暴发的危机，传染疾病的风险序列直线上升，但与环境相关的风险仍然占据四项，顺序依次为极端天气事件、减缓与适应气候变化行动的失败、人为环境损害、生物多样性损失。② 习近平总书记强调，"生态环境安全是国家安全的重要组成部分，是经济社会持续健康发展的重要保障……要把生态环境风险纳入常态化管理，系统构建全过程、多层级生态环境风险防范体系"。③ 生态安全危机是环境规范周期性演进的根本动力，毕竟安全事实需要从政策过渡到法律规范来为其保驾护航。基于此，国际国内两级法治在与"人类共同利益"相关的事项上，从正向互动到无缝衔接应当成为一种逻辑依归。

生态安全作为非传统安全的分支，其对于构建涉外环境法治的影响主要体现在以下两个方面：第一，生态安全的紧迫性与国家环境政策的实时性之间呈正相关。随着气候危机越演越烈，截至2022年3月，全球已经有140多个国家或组织宣布或计划"碳中和目标"④。2020年3月，欧盟委员会向欧洲议

---

① 于宏源：《多利益攸关方参与全球气候治理：进程、动因与路径选择》，载《太平洋学报》2021年第2期。

② The Global Risks Report 2021，http://www3.weforum.org/docs/WEF_The_Global_Risks_Report_2021.pdf.，下载日期：2022年2月24日。

③ 《中共中央、国务院关于全面加强生态环境保护坚决打好污染防治攻坚战的意见》，http://www.gov.cn/gongbao/content/2018/content_5303427.htm.，下载日期：2022年2月25日。

④ 张中祥：《国际竞争力、煤电退出和碳边境调节——碳中和目标下的三个关键议题》，载《探索与争鸣》2021年第9期。

会及理事会提交《欧洲气候法》提案,实现了从绿色政策向绿色立法的转型。[①]
2021 年 10 月,我国继 2011 年后第二次发布《中国应对气候变化的政策与行动(2021)》白皮书,逐步对"双碳"目标进行部署。2021 年 1 月,拜登在其就职日就宣布重新回归《巴黎协定》气候治理议程,在延续奥巴马时期气候政策的基础之上,开展新一轮的绿色新政。[②] 第二,这种影响表现在西方世界兴起"以生态安全之名,行绿色竞争之实"的持续性博弈。2021 年 3 月,美国总统拜登在上任短时间内就发布了《过渡时期美国国家安全战略指南》,基于气候安全在国家安全布局中的突出地位,在重启美国气候外交的同时,强调了气候变化与安全、人权的相关性,[③]进一步巩固环境与经贸议题的关系。此外,拜登政府与欧盟将联合其他国家以环境保护标准向"一带一路"建设施压,侧重在碳标准和化石燃料补贴问题上打压"一带一路"沿线地区海外煤电投资。2021 年 6 月,美国在七国集团(G7)峰会上提出"重建更美好的世界"(Build Back Better World,简称 B3W)全球基础设施倡议,[④]打造与"一带一路"倡议相抗衡的,旨在满足中低收入国家基础设施融资需求的合作伙伴关系。面对严峻的生态安全危机,西方国家适用周期性绿色壁垒,形成与中国绿色合作的波动性趋势。

如上所述,通过对环境利益与生态安全运行逻辑的解读,既可以总结出国际环境法治发展桎梏的根源,又可以为涉外环境法治发展提供预见性的启示。中国在开展涉外环境合作中,完善涉外环境法治务必要衡量环境利益与生态安全的内在价值。

---

① K. Kulovesi and S. Oberthür, Assessing the EU's 2030 Climate and Energy Policy Framework: Incremental change toward radical transformation? *Review of European Comparative & International Environment*, 2020, Vol.29.

② D. Bodansky, Climate Change: Rever sing the Past and Advancing the Future, *American Journal of International Law*, 2021, Vol.115.

③ Interim National Security Strategic Guidance, https://www.whitehouse.gov/wp-content/uploads/2021/03/NSC-1v2.pdf,下载日期:2022 年 3 月 10 日。

④ President Biden and G7 Leaders Launch Build Back Better World (B3W) Partner-ship, https://www. whitehouse. gov/briefing-room/statements-releases/2021/06/12/fact-sheet-president-biden-and-g7-leaders-launch-build-back-better-world-b3w-partnership/, 下载日期:2022 年 3 月 12 日。

四、整体布局：涉外环境法治的目标锚定

新时代环境法学发展的任务正在从事理分析转向法理分析，[①]构思涉外环境法治的逻辑框架，需要统筹良法与善治两个方面。涉外环境法治的整体布局是从规划涉外环境立法的重点方向展开，把握涉外环境纠纷中环境与经贸领域对接的突出问题，在生成涉外环境立法体系的基础上，进一步加强涉外环境立法、司法、执法在涉外环境纠纷中的协同适用。

（一）规划涉外环境立法的方向

前文通过对国际环境法治、国内环境法治、涉外环境法治之间互动关系、制约因素的梳理，为我国涉外环境立法布局奠定了基础。本文规划涉外环境立法主要从内容与形式两个方面展开，从内容上看，旨在从"议题关联"的理论出发，探讨涉外环境实践中经贸与环境规则之间的联结趋势。从形式出发，主要讨论涉外环境立法向软法与硬法共治局面发展的可取之处。

1."绿化"对外投资规范

环境标准与安全标准日益成为经贸领域的绿色壁垒，因而，环境法治不能局限于一体化行动，应留意涉外环境问题具有一体多面性的特点。坚持统筹国内环境立法与涉外环境立法，建设生态文明法治的重点需要全面维护企业在涉外环境纠纷中的抗风险能力，提升对外投资企业环境保护水平。[②] 环境规制风险是中国海外投资中面临的主要风险之一。其指的是中国海外投资主体因东道国的环境行政机关执行环境法遭受行政处罚，从而导致投资受挫或失败的风险。[③] 据此，涉外环境法治除了要完善环境法体系自身的发展，还要在实践需求的基础上，提取环境与经贸议题的交集，也就是环境与经贸之间的"议题关联"

---

① 吕忠梅：《新时代环境法学研究思考》，载《中国政法大学学报》2018 年第 4 期。
② 孙佑海：《绿色"一带一路"环境法规制研究》，载《中国法学》2017 年第 6 期。
③ 韩秀丽：《中国海外投资的环境保护问题——基于投资法维度的考察》，载《厦门大学学报（哲学社会科学版）》2018 年第 3 期。

(issue-linkage)。① 所谓议题关联,可简单理解为与国际环境协议密切相关的问题,这些问题既可以是环境问题,也可以是其他非环境问题,关键是这些问题影响和决定着有关国家参与保护全球环境的意愿和行动。② 当然,这种议题关联的趋势具有两面性。积极的一面是如果将环境问题与贸易问题紧密关联,那么一定程度上可以促使不愿参与国际环境合作的国家作出让步,投入保护全球环境的集体行动中。消极的一面是经贸领域与环境议题存在天然的利益冲突,从而无法确保相关规则效能的发挥,这种关联也面临着相应的风险。当前,尽管整个亚太区域批准投资的决定和基础设施项目中对环境影响评价标准的高覆盖,提升了多边经贸协定中的环境义务。③ 但现实是这种高环境标准与大部分发展中国家的发展阶段并不匹配,发展中国家更多是为了出口创汇而被动接受。从这一层面来看,环境与经贸领域的议题关联对于中国来说既是机遇又是挑战。中国涉外环境立法在对外投资建设过程中,既要注重对东道国环境公共利益的保护,又要侧重于降低中国企业在海外投资中的环境风险。因此,为了更有效地发挥环境规则在对外投资建设项目中的规制作用,更好地服务于新发展格局,我国对外投资规范的"绿色化"可以从两个方面展开:一是在中国参与的双边、多边合作协定中主动嵌入"绿色条款";二是国内制定规制企业对外投资行为的专项环境法律规范。

第一,经贸规则中的环境条款不再是保证条约完整性的"修饰条款",而将逐步升级为经贸规则的"必备条款",即成为内嵌于经贸规则的绿色条款。新一轮世界经济发展的引擎已经向环境服务产品过渡,为深度提升绿色附加值,经贸与环境议题也将从初始联系到纵深捆绑。我国目前积极参与《中欧全面投资协定》(CAI)、《全面与进步跨太平洋伙伴关系协定》(CPTPP)相关谈判工作,通过提升"环境条款"在区域性国际经贸条约中的位置来实施绿色规制,通

---

① "议题关联"理论在环境经济学领域中,旨在将环境问题与其他问题绑定来实现国家之间的环境合作。例如,将环境问题与资金支持相关联。为了促使发展中国家参与温室气体减排行动,2009 年哥本哈根气候大会上,发达国家承诺到 2020 年将向发展中国家每年提供 1000 亿美元的气候援助。See H. Cesar, A. de Zeeuw, Issue Linkage in Global Environmental Problems, in *Economic Policy for the Environment and Natural Resources*, edited by A. Xepapadeas (ed.), Edward Elgar Publishing, 1996, pp.158-169.

② 王军:《气候变化经济学的文献综述》,载《世界经济》2008 年第 8 期。

③ F. Ascensao et al, Environmental Challenges for the Belt and Road Initiative, *Nature Sustainability*, 2018, Vol.1.

过高环境标准对成员国的环境保护制度施以倒逼作用与示范效应,推进国际经贸交往的环境保护与可持续发展。[①] 就 CAI 来说,尽管其当前深受人权分歧等价值观因素的影响,导致审议过程一度受阻,但基于中欧双方在气候治理、绿色技术等方面发展利益的一致性,合作范式必将占据主导地位。CAI 对可持续发展、环境保护条款进行了完整的条文设计,相关条款分布在序言、市场准入、监管框架、可持续发展、环境争端解决机制等章节。CAI 除了在序言部分提及了投资与可持续发展的关系,提出实现可持续发展的终极目标外,[②]还单独设置专门"投资与可持续发展"章节,对环境规制权问题进行了系统的规定,在尊重缔约国环境规制权的前提下,也限定了缔约国不得为吸引外资而降低环境保护标准的义务。我国在未来的双边、多边经贸合作条款中可以借鉴 CAI 对于"可持续发展条款"的统筹规定。

第二,中国应当充分利用构建涉外环境法治这一机遇,触动到现有国际环境标准的制定,试图将环境标准设置到一个尽可能恰当的节点,而非被动单向地贯彻某些并不符合发展中国家的标准。[③] 尽管国际环境条约与多边经贸协定的衔接为涉外环境工作提供了法律基础,[④]但这种"嵌入"需要把握好尺度,不能在强调高环境标准的同时限制海外投资的发展。在此境况下,我国涉外环境立法在遵守国际环境条约、将"环境条款"纳入双边、多边经贸协定的基础上,除了在国内环境立法中加入宏观意义上的"国际合作"条款外,还需要制定企业对外投资行为的专项环境法律规范。目前,我国已经制定了一系列规制对外投资企业环境行为的文件,如表 2。

---

① 曾文革、刘叶:《〈中欧全面投资协定〉与 CPTPP 环境保护条款的比较及启示》,载《国际商务研究》2022 年第 1 期。

② Determined to strengthen their economic, trade and investment relations in accordance with the objective of sustainable development, and to promote investment in a manner supporting high levels of environmental and labor rights' protection, including fighting against climate change and forced labor, taking into account the relevant international standards and agreements; See EU-China Investment Negotiations (Preamble), https://trade.ec.europa.eu/doclib/docs/2021/january/tradoc_159346.pdf,下载日期:2022 年 3 月 20 日。

③ 那力、王彦志:《迈向生态文明:国际环境法与 WTO 法的新领域、新挑战、新发展》,高等教育出版社 2022 年版,第 406~411 页。

④ 刘恩媛:《论"一带一路"环境争端解决机制》,载《国际贸易》2018 年第 4 期。

表 2 我国与对外投资建设相关的涉外环境规范性文件

年份	发布单位	文件名称
2009	国家林业局、商务部	《中国企业境外可持续森林经营利用指南》
2013	商务部、环境保护部	《对外投资合作环境保护指南》
2017	国家发展和改革委员会	《企业境外投资管理办法》
	国家发展改革委、商务部等	《民营企业境外投资经营行为规范》
2018	国家发展改革委、外交部、商务部等	《企业境外经营合规管理指引》
2021	商务部、生态环境部	《对外投资合作绿色发展工作指引》
2022	生态环境部、商务部	《对外投资合作建设项目生态环境保护指南》

以上规范性文件以 2022 年生态环境部、商务部出台的《对外投资合作建设项目生态环境保护指南》（以下简称《指南》）为例，该《指南》不但关注当前中国企业对外投资环境风险的焦点问题，更集以往文件之大成。从进阶的生态文明理念、绿色高质量发展到兼顾企业的环境责任与东道国环境规制权之间的关系；从以抽象的环境保护原则为主到包含具体的气候变化低碳政策、生物多样性计划等专门性规定；从全面规定环境监管制度、环境影响评价制度再到尊重公众参与权，都体现了我国对海外投资环境保护的认知程度在不断加深。[①] 但我们也要看到，现有的规范性文件主要以指南、工作指引的形式呈现，具有碎片化、低位阶、缺乏强制约束力的特点。尤其缺乏规制企业对外投资行为的专项环境法律规范，这并不利于我国新时期对外投资建设的发展需求。

2.涉外环境立法的软硬法共治

在国际环境立法过程中，越来越多地采用行为守则、建议、指南、决议、宣言、标准的形式。它们的共同特点在于，都是经过认真的谈判、仔细起草的声明，并在许多情况下具有某种规范性意义，尽管往往是非约束性的、非条约式的，但软法形式可以作为对环境规则和原则形成共识的工具和机制，从而作为动员国家对国际环境法作出反应的机制。[②] 因为软法并非将环境法关系上的

---

① 参见《对外投资合作建设项目生态环境保护指南》，https://www.mee.gov.cn/xxgk2018/xxgk/xxgk05/202201/t20220110_966571.html，下载日期：2022 年 4 月 12 日。

② P. W. Birnie, A. E. Boyle and C. Redgwell, *International Law and the Environment*, 3rd ed., Oxford University Press, 2009, pp. 29-31.

"法与非法"(law and non-law)进行二元分裂,而是将两者置于一系列相互关系中进行阐述,对其中间阶段或灰色地带进行积极的把握。①

涉外环境立法体系的演进与国际环境立法形式发展的规律相近,特别是在环境和经贸议题连接的阶段性立法过程中,涉外环境立法本身就始于具体问题应对型的软法,并在软法与硬法的不断交织中生成。前文提到我国针对涉外环境纠纷出台了一系列软法文件,尽管这些规范性文件针对性较强,但作为指导性文件,立法位阶较低,不利于为我国企业海外投资环境风险提供全面保护。从这一层面上看,我们长期努力的方向是将国际环境法的软规制向国内环境法的硬约束转化,并在此基础上,推动新一轮的涉外环境法治的生成。

为了不断推动涉外环境立法的体系化,我国涉外环境立法工作可以从兼容软法与硬法方向出发:首先,充分发挥环境软法规制的影响力。国家承担环境监管责任对企业行为进行管理,应当不断完善《对外投资合作环境保护指南》。我国立法机关在做好域内外调研的基础上,将分散其他法律法规中的涉外环境保护规范进行整合,加快制定专门的《对外投资法》。其次,坚持完善环境硬法的内容。在中国环境法律体系框架已经搭建的基础上,通过适度"环境法典化"的助力,以构建涉外环境法治来削弱碎片化则是必然趋势。② 在我国《环境法典》编撰研究的过程中,加入关于对外投资企业的环保义务与奖惩措施的内容。③ 具体而言,可以在《环境法典》绿色低碳发展编中加入环境监管与国际合作的条款,④对现有对外投资环境软法文件进行指引,确保环境监管章节、国际环境合作章节与绿色"一带一路"项目需求进行充分的衔接。通过《环境法典》绿色低碳发展编不但可以助力"双碳"目标的实现,而且为涉外环境纠纷提供硬法保障。

(二)构建涉外环境法律运行制度

为了落实涉外环境法治的善治层面,需要全方位构建涉外环境法律运行

---

① [日]村瀬信也:《国际立法——国际法的法源论》,秦一禾译,中国人民公安大学出版社 2012 年版,第 15 页。

② 吕忠梅等:《关于应如何实现环境法法典化的讨论》,载《民主与法制》2021 年第45 期。

③ 汪劲:《论中国环境法典框架体系的构建和创新——以中国民法典框架体系为鉴》,载《当代法学》2021 年第 6 期。

④ 张忠民:《环境法典绿色低碳发展编对可持续发展理念的体系回应与制度落实》,载《法律科学(西北政法大学学报)》2022 年第 1 期。

机制,使实体环境法律标准从形式窠臼中跳脱出来。涉外环境法律运行制度包括协同涉外环境执法、守法、司法之间的运作。

在涉外环境执法方面,2020 年中共中央办公厅、国务院办公厅发布《关于构建现代环境治理体系的指导意见》,要求完善环境监管体制,整合相关部门污染防治和生态环境保护执法职责、队伍,统一实行生态环境保护执法。全面落实生态环境执法责任制,提升执法水平,提高执法质量。① 这启示我们在对外投资环境监管上,可以由环境保护行政主管部门作为专门主体、经济贸易部门作为辅助主体进行通力合作,以确保实践操作能够兼顾专业性与全面性。为了降低企业对外投资风险,可以由环境保护行政部门事先进行环境影响评价,对项目和当地环境进行审查批准后方可开展投资合作。

涉外环境守法方面主要体现在,对外投资企业能够自觉遵守环境风险预防原则,根据东道国的环境法律标准落实环境影响评价制度。2022 年《对外投资合作建设项目生态环境保护指南》已经开始强调对重点行业的要求,尤其为了履行我国"双碳"目标的减排承诺,该《指南》对于能源、石油化工、矿山开采、交通基础等重点污染、碳排放行业进行了具体的程序性规定。为了践行环境正义原则,不论东道国环境保护标准的高低,企业都应当根据不同的情况自觉遵守。对于东道国(地区)没有相关标准或标准要求偏低的,参照国际通行规则标准或中国标准开展环境影响评价工作。企业建立透明的信息公开制度,尊重当地实际发展需求,树立我国良好的对外投资建设形象。

在涉外环境司法方面,我国在加强国际司法合作,签订司法协助条约的基础上,提升外国法查明的效率,主动建立公平合理的涉外环境纠纷解决机制。2021 年 5 月,世界环境司法大会在我国云南省昆明市召开。大会成果《世界环境司法大会昆明宣言》倡导运用法治手段推进全球生态文明建设,达成国际环境司法的"最大公约数",为全球环境治理提供了切实可行的司法方案,共同推动构建人与自然生命共同体。② 面对涉外环境纠纷,力求构建调解、诉讼、仲裁在内的三位一体的多元纠纷解决机制。首先,在初期应构建仲裁与仲裁裁决互认、执行为主的纠纷解决机制,之后可尝试设立仲裁中心并完善相关规

---

① 参见《关于构建现代环境治理体系的指导意见》,http://www.gov.cn/zhengce/2020-03/03/content_5486380.htm.,下载日期:2022 年 4 月 15 日。

② 最高人民法院环境资源审判庭:《深化生态环境司法合作共建人与自然生命共同体——世界环境司法大会综述》,载《法律适用》2021 年第 11 期。

则,完善民事判决互认与执行的司法合作体系;其次,可推动筹建"一带一路"法院并建立相关规则体系,以实现"一带一路"沿线国家长效司法合作和纠纷解决机制;最后,以"一带一路"纠纷解决机制作为引领范式,推动世界经济和环境程序法的变革。①

此外,在规划涉外环境法律运行机制的过程中,我们也要关注本土智慧机制。这些机制往往并非舶来品,而是包括三同时②、生态红线、保护优先、环境司法专门化、能动司法等机制创设。这些都是极具中国特色的环境制度,时常在环境法治建设中被忽视,完全可以在构建涉外环境法律机制中加以尝试。

综上所述,将"制度之治"作为法治的核心要素,找到涉外环境法律制度在国内环境法治与涉外环境法治中发挥治理优势的突破口。真正有效地解决涉外环境法治理论与实践之间"两张皮"的问题,将涉外环境法治理论更好地服务于涉外环境法治实践。在建设涉外环境法治体系的过程中,不断完善涉外环境法律运行机制,最终实现新时期绿色高质量发展的战略目标。③

五、大国实践:涉外环境法治视域下的中国供给

涉外环境法治建设以国家为起点,但并不止步于国内视野,着眼于涉外环境法治成果的国际化向度是在全球环境治理中留下中国印记的必经之路。在软实力方面,中国可以为全球环境治理贡献中国理念、推动联合国《世界环境公约》的谈判、应对气候变化公约的谈判进程等,输出中国的环境法治观。而在硬实力方面上,中国始终致力于发展绿色"一带一路"建设平台、清洁能源技术、绿色金融、广阔的碳排放交易市场,为广大处于工业化阶段的发展中国家提供帮助。

(一)理念意蕴:从人类命运共同体到地球生命共同体

当代国际社会面临的共同问题(安全、环境、公共卫生等)层出不穷,传统

---

① 袁达松、黎昭权:《构建包容性的世界经济发展与环境保护法治框架——以"人类命运共同体"理念为基础》,载《南京师大学报(社会科学版)》2019 年第 2 期。

② "三同时制度"具体内容指的是我国《环境保护法》第 26 条的规定:建设项目中防治污染的措施,必须与主体工程同时设计、同时施工、同时投产使用。

③ 莫纪宏:《"制度之治"是法治的内在逻辑述要》,载《现代法学》2020 年第 3 期。

专注于物质利益的计算范式已经不能满足人类社会可持续发展的需要。而在超越计算范式下,国家开始将利益需求置于一个更为综合、复杂的尺度中,试图挖掘心理影响、精神状态上的软实力,与传统的硬实力相结合,共同构成国家协调发展的巧实力。① 软实力除了产生影响力之外,还具有塑造他人意愿的能力,最终产生同化力的效果。② 2022 年,英国品牌价值咨询公司 Brand Finance 公布了《2022 年全球软实力指数排名》,在参与评估的 120 个国家中,中国位居全球第四、亚洲第一。在这份报告中法治与环境保护行动均为衡量指标的重要组成部分。③ 价值理念作为软实力是立法革新、制度构建的基石,中国国际法治观要考虑输出的内容以及如何输出,充分把握涉外环境法治的机遇平台。国际环境文件因其谈判、缔结主体的不同,背后所代表的利益也有所不同。在多边环境协定缔结过程中个性多于共性,中国可以基于自身在国际环境治理中的发展水平与角色转换,为国际环境法治提供具有普适性的发展理念。"人类命运共同体理念"不仅代表中国原创性的贡献,还在全球环境治理的驱动下,向具有发展性的"地球生命共同体理念"迈进。

首先,人类命运共同体理念反映了中国国际法理论对于社会基础的新认识,是对以往"国际社会""国际共同体"理念的补充与发展。④ 自 20 世纪以来,人的重要性在国际法中不断得到凸显,国际法呈现出人本化的发展趋势。⑤ 这种对人的关注,体现在对人类整体的关注上,这在气候变化、生态环境问题上尤为明显。无论是国际法律共同体说还是利益共同体说,都未能阐明国际社会发展的目的和终极问题是什么。⑥ 而人类命运共同体理念与当代国际法发展的三元结构相契合。三元结构由共存国际法(international law of

---

① 何志鹏:《超越计算:国际法中国范式的理论前提》,载《经贸法律评论》2018 年第 1 期。

② [美]约瑟夫·奈:《权力:从硬实力到软实力》,中信出版社 2013 年版,第 8～10 页。

③ Brand Finance,Global Soft Power Index 2022,https://brandirectory.com/soft-power/,下载日期:2022 年 4 月 20 日。

④ 张辉:《人类命运共同体:国际法社会基础理论的当代发展》,载《中国社会科学》2018 年第 5 期。

⑤ 曾令良:《现代国际法的人本化发展趋势》,载《中国社会科学》2007 年第 1 期。

⑥ 张辉:《人类命运共同体:国际法社会基础理论的当代发展》,载《中国社会科学》2018 年第 5 期。

co-existence)、合作国际法(international law of co-operation)与人权国际法(international law of human rights)构成。① 人类命运共同体理念在尊重传统国家本位、强调国际合作的基础上，以人的存在与发展为终极关怀。自2011年我国在《中国的和平发展》白皮书中提出"命运共同体"的价值理念后，2012年党的十八大报告中首度提出，"要倡导人类命运共同体意识"。2013年，习近平又将这一理念纳入共建"一带一路"倡议中。2015年习近平总书记出席联合国可持续发展峰会并发表讲话，明确提出"国际社会应该携手同行，共谋全球生态文明建设之路"。② 自2017年起，人类命运共同体更是被多次写入联合国决议中。③

在生态环境领域，人类命运共同体可以说是对于传统国际环境法理念"人类共同遗产""人类共同关注事项"的升华。在理解各国发展差异的基础上，推行平等、尊重为原则，彼此通过对话、交流达到相互理解的涉外环境理念。人类命运共同体理念与国际法的应然图景——"共进国际法"(international law of co-progressiveness)强调的精神内核与共同繁荣的远景目标不谋而合。在具体涉外环境实践中，尤其是面对"一带一路"的环境规制，人类命运共同体理念的指导意义显得尤为突出。从认知角度看，尽管国家利益仍存在分歧、个体间还留存差异，但不同宗教、伦理、习俗等地方性特质将随着人类命运共同体意识的形成，逐渐催生出共识，达成区域性发展的一致性认知。因此，人类命运共同体是构建涉外环境法律体系的价值导向，是跨国公司对外投资需要始终奉行的理念指引。

其次，人类命运共同体理念也随着时代需求不断进阶，从"人类命运共同体"到"人与自然生命共同体"。2021年4月，习近平总书记出席领导人气候峰会，首次提出"人与自然生命共同体"的中国方案。这预示了尽管人本主义是国际法治发展的理想图景，但是，绿色国际法治仅停留在人本主义层面是不

---

① G. Hafner, Pros and Cons Ensuing from Fragmentation of International Law Pros and Cons Ens-uing from Fragmentation of International Law, *Michigan Journal of International Law*，Vol.25，2004，pp. 850-851；古祖雪：《国际法：作为法律的存在和发展》，厦门大学出版社2018年版，第140～162页。

② 习近平：《携手构建合作共赢新伙伴，同心打造人类命运共同体》，载《习近平谈治国理政》(第2卷)，外文出版社2017年版，第525页。

③ 《联合国决议首次写入"构建人类命运共同体"理念》，载《光明日报》2017年2月12日第8版。

够的,传统环境伦理观下的人本主义仍然需要完成向现代环境伦理观下的生态中心主义过渡。下一阶段,中国将围绕"共建地球生命共同体"和生物多样性保护的关联性展开深入研究,深化论述全人类共同价值基础,并基于现有框架进行后续完善。① 2021 年 10 月,习近平总书记在《生物多样性公约》第十五次缔约方大会(COP15)领导人峰会上发表的主旨讲话中明确提出"共同构建地球生命共同体"。② 习近平总书记原创性地提出了"地球生命共同体"理念,将"人与自然是生命共同体"与"山水林田湖草沙是生命共同体"从国际视野层面进行了整合与提升,为认识和保护生物多样性、维护地球生命共同体的健康安全、构建全球生态治理体系提供了指导原则。"地球生命共同体"理念,是中国生态文明建设从"在地性"参与者和贡献者,到生态文明建设"全球化"引领者的推进,赋予"人与自然的和谐共生"以更广阔的时空维度,并兼具中国生态文明建设的经验归纳和国际视野的法律制度。③ 因此,在地球生命体理念下"建设人与自然和谐共生的现代化",中国应当切实把握涉外法治互动的渐进性局面,充分将"取"与"予"相结合,既要吸收并借鉴国际法治的优秀成果,又要积极贡献于国际法治进程,即将本土化法治成果向国际社会传播,形成国际社会对中国法治的认同。④ 在人类命运共同体理念的指导下,向国际社会传播"共商共建共享的全球治理观""低碳协调可持续的绿色发展观"。⑤ 致力于将人类命运共同体、地球生命共同体理念以政策声明、双边多边协定、国际条约的方式嵌入国际环境立法中,对全球环境法治的发展有所助益。

(二)特色平台:绿色"一带一路"建设的助力

涉外法治话语体系的建构是一个不断总结历史经验,并与涉外实践发展紧密结合的创新过程。绿色"一带一路"为涉外环境法治提供了直接的资源平台,是中国为全球环境治理提供的绿色国际公共产品。随着绿色"一带一路"

① 秦天宝:《全球生物多样性治理与中国的角色转变》,载《当代世界》2021 年第 11 期。

② 习近平:《共同构建地球生命共同体——在〈生物多样性公约〉第十五次缔约方大会领导人峰会上的主旨讲话》,载《人民日报》2021 年 10 月 13 日第 2 版。

③ 吕忠梅:《做好中国环境法典编纂的时代答卷》,载《法学论坛》2022 年第 2 期。

④ 赵骏:《全球治理视野下的国际法治与国内法治》,载《中国社会科学》2014 年第 10 期。

⑤ 杨泽伟:《新时代中国国际法观论》,载《武汉科技大学学报(社会科学版)》2020 年第 5 期。

建设的深入，涉外法治话语体系起到了重要的枢纽作用，将国内法治与国际法治进行有机结合；涉外环境法治亦是一种进路，将竞争与合作的国际关系进行了动态转化。① 在统筹国内环境法治与涉外环境法治中，尽管伴随着斗争范式与合作范式，但仍以合作范式为主线。② 并且，推进绿色"一带一路"建设体现了中国在国际法治中的定位逐渐从应对性思维向推进性思维转变。③

1. 以国际公共产品供给为目标

公共产品属于经济学概念，具体指向同时满足"非竞争性"（non-rivalry）与"非排他性"（non-excludability）两个特点的有形或无形产品。非竞争性指的是一个人对产品的使用不会减损其他人对该产品的使用；非排他性表示对于某项产品，所有人可以无差别地使用，不论其对产品的贡献。④ 国际公共产品是由政府为所有人提供的最基本的物品或者服务，如国防、安全、法律体系等与共同利益相关的公共产品。⑤ 国际公共产品主要分为以下三类：集合努力型，需要所有共同体共同努力提供的公共产品；单一最大努力型，依靠单个或少数国家的努力提供的产品；最薄弱环节型，即公共产品的有效供给取决于某个国家的合作与否。⑥ 国际公共产品在国际环境法体系中是有迹可循的，随着经济社会的发展，国家之间采取集体行动并开发国际公共产品来缓解环境危机，实现自然与人类可持续发展成为时代主流。国际环境法中关于人类共同关注事项的规定，如气候变化、生物多样性问题与国际公共产品供给具有内在关联，需要国家之间通力合作来解决国际社会共同面临的环境问题。

新时期绿色"一带一路"建设过程中涉及的公共产品囊括了以上三种类型，即"单一最大努力型""集合努力型""最薄弱环节型"。首先，就单一最大努

---

① 吕江：《习近平法治思想中涉外法治话语生成与实践逻辑——以"一带一路"倡议为视角》，载《法学评论》2022 年第 1 期。

② 何志鹏：《国内法治与涉外法治的统筹与互动》，载《行政法学研究》2022 年第 5 期。

③ 何志鹏：《国际法治的中国方案——"一带一路"的全球治理视角》，载《太平洋学报》2017 年第 5 期。

④ P. A. Samuelson，The Pure Theory of Public Expenditure，*The Review of Economics and Statistics*，1954，Vol.36.

⑤ M. Oslon，*The Logic of Collective Action*：*Public Goods and the Theory of Groups*，Harvard University Press，1965，pp.14-15.

⑥ ［美］斯科特·巴雷特：《合作的动力：为何提供全球公共产品》，黄智虎译，上海人民出版社 2012 年版，第 80～100 页。

力型产品而言,"一带一路"倡议是我国提供的"单一最大努力型"的国际公共产品。在绿色"一带一路"实践中,中国作为首倡者,注重绿色融资、绿色基建等工作,以实际行动向世界证明中国践行可持续发展的决心。但需要注意的是,一国通过"单独努力"提供国际公共产品,并不意味着无须其他国家的合作以及机制上的协调互信。① 因此,在绿色"一带一路"建设中,生态环境问题需要朝着集合努力型公共产品方向迈进。中国与沿线国家展开一系列绿色合作,2021 年 4 月,习近平在博鳌亚洲论坛上表示"中国将同各方继续高质量共建'一带一路'……努力实现高标准、惠民生、可持续目标"。同时将建设更紧密的绿色发展伙伴关系。加强绿色基建、绿色能源、绿色金融等领域的合作,完善"一带一路"绿色发展国际联盟、"一带一路"绿色投资原则等多边合作平台,让绿色切实成为共建"一带一路"的底色。② 因此,推进绿色"一带一路"建设不仅是中国"单一最大努力型产品",更需要各国共同努力形成"集合努力型产品"。

当然,绿色"一带一路"建设仍有"最薄弱环节型"的一面,在倡议实施过程中,仍然面临着沿线国家的内部政治矛盾与外部竞争干扰。一方面,关于沿线国家内部政治矛盾,以我国企业在缅甸投资建设为例。2011 年,时任缅甸总统吴登盛宣布,由于中国投资的近 70 亿美元的密松水电站项目将会破坏当地生态环境与居民生活,因此,缅甸政府单方面宣布搁置,且至今未能恢复启动。③ 尽管该项目叫停的根本原因是国内政治斗争、西方势力介入,但以"生态环境问题"为由,对中国海外投资建设造成了极大损失,却是一个现实的问题。由此看来,仍有国家借助"一带一路"倡议的实施,在环境问题上对我国提供的国际公共产品采取遏制、打压、围堵的手段。另一方面,所谓的外部竞争干扰在近年来尤其多。西方国家为了抗衡中国在"一带一路"沿线国家的影响力,2021 年 6 月,在七国集团峰会上,与会国决定推出应对"一带一路"倡议的

---

① 石静霞:《"一带一路"倡议与国际法——基于国际公共产品供给视角的分析》,载《中国社会科学》2021 年第 1 期。

② 习近平在博鳌亚洲论坛 2021 年年会开幕式上的视频主旨演讲,http://www.xinhuanet.com/politics/leaders/2021-04/20/c_1127350811.htm.,下载日期:2022 年 4 月 25 日。

③ 马忠法、熊殷泉:《缅甸中资企业投资争端解决法律问题研究》,载《安徽师范大学学报(人文社会科学版)》2020 年第 5 期。

替代方案"清洁绿色倡议"（Clean Green Initiative）。① 通过价值观来驱动环境高标准,重视气候变化、卫生安全等公共领域,通过气候变化合作巩固其规则主导权。② 欧盟也提出了与"一带一路"倡议相竞争的"全球门户倡议"（Global Gateway）方案。③ 可以说,西方国家正在将大国竞争嫁接到绿色地缘竞争中,挤压中国发展绿色"一带一路"倡议的空间。④ 因此,中国在以绿色"一带一路"为平台构建涉外环境法治话语体系的过程中,势必牵动大国之间新一轮的规则话语权之争,这也是构建涉外环境法治内在斗争范式的表现。

2.以推进国际合作范式为主线

生态环境问题活跃在跨区域、全球领域,国家之间通过合作才能实现共同利益,而不是所谓的零和博弈。⑤ 中国在统筹推进国内环境法治与涉外环境法治中,需要遵循一定的实践逻辑,以合作范式贯穿始终。在频繁交流的情况下,各国通过缔结书面协定以确定获取共同收益的机会,并将每一个国家为实现收益所需要采取的行动预期进行汇集,⑥这属于"一带一路"倡议的内在驱动逻辑。这种合作范式不但有利于中国资助发展中国家的可持续发展项目,同时也在一定程度上缓解中国与西方国家政治意识形态方面的纷争。在以合作范式推进涉外环境法治方面,"一带一路"倡议作为行之有效的区

---

① 七国峰会发布的《联合公报》表示:"力求改变传统的基础设施投资方式,通过一项清洁和绿色增长倡议,为世界建设更好的基础设施,为此,与会国决心深化目前的伙伴关系,并与非洲达成一项新的协议。"Bloomberg,G7 Set to Back Green Rival to China's Belt and Road Program, https://www.bloomberg.com/news/articles/2021-06-01/g-7-set-to-back-green-rival-to-china-s-belt-and-road-program,下载日期:2022 年 4 月 25 日。

② Secretary Blinken's Travel to Kenya, Nigeria, and Senegal, https://www.state.gov/secretary-blinkens-travel-to-kenya-nigeria-and-senegal,下载日期:2022 年 4 月 25 日。

③ Financial Times, EU Plans € 300bn Global Infrastructure Spend to Rival China, https://www.ft.com/content/610faad4-bacc-4a5e-ba9a-fbcb2a8208f4,下载日期:2022 年 4 月 25 日。

④ 于宏源、汪万发:《气候地缘竞合背景下的非洲议题与中非合作》,载《西亚非洲》2022 年第 1 期。

⑤ R. Keohane, International Institutions: Two Approaches, *International Studies Quarterly*, 1998, Vol.32.

⑥ ［美］杰克·戈德史密斯、埃里克·波斯纳:《国际法的局限性》,龚宇译,法律出版社 2010 年版,第 79 页。

域合作平台,是积极发展生态环境合作伙伴关系的"试验场"。中国在构建涉外环境法治话语体系的过程中,不但发表了一系列表达立场的文件,国际会议的讲话,双边、多边合作声明,更以可行性倡议、可持续性项目作为行动导向。

中国围绕绿色"一带一路"建设体系来表达涉外环境法治的实践方向。绿色"一带一路"与《联合国 2030 年可持续发展议程》在理念、原则和目标方面高度契合、相辅相成。2015 年联合国可持续发展峰会正式通过了《改变我们的世界:2030 年可持续发展议程》,涵盖 17 项联合国可持续发展目标(SDGs),指导 2015—2030 年的全球发展。这些目标旨在提出一套以平衡环境保护、社会发展和经济发展(可持续发展三大支柱)之间关系为目的的可行性方案。[①]具体而言,在"一带一路"建设投资中,可再生能源投资占比不断提高。到 2020 年上半年,中国对"一带一路"建设相关国家的可再生能源投资首次超过化石能源投资。[②] 2021 年,"十四五"规划和 2035 年远景目标纲要将中国构建新发展格局的整体部署与联合国 2030 年可持续发展议程有机结合,提出"广泛形成绿色生产生活方式,碳排放达峰后稳中有降,生态环境根本好转,美丽中国建设目标基本实现"的综合性目标体系。[③] 在绿色发展伙伴关系建设、绿色基础设施、绿色能源、绿色金融等重点领域,中国与共建"一带一路"国家积极开展高标准、惠民生、可持续的双边和区域合作,在深入推动绿色"一带一路"的同时,也为共建"一带一路"国家可持续发展增添了新的动能。中国政府认真落实气候变化领域南南合作政策承诺,支持发展中国家特别是最不发达

---

① UN, Transforming our World: The 2030 Agenda for Sustainable Development, https://sustainabledevelopment.un.org/post2015/transformingourworld/publication,下载日期:2022 年 4 月 27 日。

② 俞懿春等:《上半年"一带一路"项目可再生能源投资占比超过化石能源》,载《人民日报》2020 年 11 月 26 日第 003 版。

③ 《中华人民共和国国民经济和社会发展第十四个五年规划和 2035 年远景目标纲要》,http://www.gov.cn/xinwen/2021-03/13/content_.5592681.htm,下载日期:2022 年 4 月 27 日。

国家、内陆发展中国家、小岛屿发展中国家应对气候变化挑战。① 依托"一带一路"应对气候变化南南合作计划,中国帮助易受气候变化影响国家提升应对气候变化能力,被联合国环境规划署誉为"南南合作典范"。② 2022 年 2 月,中俄发布《中俄关于新时代国际关系和全球可持续发展的联合声明》,双方将加强在联合国等多边机制合作,推动国际社会将发展权利置于协调全球宏观政策的重要位置,双方将积极推进共建"一带一路"与欧亚经济联盟对接合作,深化中国同欧亚经济联盟各领域务实合作。总体上看,我国充分利用绿色"一带一路"平台,以经济合作带动环境合作,先与"一带一路"沿线国家形成区域性的经济与环境合作框架,制定相关区域性环境政策,将气候变化、绿色和可持续发展等作为重点合作领域,提高亚太地区和欧亚地区互联互通水平。

涉外环境法治除了依托绿色"一带一路"倡议体系内的合作,还将注重弱化涉外环境法治斗争范式的方面。西方国家与中国在环境议题上,仍是以国际合作为主基调。毕竟,西方对华强硬派的主张与西方国内发展客观需求之间形成了鲜明的割裂。西方国家如果以务实主义为主导,深入落实、推进涉外环境合作,将为国际环境规则体系的发展带来正面意义上的反馈。2018 年 7 月,中国与欧盟在原有气候、能源合作声明的基础上,发布《中欧领导人气候变化和清洁能源联合声明》,该《声明》不但旨在加强中欧之间切实履行《巴黎协定》减排目标,更探索了在其他发展中国家就推广获取可持续能源、提高能效和推动温室气体低排放发展进行三方合作的可能性,以协助发展中国家提高应对气候变化能力。2020 年 9 月,中国和欧盟领导人宣布成立中欧环境与气候高层对话,重申了高层对话将继续作为加强环境与应对气候变化双边合作

---

① 为加大对气候领域南南合作的支持力度,2015 年中国宣布设立 200 亿元人民币的中国气候变化南南合作基金。2016 年,中国启动在发展中国家开展 10 个低碳示范区、100 个减缓和适应气候变化项目以及 1000 个应对气候变化培训名额的合作项目,继续推进清洁能源、防灾减灾、生态保护、气候适应型农业、低碳智慧型城市建设等领域的国际合作,并帮助他们提高融资能力。参见习近平:《携手构建合作共赢、公平合理的气候变化治理机制》,载《习近平谈治国理政》(第 2 卷),外文出版社 2017 年版。

② "一带一路"应对气候变化南南合作计划主要落实在以下方面:与老挝、柬埔寨、塞舌尔共建低碳示范区;向巴基斯坦、孟加拉国、伊朗、智利、乌拉圭、古巴、博茨瓦纳、埃及等国家援助应对气候变化相关物资。通过实施绿色丝路使者计划,中国累计为 120 余个共建国家 3000 多人次提供了培训机会。

行动的重要平台(每年至少开展一次)。双方同意将继续并扩展在生物多样性保护、气候立法、节能和提高能效、循环经济、可再生能源、绿色交通、绿色建筑、绿色金融、碳捕集利用和封存及氢能等方面的合作。① 这类合作声明在短期看来,似乎并没有强制约束力,却可以在一定程度上缓解涉外环境纠纷的压力,是构建完整的涉外环境法治体系过程中不可或缺的部分。概言之,绿色"一带一路"既尊重传统国际环境法治的实证特征,恰当运用国内环境法治来推动低碳经济发展,②并且通过输出系统的涉外环境法治话语体系,旨在形成绿色高质量发展的内在认同。

结　论

中国提出统筹推进国内法治与涉外法治发展的战略规划,植根于中国对自身在当今世界发展格局中定位变化的客观认知。当全面依法治国体系处于全球环境治理赤字的危机中,为了切实维护我国主权、安全、发展利益,此时的中国需要以一种俯瞰式的视角来找寻、界定、发展自身在全球环境法治体系中的角色。涉外环境法治体系源于理论与实践两个面向的助力。一方面基于涉外实践工作平稳运行的需要,另一方面需要对国内环境法治与国际环境法治之间密切互动的成果加以凝练。值得注意的是,涉外环境法治的生成有国内环境法治与国际环境法治深度衔接的助力,但其本身并非纯粹演绎着"工具箱"的角色。随着对外投资建设发展的需求,涉外环境法治体系在不断更新碎片化、软法性的规范文件。如何进行整合以及进行视角延伸则是涉外法治建设下一步需要展开的工作。

涉外环境法治体系建设需要同时兼顾国际国内两个向度。一方面,对内完善涉外环境法律体系,法治建设工作需要从整合现有规范性文件到制定专项性环境法律规范发展,强化对于海外投资建设环境风险的规制,构建系统的涉外环境立法、执法、司法、守法的运行机制。另一方面,则是中国作用于国际

---

① 《中欧领导人气候变化和清洁能源联合声明》,载《人民日报》2018 年 7 月 17 日第 008 版。

② 陈红彦:《绿色"一带一路"国际法治的中国表达》,载《中国社会科学报》2019 年 7 月 25 日第 008 版。

环境法治的部分,即国际环境法治的中国方案。在全球环境规则话语体系中,如果要完成从"参与者"向"引领者"的转变,需要以务实的态度来完善涉外环境法治体系。基于涉外法治体系发展仍处于初始阶段,伴随着涉外环境风险的不确定性与涉外环境纠纷的频发性,关于涉外环境法治的研究仍然有待进一步深化。

(本文责任编辑:林炜培)

Coordination and Interaction: the Construction of System and the Expression of Era of Foreign-related Environmental Rule of Law

Zhang Xin

Abstract: As China's opening-up pattern has reached a certain level and scale, in order to effectively and accurately safeguard national sovereignty, security and interests, adhering to coordinate domestic rule of law and foreign-related rule of law has jumped to the meaning of China's rule of law. China is not only in the context of the global environmental governance deficit crisis, but also deeply trapped in the dilemma of Western countries imposing green confinement on China's overseas investment. Hence, the foreign-related environmental rule of law has become a key issue in the construction of the foreign-related rule of law discourse system. On the one hand, foreign-related environmental rule of law stems from the help of the deep connection between domestic environmental rule of law and international environmental rule of law, and plays a translated function between domestic environmental rule of law and international environmental rule of law. On the other hand, foreign-related environmental rule of law attempts to display the independent value. On the basis of examining the operation of domestic environmental rule of law, it has an insight into the overall development of international environmental rule of law. In the process of development from collaborative interaction to innovative construction, China requires to explore the conceptual meaning, system norms, operating mechanism and characteristic platform of foreign-related environmental rule of law, achieve a dynamic balance between substantive rules and formal efficiency of foreign-related environmental rule of law, and strive to engrave

China's mark in the international environmental rule of law.

Key Words：foreign-related rule of law；foreign-related environmental rule of law；domestic environmental rule of law；international environmental rule of law

论致命性人工智能武器对国际人道法原则的挑战及规制路径

卢　玉[*]

内容摘要：各国和国际组织对致命性人工智能武器提出了不同的概念，导致了致命性人工智能武器的概念内涵仍未达成统一意见。各国对致命性人工智能武器的定义差异越来越大，增加了专家组讨论的难度。中国在《常规武器公约》缔约国会议上提议致命性人工智能武器概念的可行路径，经过探讨致命性人工智能武器的特征以明确致命性人工智能武器定义。此外，致命性人工智能武器能否遵守国际人道法存在争议，以区分原则、比例原则的基本要素着手审视致命性人工智能武器的合法性，透彻分析致命性人工智能武器对国际人道法造成的挑战。为了更好监管致命性人工智能武器，必要的人机交互原则可以预防致命性人工智能武器因脱离人的控制而造成滥杀滥伤。

关键词：致命性人工智能武器；国际人道法；区分原则；比例原则；人机交互原则

目　录

---

* 卢玉，华东政法大学博士研究生，研究方向为国际公法、国际人道法。

引　言

　　人工智能已经在交通、医疗等多领域得到运用。[①]　人工智能不但在经济领域成为各国竞相追逐的高地，而且用来提高军事领域武器系统的自主性。人工智能技术不仅应用于强化武器系统的机动性、瞄准、情报等各种性能，目前自主发动攻击的武器系统也已经出现。2021 年 7 月 2 日，土耳其研制的自主 ULAQ 武装快艇首次演习成功，并自主搜索和集中目标。实质上致命性人工智能武器的问题一直在国际社会引起广泛讨论和诸多争议。致命性人工智能武器不同于自动武器系统，[②]致命性人工智能武器的核心性能是能够主动感知外部环境的变换并作出反应，而自动武器系统仅能按照预定程序完成制定任务。人工智能使战争形态由传统的作战方式向自主武器或网络战方向发

---

　　①　人工智能在多个医疗环节发挥作用，运用最为广泛的当数医学影像识别和辅助诊断领域。人工智能技术也助推无人驾驶汽车的发展，如特斯拉（Tesla）研发的自动驾驶汽车已经进入市场。具体参见王嫄、解文霞、孔德莉、高喜平：《论人工智能技术应用研究现状和发展前景》，载《科技与创新》2019 年第 20 期。

　　②　致命性人工智能武器也被称为致命性自主武器系统。自动武器与自主武器的最大差别是不能主动响应情况变化。当前，经常存在将自动和自主互换使用的现象，但实际上两者之间存在较大差异。目前对"自动化技术"的普遍定义是："使受控对象在无人直接参与下，按程序自动完成预定操作的技术。"作为自动化技术的产物，自动武器继承了其相关属性，通常按预编程序运行，针对的是事先设计好的任务，执行中往往不涉及或有限涉及操作人员。自主武器具有一定的临机自我调整能力，甚至能对自身状态和外部环境变化实时作出响应。具体参见常书杰、徐文华、袁艺：《自动自主无人武器有何异同》，载《解放军报》2020 年 3 月 24 日第 007 版。

展,更少依赖人为控制。① 根据红十字国际委员会(ICRC)的报告,部署致命性人工智能武器将引起战争格局的根本性变化。② 目前各国开发和部署具有自主学习和攻击能力的武器系统已成为现实。迄今为止,学界聚焦于致命性人工智能武器的追责机制,对致命性人工智能武器本身的合法性阐述较少。长期以来,关于致命性人工智能武器的定义一直是各国和国际社会讨论的焦点。 关于国际人道法的区分原则和比例原则能否适用于致命性人工智能武器争议问题也源于缺乏对致命性人工智能武器的统一定义。以更好地规制致命性人工智能武器在武装冲突中的运用,本文尝试从国际人道法区分原则和比例原则探析致命性人工智能武器的合法性。

一、致命性人工智能武器概念界定的困难

1980 年《常规武器公约》缔约国于 2014 年 5 月的缔约国会议上首次正式论及致命性人工智能武器。从致命性人工智能武器出现起,其概念就引发了巨大的分歧。至今致命性人工智能武器的明确概念尚未达成共识,这也导致统一致命性人工智能武器的概念存在困难。因此有必要对致命性人工智能武器进行术语界定。

(一)各国对致命性人工智能武器的定义

譬如美国国防部在 2012 年 11 月发布的指令根据武器自主程度的不同分为三类,③包括人类监督的自主武器、半自主武器系统以及完全的致命性人工

---

① 沈雪石、刘书雷:《新一代颠覆性技术变革未来战争形态》,载《军事文摘》2019 年第 2 期。

② International Committee of the Red Cross, Autonomous Weapon Systems-Q&-A, https://www. icrc. org/en/document/autonomous-weapon-systems-challenge-human-control-over-use-force.,下载日期:2022 年 1 月 12 日。

③ U.S. Department of Defense, Directive 3000.09, Autonomy in Weapons System,该指令在 2017 年 8 月 5 日修改,https://auvac.org/publications/view/337.,下载日期:2021 年 12 月 12 日。

智能武器。① 该指令认为致命性人工智能武器是一种一旦被操作员激活后，便可以在没有人为干预的情况下自主选择攻击的目标，并与目标进行交战的武器系统。② 加拿大认为致命性人工智能武器是能够通过对信息整合和形势的理解，独立地组合和选择各种行动方案以实现目标的武器系统。③ 英国认为致命性人工智能武器能够理解更高层次意图的机器系统。④ 英国还认为关于致命性人工智能武器与自动武器系统存在混淆使用的情况，有必要对两者进行区分。法国认为致命性人工智能武器在激活以后就没有人类的监督和控制，该武器系统具备超越人类采取行动的能力。⑤ 挪威表示致命性人工智能

---

① 人类监督的致命性人工智能武器是指操作员可以对武器系统运行的整个阶段进行干预，比如终止武器系统的运行，该类武器系统是最低限度的武器系统。半致命性人工智能武器是指该武器系统被操作员激活后，可自主与预先设定的特定目标进行交战，与半致命性人工智能武器不同，致命性人工智能武器可以自主选择任何目标攻击。

② U.S. Department of Defense, Directive 3000.09, Autonomy in Weapons System，该指令在 2017 年 8 月 5 日修改，https://auvac.org/publications/view/337.，下载日期：2021 年 12 月 12 日。

③ Department of National Defense of Canada, Autonomous Systems for Defence and Security: Trust and Barriers to Adoption, Innovation Network Opportunities, https: www.canada.ca/en/department-national-defence/programs/defence-ideas/element/innova-tion-networks/challenge/autonomous-systems-defence-security-trust-barriers-adoption. htm.，下载日期：2021 年 12 月 12 日。

④ 自主系统与自动系统具备的含义不同。现在学界对两者的概念混淆使用，厘清自主系统与自动系统两者的关系是极其有必要的。首先，自动系统和自主系统的英语表达是不同的。自主系统用"autonomous system or autonomy"表示，而自动系统用"automated systems"表示。其次，自主系统具有比自动系统更高层次的学习能力和感知能力，自主系统的行为活动是不可预测的。自动系统按照预定义的规则运行，其运行结果是可预测的。比如无人驾驶车辆就是自动系统而非自主系统。参见 Ministry of Defense of United Ki-ngdom, Joint Doctrine Publication 0-30.2: Unmanned Aircraft Systems, ht-tps://www.gov.uk/government/publications/unmanned-aircraft-systems-jdp-0-302.，下载日期：2021 年 12 月 12 日。

⑤ Statement of France, Group of Governmental Expert on Lethal Autonomous Weapons Systems, https://www.un.org/disarmament/the-convention-on-certain-conven-tional-weapons/background-on-laws-in-the-ccw/.，下载日期：2021 年 12 月 12 日。

武器是一种可以自动搜索、识别和攻击目标的致命武器系统。① 荷兰认为致命性人工智能武器在没有人为干预的情况下就可以选择并攻击预定义相匹配的目标,这是人为决定部署该武器之后作出,自主武器一旦发起攻击,就无法通过人为干预制止攻击。②

(二)国际组织对致命性人工智能武器的定义

该领域若干权威国际组织主要包括联合国裁军研究所、国际机器人武器控制委员会(ICRAC)等把致命性人工智能武器概念列为重要议题。例如,联合国裁军研究所在《关于自主技术的武器:担忧、特点和定义》,③认为致命性人工智能武器定义可以综合运用技术中心方法(technology-centric approach)④、人类中心方法(human-centred approach)⑤和功能方法(functions approach)⑥三种方法定义致命性人工智能武器,并赞同致命性人工智能武器具有自主性、不可测性和不可知性特征。ICRAC 认为在暴力功能方面可以自

---

① Statement of Norway, Group of Governmental Expert on Lethal Autonomous Weapons Systems, https://www.un.org/disarmament/the-convention-on-certain-conventional-weapons/background-on-laws-in-the-ccw/.,下载日期:2021 年 12 月 12 日。

② Statement of Netherlands, Group of Governmental Expert on Lethal Autonomous Weapons Syste-ms, https://www.un.org/disarmament/the-convention-on-certain-conventional-weapons/background-on-laws-in-the-ccw/.,下载日期:2021 年 12 月 12 日。

③ International Committee of the Red Cross, Autonomous Weapon Systems-Q&A, https://www.icrc.org/en/document/autonomous-weapon-systems-challenge-human-control-over-use-force.,下载日期:2021 年 12 月 12 日。

④ 该种方法是通过描述武器的物理特征来定义武器类别,诸如武器的技术规格、射程、有效载荷以及操作环境,沿用了《常规武器公约》界定特定武器类别的方法。

⑤ 该种方法是根据操作员在武器运行中的控制能力来划分武器的自主性,主要包括三种,即人处于环路内、人在环路中以及人在环路外。OODA 循环中的 OODA 是观察(observe)、调整(orient)、决策(decide)以及行动(act)的英文缩写。OODA 循环的发明人是美国陆军上校约翰·包以德(1927—1997),因而其又被称为包以德循环。作战过程可以由 OODA 循环来描述。"人在环路内"的武器需要人指导去选择和打击目标。"人在环路中"的武器又称为人工监督的自主性武器,虽然武器系统一直处于人的监控之下,但该系统能够自主地选择和打击目标。"人在环路外"的武器可在没有人参与和输入的情况下,选择目标并使用武力,比如美国和人权观察组织即采用该方法。

⑥ 该种方法认为武器关键功能上就具有自主性属于致命性人工智能武器的范畴,比如红十字国际委员会即采用这种方法。

动执行的武器系统都是致命性人工智能武器。① 红十字国际委员会在联合国讨论中提出了自己的自主武器工作定义。② 红十字国际委员会建议在瞄准和攻击等关键功能上具有自主性的任何系统都应视为自主武器。欧洲联盟在 2017 年 2 月 16 日的《关于机器人的民法规则》决议中,提出了关于自主武器系统的通用定义,认为其通过传感器和/或通过与环境交换数据以及对这些数据进行交易和分析来获得自主权,使其行为和行动适应环境,缺乏生物学意义上的生命。欧盟认为自主武器具备独立训练和决策的能力,机器人和其他自治系统目前不被视为个人或法人实体。③

不同国家的国防部文件赋予致命性人工智能武器不同的定义,由此产生的定义也暗示了国家对未来战争形态的不同看法。发达国家人工智能技术在世界上占有优势地位,从而使得武器更加自主化,利用致命性人工智能武器的场合更加平常化。发达国家倾向采取比发展中国家更为严格的标准定义致命性人工智能武器,将很多自主功能的武器系统排除。鉴于此,发达国家倾向于鼓励研发致命性人工智能武器。目前致命性人工智能武器的定义仍存在分歧和偏向。

(三)中国界定致命性人工智能武器概念的可行路径

中国在 2018 年《常规武器公约》缔约国会议提交的立场文件中认为对致命性人工智能武器的概念应加以重视,并积极探索致命性人工智能武器的具体定义。该文件为致命性人工智能武器概念的确定提供了极具建设性的意见。致命性人工智能武器定义的确定涉及政治、经济、军事、技术、法律、伦理等多方面因素,需要深入研究探讨相关的定义、范围、法律适用等问题,逐步加

---

① International Committee for Robot Arms Control. What Makes Human Control Over Weapon Systems "Meaningful"?, https://www.icrac.net/news/.,下载日期:2021 年 12 月 12 日。

② 红十字国际委员会将致命性人工智能武器定义为:任何在关键功能中具有自主性的武器系统。换言之,在没有人为干预的情况下能够选择(搜索或探测、识别、追踪、选择)和攻击(使用武力打击、压制、破坏或摧毁)目标的武器系统。具体参见红十字国际委员会专家会议:《致命性人工智能武器:增强武器关键功能的自主性带来的影响》,韦尔苏瓦,2016 年 3 月 15—16 日。

③ The European Parliament Committee on Legal Affairs,Report with Recommendations to the Commission on Civil Law Rules on Robotics,para.59(f),https://www.europarl.europa.eu/doceo/document/A-8-2017-0005_EN.html? redirect.,下载日期:2021 年 12 月 12 日。

深理解,凝聚共识,避免过早作出结论。① 目前各国对致命性人工智能武器的定义差异越来越大,增加了专家组讨论的难度。确定致命性人工智能武器概念的可行路径首先是讨论致命性人工智能武器的特征。

致命性人工智能武器应该包括但不限于以下五个基本特征。一是致命性,这意味着足够的有效载荷和手段是致命的。二是自主性,即在执行一项任务的整个过程中,没有人为的干预和控制。这也是致命性人工智能武器的核心要素,即在战争中可以自主选择和攻击目标对象,此为致命性人工智能武器与自动武器系统的本质区别。自主系统可以执行某些任务或功能,无须与人类操作员进行实时交互;而自动武器系统是预先编程的,它们的杀伤能力取决于人类操作员的事先编程。② 因此致命性人工智能武器和自动武器系统属于两种不同属性的武器系统。三是不可终止性,这意味着一旦开始就没有办法终止设备。四是滥杀滥伤效应,即该装置不受条件、情况和目标的限制,执行杀伤和致残任务。五是进化性,意味着通过与环境的交互,机器可以自主学习,以超出人类预期的方式扩展其功能和能力。致命性人工智能武器是被人工智能"深度学习"能力武装过后的机器人,可以通过视觉感知、语音识别、决策和语言之间的翻译进行运行,③并根据预先建立的算法自行选择和攻击目标。致命性人工智能武器是人工智能技术深度学习的高级应用,④即致命性人工智能武器具有自主学习能力。笔者认为致命性人工智能武器是具有自主学习能力的武器,可以在整个过程中没有人类干预情况下,采取致命性的方式选择和攻击目标。

---

① Statement of China, Group of Governmental Experts of the High Contracting Parties to the Convention on Prohibitions or Restrictions on the Use of Certain Conventional Weapons Which May Be Deemed to Be Excessively Injurious or to Have Indiscriminate Effects Position Paper, https://www. unog. ch/80256EDD006B8954/(httpAssets)/E42AE83BDB3525D0C125826C0040B262/ $ file/CCW_GGE.1_2018_WP., 下载日期:2021年12月12日。

② John O. Birkeland, The Concept of Autonomy and the Changing Character of War, *Oslo Law Review*, 2018, Vol.5.

③ Lexico Dictionaries, Artificial Intelligence, https://www. lexico. com/definition/artificial_intelligence., 下载日期:2021年12月12日。

④ For general information about artificial intelligence, see Sarah Lemelin-Bellerose, *Artificial Intelligence : Current Situation, Risks and Outlook*, Parliamentary Information and Research Service, 2019, pp.1-10.

二、致命性人工智能武器
对国际人道法两大原则造成的挑战

美国认为致命性人工智能武器的应用可以减少平民伤亡,救助武装冲突中的伤员,能够更好地保护冲突中的平民。然而,美国趁机将大量致命性人工智能武器应用于伊拉克的反恐行动中,造成了大量平民伤亡。我国认为致命性人工智能武器是否具有辨别目标的能力,尚未可知。更为重要的是这类武器系统难以作出对等的、相称的决策。因此区分原则、比例原则在致命性人工智能武器领域的适用存在挑战和不确定性。

区分原则和比例原则规制武装冲突各方从事敌对行动的方式,这些原则旨在保护平民免受敌对行动的影响。区分原则和比例原则已经被编纂进《第一附加议定书》,适用于国际性和非国际性武装冲突的习惯国际人道法中也包含这些原则。武装冲突的当事方均应根据区分原则和比例原则开发、部署和使用武器,致命性人工智能武器也要遵守两大原则。为了遵守区分原则和比例原则,指挥官需要具备先进的观察和识别能力,更需要基于动态军事情势作出判断的能力。固然致命性人工智能武器已经具备人类的观察和识别能力,但致命性人工智能武器无法在复杂的动态军事情势中作正确的判断。因此在当前的技术水平下,部署致命性人工智能武器将对国际人道法的两大原则造成挑战。冲突方使用致命性人工智能武器的行为违反了国际人道法。

(一)对区分原则造成的挑战

1977 年《第一附加议定书》第 48 条规定了区分原则。① 国际法院在"使用和威胁使用核武器的合法性的咨询意见"中把区分原则和限制作战手段和方法原则认定为国际人道法的基本原则,并将区分原则视为国际人道法的一个首要原则。国际法院认为,"区分原则是国际人道法的第一原则,并规定战斗

---

① 《第一附加议定书》第 48 条基本原则规定:"为了保护对平民居民和民用物体的尊重和保护,冲突各方无论何时均应在平民居民和战斗员之间和在民用物体和军事目标之间加以区分,因此,冲突一方的军事行动仅应以军事目标为对象。"

人员和非战斗人员的区别"。① 据此,区分原则构成了国际人道法的基本支柱。区分原则不仅是国际人道法的基本原则,也是习惯国际法,②对各国具有普遍拘束力。鉴于此,《第一附加议定书》的缔约国在武装冲突和战争中应遵守区分原则。

区分原则一方面要求交战各方在任何时候应始终区分平民和战斗员。平民和战斗员的区分标准体现在 1977 年《日内瓦第一议定书》第 51 条第 3 款中。该款以否定句的方式定义平民,涵盖所有既不属于冲突一方武装部队也没有参与民众抵抗的人员。无论国际性或非国际性武装冲突,直接参加敌对行动的人属于战斗员,不享有免受直接攻击的保护权利。其余人员均属平民,享有免受直接攻击之保护。另一方面区分民用物体和军事目标,以确保民用物体免受敌对行为的影响。《第一附加议定书》第 52 条规定民用物体不应成为攻击对象,攻击应仅限于军事目标,并提出了构成军事目标的两个要素。区分原则要求人类在战争和武装冲突中进行高度复杂和高度情景的分析,致命性人工智能武器是否具有人的思维的独特分析能力,是否具有区分平民和敌方战斗员、军用目标和民用目标的能力尚存争议。③

---

① Legality of the Threat or Use of Nuclear Weapons,Advisory Opinion,1996 I. C.J. Rep. 226,78 (July 8,1996).

② 关于区分原则的习惯国际法性质并不存在质疑。各国的外交实践以及国际法院、联合国安理会、前南国际法庭等国际机构可以看出区分原则作为处理国际性和非国际性武装冲突的习惯国际法已经得到认可。比如瑞典的《国际人道法手册》认为《第一附加议定书》第 48 条的区分原则是习惯国际法规则。阿塞拜疆、印度尼西亚以及意大利在本国的立法均规定直接攻击平民的行为构成刑事犯罪。禁止攻击平民的规定也规定在《常规武器公约第二附加议定书》第 3 条和《禁止杀伤人员地雷》(也称《渥太华公约》)的序言中;此外,《国际刑事法院规约》中规定直接攻击平民和民用物体的行为构成战争罪。在塔迪奇案中,前南斯拉夫国际刑事法庭进一步确认区分平民和战斗员的任务是一项习惯国际法。

③ 人工智能领域的领先专家辛格认为机器人由三个关键的组件设备组成,首先是用于监视环境并检测环境变化的传感器,然后效应器决定如何应对环境变化的方案,最后执行器执行具体应对措施。致命性人工智能武器属于机器人类别,致命性人工智能武器配备先进的传感器和效应器,可以有效观察和识别环境和目标,但能否对目标的变化作出恰当的反应仍存在质疑。参见 Chantal Grut, The Challenge to Autonomous Lethal Robotics to International Humanitarian Law, *Journal of Conflict and Security Law*, 2014, Vol.18.

首先,致命性人工智能武器难以区分平民和直接参加敌对行为的平民。致命性人工智能武器将身穿制服的战斗人员与平民区分开来相对容易,一般而言,致命性人工智能武器可以凭借制服、徽章和装备等固定特殊标志识别战斗员。然而,近年来作战行为持续转入平民居民中心,越来越多的传统军事职能被外包,从而使大量私人承包商、平民情报员参与到武装冲突中,[①]平民同军事行动的关系更加密切。平民在直接参加敌对行动期间,就丧失了免受直接攻击的保护,可以像战斗员一样被直接攻击。因此,将平民与直接参与敌对行动的平民区分可能很困难。为了确定在特定情况下的平民是否满足上述每项条件,就需要对复杂的形势进行综合判断。《国际人道法中直接参加敌对行动定义的释性指南》(以下简称《解释性指南》)规定,平民在直接参加敌对行动"期间"才丧失免受直接攻击之保护。直接参加敌对行动的概念由两个基本要素组成:"敌对行动"和"直接参加"。为了确定平民在距离实际战斗很远的时候就丧失保护,必须尽可能慎重地确定构成直接参加敌对行动之具体行为的起止时间。直接参加敌对行动不仅包括直接实施敌对行动,还包括为实施此类行为而做的准备工作以及前往和离开实施地点的过程。此外,视参与的性质和程度而定,个人参加敌对行动可分为"直接"参加和"间接"参加。直接参加是指作为武装冲突各方之间敌对行动的一部分而进行的敌对行为,而间接参加则是指对一般性的战事有所贡献,但并没有直接伤害敌人,因此也不致丧失免受直接攻击的保护。比如平民装备、运输和安防武器属于直接参与敌对行为。但对于平民购买、走私、生产和藏匿武器以及招募、训练人员是否构成直接或间接参加敌对行为,以及在现实武装冲突中对于判断一个平民是否属于参加敌对行动的人,要考虑的因素远远超过《解释性指南》里规定的因素,我们不能认为只要完全把区分原则的书面规定编程在致命性人工智能武器里,就认为致命性人工智能武器可以准确地作出每一个事关生死的决定并得到人类的认可,因为该平民可能不会表现出任何平民身份的外在迹象,并且实际上可能试图隐藏其身份。在这些情况下,人的判断至关重要,自主武器无法准确区分平民何时参加敌对行动。

其次,致命性人工智能武器难以区分战斗员和投降或失去战斗能力的人员。区分原则要求不得攻击投降或失去战斗能力的人员。一般而言,战斗员

---

① 红十字国际委员会:《国际人道法中直接参加敌对行动定义的解释性指南》,2009年 10 月,第 11 页。

投降或失去战斗能力的行为发生在战争正在进行时。① 他们应当得到安全的生活，并受到人道主义待遇。致命性人工智能武器具有自主学习能力，其感官处理能力较自动系统也更为先进，但将战斗员与投降或失去战斗能力的人员进行区分仅致命性人工智能武器的感官处理能力还远远不够。区分战斗员与投降或失去战斗能力的人员取决于人类的独特识别能力，如指挥官根据具体情境下战斗员的声调、面部表情和肢体语言来判断。但自主武器系操作员提前编码和部署，无法预见武装冲突的具体情景。② 人类以致命性人工智能武器不可预知的行为来分析武装冲突中的军事形势，因此致命性人工智能武器判断战斗员在武装冲突中是否投降或丧失了战斗能力存在困难。

最后，致命性人工智能武器难以区分军事目标和民用物体。为了使攻击的物体属于合法的军事目标，《第一附加议定书》第 52 条提出了军事目标的两个构成要素。军事目标需同时满足两个要素：一是构成军事目标的客观要素③，即攻击目标对军事行动有实际贡献，具体可以通过物体的性质④、所处的位置⑤、目的⑥和用途来判定。二是指构成军事目标的主

---

① ［法］夏尔·卢梭：《武装冲突法》，张凝、辜勤华、陈洪武、童新潮译，中国对外翻译出版公司 1987 年版，第 68 页。

② Elliot Winter：The Compatibility Of Autonomous Weapons With The Principle Of Distinction In The Law Of Armed Conflict. *International and Comparative Law Quarterly*，2020，Vol.69.

③ Robert Kolb，Military Objectives in International Humanitarian Law，*Leiden Journal of International Law*，2015，Vol.28.

④ 物体的"性质"通常是评估物体是否可以合法攻击的最直接因素，它是物体的固有特性。不论这些物体在敌对行动中的位置如何，这些物体始终将是合法的军事目标。并且在武装冲突期间从理论上讲可能在任何地方、任何时间受到攻击，而无须事先警告。包括军营、坦克、运输和设备、防御工事、军用飞机、军舰、国防部的建筑物和设施、空军基地和海军港口设施等明显的军事资产。

⑤ 民用物体可能因其地理位置而成为军事目标，如冲突方占领桥梁、道路和铁路的情形下，桥梁、道路就成了军事目标。在 1999 年的科索沃战争中，以美国为首的北约对南斯拉夫的 12 条铁路进行攻击和摧毁，因这些铁路具有重要的军事意义。

⑥ 即使是通常不受攻击的物体诸如学校或旅馆之类的物品，如果将其实际用于军事目的，将失去保护，并成为军事目标。比如在 2006 年黎巴嫩发生的冲突中，以色列对民用住宅建筑物，包括救护车在内的医疗设施和民用车队上发动攻击，理由是这些场所被用来发射火箭和运输弹药。

观要素,①即军事目标应具有明确的军事利益,时间上也具有严格要求。明确的军事利益与军事必要性原则密切相关,军事必要性原则是攻击军事目标的前提条件。明确的军事利益意味着一种具体的、明显的军事利益,而不是一种假设和推测的军事利益。它排除了基于不确定或潜在的军事利益而进行的攻击。民用物体满足上述两个要素即可成为军事目标。致命性人工智能武器评估这两个要素会存在挑战,因为在动态的作战环境中,致命性人工智能武器对明确的军事利益无法进行切合实际的评估。考虑军事目标是否具有明确的军事利益不能孤立地考虑单个军事目标,应从武装冲突的整体情景考虑。一旦军用目标对敌方的军事行动不再有实际贡献或者攻击它们不再具有明确的军事利益,该目标将获得民用物体地位,不得对此进行攻击。判断是否需要构成军事目标不能仅仅根据物体的客观位置,还含有人类的主观要素。一般来说具有明显标识的军用目标通常容易识别,操作员可以将其编程到致命性人工智能武器中。但当一个物体具有多种用途时,致命性人工智能武器判断物体何时具有军事用途,何时转换为民用物体可能存在失误,进而造成民用物体的损失。因此致命性人工智能武器在准确界定军用目标和民用物体时仍存在巨大挑战。

(二)对比例原则造成的挑战

一般来说,武装冲突行为不可避免地会造成平民受伤害、民用物体受损害。在这种情况下,出于平衡军事必要与人道保护两者的考虑以及限制对平民、民用物体的伤害程度,比例原则得以适用。前南斯拉夫国际刑事法庭在"加利奇案"(Galic case)中认为冲突方考虑比例原则时,应以尽可能不伤害平民和民用物体为原则。② 针对战斗员或军事目标的攻击必须符合比例原则。只有在进行评估并得出平民损失预计不会超过预期军事利益的结论后,才可攻击军事目标。比例原则载于《第一附加议定书》第 51 条第 5 款第 2 项以及第 57 条第 2 款第 2 项,该原则在国际性和非国际性武装冲突中被接受为习惯国际法。③

---

① Robert Kolb, Military Objectives in International Humanitarian Law, *Leiden Journal of International Law*, 2015, Vol.28.

② ICTY, Prosecutor v. Galic, IT-98-29-T, Trial Judgement, 5 December 2003 (hereinafter "ICTY, Galic case, TC"), para.58.

③ International Committee of the Red Cross, Customary International Humanitarian Law https://www.refw-orld.org/docid/5305e3de4., 下载日期:2021 年 12 月 15 日。

首先,比例原则包含很多要素,如如何界定整体攻击中具体和直接的军事利益、附带损害。致命性人工智能武器无法正确评估具体和直接的军事利益。军事利益是比例原则的核心要素,该原则较为笼统,缺乏精确性。同一次攻击因交战方的军事战略、作战计划、指挥官的意图、政治因素等可能提供不同的军事利益,①如在某种情况下天气都可能对预期的军事利益产生影响。编程人员极不可能对交战方的军事战略、指挥官的意图以及政治因素进行预编程以处理其无数种情况。ICRAC 负责人 Sharkey 称:"在军事交战中可能同时发生的大量类似情景,将会导致混乱的机器行为,并带来致命的后果。"②伊恩·亨德森和凯特·里斯也认为,自主机器人对外部环境的不完全理解是由于软件的局限性,将不可避免地导致"错误行为"。③ 据这类专家称,机器人在分析如此多的情况时遇到的问题将干扰其进行比例测试的能力。此外,致命性人工智能武器容易受到黑客攻击和计算机故障的影响,导致出现编码错误,以部署此种武器的军事指挥官没有预料的方式运行。当编码错误出现在致命性人工智能武器上,对平民的损害将是致命性的。在复杂多变的情况下解释不是计算机的自动决策,因此致命性人工智能武器可能由于无法进行比例分析,从而导致无法遵守国际人道法的比例原则。

其次,致命性人工智能武器无法预见攻击行为所导致的附带损害。《第一附加议定书》具体列举了三种类型的附带损害,即平民生命的丧失、平民受伤害和民用物体受损害,因此附带损害的对象涵盖了人员和物体。《第一附加议定书》第 51 条提出对平民的伤害,但第 51 条第(5)款第(b)项的措辞并未明确将有关伤害限制为身体伤害。对平民造成的精神伤害是否纳入附带损害的范畴一直备受质疑。然而近年来,人们日益剖析到武装冲突行为带来了严重的

---

① International Committee of the Red Cross Expert Meeting Report: The Principle of Proportionality in the Rules Governing the Conduct of Hostilities under International Humanitarian Law,https://www.icrc.org/en/docu-ment/international-expert-meeting-report-principle-proportionality.,下载日期:2021 年 12 月 12 日。

② Human Rights Watch. Losing Humanity The Case against Killer Robots,https://www.cnbc.com/2015/04/21/what-caused-the-flash-crash-cftc-doj-weigh-in.html.,下载日期:2021 年 12 月 30 日。

③ Ian Henderson, Kate Reece, Proportionality under International Humanitarian Law: The Reasonable Military Commander Standard and Reverberating Effects, *Vanderbilt Journal of Transnational Law*,2018,Vol.51.

精神损害。国际机构和学术界认为严重的精神损害对个人重大和长期的影响包含在比例原则之外。致命性人工智能武器可以通过平民身体的外在表现判断其受伤害程度,但精神损害程度很难转化为算法,导致致命性人工智能武器无法预估精神损害。精神损害对于致命性人工智能武器是完全无法预测的,这需要指挥官的主观评估。它需要评估平民伤害的程度,评估获得的军事利益的价值,还需要考虑是否有其他替代途径获得这种军事利益,从而减少平民伤害。① 彼得·阿萨罗(Peter Asaro)将比例原则描述为:"抽象的,不容易量化的,并且比例原则对人的主观估算要求非常高。"②

最后,致命性人工智能武器不具备合理的军事指挥官资格。自主武器无法计算预期的军事利益和附带损害,评估军事行动所带来的附带损害是否过分超过预期的军事利益是以"合理的军事指挥官"为判断标准,并且国际人道法的责任承担机制也是以指挥官责任为基础的。③ 但通常认为,致命性人工智能武器虽然拥有类似人类的智能,但是并未发展出人类理性,④ 不可取得类似自然人的法律主体地位。⑤ 著名的人权学者克里斯托夫·海因斯(Christof Heyns)认为:"将生死决定交给机器是道德上的乃至法律上的对人权的侵犯,致命性人工智能武器缺乏人类独有的良心、情感、认知和精神状态,我们不应

---

① Jeroen Van Den Boogaard，Proportionality and Autonomous Weapons Systems，*Journal of International Humanitarian Legal Studies*，2015，Vol.2.

② P. M. Asaro， Modeling the Moral User， *IEEE Technology and Society Magazine*，2009，Vol.28.

③ 《国际刑事法院罗马规约》第 28 条是指挥官应负刑事责任的法律依据,美国国防部规定:"授权使用,直接使用或操作自主……武器系统的人必须谨慎行事,并遵守战争法,适用条约,武器系统安全规则和适用交战规则。"国际刑事法院于 2016 年 3 月对检察官诉本巴·贡博(Bemba Gombo)案出判决,被告人系中非共和国境内反政府武装刚果民主运动及其军事组织刚果解放军领导人。此案是国际刑事法院以指挥官责任为责任模式(《罗马规约》第 28 条)作出的第一个判决。

④ 刘洪华:《论人工智能的法律地位》,载《政治与法律》2019 年第 1 期。

⑤ 目前对智能机器人的法律地位问题的讨论总体上存在四种观点,即"主体说"、"客体说"、"有限人格说"以及"控制说"四种观点,但主要的争议在于是否赋予智能机器人具有类人类化的法律主体地位,因此本节主要讨论"主体说"与"客体说"这两种观点。其中,"主体说"认为智能机器人应具有人类同等的法律主体地位,其涵盖了电子人格说和代理人说,但"客体说"认为智能机器人缺乏道德认知能力,并无法独立承担责任,不享有法律主体的地位,它们作为人类的工具,仅可作为法律关系中的客体,包括道德能力缺乏说和工具说。

该将对人类生死攸关的大事（生命）完全交给致命性人工智能武器，使用致命性人工智能武器可能构成对生命权的威胁，它还可能造成严重的国际分裂，削弱国际法的作用和规则。"①因此，致命性人工智能武器只能是法律关系客体而非主体，致命性人工智能武器不具备合理的指挥官资格，在适用比例原则的过程中也将遭受巨大挑战。

三、规制致命性人工智能武器的建议

国际人道法中不存在针对致命性人工智能武器的专门议定书，因此很多国家一直呼吁制定有关自主武器系统的新议定书，并且增强国家之间对自主性武器系统研发使用的信息透明性。但我们应当清楚的是，当前尚无专门管制或限制军事机器人，更没有针对人工智能武器系统的条约。国际人道法的规定大多都是从原则的角度笼统地对武器进行规制，缺乏对人工智能武器的作战行为进行具体的规定，因此国际社会若制定一项对致命性人工智能武器的新公约需要耗费大量的谈判和协商成本。《特定常规武器公约》（以下简称《公约》）提供了规制人工智能武器的适当框架，可在《公约》的目标和宗旨的范围内制定致命性人工智能武器的规范和操作原则。

（一）人机交互原则的提出

作为《公约》及其五个附加议定书的完全成员国之一，中方一贯支持公约各项工作，中国一贯高度重视常规武器引发的人道主义问题。中国在 2018 年《公约》缔约国会议上认为，必要的人机交互措施有利于防止因脱离人的控制而造成致命性人工智能武器的滥杀滥伤。2019 年，《公约》缔约国同意致命性人工智能武器"规范和行动框架的多方面问题"的 11 项原则，其中人机交互原

---

① 克里斯托夫·海因斯（Christof Heyns）是前任联合国法外处决、即决处决或任意处决问题特别报告员。新任莫里斯·蒂德鲍尔-宾茨（Morris Tidball-Binz）先生于 2021 年 4 月 1 日被任命为联合国法外处决、即决处决或任意处决问题特别报告员。具体可见联合国人权高级专员办事处官网，https://www.ohchr.org/ch/issues/executions/pages/srexe-cutionsindex.，下载日期：2021 年 12 月 17 日。

则得到了各国的支持。① 2020 年,在许多国家提交给政府专家组的国家评论中,各国同意人机交互原则可以更好地规制致命性自主武器系统。条约对致命性人工智能武器的监管方式可采用确保致命性人工智能武器的开发和使用处于"人类的控制"之下。

(二)人机交互原则对致命性人工智能武器的规制

人机交互原则要求必须确保人对所部署和操作的武器保持控制。人机交互原则的核心要素在于明确人类对致命性人工智能武器实施控制。人类对致命性人工智能武器实施有意义的控制主要可以从以下方面展开:第一,可以对致命性人工智能武器本身参数设定控制。如控制攻击目标类型、致命性人工智能武器运作时间、使用致命性人工智能武器的攻击效果。第二,应对致命性人工智能武器的使用环境加以控制。例如仅限于在不涉及平民或民用物体的情况下使用,或在操作期间排除其存在。例如在有平民或民用物体存在的情形下,在设置隔离区、物理障碍和事先警告后使用致命性人工智能武器。第三,确保有效的人类监督,以及及时的干预和停用。即人类监督致命性人工智能武器并在必要时通过直接主动控制、中止任务或停用致命性人工智能武器功能来干预其运行的措施。第四,人类的控制也要求各国应制定致命性人工智能武器的审查程序,并旨在确保有效控制致命性人工智能武器的使用,针对指挥官和操作员进行致命性人工智能武器的培训,包括对该作战环境的任何结果给予的合理考虑,即致命性人工智能武器的使用应具有可预测性。

人机交互原则可以减少致命性人工智能武器使用中的不可预测性,并减轻不当和意外后果的风险,特别是对平民的风险。联合国法外处决、即决处决或任意处决问题特别报告员克里斯托夫·海因斯说:"虽然有能力生产致命性人工智能武器的各国政府官方声明表明,目前没有设想在武装冲突或者其他地方使用致命性人工智能武器,但应当回顾,飞机和无人机最初在武装冲突中仅用于监视目的,后来的经验表明,当能够提供比对手更明显的优势的技术时,最初的意图往往被抛弃。"②因此,国际人道法层面对致命性人工智能武器

---

① Final Report of the 2019 Convention on Prohibitions or Restrictions on the Use of Certain Conventional Weapons Which May Be Deemed to Be Excessively Injurious or to Have Indiscriminate Effects,13 December 2019,CCW/MSP/2019/9,https://undocs. org/CCW/MSP/2019/9.下载日期:2021 年 12 月 21 日。

② United Nations,Report of the Special Rapporteur on Extrajudicial,Summary or Arbitrary Executions,https://undocs.org/A/HRC/23/470.下载日期:2021 年 12 月 20 日。

进行规制十分重要,人机交互原则可以使得致命性人工智能武器的使用更加遵守国际人道法。

结　语

许多致命性人工智能武器已经可以自主识别、跟踪或选择目标,如自主战斗机、自主"哨兵"枪以及自主潜水无人机。致命性人工智能武器通过使用一个武器平台执行识别目标到攻击目标的所有功能,提高作战效率,减少士兵和指挥官的身体和认知负担以及决策支持系统,扩展作战行动的范围和深度并满足提高运营节奏的需求,可以有效降低成本和人员,从而增加一国的军事实力。各国进行大量的投资以增加武器的自主性。当前军事利益和投资的趋势表明,如果不确立国际公认的限制标准,致命性人工智能武器将会加剧各国的军事竞赛。更有甚者,恐怖分子会利用致命性人工智能武器进行恐怖袭击,导致全球的恐怖主义泛滥。国际人道法尚未定义致命性人工智能武器系统的概念,但很多国家和国际组织对致命性人工智能武器系统展开了广泛的讨论。一般来说,武器系统在攻击军事目标时,需要两个步骤:首先,武器系统按照区分原则的要求确定攻击的目标是否属于战斗员、直接参加敌对行为的平民以及军事目标。其次,武器系统需要评估攻击战斗员、直接参加敌对行为的平民以及军事目标是否会造成附带损害,在攻击行为造成附带损害的情况下,比例原则得以适用。致命性人工智能武器系统由于其自身具备的特性将会对国际人道法的区分原则、比例原则造成挑战,因此对致命性人工智能武器的人机交互原则进行规制是十分必要的。

(本文责任编辑:陈梓涵)

On the Challenge of Lethal Artificial Intelligence Weapons to International Humanitarian Law and Its Regulation Path

Lu Yu

Abstract：Various countries and international organizations have put forward different concepts for autonomous weapon systems，which has led to the lack of consensus on the concept and connotation of autonomous weapon systems. The definitions of autonomous weapon systems vary widely among countries, which increases the difficulty of discussion by the expert group. At the Conference of the States Parties to the Convention on Conventional Weapons, China proposed a feasible path for the concept of autonomous weapon systems. After exploring the characteristics of autonomous weapon systems, the definition of autonomous weapon systems was clarified. In addition, it is controversial whether lethal autonomous weapon systems comply with international humanitarian law. The basic elements of the principle of distinction and proportionality are used to examine the legitimacy of autonomous weapon systems, and thoroughly analyze the challenges that autonomous weapon systems pose to international humanitarian law. In order to better supervise autonomous weapon systems, necessary human-computer interaction measures can prevent autonomous weapon systems from causing indiscriminate injuries due to their separation from human control.

Key Words: lethal artificial intelligence weapons; international humanitarian law; principle of distinction; principle of proportionality; principle of human-computer interaction

学科发展状况

中国的国际关系与国际法
跨学科研究二十年回顾*

刘志云　谢春旭**

内容摘要：随着国际关系与国际法跨学科研究在西方的重新兴起，中国的学者也开始关注这个问题领域。在过去的二十几年中，一些学者克服了"跨学科研究的困难""学科内的偏见""不同学科之间的差距"，在该领域的重要问题方面进行了开拓性研究，具体包括：国际关系与国际法跨学科研究的必要性、跨学科研究的重点与具体路径、跨学科研究的"学科体系对接"与原理性问题、学科间研究方法的互借与交叉问题，等等。逐渐地，国际关系与国际法跨学科研究成了一种流行的方法和共识。迄今，中国的国际关系与国际法跨学科研究已经取得一定的成就，但为了能够可持续发展，实践中需要继续增进国际关系与国际法两个学科在教学上的互动、促进跨学科对话机制的构建，以及推动跨学科合作平台的建设。

关键词：国际关系；国际法；跨学科研究；二十年；回顾

目　录

---

* 本文系国家社科基金重大项目（项目编号：20VHJ007）阶段性成果。

** 刘志云，厦门大学法学院教授；谢春旭，厦门大学台湾研究院博士生。

引　言

国际关系、国际法两个学科之间的联系十分密切，一方面，国际法作为国际关系的一种表现形式，是国际关系在规范层面的折射；另一方面，国际法也是某种国际交流方式的延续，反映了国际关系对秩序、稳定和可预见性的需求。冷战结束时，两者的学科研究已经分离了近半个世纪，但学科自身发展的需要以及世界经济政治形势的变化，给了它们重新联结的机会。尽管两个学科之间存在巨大差距，跨学科研究障碍重重，但合作的潜力和前景仍然令人鼓舞。

中国的国际关系与国际法跨学科研究落后于西方同行。事实上，因为中国的科研教育体系对学科划分过细，国际关系学科与国际法学科之间的密切关系长期以来被人忽视。到 20 世纪末，偶有中国学者作出尝试，但基本没有引起学界注意。直至 21 世纪的第一个十年，在西方国际关系与国际法的跨学科研究如火如荼的情势下，少量中国学者开始注意到国际关系理论与国际法学之间的紧密联系,并努力推动两个学科的交叉研究工作。这些工作包括:强调两个学科研究联结的必要性与重要意义;致力于两个学科的体系对接与原理性研究,试图贯通各自的理论体系;互相吸收对方学科的研究方法,或者借鉴对方学科的概念与知识,促进交叉问题的研究发展。无疑,这一时期,在中国从事这种跨学科研究的工作是困难的,致力于此的学者之间交流机会寥寥,他们不仅要应对两个学科不同话语体系带来的挑战,还要承受本学科大部分学者的不理解或漠视,后者常常因为未意识到跨学科研究的必要性、必然性而认为这是一件没有价值的工作。幸运的是,时移世迁,这种跨学科研究终于取得了一定进展,少部分学者在 21 世纪最初十年孜孜不倦的研究工作与研究成果,逐渐让更多的中国学者发现了投身跨学科研究的价值与意义。

彰往知来,是推进跨学科研究的重要工作。实际上,对于中国在 21 世纪第一个十年的跨学科研究工作,笔者在十几年前即已撰文作了总结与回顾。① 其中,有一篇回顾文章虽以英文形式发表,但由于刊载杂志是国内外出版机构合办,在英文期刊界未得到充分关注,影响力相对有限。② 在 21 世纪的第二个十年,随着致力于国际关系与国际法跨学科研究的中国学者日益增多,研究成果不断涌现,研究内容持续深化,跨学科研究逐渐成为一种更普遍被人接受的意识与方法论。2017 年,笔者主持出版了《国际关系与国际法跨学科研究:探索与展望》一书③,对中国与西方的国际关系与国际法跨学科研究的各方面问题进行了综合分析与深度探讨,包括:国际关系与国际法跨学科研究的质疑、障碍与前景;中外国际关系与国际法跨学科研究的回顾、存在问题以及展望;国际关系理论对于国际法研究的意义与贡献、国际法学对于国际关系研究的意义与贡献;国际关系与国际法跨学科研究的可持续发展与学科建设。可以说,该书对国际关系与国际法跨学科研究进行了具有学科建设意义的、相对系统可行的理论方法探讨。当然,这本书的撰写与出版也过去了若干年,这一期间国内跨学科研究也发生了比较大的变化,因此我们仍然需要一篇回顾展望性质的论文,与学术同行一起梳理、总结二十几年来中国国际关系与国际法

---

① 例如,刘志云:《国际关系与国际法的学科结合——中国现状、存在问题及解决思路》,载《国际政治研究》2011 年第 3 期;刘志云:《中国的国际关系与国际法跨学科研究:回顾与展望》,载《武大国际法评论》2011 年第 1 期。

② Liu Zhiyun, Interdisciplinary Research on International Relations and International Law in China over the Past 10 Years, *Front. Law China*, 2011, Vol.6, No.3, pp.496-523.

③ 刘志云等:《国际关系与国际法跨学科研究:探索与展望》,法律出版社 2017 年版。

跨学科研究的面貌、特征与趋势,以期更好地实现这个问题领域的交流互动。怀着这样的目的,本文将回顾二十几年来中国国际关系与国际法跨学科研究的起步、障碍以及成就,分析跨学科研究关注的主要问题,并从学科建设角度分析跨学科研究可持续发展的必要措施。需要注意的是,本文主要着眼于介绍中国的国际关系与国际法跨学科研究的历史与现状,必然是在分析总结过往的同类性质的论文与著作的基础上加以更新,而不是简单的"推倒重来"。

一、中国的国际关系与国际法跨学科
研究起步时面临的障碍及消除①

在过去二十几年里,国际关系与国际法的跨学科研究作为中国学术界的新生事物,经历了从兴起到发展的成长过程。某种意义上,这样的成长过程也是一次"融冰之旅"。如今,无论是学科内部的偏见,还是学科之间的鸿沟,交叉学科研究的诸多障碍都呈现消解态势。形象地说,国际关系与国际法的跨学科研究已然从"零星之火"转变为"熊熊烈火"。

(一)跨学科研究的困难与挑战

由于教学科研体系的分割,国际关系理论和国际法学学科之间曾经长期处于隔绝状态。具体地讲,在中国的高等院校、科研机构中,国际关系学者与国际法学者分属于不同的学术系统、学术单位,他们之间的沟通机会非常少。国际关系与国际法专业的培养教育是相互割裂的,学生很难通过学校提供的课程获得对方学科知识与研究方法的训练。

毫无疑问,这种状况对跨学科研究者提出了巨大挑战。从事交叉学科研究的学者不仅需要熟稔本门学科的知识,还需要理解其他学科的知识。但是,大多数学者只能通过自学的方式获得其他学科的知识。面对两个学科复杂而庞大的知识体系,学者们必须同时具备"试错"的勇气与"克难"的决心。跨学科研究萌发之初,"先行者"往往由于对其他学科知识的理解偏差,不可避免地

---

① 这部分在对跨学科研究发展的十年回顾的论文中曾有论及,精简后放到这里是为了让本文的二十年回顾主题更完整。See Liu Zhiyun, Interdisciplinary Research on International Relations and International Law in China over the Past 10 Years, *Front. Law China*, 2011, Vol.6, No.3, pp.496-523.

犯下些许错误。然而,正是前辈们的反复尝试与不懈努力,才促成了跨学科研究的繁荣发展。时至今日,中国的跨学科研究逐渐走出幼稚期,越来越多兼具国际法、国际关系知识背景的优秀学者加入研究队伍,熟练地运用跨学科的术语、逻辑、方法开展观点论证,这无疑为跨学科研究的可持续发展注入了强劲动力。

有趣的是,在 21 世纪最初十年,一些法学院校没有获得国际法博士点,只能采取"挂靠"方式,通过在国际政治、马克思主义理论、世界历史等专业的博士点招收国际法研究方向的博士生。招收的学生不得不围绕跨学科选题,进行博士学位论文写作。如此"曲线救国"的招生方法,在这个时期也间接促进了跨学科研究的发展。

(二)学科内的偏见以及逐渐消除

如上文所述,在 21 世纪以前,国际关系理论和国际法学在中国曾被视为两个独立领域,它们之间的密切联系遭到忽视。在这种情势下,许多"旁观者"难免对跨学科研究存有误解。例如,笔者最开始做这项研究时,经常面临"不务正业"的指摘,在日常讨论中可能会受到"你没有讨论法律问题""这项研究对国际法学科没有真正意义"之类的严厉批评;当发生较大的学术分歧时,甚至不幸被戴上"破坏国际法学科的独立性"或"为国际关系理论的殖民主义张目"之类的"大帽子"。

早期,学者的跨学科选题的论文发表时经常遇到较大麻烦。比如,在法学领域,许多跨学科研究的论文可能由于"不理解""过于专业""缺乏对社会实践的指导意义"等原因遭到拒稿。不过,更多的同行还是给予跨学科研究的成长空间。2005 年,从事跨学科研究的徐崇利教授主持了国家社会科学基金项目"国际关系理论与国际法原则研究";2007 年,笔者主持了国家社科基金项目"国际关系理论与当代国际法的实践",都表明了同行评审专家对这些"异端"的宽容态度与行动支持。

(三)学科之间的鸿沟以及逐渐消除

经过长时期的封闭发展,国际关系与国际法领域的学者形成了两个相对隔阂的学术圈,双方都存在"关门主义"习惯,更是给跨学科对话制造了鸿沟。相当长的一段时间内,国际法学术会议很难寻见国际关系学者的身影,更不用说国际法期刊上发表的国际关系文章;国际关系学科的各种专门会议,也很少会想到邀请国际法学者参加。

实际上,经过各种学术训练,两个学科的成员已然归属于"不同的话语体系",如"制度""实证主义""系统""理论"等词语,在不同的学科可能有不同的含义。这不仅给论文写作与评审增加了理解难度,而且在难得的跨学科交流中,学者们可能会误解彼此学科的术语、常识以及其他知识,陷入"鸡跟鸭讲"般的"虚假"辩论状态。

然而,若干年后,前述情况已经有所改观。国际关系与国际法学者之间的交流逐渐增多,各自学科的专门会议中偶尔会邀请对方学者参与,国际关系的杂志也经常会发表国际法学者撰写的文章。此外,专门的"国际关系与国际法跨学科会议"举办了多次,足以证明两个学科之间的距离正在缩小,跨学科互动机制正在形成。

二、过去二十几年国际关系与国际法跨学科研究所关注的问题以及研究状况

如前所述,中国的国际关系与国际法跨学科研究一开始是很艰难的,面临着学科内的理解困境与学科之间的交流障碍,这也是大多数跨学科研究必然面对的问题。度过艰难的起步阶段,跨学科研究逐渐受到两个学科的重视,并产生了较大影响,甚至形成了一种趋势。因此,盘点过去二十几年跨学科研究者所关注的问题以及研究状况①,是一项必要又有意义的工作。

(一)有关"国际关系与国际法跨学科研究的必要性"的研究

实际上,周鲠生、王铁崖、周子亚等中国老一代国际法学家,在青年时代留学欧美,都曾学习或研究过政治学、国际政治和外交,足见当时国际法研究与国际关系理论的紧密联系。② 王铁崖先生留给后世的最后一本阐述国际法基本理论问题的著作——《国际法引论》,其写作宗旨便是以国际关系现实为依据阐述国际法的基本理论问题。③

---

① 以下对跨学科研究者关注重点的划分以及研究状况的描述,只是大致性归类、模糊性介绍。研究重点(问题)本身是互相交叉的,很难有泾渭分明的区别。同时,研究现状的描述只能限定于笔者的阅读范围,无法穷尽所有文献,也难以做到完全准确与充分地理解研究者所表达的观点和具体论述。因此,下文的论述难免"挂一漏万"。

② 徐崇利:《构建国际法之"法理学":国际法学与国际关系理论之学科交叉》,载《比较法研究》2009 年第 4 期。

③ 王铁崖:《国际法引论》,北京大学出版社 1998 年版,序。

可惜的是,在 21 世纪之前,两个学科的大部分学者都忽视了跨学科研究的必要性。由此,是否需要进行"国际关系与国际法跨学科研究",变成了开展交叉研究活动的先决性问题。事实上,即使是在西方,国际关系与国际法跨学科研究兴起之初也未能得到多数学者的响应,并且在每个学科内都招致广泛争论与质疑。[①] 反对者的理由基本集中于两个学科的巨大差异以及各自学科内部的差异性上,即"两种文化的困境"[②]。因此,在跨学科研究兴起之初,分析、阐述其必要性至关重要,能够为后续研究活动提供充分的"正当性来源",中国的国际关系与国际法跨学科研究亦是如此。

中国国际关系学界与国际法学界的学者,多数都从自身学科发展需要的角度,探讨了跨学科研究的必要性。按照"西学东渐"的一般规律,学者们往往先回顾、分析西方国际关系与国际法跨学科研究的历史与现状,[③]再阐述"中国的国际关系与国际法跨学科研究的必要性"。国际关系权威学者王逸舟教授指出,在经历了长期割裂之后,西方国际政治与国际法两大研究领域重现合作的势头。历史上,国际政治、国际法和外交研究之间并无严格区分。只是在近几十年,过分细化的学科分野和教学设置,逐渐拉开了国际关系和国际法两个学科的距离,甚至造成互不通气、缺乏了解的局面。实际上,研究当代的国际政治和安全,不可能看不到各种国际制度和法律的作用,离开对后者的分

---

① 莫大华:《国际关系理论与国际法学之间的建桥计划:一座遥不可及的桥梁吗?》,载刘志云主编:《国际关系与国际法学刊》(第 1 卷·2011),厦门大学出版社 2011 年版,第 17~20 页。

② Oran R. Young，International Law and International Relations Theory：Building Bridges-Remarks，*Proceedings of the the American Society of International Law*，Vol.86,1992，p.175.

③ 对西方国际关系与国际法跨学科研究的介绍与分析的典型作品有:刘志云:《论现代国际关系理论与国际法研究的三次联结及其影响》,载《法律科学》2006 年第 2 期;刘志云:《当代西方国际关系理论与国际法学跨学科合作的勃兴》,载《国外社会科学》2008 年第 1 期;徐崇利:《构建国际法之法理学——国际法学与国际关系理论之学科交叉》,载《比较法研究》2009 年第 4 期;徐崇利:《国际关系理论与国际法学之跨学科研究:历史与现状》,载《世界经济与政治》2020 年第 11 期;莫大华:《国际关系理论与国际法学之间的建桥计划:一座遥不可及的桥梁吗?》,载《国际关系与国际法学刊》(第 1 卷·2011),厦门大学出版社 2011 年版;王彦志:《国际关系与国际法跨学科研究:美国学者的回顾、反思和展望》,载《国际关系与国际法学刊》(第 2 卷·2012),厦门大学出版社 2012 年版;赖华夏:《"舍弃"与"再发现":国际关系研究的国际法传统》,载《中国法律评论》2021 年第 3 期。

析,很可能导致对前者分析的空泛乏力;同理,没有对国际关系多样性与复杂性的认知,国际法研究可能会变得保守僵化。而全球化时代,更需要两个学科研究的结合。当代世界生动复杂的现实状况,给国际关系和国际法的结合提供了丰富的案例与启示。因此,必须根据时代的潮流和需求,对国际法学和国际关系学的"工具箱"进行重新清理和翻修,深入探讨全球化时代出现的各种新问题。① 国际关系学者张胜军教授则从国际社会中法治地位的角度探讨了跨学科研究的必要性。他认为,超越城邦、民族和国家的界限,将法治扩大到全体人类的思考古已有之。在 21 世纪,全球化的扩张不断打破国家的经济、社会和文化界限,探讨国际社会法治的目标、特点和现实路径已成为当下难以回避的重大课题。②

另有国际关系学者秉持"乐观中的谨慎态度",其依据法律在国际关系中的作用有限性,对跨学科研究的必要性问题作了更为保守的回答。例如,朱锋教授指出,虽然"格劳秀斯主义"是国际关系理论的三大源泉,但长期以来,无论是国际关系研究还是国际关系实践,"法律主义"都未能成为主流,只是被看作权力之下的产物或者调节权力的工具。当然,尽管国际关系研究在总体上排斥法律主义,却在具体的技术环节接受了法律主义的精髓。尤其是在当代国际政治中,"法律主义"可以在具体问题领域发挥很好的功能性作用。当前,虽然"法律主义"的困境仍难以消除,但糅合了国际法要素的国际规范和国际制度等概念系统,在国际关系理论中已经占据了重要地位。在这种背景下,重视国际关系理论与国际法跨学科研究有着一定的必要性。③

跟西方学界一样,中国的国际法学者对国际关系与国际法跨学科研究的积极性与参与度,远高于国际关系学者。这种现象与国际法学在冷战时期发展滞后、在冷战结束后亟须汲取养分的学科状况紧密相关。同时,国际法的高度技术性、国际关系学者对国际法的高度技术性的掌握难度也是形成前述现象的重要因素。④ 站在学科现状以及发展需要的角度,许多国际法学者毫无保留地阐述了跨学科研究对于国际法学的重大意义。例如,徐崇利教授强调

---

① 王逸舟:《重塑国际政治与国际法的关系》,载《中国社会科学》2007 年第 2 期。

② 张胜军:《当代国际社会的法治基础》,载《中国社会科学》2007 年第 2 期。

③ 朱锋:《国际关系研究中的"法律主义"》,载《中国社会科学》2007 年第 2 期。

④ 莫大华:《国际关系理论与国际法学之间的建桥计划:一座遥不可及的桥梁吗?》,载刘志云主编:《国际关系与国际法学刊》(第 1 卷·2011),厦门大学出版社 2011 年版,第 22 页。

了开展跨学科研究对于国际法原理研究的重要性。在他看来,在研究国际法原理时,虽然可以绕过国际关系理论中的相关学派,径行运用哲学和其他社会科学的分析方法。但是,在大多数情形下,国际关系理论已经把哲学和其他社会科学的分析方法带到了"国际"场域,就近援引国际关系理论以辅助国际法原理研究,往往更为现成、更为适用;反之,如果国际法原理研究舍近求远,一概采取援用哲学和其他社会科学的方法,其建立的分析框架可能会与国际关系理论雷同,由此将浪费大量的学术资源。因此,通过国际关系理论这一"传输带",可以获得多种哲学和其他社会科学的研究方法,进而形成国际法基本原理研究的各种学派。① 同样,何志鹏教授也强调了跨学科研究对国际法学的重要意义。他指出,在构建中国特色学科体系、学术体系、话语体系的道路上,国际关系实践对于国际法的基础塑造意义日益凸显,国际关系理论对于国际法认知和论断的启发意义日益增强。②

随着研究的深入,有的国际法学者开始关注国际关系学科细分领域与国际法的结合,比如强调外交与国际法结合的必要性。例如,国际法专家、学者型外交家黄惠康先生强调,法律外交是现代外交的高级形态,也是学人施展才华的用武之地。中国需要在更广范围、更深层次以更高水平运用国际法,善打"法律牌",既要从战略层面提出借助国际法服务中国特色大国外交的思路、建议,也要从微观层面就国际法的前沿问题提出中国方案。③

实际上,国际关系与国际法跨学科研究对两个学科来说都是必要的。正如笔者所指出的那样,国际法学者和国际关系学者具有大致相同的视野。在传统上,他们共同关注以国家为中心的和平与发展问题,而晚近又同时面对这个日新月异的世界。因此,围绕着两个领域的相关问题进行学科互动,既是双方学者对对方领域研究成果的必然反应,也是各自保持自身领域动态发展之实际需要。从效果看,至少两个学科都能从概念、通识、方法、素材以及研究成果的互动中获益匪浅。④

---

① 徐崇利:《国际关系理论与国际法学之跨学科研究:历史与现状》,载《世界经济与政治》2020 年第 11 期。

② 何志鹏:《国际关系理论对国际法的价值指引》,载《中国社会科学报》2022 年 5 月 12 日。

③ 黄惠康:《论国际法理论与外交实践的融合之道》,载《国际法学刊》2019 年第 1 期。

④ 刘志云:《复合相互依赖:全球化背景下国际关系与国际法的发展路径》,载《中国社会科学》2007 年第 2 期。

最近,一些国际法学者的跨学科研究视野更加宽广,他们认为,国际法学的跨学科对话不应仅仅局限于国际关系理论,而应进一步推至更多学科。就如陈一峰教授所指出的,中国的国际法学界不应仅仅开展美国式的国际关系理论与国际法学跨学科研究,还有必要启动新的国际法跨学科研究征程,结合哲学、历史学、政治学、人类学等学科,打破国际法的实证主义与形式主义的传统,拓展理论视野,构建符合中国国情的国际法理论。① 他认为,国际法的跨学科研究方法应是多元的。例如,美国学界注重实证研究、经济学分析,对国际法的规范性持怀疑主义和工具主义态度,更多地从外部视角对国际法进行跨学科研究;欧洲学界则是在坚持法治主义的基础上,与人文社会科学相结合,特别注重国际法与历史学、哲学、人类学、语言学等学科交叉结合,试图从内部视角来丰富和拓展国际法。②

对此,何志鹏教授持有相同观点。他认为,国际法律问题所涉及的议题非常广泛,需要借助更为丰富的概念、观念和论断进行理论审视和评价。因而,为了拓展这一领域的认知,特别强调在法律与经济、法律与政治、法律与文化、法律与社会、国际法与国际关系等方面,形成清晰而体系化的知识结构和应用能力。应当认识到,无论是国际关系理论,还是哲学、历史学、政治学、心理学、经济学,都可以成为跨学科研究的理论资源和思想素材,但这尤其需要国际法学在方法层面的开拓进取。③ 具体地讲,国际法的跨学科研究在方法论上不仅要从国际关系理论的主流学派中汲取营养,也要从法理学、国内部门法、哲学等学科中汲取营养。当然,国际法学与国际关系理论的跨学科研究可以视为主要方面。④

沿着上述观点,陈一峰教授强调了开展多种学科交叉研究对于中国国际法学界的必要性。第一,国际法实证主义方法有着内在的"西方中心主义"偏见,跨学科研究有利于我们辩证审视和批判西方国际法理论和思维,构建中国

---

① 陈一峰:《国际关系与国际法:不可通约的跨学科对话?》,载《中国法律评论》2021年第 3 期。

② 陈一峰:《开展国际法跨学科研究正当其时》,载《中国社会科学报》2022 年 4 月 19 日。

③ 何志鹏:《中国国际法学的双维主流化》,载《政法论坛》2018 年第 5 期。

④ 何志鹏、王元:《国际法方法论:法学理论与国际关系理论的地位》,载刘志云主编:《国际关系与国际法学刊》(第 2 卷·2012),厦门大学出版社 2012 年版,第 215～223、233 页。

特色的国际法学。第二,中国当下和未来面临的国际法研究任务,不仅是解释和适用现行国际法规则,更要引领国际法规则的创新和制定。不少新领域、新议题缺乏一致的国际法见解和学说,传统的实证主义研究方法难以有效满足中国国际法实践的需要。第三,形式主义方法的弊端不仅使国际法研究在思想观念、议题设置等方面与实践相脱节,而且使一些中国学者在国际法研究领域的创造力和想象力被削弱。因此,有必要通过跨学科研究重塑中国国际法学研究的理论版图和学术雄心。①

(二)有关"国际关系与国际法跨学科研究的重点与具体路径"的研究

对于"国际关系与国际法跨学科研究的重点与具体路径"问题,徐崇利教授强调,一方面,必须重视对相关交叉学科基本原理的系统性整理和挖掘,基本原理的完构是一个交叉学科成熟的标志之一。另一方面,必须对相关交叉学科的重要问题进行聚焦,因为交叉学科的发展离不开对具体事物的深入研究。② 徐崇利教授以国际法的法理学为考量,分析了美国国际关系与国际法学科交叉(跨学科研究)的发展与成就,并冀望于科际整合,以国际关系理论为研究方法,发展国际法的专门知识或分析架构。他强调,一方面可以以国际制度理论发展出有关国际法的理论(theory about international law),另一方面可以创制国际法特有的分析架构并发展出属于国际法的理论(theory of international law),整合此两项发展能够形成国际法的法理学。③

何志鹏教授也指出,一方面,国际关系理论为理解和阐释国际法提供了重要的时空场景和理论纵深;另一方面,国际关系的理论研究和实践场景为国际法的产生、发展和理论构建、学术反思提供了丰厚资源,积累了一系列历史经验,提供了深刻而丰富的"国际法规范何以至此、何以如此"的解读。此外,国际关系理论为观察和分析国际法提供了重要的评判体系和价值维度。对于国际法规则的本身问题以及国际法体系的结构性缺陷,用规则很难给出有效评价。国际关系的事实和理论促使研究者展开更广阔的时空经纬,审视国际法

---

① 陈一峰:《开展国际法跨学科研究正当其时》,载《中国社会科学报》2022 年 4 月 19 日。

② 徐崇利:《国际关系理论与国际法学之跨学科研究:历史与现状》,载《世界经济与政治》2020 年第 11 期。

③ 徐崇利:《构建国际法之法理学——国际法学与国际关系理论之学科交叉》,载《比较法研究》2009 年第 4 期。

的是非曲直,评判国家的国际法行动或者相关国际法规范的社会意义。①

王江雨教授则重点探讨如何才能将两个学科的理论、概念、工具、方法结合起来以分析国际社会的现象、事件和问题,并提出了一个"交叉分析"的研究进路,借此服务于两个目标:第一,从认识论的角度看,讨论如何通过交叉分析,使用较少的概念和原理去把握繁杂现象,并找出规则和本质,从确定认知的来源、前提、本质、范围和真实性等方面,为相关领域的知识积累作出更有意义的贡献。从更具体的角度看,这样能够帮助分析者对国际现象、问题和事件作出更为系统、全面、深刻的诠释和解读,并在此基础上提出更有意义的政策或决策建议。第二,通过交叉分析方法的运用,探讨有无可能出现专门适用于国际法与国际关系交叉学科的理论,并提出若干研究议程。②

陈一峰教授认为,就国际法的跨学科研究而言,关注的重点、路径包括:第一,理论交叉,以内部主义的视角研究国际法的基本理论问题。国际法的规范性、规则性、约束力、义务来源、遵守等问题,均是国际法的核心理论问题,在学说上有争议,在实践中也面临挑战。通过引入哲学、语言学、人类学、政治学的跨学科理论,可以深入探讨国际法的性质、概念、运行机制等基础性问题。第二,外部视角,借助经济学、政治学等分析和研究国际法现象。将国际法当作经验和实证研究的对象,关注其实际效果、在社会运行中的因果联系、背后的政治经济学等问题。第三,议题交叉,选取特定的国际议题,在探讨时引入包括国际法在内的多学科知识。例如,在国际人权法研究中,可以引入历史学、人类学、政治学、经济学等学科来探讨相关问题、提出有效方案。③ 尽管陈一峰教授主张的国际法跨学科研究的视角更加宽广,囊括了国际关系理论在内的众多学科,他对国际法跨学科研究的重点问题与具体路径的分析,显然涵盖了国际关系与国际法的学科交叉。

无疑,上文有关"国际关系与国际法跨学科研究的重点与具体路径"的论述更多是站在国际法学角度,出发点是国际法学对于跨学科研究的需要。相比之下,阐述该问题的国际关系学者较少。在这种情形下,国际关系学者王逸

---

① 何志鹏:《国际关系理论对国际法的价值指引》,载《中国社会科学报》2022 年 5 月 12 日。

② 王江雨:《中国语境下的国际法与国际关系跨学科研究》,载《中国法律评论》2021 年第 3 期。

③ 陈一峰:《开展国际法跨学科研究正当其时》,载《中国社会科学报》2022 年 4 月 19 日。

舟教授的观点显得非常珍贵。王逸舟教授认为,国际关系与国际法的"联姻",应当立足于中国国情及重大需求。国际关系与国际法学科的结合,不只符合国际上的趋势,也特别适应中国自身的要求。两个学科的联姻,须着眼于新时期中国社会进步的一般趋势,把公民社会的需求、以人为本的立场,放到首要位置。① 他曾感叹,作为一个长期从事国际关系研究的学者,越来越感受到国际法和国际制度的重要性,这对中国和平崛起极具分量、对学术理论研究极具价值。因此,国际关系学者对于这个尚未探明的"富矿",还有许多艰苦的工作要做,尤其需要主动与法学界的同行增进交流。②

实际上,跨学科研究对彼此学科都具有重大意义,我们可以从两个学科的比较优势角度来分析跨学科研究的重点与具体路径。对此,刘志云教授结合西方学者的观点,认为可以从宏观与微观两个层面探讨"国际关系与国际法跨学科研究的重点与具体路径"。③ 从宏观上讲,国际关系与国际法学者在"描述性分析""规范分析""解释性工作""工具性分析""语义性分析"等研究工作方面,能够通过两个学科的互补性或交叉性而受益匪浅。④ 例如,国际关系学者的描述性工作经常是天马行空式的,结果往往只能对复杂多样的制度或现象进行简要概括,不能很好地满足进一步理论分析之需要。相反,习惯于细节分析的国际法学者,将为理论分析提供一个着眼于事件、程序、文本、实践、机制安排等要素的精致画面。⑤ 再如,在描述性研究方面,国际法学者能够获益更多:一方面,国际关系的研究已经证明,依赖于不同的理论视角所进行的描述性工作,能够得到更有价值、更有深度的研究成果。因为,不同的理论视角可以告诉研究者应该重点关注的要素、需要探讨的关系,以及为他们提供帮助梳理纷繁事实的各种途径。因此,借助于理论框架,对国际法学者的描述性研

---

① 王逸舟:《重塑国际政治与国际法的关系》,载《中国社会科学》2007 年第 2 期。

② 王逸舟:《重塑国际政治与国际法的关系》,载《中国社会科学》2007 年第 2 期。

③ 刘志云:《国际关系与国际法研究的互动方式分析》,载《厦门大学学报(哲学社会科学版)》2007 年第 4 期。

④ See Kenneth W. Abbott, International Law and International Relationals Theory: Building Bridges-Elements of a Joint Discipline, *Proceedings of American Society of International Law*, Vol.86, 1992, pp.168-172.

⑤ See Kenneth W. Abbott, International Law and International Relationals Theory: Building Bridges-Elements of a Joint Discipline, *Proceedings of American Society of International Law*, Vol.86, 1992, p.168.

究来说是非常有帮助的,尽管他们中的大多数未必能意识到这一点。另一方面,通过国际冲突与合作的研究,国际关系学者提供了一种不拘泥于正式条约或规则的考察视角。具体而言,在进行描述性研究时,他们并没有局限于具体制度安排,而是尽量从社会、经济角度寻找研究的兴趣与重点。① 再如,经常被国际关系学者所忽视的语义分析活动,却是国际法学者所热衷的工作之一。对于国际关系学者的相关论题,国际法的语义分析工作还可以帮助他们理解"某一领域的违法行为是否会使声誉的影响力从一方转到另一方"等问题。总之,这些源自国际法学者语义分析的成果,能够让国际关系学者更深入地思考、论述声誉问题。②

从微观上讲,对于具体问题研究,国际关系与国际法两个学科都能够为各自的学术创新提供重要的灵感或能量。例如,无论是建构主义在崛起之时对律师与法官如何达到"法律确信"的借鉴,还是自由主义国际法学在兴起之时对自由主义国际关系理论"自下而上"研究路径的模仿,都已充分证明了这点。事实上,建构主义的基本理论与观点从国际法研究中吸取了大量经验与方法。国家对国际法从共同认识到服从的行动,或者从可能发生理解冲突的法律规范到产生协调一致的法律裁判之过程,对于建构主义研究"文化、观念、知识等非物质力量如何建构物质世界"都具有强烈的指导意义。当然,这种方法上的互通并不是单向的;反过来,建构主义的整体主义方法论也为认识国际法在国际社会中的实际意义提供了契机。③

刘志云教授认为,无论是宏观还是微观方面,国际关系与国际法两个学科研究互通的巨大效益是有目共睹的。无论是"学科体系对接"层面的基本原理研究,还是对共同、交叉问题的论述,乃至于对本学科问题"各取所需"的内部探讨,两个学科都能从中受益匪浅。④ 具体来说,国际关系理论至少能为国际

---

① See Kenneth W. Abbott, International Law and International Relationals Theory: Building Bridges-Elements of a Joint Discipline, *Proceedings of American Society of International Law*, Vol.86, 1992, pp.168-169.

② See Kenneth W. Abbott, International Law and International Relationas Theory: Building Bridges-Elements of a Joint Discipline, *Proceedings of American Society of International Law*, Vol.86, 1992, pp.170-172.

③ 刘志云:《国际法研究的建构主义路径》,载《厦门大学学报》2009 年第 4 期。

④ 刘志云:《国际关系与国际法研究的互动方式分析》,载《厦门大学学报(哲学社会科学版)》2007 年第 4 期。

法研究提供以下作用:第一,从宏观维度分析体系层面的国际法发展问题。诸如凡尔赛体系与国际联盟产生的根源与背景、联合国与联合国法律体制的构建与遵守、布雷顿森林体系的建立与维护、冷战时期国际法的遵守与发展、发达国家与发展中国家围绕建立国际经济新秩序的斗争、全球化背景下国际法发展的繁荣、国际法的未来走向之类的问题,都可以通过对同一时期占据理论实践强势地位的国际关系学派的分析,为国际法的各种现象寻求一种宏观上的理论背景,从而更好地理解国际法的发展本身。第二,从中观维度解释个体国家在国际立法方面的合作偏好等问题。实际上,在中观维度,国际关系理论知识不仅可以解释国家是否选择合作的问题,对于国家立法偏好、遵守与违反协议的行为、谈判战略与策略(如结盟、组建谈判俱乐部等)、争端解决时选择对抗还是妥协等方面问题,都可以发挥良好的解释作用。国际法学者在探讨这些问题时,恰当应用相关国际关系理论知识与方法,可以帮助理解这些问题本身。第三,从微观维度运用国际关系理论知识与方法解释具体国际规则建构等问题。利用国际关系理论知识与方法,能够让国际法学者更好地理解国际规则的产生与制定过程,从而加强对国际规则的客观认识。①

当然,国际关系理论与国际法学是互助的,前者的研究活动亦有必要从后者的研究成果中寻找适当论据,须知,国际法的实践活动本身就可以为国际关系理论的许多论点提供证据支持。但应认识到,这种引入国际法学的主旨,不是试图给国际关系研究者全面灌输国际法知识,而是为了能够更好地理解国际关系理论或国际关系事件本身。一方面,借鉴国际法学研究成果与方法解释国际关系理论某些学派的观点,是一条有效且必要的途径。例如,在对理想主义国际关系理论的分析中,格劳秀斯有关国际社会与国际法的思想显然有助于理解理想主义学派观点与主张、理想主义者创建凡尔赛体系与国际联盟的努力,以及这些学者重视集体安全机制构建的原因。另一方面,在国际关系研究中,通过引入国际法实践活动,来说明或解释国际关系学者的某些观点,也是一种行之有效的路径。实际上,对国际法实践活动的分析,能够让研究者较好地理解一些国际关系理论的论证逻辑以及影响效果,从而加强对这些学

---

① 刘志云:《国际关系与国际法研究的互动方式分析》,载《厦门大学学报(哲学社会科学版)》2007 年第 4 期。

派及其观点的客观认识,并最终实现理论创新。①

(三)国际关系与国际法的"学科体系对接"与原理性问题研究

在 21 世纪第一个十年,从事"学科体系对接"与原理性问题研究的中国学者较少,代表性的学者有徐崇利教授与刘志云教授,他们早期的学术作品主要聚焦于"学科体系对接"与基本原理研究这一跨学科研究的基础性工作。

在该项研究工作中,徐崇利教授提出了依托国际关系原理构建国际法的"法理学"的目标。其认为,在国际法学体系中,国际法理学一直缺位。如能打破现行国际法分析实证主义法学"一派独大"的局面,广纳哲学、政治学、经济学、社会学等人文社会学科的研究方法,就能极大地丰富国际法基本理论;而通过国际法学与国际关系理论的"科际整合",可将其他相关学科的各种研究方法一并输入国际法原理研究,并使之归化为国际法律思维,形成国际法的不同学派,从而造就"国际法理学"学科。诚然,囿于历史等原因,当今中国的国际法整体学术水平尚不在高位,对实质意义上创建国际法理学之贡献,仍可谦称"绵薄",但这并不妨碍中国学者在形式意义上尝试构建"国际法理学"。②为完成建构"国际法理学"的目标,徐崇利教授承担了国家社科基金项目"国际关系和国际法原理研究"。该项目主张,国际法学派长期采用单一实证分析方法,忽视了国际法背后国际关系之现实,因此有必要将社会科学方法以及现实主义、自由主义、制度主义和建构主义等理论引入国际法原理研究,从而形成国际法理学。

刘志云教授曾在 21 世纪头十年专门撰写了两本有关"学科体系对接"与原理性研究的著作,分别是 2006 年由法律出版社出版的《现代国际关系理论视野下的国际法》和 2010 年由法律出版社出版的《当代国际法的发展——一种从国际关系理论视角的分析》,这两本书共用 90 万字篇幅大致构建了国际关系与国际法跨学科研究中的"学科体系对接"性质的模糊框架。具体地讲,第一本书以 20 世纪国际关系理论的发展为基础,分析了不同时期国际关系主流理论和重要学者对国际法的立场和研究,及其在理论和实践上对国际法的

---

① 刘志云:《国际关系与国际法研究的互动方式分析》,载《厦门大学学报(哲学社会科学版)》2007 年第 4 期。

② 徐崇利:《构建国际法之"法理学":国际法学与国际关系理论之学科交叉》,载《比较法研究》2009 年第 4 期。

影响,这是一项基于时间的纵向学术史研究。① 第二本书使用国际关系理论的一些重要概念、理论或方法作为工具,包括国家利益理论、国际机制理论、相互依存理论、博弈论、国际政治经济学、英国学派和全球化理论等,从不同视角对当代国际法的实践与发展作出诠释。与前一本书相比,其是一种跨学科的横向理论研究。②

毫无疑问,学科之间的体系对接任务不可能一蹴而就。事实上,国际关系与国际法之间的体系对接是一个无穷无尽的话题,不仅需要对目前两个学科之间的关系进行更多研究,还应注意到,未来新的观点、思想、知识、方法将为系统联系提供良好机会,且这种联系不只是单方面的。虽然目前的研究更多是从国际关系理论角度来看待国际法问题,但是也有必要运用国际法学的知识和方法推动国际关系的理论发展。

在 21 世纪第二个十年,国际关系与国际法跨学科研究得到了学界的更多关注,学科体系对接与原理性问题的相关研究也引起更多学者的兴趣,越来越多的重要作品涌现,呈现出"百花齐放"的态势。例如,21 世纪的第二个十年间,徐崇利教授在这一问题领域发表了系列论文,将相关研究推向新的高度,引起了中国学界的广泛关注。③ 目前,徐崇利教授依托于"国际关系理论与国际法原理研究"的基金项目已经完成。2021 年,基金项目的结项成果——《国际关系理论与国际法原理研究》书稿已被列入"厦门大学建校 100 周年校庆系列作品"出版计划。相信该书出版后,将成为中国国际关系与国际法跨学科研究的标志作品,型构出"国际法理学"的基本框架。

值得强调的是,与其他致力于从国际关系理论中寻找国际法研究养分的

---

① 刘志云:《现代国际关系理论视野下的国际法》,法律出版社 2006 年版。

② 刘志云:《当代国际法的发展——一种从国际关系理论视角的分析》,法律出版社 2010 年版。

③ 例如,徐崇利:《建构主义国际关系理论与国际法原理》,载《国际关系与国际法学刊》(第 9 期·2020),厦门大学出版社 2021 年版;徐崇利:《以利益谈判为本位的制度谈判理论》,载《国际关系与国际法学刊》(第 7 期·2017),厦门大学出版社 2017 年版;徐崇利:《新现实主义国际关系理论与国际法原理》,载《国际关系与国际法学刊》(第 6 期·2016),厦门大学出版社 2016 年版;徐崇利:《科学主义国际关系理论与国际法原理》,载《国际关系与国际法学刊》(第 4 期·2014),厦门大学出版社 2014 年版;徐崇利:《国际公共产品理论与国际法原理》,载《国际关系与国际法学刊》(第 2 期·2012),厦门大学出版社 2012 年版;徐崇利:《决策理论与国际法学说——美国"政策定向"和"国际法律过程"学派之述评》,载《国际关系与国际法学刊》(第 1 期·2011),厦门大学出版社 2011 年版。

学者不同,国际法学者王彦志教授很早就注意到国际关系与国际法跨学科研究中的"失衡"问题,即"国际法学扮演的是病人,国际关系理论扮演的是医生",由此他致力探讨国际法学对国际关系研究的贡献。2010 年,王彦志教授在《世界经济与政治》杂志上发表《什么是国际法学的贡献——通过跨学科合作打开国际制度的黑箱》一文,阐述了国际法学的理论与方法对于国际关系理论中国际制度研究的借鉴与意义。他指出,既有的主流国际关系理论往往只是一般、抽象、泛泛地研究了国际制度的基本结构,却无法具体、深入、丰富地研究国际制度的具体细节。因此,国际制度对于国际关系理论而言仍然是一个有待进一步打开的黑箱。国际法学可以基于其对国际制度具体细节研究的比较优势,帮助国际关系理论打开国际制度的黑箱,促进国际法回归国际关系理论研究议程,丰富国际制度研究的细节材料,提供国际制度研究的分析工具乃至评估标准,深化现实主义、新自由制度主义、自由主义和建构主义等不同进路国际制度研究的解释层次乃至解释路径。国际法学与国际关系理论的跨学科合作有助于更完整地解释和预测国际制度如何影响国家行为和国际合作,进而帮助迈向更加丰富的国际制度理论研究。[①] 在 2013 年与 2017 年的作品[②]中,王彦志教授对这个问题进行了深化,认为国际法学科内部理论与方法已经越来越丰富多样,皆能够对国际关系研究作出从观点到方法上的重要贡献。王彦志教授的主张也引起了一些学者的共鸣。例如,何志鹏教授指出,国际法与国际政治之间的差异性决定了两个学科的研究分野,这种分野也决定了国际法可以为国际关系问题考察提供有益路径。具体而言,国际政治与国际法之间的区分与连接基于政治与法律之间的差异与沟通。政治与法律既有各自独立的话语系统,又存在密切联系,由此构成战略与战术、设计与工程的关系。国际法在很大程度上是对国际政治战略层面设计的战术实施,是国际政治整体构思的工程落实。当然,限于自身概念体系、规则框架和逻辑结构

---

① 王彦志:《什么是国际法学的贡献——通过跨学科合作打开国际制度的黑箱》,载《世界经济与政治》2011 年第 11 期。

② 参见王彦志:《什么是国际法学的贡献? ——论国际法学在 IL-IR 跨学科研究中的地位》,载于刘志云主编:《国际关系与国际法学刊》(第 3 卷·2013),厦门大学出版社 2013 年版。在法律出版社于 2017 年出版的《国际关系与国际法跨学科研究:探索与展望》这本专著中,王彦志教授撰写了其中的第四章即"国际法学对国际关系理论的意义:从观点到方法论上的贡献"。参见刘志云等:《国际关系与国际法跨学科研究:探索与展望》,法律出版社 2017 年版,第 140~178 页。

的工作范围局限,国际法不可能对所有的国际政治主张都予以有效支持。国际法的作业模式和实践特征决定了国际法研究应当是以规范为焦点,以规范的生成、发展、效力为核心的研究,其特色的研究方法是充分利用法律概念、法律规范体系和法律逻辑,对国际关系中的问题进行观察、论证或反思。①

(四)研究方法的彼此借鉴与交叉问题的研究

跨学科分析所能获取的具体利益,不仅在于每个学科都能够建设性地借用另一个学科的概念、观点及材料,也在于每个学科都可以有效地运用另一学科的研究方法。

徐崇利教授认为,与国际法学相比,国际关系理论的研究方法是多元的,尤其是在"科学主义"的兴起与传播之后,有别于传统"定性研究方法"的"定量分析方法"被许多国际关系学者娴熟运用,为更加科学、客观、准确的国际问题分析提供了有效工具。原本,在国际法学中,分析实证主义法学派所供给的分析工具和理论框架相当有限,且容易脱离国际关系现实,陷入"就国际法论国际法"的泥潭。对此,徐崇利教授指出,国际法学不能就此沦为分析实证主义法学故步自封的"自留地",而应成为一个开放的学术空间,广纳其他学科的研究方法,顺应多学科交叉的科学发展总趋势。为此,仍需继续加强对国际法原理的实证主义法学分析;但在"固本"的基础上,应系统地推行国际法学与国际关系理论之间的学科交叉,通过该"传送带",将哲学和各种其他社会科学的研究方法输入国际法的基本理论研究,并使之归化为国际法律思维。研究方法的丰裕,意味着大量知识的累积、各种学派的造就,顺此即可能融合成一个比较完整且不断演进的"国际法理学"之学科。②

相比之下,跨学科研究已经被当作一种时尚、巧妙的研究方法。至少从国际法的角度来看,许多学者能够熟练地运用国际关系的知识和方法来证明国际法问题。已发表的成果不但包括对国际立法合作、遵守国际法、国际法中的"概念"、国际法的效力、国际法合法性等基本问题的研究,而且广泛应用于新问题的研究,如"中国的立场和与 WTO 的战略""国际经济法的法律秩序和中国的'和平崛起'战略""国际社会的合法化:当代观点和基本趋势"等。在讨论

---

① 何志鹏:《新时代国际法理论之定位与重构:接榫国际政治的互动探究》,载《法学评论》2020 年第 3 期。

② 徐崇利:《构建国际法之"法理学":国际法学与国际关系理论之学科交叉》,载《比较法研究》2009 年第 4 期。

上述基本议题和问题的新边界时,一些学者已经有意识地将国际关系和国际法的视角、知识、观点、方法等结合起来,并将其作为一个整体加以使用。

除专业学者之外,博士生也是一支潜在的研究力量,他们的博士学位论文能够为相关研究发展提供重要驱动力。在近年"已完成"或"正在撰写"的博士学位论文中,越来越多才华横溢的年轻人采用了跨学科分析的方法。其中一些人选择围绕国际关系和国际法相关主题进行跨学科讨论,如"全球治理与国际法""世界秩序的变化与国际法的使命""非政府组织对国际法角度的价值""从国际关系角度分析国际法的遵守"等。另外一些学生虽未直接选择跨学科分析的话题,但在更宏观背景下讨论某个问题时,不仅使用了学科内研究方法,还从另一个学科吸取了经验并寻求观点支撑。尽管,这种尝试多数只涉及国际关系理论或国际法的基本知识,理解也未必成熟深刻,却足以证明国际关系和国际法跨学科分析方法正在愈发受到欢迎。

此外,在对博士学位论文的调查中,我们发现有许多国际关系专业的博士学位论文选择多边合作、国际机制和国际规范作为研究对象。由于术语不同,这些论文似乎与国际法无关,但事实上,对"多边合作""国际规范""国际机制"等内容的讨论,多数可以被国际法研究直接借鉴。

(五)小结:跨学科研究逐渐成为一种"共识"

除去跨学科研究方法的实际接受者以外,将跨学科研究视为可行方式的学者也越来越多,真切反映了国际关系和国际法跨学科研究的共识或趋势。一些学者的作品虽然不包含任何跨学科分析,但是,当我们参观他们的书架时,却能发现许多国际关系与国际法的书籍摆放在一起。尽管无法证明这些学者正在为跨学科分析做准备,也不意味着他们已经或将要阅读这些书籍,却可以表明跨学科研究的问题和方法引起了他们的关注。更有趣的是,一些国际关系或国际法的博士学位论文在介绍研究方法时,往往将"国际关系和国际法跨学科分析"列为主要研究方法之一。但是,我们读完整个作品,却找不到形式上使用这种方法的片段。此类有趣现象或可佐证,跨学科分析已成为许多研究者内心深处的"意识"或"共识"。

以上现象表明:其一,近年来跨学科研究已成为中国学者的共识,就如法律经济分析方法的风靡那样,国际法与国际关系跨学科分析也逐渐发展为一种趋势。其二,越来越多的学者开始重视国际关系与国际法跨学科研究的问题领域和分析方法,甚至包括许多原来持反对立场的学者。

三、中国学者推进国际关系与国际法跨学科研究持续发展的方法与实践[①]

国际关系理论与国际法学跨学科研究的意义,虽然在中国逐渐成为一种"共识",但鉴于跨学科的难度,目前学界投入相关研究的人力、物力以及其他推进措施,远远达不到挖掘跨学科研究潜力以及完成跨学科分析各项任务的需求。为了带动中国国际关系理论与国际法学跨学科研究的热潮,以下三个方面的举措是必要的。这些举措既是对过去实践的回顾与总结,也是现在与将来应当坚持的有效策略。

(一)增进国际关系与国际法两个学科之间教学上的互动

由于学科分类的过分细化,长期以来中国的国际法与国际关系教学彼此隔离:国际关系专业的教学体系缺乏国际法课程设置,导致一些国际关系学者的国际法知识处于贫乏状态,在相关研究中时常出现"法盲式"错误;同样,国际法专业也少有国际关系课程设置,让中国众多国际法学者偏重于"静止"的文本探讨,沉迷于国际法律条款的文字分析,做得更多的是一种脱离现实世界的乌托邦式学问。实际上,妨碍跨学科对话的一个重要因素是国际关系与国际法两个学科知识与方法的隔离,由此导致很多学者对跨学科研究心有余而力不足,只能"敬而远之"或"隔岸观火"。

因此,无论是出于国际关系或国际法专业求学者必备知识的考虑,还是促进国际关系与国际法跨学科研究之需要,我们都必须改革两个学科的教学体系。不仅要在形式上满足求学者对跨学科知识与方法的需求,更要从实质上让求学者领会掌握对方学科知识与方法的必要性,乃至培养他们跨学科研究的自觉意识。从实践来看,作为国际法教学科研重镇之一的厦门大学法学院,一直在尝试这种课程改革。从 2004 年开始,厦门大学法学院在国际法学硕士生课程中增设了"国际法的法理学"与"国际关系研究"两门课程。前者侧重于

---

① 这部分在对跨学科研究发展的十年回顾的论文中曾有论及,修改后编排进本文,以让二十年回顾与展望更加完整。同时,这部分补充了最近十年的新发展。See Liu Zhiyun, Interdisciplinary Research on International Relations and International Law in China over the Past 10 Years, *Front. Law China*, 2011, Vol.6, No.3, pp.496-523.

从国际关系理论来论述国际法本身的法理问题,后者侧重于从国际关系实践来论述国际法的发展以及当前面临的问题。开设并长期坚持这两门课程的效果也逐渐显现:一方面,提起学生学习国际法的兴趣,从国际关系角度讲述国际法问题,成功地让"静止"的国际法变得"生动"起来;另一方面,让学生看到了跨学科研究的必要性与潜力,相继有一些学生在硕士论文或博士论文选题中选择了国际关系与国际法的跨学科命题,并开始运用国际关系理论与方法去分析国际法问题。此外,这两门课程的教学也对本校国际关系专业或其他相关专业开放,吸引了一些学生选修,从另一侧面达到了不同学科之间教学互通之目的。

厦门大学法学院国际法学硕士点的教学革新经验是值得推广的,只要中国各大院校能够在国际关系专业、国际法专业中竞相引入外专业课程,①并定期组织包括国际法与国际关系学科之间学生互派交流、跨学科暑期学校、跨学科知识与方法普及性讲座等活动,学科过细划分之弊病以及两个学科"老死不相往来"之状态就能够得到改善。只有扭转这种状况,跨学科研究才能拥有"群众基础"与浓厚氛围,从而推动自身的可持续发展。

最近,中国的一些国际法学者,试图通过公益讲座的方式,在本学科研究者与求学者中推动跨学科知识与方法的传播,这也可以被视为教育方式的改革尝试。在他们的探索实践中,跨学科知识与方法的传播不仅仅局限于国际法与国际关系的学科交叉,而是国际法与包括国际关系理论在内更多学科的交叉研究。例如,吉林大学法学院何志鹏教授团队组织各个院校的代表性国际法学者,在 2022 年 6 月至 11 月,推出"'联合国际法园'公益讲座系列一:理论与方法"。② 本系列讲座安排了 21 场,主题包括:国际法与国际关系理论、国际法与法哲学、国际法与历史、国际法与意识形态、国际法与中国外交、国际法与社会科学、国际法与经济分析、国际法与计量分析、国际法与社会学、国际法与辩证法、国际法与科学技术,等等。 显然,这种传播跨学科知识与方法的

---

① 这个问题也引起了中国部分国际关系学者的重视,在谈及国际关系专业课程设置时,提出应引进法学课程等。参见贾庆国:《理性和客观仍是中国国际关系学科体系建设追求的目标》,载《中国社会科学报》2022 年 6 月 1 日。

② 参见"联合国际法园"公益讲座系列一:理论与方法,https://mp.weixin.qq.com/s?src=11&timestamp=1655367114&ver=3863&signature=T6Nw8ooeNE1bWMEZuDV7-fRBGr4ZO2vSknTEBiDKcDlElSddfN9-Tmepp6-zvBfFatRwbF0buoG5-9CLXHU1OgZMV-q3IFa1LsJagsPDLe1HU1ggBYarhZSI708utx5B&new=1,下载日期:2022 年 6 月 16 日。

公益讲座计划,将进一步推动国际法的跨学科研究,使得中国的国际法与包括国际关系理论在内更多学科的交叉研究再上一个台阶。

(二)促进国际关系与国际法学科之间对话机制的构建

中国国际关系与国际法学科合作的障碍不仅在于两个专业的课程设置缺陷,也在于两个学科之间的对话机制匮乏。跨学科研究需要两个学科的学者之间进行频繁交流,只有这样的对话碰撞,跨学科思想的火花才能有喷发的可能。因此,构建一个长期的、稳定的、形式多样化的跨学科对话机制是非常必要的。从形式上讲,这种对话机制可以包括:召开国际关系与国际法跨学科研究专题会议;两个学科各自的专题会议邀请对方学者参与,倾听来自不同学科的学者观点;两个学科的学者进行互访交流,以及在彼此学科内开展专题讲座;等等。

在过去的二十几年,部分中国学者以及相关研究机构认识到建立国际关系与国际法跨学科对话机制的重要性。据不完全统计,自 2006 年以来,国内已经召开的专门性国际关系与国际法跨学科研讨会就有 5 个以上。典型如:2006 年 8 月,清华大学法学院、中国社会科学院《世界经济与政治》杂志编辑部在北京共同举办“国际法与国际关系”研讨会;2006 年 12 月,《中国社会科学》杂志社在北京举办“国际关系与国际法跨学科发展”研讨会;2010 年 5 月,厦门大学法学院在厦门举办“国际关系与国际法跨学科研究”研讨会;2016 年 3 月,浙江大学国际法研究所在杭州举办“国际关系与国际经济法跨学科研究”学术研讨会;2019 年 1 月,厦门大学法学院在厦门举办了第二届“国际关系与国际法跨学科研究”研讨会。无疑,举办专门的跨学科会议是极其必要的,能够促进国际关系与国际法跨学科研究成果的交流与融通,拓展国际关系与国际法跨学科研究的新思路,发掘学科交叉研究的增长点。

例如,2010 年 5 月 29 日,在厦门大学主办的“国际关系与国际法跨学科研究”研讨会上,来自国内外十余个高等院校的学者围绕“主权理论的新发展”“新多边主义”“国际关系与国际法的学科整合”“维和行动的理论与实务”等四个主题交换了意见。参会代表由国际关系理论与国际法学的角度出发,从理论创新、实践发展、学科维度等方面对前述四个议题进行了广泛深入的探讨,充分体现出跨学科研究的复杂性、平等性、前沿性。尤其是对于“国际关系与国际法的学科整合”这个议题,共有 5 位代表提交了正式论文并作了主题发言,分别从西方跨学科研究的历史与现状、国内跨学科研究回顾与展望、跨学科研究的意义等方面提出了自己的观点;其他参会代表也对他们的主题发言进行了热切讨论,在跨学科研究的必要性方面达成了一致,并提出了促进两个学科合作的各种建议。通过此次会议,参会代表不但达成了必须加强学科合作的共识,而且认为有必要建立并延续两个学科之间的对话机制。正如各位代表所期望的,厦门大学法学院又在 2019 年 1 月成功举办了第二次"国际关系与国际法跨学科研究"研讨会。此外,围绕着外交学与国际法学交叉问题,2013 年 4 月,中国法学会在海口举办了"法律外交的理论与实践"研讨会。之后,中国外交学院借助于该校的外交学与国际法学两个优势学科平台,在2015 年、2016 年、2017 年、2018 年连续举办了四届"法律外交理论与实践"研讨会。虽然这五场会议不是"国际关系与国际法跨学科研究"的专门会议,但法律与外交这一国际关系细分领域相结合,一定能对国际关系与国际法跨学科对话起到推动作用。

从效果上看,召开专门的跨学科会议非常有利于推动国际关系与国际法跨学科研究的进一步发展。当然,专门的跨学科会议涉及两个学科的共同筹备,并不是一件容易的事,也不能广泛普及。但是,在各自学科内的专题会议中加入跨学科议题并邀请其他学科学者参与,或者推进两个学科的学者互访、鼓励到对方学科开设讲座,却可以纳入常态化的对话机制。笔者通过互联网检索发现,早在 2010 年 10 月,西南大学召开的全国高校国际政治研究会第八届年会暨"当前国际体系变革与中国责任"学术研讨会即已尝试了这样的对话机制。在该研讨会设置的议题四"国际关系学科建设"中,参会学者已经将国际关系与国际法的关系问题作为首要讨论内容,并普遍认为国际关系与国际法之间存在深厚的渊源,今后必须重视跨学科建设。类似地,中国政法大学全球化与全球问题研究所于 2011 年 8 月举办"全球治理与全球学构建"学术会议,将"全球治理与国际法"列为会议讨论主题之一;武汉大学法学院在 2011年 5 月举办的"2020 年国际法"专题会议,将"国际关系与国际法跨学科研究"作为会议主题之一,而且将其视为国际法学科未来发展的主要方向之一;2011年 11 月与 2014 年 12 月,台湾政治大学主办的第三届与第五届"两岸国际法论坛",设置了"国际关系与国际法跨学科研究"专题,引起了学者广泛讨论与争鸣;2016 年、2018 年、2020 年,同济大学中国战略研究院、政治与国际关系学院联合中国社会科学网、《政治学研究》编辑部、《世界经济与政治》编辑部、《当代亚太》编辑部持续主办了三届"中国青年战略论坛",该论坛虽然主要由国际关系学者参加,但也邀请了少量国际法学者讨论跨学科话题。

我们有理由相信,随着国际关系与国际法跨学科研究逐渐深入人心,两个学科的对话机制将更为多样化、常态化以及稳定化。学科对话机制建设的进步，反过来又将推动跨学科研究更好发展。

(三)推动国际关系与国际法跨学科研究合作平台的建设

如果说在两个学科的专业课程中设置跨学科课程、构建两个学科的对话机制，目的在于推动跨学科研究的普及化与长期化，那么构建国际关系与国际法研究上的合作平台，主旨就在于推动跨学科研究的稳定化与高端化。具体地讲，跨学科研究合作平台的构建，既有利于建立跨学科研究的稳定机制，也有利于推动国内跨学科研究迈向高水平。从形式上看，跨学科研究的合作平台是多元化的，比如成立国际关系与国际法跨学科研究中心，建设跨学科创新人才队伍，成立跨学科课题联合攻关团队，在国际关系或国际法的专门杂志中开设"国际关系与国际法跨学科"专题乃至创办国际关系与国际法跨学科杂志等。

厦门大学法学院国际关系与国际法跨学科研究团队在 21 世纪初率先将该交叉学科研究方法引入国内并不断深入。为了持续推动国际关系与国际法跨学科研究的发展，2010 年，厦门大学法学院批准设立国际关系与国际法跨学科研究中心；2011 年，跨学科研究中心创办了《国际关系与国际法学刊》，由厦门大学出版社出版发行，至今已经出版到第 10 卷。目前，《国际关系与国际法学刊》已经成为中国在跨学科研究领域最为活跃的研究平台与交流媒介，是中国唯一的以国际关系与国际法跨学科研究为问题领域的持续出版物。毋庸置疑，研究中心的成立以及跨学科杂志的创办，不仅对厦门大学法学院在该领域的研究起到了良好的促进作用，也是一次搭建国际关系与国际法跨学科研究合作平台的很好尝试。无独有偶，中国外交学院借助校内国际关系与国际法两个学科平台优势，很早就成立了"外交法律研究中心"，并在 2017 年创办了《法律与外交》杂志。虽然该中心与杂志没有完全对应国际关系与国际法跨学科研究领域，但是与两个学科的关系都十分密切，能够对跨学科研究产生积极影响。

诚然，由于人力、物力等制约因素的存在，创办专门的国际关系与国际法跨学科研究中心或杂志，并不是一个能够容易普及的举措；但是，培养跨学科创新人才队伍，在专门性国际关系杂志或国际法杂志，如《世界经济与政治》《国际政治研究》《现代国际关系》《中国国际法年刊》《国际经济法学刊》《武大国际法评论》《国际法研究》《国际法学刊》等，定期开设"国际关系与国际法跨学科专题"栏目，却是一件能够普及的方法。以后者为例，在专业杂志中常年或定期开设跨学科专题,不仅能给予跨学科作品更多发表机会,也能吸引到更多原来未注意到跨学科分析重要性的研究者。在实践中,我们也很高兴看到一些杂志陆续开设"国际关系与国际法跨学科研究专题",发表系列文章。①展望未来,此类举措一定会越来越普遍,因为这是一种推动跨学科研究的实际可行、简便有效的方法。

另外,值得一提的是,经过反复酝酿、精密筹划,厦门大学法学院徐崇利教授、刘志云教授创立并联合主编了"国际关系与国际法跨学科研究文库"(以下简称"文库"),由法律出版社从 2015 年起持续出版。"文库"以系列学术专著、译著的形式,集中展现国际关系与国际法交叉研究领域的专题学术作品,以期促进学术繁荣和理论争鸣。至今,该文库已经出版了 8 本中国学者的学术专著,产生了一定的学术影响。②

---

① 例如,《中国社会科学》2007 年第 2 期开设的跨学科专栏发表了 5 篇学术论文,包括王逸舟:《重塑国际政治与国际法的关系》;朱锋:《国际关系研究中的法律主义》;刘志云:《复合相互依赖:全球化背景下国际关系与国际法的发展路径》;张胜军:《当代国际社会的法治基础》;古祖雪:《后 TRIPS 时代的国际知识产权制度变革与国际关系的演变》。再如,《世界经济与政治》2010 年第 11 期开设了"国际关系与国际法跨学科专题",发表的论文包括徐崇利:《国际关系理论与国际法学之跨学科研究:历史与现状》;王彦志:《什么是国际法学的贡献——通过跨学科研究打开国际制度的黑箱》。再如,《中国法律评论》2021 年第 3 期开设的"中国语境下的国际法与国际关系跨学科研究",发表了 5 篇专题论文,分别是王江雨:《中国视角下的国际法与国际关系:一个交叉分析的研究进路》;陈一峰:《国际关系与国际法:不可通约的跨学科对话?》;赖华夏:《"舍弃"与"再发现":国际关系研究的国际法传统》;何志鹏:《立异与求同:中国国际法立场的国际关系解读》;蔡从燕:《国际关系格局变迁与中国国际组织法的新实践》。再如,《中国社会科学报》在 2022 年 5 月 12 日刊发了"国际关系与国际法的跨学科对话"专题,发表的文章包括徐崇利:《中国国际法立场的演进:以国家角色变化为视角》;张乃根:《国际关系与国际法的实然与应然》;何志鹏:《国际关系理论对国际法的价值与引导》。

② 该文库已经出版的 8 部学术专著,包括李春林:《贸易与劳工标准联接的国际政治经济与法律分析》;刘志云:《国际经济法律自由化原理研究》(增订版);刘志云:《国家利益视角下的国际法与中国的和平崛起》;王彦志:《新自由主义国际投资法律机制:兴起、构造和变迁》;刘志云等:《后危机时代的全球治理与国际经济法的转型》;李春林:《贸易自由化与人权保护关系研究》;刘志云等:《国际关系与国际法跨学科研究:探索与展望》;陈喜峰:《WTO 宪政论》。

结　语

过去的二十几年,是中国国际关系与国际法跨学科研究兴起与发展的重要时期。不过,整体而言,两个学科的结合在中国还处于初步发展阶段,仍远远落后于西方同行的研究进展。无论是学科体系对接与原理性问题研究,还是共同关注的问题领域、研究方法的借鉴运用,都有着更繁重的任务与更广阔的空间,等待有志于此的学者长期探讨、深度挖掘。

在本文行将结束之际,还有一个问题需要再次强调,即无论是国外还是国内,国际关系与国际法跨学科研究的热度都主要表现在国际法学科与国际法学者。相较而言,国际关系学者积极性没那么高,两个学科对于跨学科的投入程度呈现不平衡状态。对此,莫大华教授曾在《国际关系理论与国际法学之间的建桥计划:一座遥不可及的桥梁吗?》一文中写道:"无论如何,如今国际法与国际关系的跨学科研究已经成为国际法学的重要研究途径,亦是国际法律体系的分析框架之一……与之相对应,还要纠问国际关系理论是否真的优于国际法学? 国际法学对国际关系理论有何助益等一系列问题。"[①]2021年,也就是莫大华教授论文发表十年后,陈一峰教授仍然指出了这个问题的严重性,即"国际关系与国际法的跨学科研究是不平衡的,国际关系理论在贡献概念、理论、方法或者分析框架,而国际法被降低为是适用国际关系理论的对象和场地。国际关系与国际法跨学科研究,遭到了欧洲国际法学界的抵制和批评,被认为是国际关系对国际法的征服"[②]。

在这里,我们仍然想继续强调在2007年就提出的一贯主张,即"国际关系与国际法的跨学科结合并不是一种单向输出的关系,而是一种双向互动的关系。如果国内国际关系学者与国际法学者,能够携手合作,平等对话,一起运用两个学科交融的知识与方法,来分析与探究共同面临的国际政治与经济方

---

① 莫大华:《国际关系理论与国际法学之间的建桥计划:一座遥不可及的桥梁吗?》,载刘志云主编:《国际关系与国际法学刊》(第1卷·2011),厦门大学出版社2011年版,第6页。

② 陈一峰:《国际关系与国际法:不可通约的跨学科对话?》,载《中国法律评论》2021年第3期。

面的冲突与合作、国际社会的和平与发展,以及中国的'和平崛起'等问题,将是一种新的具有强大生命力的跨学科研究路径"①。同时,在国内外国际关系与国际法跨学科研究方兴未艾之际,也应该继续系统性分析与规划学科建设的工作,才能促成跨学科研究的持久繁荣。在中国,包括教学体系设置上的彼此隔离、当前学界的生存状态与偏好取向、跨学科研究本身的巨大难度以及对话机制的不够多元化、合作平台不够丰富在内的各种因素,仍然制约着跨学科研究的进一步发展。鉴于此,继续推进"改进两个学科教学体系""建设跨学科的对话机制""搭建跨学科研究平台"等方面的实践措施意义重大,这是国际关系与国际法跨学科研究可持续发展的根基所在。

(本文责任编辑:蒋昊禹)

The Review of Interdisciplinary Research on International Relations and International Law in China over Two Decades

Liu Zhiyun   Xie Chunxu

Abstract::With the revival of interdisciplinary research on international relations and international law in the West, scholars in China have begun to pay attention to this problem area. In the past two decades, some scholars have overcome the "difficulties of interdisciplinary research", "prejudices inside subjects" and "gaps between different subjects". Moreover, they conducted pioneering research in the field of the Necessity of Interdisciplinary Research on International Relations and International Law, the Focus and Pathways of Interdisciplinary Research on International Relations and International Law, "the Discipline System Connection" and Principle Problems of International Relations and International Law, Mutual Reference and Intersection of Interdisciplinary Research Methods, and so on. Gradually, the interdisciplinary research of international relations and international law has become a popular method and consensus. Nowadays, China's interdisciplinary research on international relations and international law has made some achievements. However, in order to achieve sustainable development, it is necessary to continue

---

① 刘志云:《复合相互依赖:全球化背景下国际关系与国际法的发展路径》,载《中国社会科学》2007 年第 2 期。

to promote the Teaching Interaction between International Relations and International Law, promote the Construction of Interdisciplinary Dialogue Mechanism, and promote the Construction of Interdisciplinary Cooperation Platform.

Key Words: international relations; international law; interdisciplinary research; two decades; review

经典外文文献选译

跨学科视角下的国际法[*]

［美］凯伦·阿尔特(Karen J. Alter)著^{**}

刘　洋　编译　王彦志　苗秋月　校译^{***}

内容摘要：2019 年，凯伦·阿尔特在莱顿国际法杂志进行专题讲座时，结合自身对国际法的研究发表了这篇名为《国际法的视角：跨学科回顾》的论文。凯伦·阿尔特在文中回顾、梳理、比较、分析了常见的六种国际法研究视角，亦即单纯强调法律只是政治选择的产物的纯粹政治学视角，强调法律文本及其结构本身影响行为和后果的非语境化的法律形式主义和结构主义视角，强调欧美法律文明具有普世意义的西方中心主义视角，强调原则性多边主义会产生基于同意的国际安排和结果的自由国际主义视角，强调行动中的法律与地方性因素的法律与社会学视角，强调国际因素的结构性影响和行动中的国际法的国际法律与社会学视角。凯伦·阿尔特在回顾和梳理了每种视角对国际法理解的优势和不足之后，鉴别了每种视角中存在的政策风险，并提出从多种视角理解国际法的混杂性的同时，也需理解每种视角中隐含的推定。

关键词：全球秩序；国际权威；国际法；法律与社会；范式

---

* 本文编译自 Karen J. Alter，Visions of International Law：An Interdisciplinary Retrospective，*Leiden Journal of International Law*，2020，Vol.33，No.4.

** 凯伦·阿尔特，西北大学政治学和法学教授，哥本哈根大学法学院 iCourts 卓越中心永久客座教授。

*** 刘洋，吉林大学博士研究生；王彦志，吉林大学法学院教授；苗秋月，吉林大学博士研究生。

目 录

引 言

　　"二战"以后，美国领导建立了以国际法为基础的多边主义世界秩序，20世纪90年代以来，世界秩序的国际法网愈发细密。在平常时期（例如"二战"以后的绝大多数时期），国际法看似对世界秩序越来越有影响力，而在非常时期（例如2018年以来的世界秩序巨变时期），国际法似乎越来越不受重视。随着国际关系的逐渐法制化，对于国际法的研究也更加繁荣起来，许多国家的学者都积极参与国际法研究，他们当中不仅有法律学者，还包括政治学、经济学、社会学等其他学科学者，因而，国际法的跨学科研究也开始走向兴盛。传统法律实证主义（法教义学与法解释学）的国际法学术研究从内部视角关注国际法文本及其解释、适用，认为国际法作为法律应该具有法的效力和约束力，却没有从外部视角对作为社会事实的国际法进行社会科学的实证研究。与之相比，基于社会科学的国际法跨学科研究则对传统法律实证主义研究进行反思，并从外部视角关注国际法为什么产生、国际法如何得到遵守或者不被遵守、国际法为何得到遵守或者不被遵守、国际法如何设计等一系列问题。20世纪90

年代以后兴起的国际法跨学科研究在这些问题的研究上产生了丰富的成果。当国际法跨学科研究成果越来越丰富的时候,学者们也开始自觉地梳理和总结国际法的理论与方法。许多学者开始撰写、主编和发表关于国际法理论与方法的专著、文集和论文,对于国际法的各种理论和研究方法进行专门的阐述、研究和评论。美国政治学者凯伦·阿尔特(Karen J. Alter)长期运用政治学及其他社会科学的理论与方法研究国际法庭等国际司法裁判机制,其研究范围从欧洲法院到安第斯法庭(Andean Tribunal)进而扩展到一般性的国际法庭权威乃至当下国际关系的司法化和去司法化。凯伦·阿尔特不但注重运用既有的理论与方法研究国际司法,而且注重国际法跨学科研究方法的比较和反思。在这篇论文中,凯伦·阿尔特结合自身对国际法的研究尤其是对国际司法的研究,乃至近期开始的对全球资本主义与法律的研究,回顾、梳理、比较、分析了常见的六种国际法研究视角、进路、方法、范式,并且富有启发性地对每种视角或方法的优势与劣势、前提假定与政策盲区进行了简明扼要的阐述和反思。凯伦·阿尔特认为,在研究国际法时,坚持单一视角的好处在于每种视角都有自身独特清晰的核心要素和范式思维,但可能有意无意过滤或忽视其他因素。严格的理论研究不喜欢全面考虑各种因素但必须意识到不同视角或方法的优势与不足。无论采取哪种视角或方法,最重要的是,既要理解其优势,也要知道其不足。

一、为什么要鉴别国际法的不同视角?

六种常见的国际法研究视角分别为:单纯强调法律只是政治选择的产物的纯粹政治学视角;强调法律文本及其结构本身影响行为和后果的非语境化的法律形式主义和结构主义视角;强调欧美法律文明具有普世意义的西方中心主义视角;强调原则性多边主义会产生基于同意的国际安排和结果的自由国际主义视角;强调地方性因素和行动中的法律的法律与社会学视角;强调国际因素的结构性影响和行动中的国际法的国际法律与社会学视角。虽然国际法的视角远不止这些,①但是可以将本文作为入门工具来对国际法展开研究。

保持连贯的视角进行差异分析,比采用所谓更"实用的"混合和匹配的视角更有价值。这些视角实际上不是范式,但可以将它们视为范式,目的是用以解释每种视角是如何被学者、决策者和实践者在阐述国际法的历史、作用、影响和最佳实践时所明示或默示、有意或无意地共同接受为独特的、连贯的和可靠的进路。在研究国际法时,坚持单一视角虽然有利于探索每种视角自身独特清晰的核心要素和范式思维,但可能有意无意过滤或忽视其他因素,因此坚持单一视角存在风险。所以,需要思考被排除在每种视角之外的因素是如何削弱本视角中的核心主张,以及当一个学者坚持单一特定视角时会有多少损失。解决这个问题的方法是,学者们公开承认并指出自己看不到或没有看到的界限,并以易于理解的方式进行写作从而吸引自己专业之外的人参与进来。

国际法的研究主要包括六种常见视角,每种视角都有自己的核心主张和比较优势,但是,研究国际法时应避免采用混合匹配视角。虽然这些视角不是相互排斥的,但它们也不是完全兼容的。由于视角之间存在较大差异,所以不可能同时支持四种、六种或更多的视角。在写作方面,很难把多个层次叠加起来,还能提出一个连贯的论点。

这篇文章为政治学领域提供了非常有价值的工具,即从多种对比视角来研究单一的对象。文章的主要结构如下:先列出了国际法的六种常见视角,解释了它们会持续存在的原因,并分析了它们的优势和不足。然后,围绕着"效益"展开。把这六种视角并列在一起,浏览每一种视角所隐含的推定—判断—建议路径,并指出每一种视角所产生的解决方案的不一致性,以及遵循每一种视角对国际法的未来可能产生的影响。接着,是本文的回顾部分,为普遍的、跨学科的和知识多元化的学术提供一些结论性思考。

---

① Martii Koskeneniemi 和 Anne Orford 描述了关于主权和国际法的不同观点和有争议且权威的其他观点。See M. Koskenniemi, International Law in the World of Ideas, in *Cambridge Companion to International Law*, edited by J. Crawford and M. Koskenniemi (eds.), Cambridge University Press, 2015; A. Orford, Constituting Order, in *Cambridge Companion to International Law*, edited by Crawford and Koskenniemi(eds.), Cambridge University Press, 2015.

二、国际法的六种视角

（一）纯粹的政治学视角

1.法律主要是政治的产物

在纯粹的政治学视角中，法律仅仅为政治的产物，①政治学者认为作为一种单纯的政治产物，无须将法律或法律进程作为一种塑造政治的独立力量来研究。然而，由于有时法律和法律裁决也具有一定的重要意义，因此政治科学家们也试图将法律作为一个变量混入其中进行研究，看看法律这一变量是否会产生独立的结果。作为变量，法律成为一个固定实体。这种将法律视为无关紧要或固定实体的倾向来自政治学理论，来自使法律变成符合政治学者习惯处理的变量类型的尝试。

首先，法律基本是无关紧要的。长期以来，政治科学一直假定决策者作出的决定会直接转化为政策和实践。这一假定与"谁来决定"这一问题的经典回答相一致。对于马基雅维利（Machiavelli）来说，君主有决定权。对于霍布斯（Hobbes）来说，利维坦应该决定一切。对于国际关系学者来说，由主权者国王或国家元首决定。如果统治者（可以是个人或法人）可以决定，那么国家就成了单一的行为体，并合理地将明确的政治偏好与国家对法律的看法结合起来。一旦民主进入舞台，那么就由参与民主进程的人来决定。罗伯特·达尔（Robert Dahl）在他的著作《谁统治》中提到，只有决策者和有组织的行为体才能参与决策。单独的个人没有任何影响力，律师或法官也没有最终的决策权。政策是决策者和有组织的利益集团互相作用的结果，并受国家—社会—经济关系所左右。同时，外交政策仍是行政部门的领域。即使现实主义和自由主义国际关系理论亦认为，一些潜在的国内政治利益决定了外交政策，但是政治决策才是最重要的。马克思主义者虽然与民主多元化主义者不同，但他们也将政治视为阶级斗争，而法律则是这种斗争的产物，法律反映了统治阶级的意志。可见在所有这些解释中，法律作为一种独立的力量，在因果关系上和实质

---

① 这一观点是幼稚的，因为所有人都承认，有时法律和法律进程显然很重要。尽管如此，政治学者仍然经常选择放弃或忽略这些例子，这表明是权力和利益而不是法律能够影响这种选择。

上都是无关紧要的。政治家或政治过程作了决定，而法律则没有重要的独立影响。

其次，法律是固定的。那些认为政治家推动决策的人仍然可能将法律纳入考虑范围，将法律作为一个变量与其他变量一起考虑。对于国际关系和法经济学者来说，国际法是一个便利的聚焦点。在国家或政治家基本上中立的情况下（例如，他们对某种方式没有强烈的政策偏好），政治家可能会协力选择阻力最小的法律解决方案。国际法也可以被视为一种国际制度，这种制度要么反映既有的国家利益，要么——如果各国基本中立的话——国际法可能是致力于协调国家间政策的国际协作的结果。国际制度的协调作用涉及这样一种观点，即国际法反映了权力政治，因此，国际法的影响来自共同利益的聚焦点，或者该聚焦点本身就反映了强权者的偏好。①

定量分析方法的兴起强化了人们将法律视为单一固定实体的观念。固定（fixed）的意思是在某个时刻决策者对法律编写或法律制度设计作了决定，而法律便在这一时刻被固定下来。随后，定量研究将诸如法治、普通法与大陆法的比较、是否有宪法法院甚至法律的形式或实质内容等复杂的观念转化为一个可变换调节的实体。例如，近年来，国际制度将法治作为一个综合的措施，并将其聚合为一个独立的变量，认为法治有助于经济发展和政治稳定。② 尽管这些主张可能是有争议的，但它们导致政治学者将法律视为一个可能有自己政治影响的固定的独立变量。

即使法律没有变成可编码的数据点，纯粹的政治学者仍然希望将法律视为一种稳定的、可以研究的实体。对于法律人来说，把法律看作一个单一的、明确的、固定的实体的想法似乎是荒谬的，法律人可能试图解释法律是不确定的和灵活的，它的含义会随着法律裁决而演变和改变。但是这种反驳还不足

---

① A. Stein, Coordination and Collaboration: Regimes in an Anarchic World, in *International Regimes*, edited by S.Krasner (ed.), Cornell University Press, 1983; S. Krasner, Global Communications and National Power: Life on the Pareto Frontier, *World Politics*, 1991, Vol.43.

② 关于法治作为综合措施，参见 M. Versteeg and T. Ginsburg, Measuring the Rule of Law: A Comparison of Indicators, *Law & Social Inquiry*, 2017, Vol.42。关于法治如何促进积极成果，参见 S. Haggard, A. Macintyre, L. Tiede, The Rule of Law and Economic Development, *Annual Review of Political Science*, 2008, Vol.11; T.Carothers, The Rule of Law Revival, *Foreign Affairs*, 1998, Vol.77。

以推翻政治学者认为法律是固定的观点。每个变量都有不确定性和动态性，公司的战略会根据市场进行调整，政党会根据政策改变作出反应。因此，法律含义可以改变，并不意味着法律不能被固定为分析中的一个独立变量。政治学者总是足智多谋的，他们会努力对某一特定时期、某一实质或地理领域的法律进行划分和固定。这种修正法律的冲动在一定程度上是一种方法驱动的欲望，但它也反映了一种更深层次的信念，即行为体和利益驱动政治，而法律是潜在偏好和利益的产物或焦点。

对于法律仅为政治产物的论断，政治学上也有一些例外情形。研究政治司法化的学者考虑法律和法院如何对政治决策产生影响。[①] 在 20 世纪 90 年代，历史制度主义作为理性制度主义的替代，允许包括法律在内的制度来塑造政治，[②]政治学者也公开批评那些认为语言（言语行为）只是无谓闲聊的说法，认为规范和语言构成了偏好和政治。[③] 即便如此，政治学却几乎没有提供任

---

① C. N. Tate，T. Vallinder，*The Global Expansion of Judicial Power*，New York University Press，1995；A. Stone Sweet，*Governing with Judges*，Oxford University Press，2000；A. Stone Sweet，Constitutional Courts and Parliamentary Democracy，*West European Politics*，2002，Vol. 25；K. J. Alter，L. R. Helfer，E. Hafner Burton，Theorizing the Judicialization of International Relations，*International Studies Quarterly*，2019，Vol.63.

② 历史制度主义认为制度是粘性的，因此，即使政治偏好发生变化，它们依然存在。参见 P. Hall，R. Taylor，Political Science and the Three New Institutionalisms，*Policy Studies*，1996，Vol.44；P. Pierson，The Path to European Integration：A Historical Institutionalist Perspective，*Comparative Political Studies*，1996，Vol.29；P. Pierson，*Politics in Time：History，Institutions and Social Analysis*，Princeton University Press，2004。历史制度主义还对关键决策时刻之外如何发生根本性变化进行了概念化，参见 W. Streeck，K. A. Thelen，*Beyond Continuity：Institutional Change in Advanced Political Economies*，Oxford University Press，2005；J. Mahoney and K. A. Thelen，*Explaining Institutional Change：Ambiguity，Agency，Power*，Cambridge University Press，2010。

③ F. Kratochwil，*Rules，Norms，and Decisions on the Conditions of Practical and Legal Reasoning in International Relations and Domestic Affairs*，Cambridge University Press，1989。这种观点借鉴了政治学以外的理论，后来与国际关系的建构主义方法联系在一起。然而，对于许多早期的建构主义者来说，规则仍然被视为政治创造；无论什么东西是规范、规则还是法律，都无关紧要；尤其是国际法，人们并不认为它有那么大的影响力。参见 H. Bull，*The Anarchical Society：A Study of Order in World Politics*，Red Globe Press，1977。

何坚实的基础来考虑"法律以及法律程序是如何独立于政治决策来运作"或者"法律程序如何对一系列政治问题的决策产生重大意义"。

时代已经发生了根本性的变化。建构主义已经成为国际关系中的一种范式,它提供了一种思考和研究规范(包括法律规范)如何塑造政治的方法。① 关于政治司法化的文献已经有了进展。② 然而,大多数法律学者仍然没有回答政治学者为了将法律因素纳入他们的思维需要回答的问题。有时经济和政治会占据主导地位,法律的重要性会减弱,而有时法律和法律范畴会变得重要。法律变得重要的时刻和语境肯定比纯粹的政治学者假定的更多,也更重要,但就目前而言,法律学者未能确定他们关于法律重要性主张的合理性边界,因此他们的主张在主流政治科学看来是难以置信的。

2.纯粹政治学视角的优势和不足

政治学者关于政治常常驱动并始终影响着法律解释和适用的观点是正确的。国际关系现实主义者和后殖民主义国际法批评者指出,权力和政治通过国际法发挥作用也是正确的,尽管这些学者低估了法律和法律过程有时也会有效地对抗这种权力。

法律解释和法律决策不能超出人民和政治家所能容忍的范围,否则会引

---

① M. Finnemore, *National Interest in International Society*, Cornell University Press, 1996; M. Finnemore, K. Sikkink, International Norm Dynamics and Political Change, *International Organization*, 1998, Vol.52; J. Goldstein and others, Introduction: Legalization and World Politics, *International Organization*, 2000, Vol.54; M. Finnemore, S. Toope, Alternatives to Legalization: Richer Views of Law and Politics, *International Organization*, 2001, Vol.55.

② A. Stone Sweet, *Governing with Judges*, Oxford University Press, 2000; K. J. Alter, L. R. Helfer, E. Hafner Burton, Theorizing the Judicialization of International Relations, *International Studies Quarterly*, 2019, Vol.63; M.Shapiro, A. Stone Sweet, *On Law*, *Politics and Judicialization*, Oxford University Press, 2002.

起反抗。这种想法经常被模型化为一种委托代理关系,即委托人掌握所有权力。① 对于法官在政治上保持沉默的机制和程度,人们可以有不同意见,但政治学者对政治至上的假定包含了真理的内核,因此法官们深知保持法律和政治之间平衡的重要性。法官对影响大多数甚至全部政治决策的各种政治反馈作出反应,即对合法性和维持政治支持的关切(在法律范畴内,这意味着保持对独立法院和法治的政治支持)。这一现实是那些坚持法律方法决定司法决策的,以及认为法律观念、法官或政治决策者存在于一个有着广泛解释可能性的世界里的法律人所否认,而法律现实主义者和后殖民主义批评家所公开承认的。②

纯粹的政治学视角有其正确性,法律裁决本身的变革能力有限,不能改变政治和政策。美国最高法院对布朗诉教育委员会案的裁判结果(种族隔离教育不可避免地造成不平等教育)具有重要的里程碑意义,③但国民警卫队必须介入执行该裁判结果;结构性种族主义确信融合也不意味着平等。今天的不平等和学校种族隔离程度,可以说比布朗案判决时更严重。④

纯粹的政治学视角的不足之处是其忽略了一个基本的核心,而这个核心

---

① 在这个框架下,如果代理人(法官或行政人员)偏离太远,委托人将通过修改法律、解雇法官、削减司法预算或撤销法院管辖权来应对。在民粹主义领导人(对他们来说,攻击和破坏法院权力——无论是国内法院还是国际法院——都是他们惯常做法的一部分)崛起之前,推翻或限制国际法院的政治干预很少发生。缺乏政治努力来"纠正"国际司法实践,这导致委托代理理论的支持者认为,法官是在自我审查以避免制裁。参见 K. J. Alter, *The New Terrain of International Law*: *Courts*, *Politics*, *Rights*, Princeton University Press, 2014; K. J. Alter, Delegation to International Courts and the Limits of Recontracting Power, in *Delegation and Agency in International Organizations*, edited by D. Hawkins et al. (eds.), Cambridge University Press, 2006。讨论民粹主义和国际法院的兴起,参见 E. Voeten, Populism and Backlashes against International Courts, *Perspective on Politics*, 2020, Vol.18, No.2。

② D. Bodansky, Legal Realism and Its Discontents, *Leiden Journal of International Law*, 2015, Vol. 28; A. Anghie, *Imperialism*, *Sovereignty*, *and the Making of International Law*, Cambridge University Press, 2005.

③ Brown v. Board of Education of Topeka, 347 U.S. 483 (1954).

④ G. N. Rosenberg, *The Hollow Hope*: *Can Courts Bring About Social Change?*, University of Chicago Press, 1993.

是有抱负的法律人极力保留的。① 从政治学对话中被删除的内容,可能是许多法律人对规范的基础和价值更深入的理解。例如,朗·富勒(Lon Fuller)认为,法律的属性可以创造一种对法律人和非法律人都有说服力的内在道德。② 一些法律人对基于法律的有说服力的推理非常推崇,一些法律人则在法律中看到一种威严。例如,在解释欧盟法院如何对欧洲法律体系进行宪法修改时,约瑟夫·维勒(Joseph Weiler)认为,答案的一部分在于,这种转变是由司法推动的,因此,它本身具有根深蒂固的合法性,这种合法性来自我们赋予最高法院的神话般的中立性和类似宗教的权威。③ 对于法律人来说,法律不是像总统的国情咨文或行政命令那样的简单的政治言论行为,也不是像公司之类机构的管理行为。法律赋予它自己的,也许是不可估量的规范性价值。法律人认为法律过程很重要也是正确的,尽管他们随后拒绝解释法律过程如何、何时或为何重要。④

在民粹主义和大流行病导致的生存充满不安全感的时代,不能把对法律、法律的独立性以及人与法治的相关价值的许多假定视为理所当然。法治所赋予的合法性以及与合法性相关的社会价值是重要的规范性价值,其范围远远超出了法律本身,⑤甚至可以说其是维系自由民主国家的重要社

---

① 现在美国的法学院和法院都被政治化了,以至于这一规范的核心价值被大打折扣。美国和欧洲法律意识的不同可能意味着规范的核心价值只存在于那些法律解释的运行不会被政治破坏的地方。

② L. L. Fuller, *The Morality of Law*, Yale University Press, 1964.

③ J. Weiler, The Transformation of Europe, *Yale Law Journal*, 1991, Vol.100.

④ 政治学者仍然很难知道该如何应对那些将法律和法律进程描绘成一场无休止的击剑比赛的法律对抗:论证、反论证,这里得分、那里丢分,赢了一局、输了一盘,比赛获胜、重新开始。政治也如同一场击剑比赛,但社会科学家对此进行了研究。坚持让社会科学家认为法律就是法律人的所作所为是不合理的,也是行不通的。法律和社会学方法为此提供了一条前进的道路。

⑤ 这就是 Brunée 和 Toope 的观点,他们认为"合法律性实践"是一种文化规范,是现代治理的合法化叙述。参见 Jutta Brunnée and Stephen J. Toope, Interactional Legal Theory, the International Rule of Law and Global Constitutionalism, in *Handbook on Global Constitutionalism*, edited by A. F. Lane and A. Wiener (eds.), Edward Elgar Publishing, 2017。其他类似观点,参见 A. Huneeus, J. A. Couso, R. Sieder, *Cultures of Legality: Judicialization and Political Activism in Latin America*, Cambridge University Press, 2011。

会黏合剂。因此,虽然不能假定法律的规范性核心会存在,但也不能假定它不存在。

这种视角的强版本走得太远了。即使是那些不赞同纯粹的政治科学视角的人们,也可以从中学到东西,因为政治学向其批评者发起挑战,让其阐明法律是如何、何时以及为何会战胜经济和权力的。对法治的信仰是一种非常西方化的自由主义观点,在大多数发展中国家,普通民众和法律学者都极度怀疑法律是否具有独立的力量。相反,普遍的观点是法律是以另一种手段进行的政治统治。人们甚至可以说,法治的概念既是一种经验性现实,也是西方法律人所共有的意识形态或文化,甚至更多。① 当然,对于生活在边缘地带的人来说,法治主要是当权者用来压制和边缘化他们的工具。

(二)非语境化的法律形式主义和结构主义视角

1.文本和形式的结构定义了法律

这种视角结合了形式主义和结构理论,认为法律和法律制度的形式和结构决定了这些制度的运作方式。换言之,这里所说的形式主义是指正式法律规则以及为法律、国际制度创设授权与程序的文本都具有重要意义。经济学家和法律学者是这一视角的主要拥护者,他们的热情吸引了政治学者,因为他们提供了一种将法律因素纳入政治科学理论的清晰方法。没有人相信将设计精美的法律制度抛入一个不遵法的环境中,就能神奇地将丛林法则转变为法治。相反,对形式、文本和制度设计的关注表明了一种自上而下的概念,即形式上的规则和制度的建立有意地塑造了随后的实践和政治。这一视角相较于西方中心主义视角少了很多意识形态的色彩,因为法律和制度是以适用于许多文化和语境的功能主义术语呈现的。②

人们有充分的理由去关注形式上的制度和规则。规则和制度是决策者有意设计的,如果决策者需要作出选择,了解各种提交讨论的选择如何发挥作用,必然对其有所帮助。有时,我们看到现行制度存在明显问题,随后便想知道制度问题具体在哪、如何作出改变才能取得更好结果。例如,如果认为司法独立很重要,那么了解哪些规则和制度有助于保护法官免受政治影响就很有

---

① Jean. d Aspremont, *International Law as a Belief System*, Cambridge University Press, 2018; L. Rosen, *Law as Culture: An Invitation*, Princeton University Press, 2006.

② 功能主义可以是规则和制度,旨在解决婴儿和父母死亡率、人口贩卖、恐怖主义、大规模移民等不同国家共有的问题。

帮助。这些合理关切意味着人们尤其关注形式上的规则和制度设计的重要性。

社会学家已经将形式主义转化为理论,用以解释形式上的法律和制度设计的重要性。经济学版本的非语境形式主义理论将制度、规范、文化和实践扁平化为禁欲主义的描述。所谓扁平化,就像美元是一种没有什么内在意义、价值或个性的货币单位一样,法律也成了一种单位。同样,结构化法律类似于货币单位,不同结构的法律允许在不同类型的单位之间进行比较。在经济学家构建的分析世界中,人类最关心的是效率、利润、增长和效用。法律成为一个独立的变量,是人类创造并可以操纵的东西,问题是把法律写成 X 还是 Y 是否会影响经济,从而产生某种结果。经济学家运用这一视角来追求法律的最佳表述,即产生就业或经济增长。当然,这种方法所产生的大多数结论完全是相关性的。学者们猜测为什么一个形式上的法律会导致最优结果,他们甚至可能通过一个大样本的统计分析和实验来验证这个猜想。这种类型的形式主义分析导致一群经济学家宣称,美国的公司法体系产生了最好的经济结果。①虽然关于"美国公司法最好"的想法可能相当极端,但存在很多将法律和法律制度变得高度形式化的法与经济学的理论推导。

非语境理论化的法律思维是将法律转化成一套法律逻辑。人们看重的不是效率和财富,而是秩序良好的法律体系和良好的成文法,期望逻辑清晰、连贯、适用平等的法律产生一种内在合法性。法律从业人员经过漫长而艰难的谈判制定了示范法律文本,他们希望制定好的法律能够在国内采行,也相信精心制定法律是重要的。法律学者也在争论法律在规范上最可靠的表述方式,他们假定,正确的法律文本和形式有助于产生预期的结果,无论这种预期是什么(例如,正义、一致性、问责制)。全球宪政文献在某种程度上就是这种形式主义视角的一部分。学者争论着实现正义、制衡和问责目标的最佳构想,他们常常认为形式属性(如权利法案、司法保护、建议和同意行政程序)有助于使政

---

① R. La Porta, F. Lopez-de-Silanes, A. Shleifer, The Economic Consequences of Legal Origins, *Journal of Economic Literature*, 2008, Vol.4; R. La Porta et al, Legal Determinants of External Finance, *The Journal of Finance*, 1997, Vol.52(3); R. La Porta et al, Law and Finance, *Journal of Political Economy*, 1998, Vol.106.

策、法律或制度更加合法。①

　　将非语境形式主义引入比较法和国际法的世界，会导致这样一种假定：尽管语境不同，但精心设计的法律与优质治理相结合，或将应该以类似的方式运作。回到以美国为中心的观点发现美国公司法是最好的，由此得出显而易见的经验，即所有国家采用美国的公司治理体系都是明智的。国际领域可能认为，共同的银行规则可以帮助追踪全球的洗钱和人口贩运活动。

　　虽然，认为形式的法律在不同语境下会有相似表现的想法过于天真，但是，法律的确是一门极具模仿性的学科。法律制度的移植在一些语境下被视为一种促进法律确定性的手段。事实上，认为某些法律结构有意地促成某些结果的信念，在国际法庭（特别是欧洲式区域法院）的激增方面发挥了作用。②

　　非语境法律形式主义的吸引力在于它把法律制定者置于控制掌控地位，认为只要找出制定法律和设计法律制度（宪法、法院等）的神奇公式，那么世界上一切都可能是正确的。这种观念无疑是荒谬的，但随着经验性法律研究和法律与经济学的发展，关于法律的非语境化理论也在迅速发展。③ 这些文献大多关注于法律和法律体系的国内运作，但比较法和法律经济学文献产生了广泛的演绎性假定，这些假定通过将法律、法律制度和法律实践转化为可编码变量进行实证检验。国际关系学者以及全球宪政主义和全球行政法的倡导者

---

　　①　E.-U. Petersmann，*The Gatt/WTO Dispute Settlement System*，Brill Nijhoff，1997；B. Kingsbury et al.，The Emergence of Global Administrative Law，*Law and Contemporary Problems*，2005，Vol.68.

　　②　K. J. Alter，The Global Spread of European Style International Courts，*West European Politics*，2012，Vol. 35；K. J. Alter，The Evolution of International Law and Courts，in *International Politics and Institutions in Time*，edited by O. Fioretos（ed.），Oxford University Press，2017.

　　③　更多关于法律的非语境化理论研究的文献可参见 T. Eisenberg，The Origins，Nature，and Promise of Empirical Legal Studies and a Response to Concerns.（Law and Economics Conference to Honor Thomas S. Ulen），*University of Illinois Law Review*，2011，Vol. 2011；M. C. Suchman and E. Mertz，Toward a New Legal Empiricism：Empirical Legal Studies and New Legal Realism，*Annual Review of Law and Social Science*，2010，Vol.6.更多关于法律和经济增长的信息参见 S. M. Teles，*The Rise of the Conservative Legal Movement：The Battle for Control of the Law*，Princeton University Press，2009；R. A. Posner，The Law and Economics Movement，*The American Economic Review*，1987，Vol.77。

认为国际制度的设计是有意的,且具有政治意义。非语境法律形式主义是为这些策略量身定做的,这种视角为政治学者提供了一种将法律因素考虑在内的简单方法。

2.形式主义和结构主义方法的优势与不足

制度和形式规则很重要。在某些情况下,一项形式的规则或制度甚至可能是产生法律确定性和法治的必要因素。例如,非两相情愿的性交(如强奸)是否被视为犯罪行为就很重要。规则的具体特征也很重要。例如,如果一名强奸受害者必须提供三名目击者的证词以确定强奸的事实,受害者寻求正义的能力就可能无可挽回地受到损害。司法独立也是如此。除非法官受到保护,不被任意免职或逮捕,不被削减预算,不被政治决定取代司法决定,否则司法独立将不会有意义地存在。① 由于形式规则和制度很重要,所以对形式规则、制度与法律和政治结果之间关系的理解也变得十分重要。

形式规则和制度可能是必要的第一步,刑法对此可以提供例证。只有在明确禁止的情况下,才能实施法律制裁。这意味着,要想普及优先做法(例如,结束奴隶制、起诉战争罪、制止腐败),首先需要建立一个法律禁止制度。在非犯罪的情况下,财产权利的配置被认为是对财产持有人的激励和对财产抢夺者的打击。鉴于形式规则和制度的重要性,在法律制定或构建法律改革战略的时候,探寻哪些制度最有效是有意义的。

成文的法律规则和授权也提供了重要的信息。此外,这些规则和授权可以动员行为人履行和实现授权,并可以提供一些制度上的保障。在政治动荡的语境下,成为一个紧跟文本的法律形式主义者可能是一个谨慎的策略,这样就可以通过将责任推给法律制定者来转移对法官的批评。② 但是,如果政府想要惩罚一个行为人或机构,形式规则和授权很容易被突破。尽管如此,形式规则和授权的保护性质是国际机构反复援引形式规则和授权来证明其决定的有效性和合法性的原因。这种援引反过来使纯粹的政治学假定更加可信,即形式规则所体现的政治选择推动法律决策。

由于制度、规则和授权很重要,分析家将一系列形式规则和制度设计视为

---

① 这种见解的反向工程是委托代理理论支持者的动力所在。

② 我们在解释为什么安第斯法庭是一个如此形式主义的法律机构时探讨了这一想法。参见 K. J. Alter, L. R. Helfer, *Transplanting International Courts：The Law and Politics of the Andean Tribunal of Justice*, Oxford University Press，2017。

一个实验室,看看什么可能产生更好或更坏的结果。对于经济学家来说,与更高的增长率相关的规则往往是最优的。应该将形式主义与规范理论结合起来,其目标是制定形式规则,并创建制度,以实现更公正的结果。无论最佳目标是什么,对形式规则和制度与重要结果之间的关系进行理论化,可以更好地理解形式规则和制度设计的变化可能产生的影响。

形式主义的方法的问题在于通常认为有规则就足够了。这种假定正是法律和社会学方法所批评的,而且这种批评是合理的。即使形式规则对实现一项目标(例如将强奸定为犯罪)来说是必要的,但是只有形式规则永远不足以实现预期的目标。事实上,法律和政治没有什么是自发的。合法权利只有在行为人主张权利,并且第三方尊重或帮助执行这些权利的情况下才有效。①此外,对适用形式规则的规范性支持和规则所倡导的价值观,需要不断更新和积极强化,否则规则和制度就会消亡。

那些通过发现形式规则和制度之间的相关性来验证形式主义主张的学术研究,实际上可能是误导性的。形式主义的方法通常不能确定那些经不起形式化研究方法检验的非正式规范和实践在塑造法律进程和结果方面是如何同等重要或更加重要的。② 法律人研究的法律形式主义也存在问题,其有时暗示法律学说驱动着结果,这种说法在讨论纯粹的政治学观点时受到了挑战。

学者和决策者往往把重点放在形式规则和制度上,因为它们更容易观察、衡量和处理。当决策者和学者只关注形式属性时,他们可能看不到阻碍善意行为人努力的因素,他们可能会对非形式因素关注不足,导致策略失败。例如,回到强奸的例子,如果我们不考虑警察如何应对强奸受害者,我们可能永

---

① Alter,Helfer,Hafner Burton,Theorizing the Judicialization of International Relations,*International Studies Quarterly*,2019,Vol.63;C. Epps,*The Rights Revolution:Lawyers,Activists and Supreme Courts in Comparative Perspective*,University of Chicago Press,1998;T. Risse,S. Ropp,K. Sikkink,*The Power of Human Rights:International Norms and Domestic Change*,Cambridge University Press,1999.

② 在方法术语中,形式学者的相关性可能会忽略难以衡量的干预变量,忽略形式制度实现预期结果所需的共同因素。

远不会理解为什么精心设计的形式规则和制度仍然无法发挥作用。① 政府可能会不真诚地表示,形式上遵守国际规范就足够了。如果学者和决策者的分析停留在寻找一种形式规则或制度的层面,那么他们可能是在支持那些想要履行而不是实现对规则或制度尊重的行为人。

如果我们相信政治和社会规范对法律理解、法律解释和法律结果有一定的影响,那么我们就需要以非形式主义的方式来研究法律、政治和结果之间的相互作用。这意味着,在关注形式法律和制度的同时,我们需要研究使系统得以运作的社会和规范性理解。与此同时,无论法律规则或制度有何变化,理解和偏好都可能发生变化,因此超出制度制定者和法官控制的语境因素很重要。在这方面,关注形式规则而不是法律过程和结果的实现可能是一个错误。同样有问题的是,一些研究一旦考虑了相关形式法律和法律裁决就停止了分析,因此我们就无法了解这些法律和裁决是如何传达给非法律受众——媒体、公众、警察、决策者等,并被他们所理解。而这些受众恰恰是必须改变其行为以实现法律和法律裁决目标的行为人。

有时制度会被设计和改变。这些时刻可能是非常重要的,所以不能忽视形式主义和结构主义方法所研究的问题。事实上,正如芭芭拉·科雷门奥斯(Barbara Koremenos)所证明的,我们可以从研究形式设计的选择中学到很多东西。② 我们只是需要非常谨慎地对待我们在这些时刻和选择中要求和期望的东西,并且我们需要始终关注不断变化的语境和那些利用形式主义来掩盖其不良意图的行为人的操纵。

(三)西方中心主义视角

1.西方的实践是法律和政治进程理想运作的指导方针

西方中心主义视角与非语境的法律形式主义与结构主义视角有所不同,这种视角相信协同作用的法律、价值观和制度的重要性。西方中心主义的视角是期望通过移植一系列西方属性,从而复制西方语境,使得其在世界各地产生积极的结果。

---

① S. Engle Merry, Rights Talk and the Experience of Law: Implementing Women's Human Rights to Protection from Violence, *Human Rights Quarterly*, 2003, Vol.25; S. Engle Merry, Constructing a Global Law-Violence against Woman and the Human Rights System, *Law and Social Inquiry*, 2003, Vol.28.

② Koremenos, *The Continent of International Law*, Cambridge University Press, 2016.

西方中心主义是一种超越任何一门学科的病态现象,它有许多名称,其中大多数都带有负面含义。对于发展中国家来说,西方中心主义是帝国主义的一种形式。而现代化理论是期望国家遵循相似发展模式的理论名称。人们常常发现一种隐含的现代主义目的论,即学者们认为各国可以通过提高工业化、民主化、国家建设、文明发展等水平来取得进步。而这些趋势的最终目标通常是以法治为基础的西方民主形式。

西方中心主义理论在社会科学和法学中占据主导地位是易于理解的。由于西方在工业化、资本主义革命和国家建设等方面率先起步且发展深远,所以大多数关于国家发展、工业化对政治和社会的影响、资本主义以及民主运作的社会科学理论都是从欧美等西方国家开始的。[①] 在法律上,强大的西方国家也擅长使用法律语言来为他们在发展中国家的主张和行动进行辩护。[②] 西方中心主义得以延续的部分原因还在于西方各国的行为更容易研究。欧洲各国政府将他们的协议和声明写下来,留下了供学者评论的书面记录。此外,重要的国际法著作都是由欧洲学者撰写的,然后由几代法律学者进行批评和研讨。因此,涉及国际法的最庞大的书面文献都是在与欧洲思想的对话中出现的,在世界的其他地方,要么产生的文献少,要么保留下来的文献很少,要么保留下来的文献因语言障碍、档案保密或者杂乱无章而很难获取。

自由主义是这种以欧洲为中心的现代主义观点的基础。自由主义者认为,世界各地的人类都一样渴望一套西方自由主义者所重视的优先价值,即个人主义、自由、人权、民主和私有财产所反映的经济繁荣。如果人类永远为西方的承诺而奋斗,时间之手就会朝着西方的方向推进。人们的受教育程度越

---

① 参见 C. Tilly, *Coercion, Capital, European States, Ad* 1990-1992, Wiley Blackwell, 1992; T. H. Marshall, *Citizenship and Social Class*, Pluto Press, 1992; A. Gerschenkron, *Economic Backwardness in Historical Perspective, a Book of Essays*, Harvard University Press, 1962; M. Weber, *Economy and Society*, University of California Press, 1978; A. Shonfield, *Modern Capitalism: The Changing Balance of Public and Private Power*, Oxford University Press, 1969。

② 文献非常丰富,可参见 L. A. Benton, A. Clulow, Webs of Protection and Interpolity Zones in the Early Modern World, in *Protection and Empire: A Global History*, edited by L. A. Benton, A. Clulow and B. Attwood (eds.), Cambridge University Press, 2018; L. A. Benton, L. Ford, *Rage for Order: The British Empire and the Origins of International Law*, Harvard University Press, 2018, pp.1800-1850。

高、能力越强以及越多的财富促成中产阶级的出现,就会有更多的人拥护自由主义的价值观和政治体系。

强国创造并维持了西方中心主义的思维。帝国主义强国是欧洲模式的孵化器,无论走到哪里,它们都在播撒和培育欧洲制度的种子。欧洲商人和殖民者在他们经常光顾的土地上建立了规则、机构(包括学校、行政机构、医院和审判机构)和法律体系。欧洲人要求当地政府尊重贸易商在欧洲所期待的权利,而当地人也往往开始理解这些机构和规则的某些方面,并将欧洲的方式与现代文明的意识联系起来。虽然对欧洲模式的本土适应通常并不完全忠实于欧洲的指导方针,但可以发现足够多的相似之处,这表明欧洲模式正在塑造当地的国家战略。

西方中心主义视角的问题不在于学者们研究欧洲和美国,而在于学者们经常以通用的术语来断言他们的主张。从历史上看,欧洲学者在写作中似乎发现了适用于所有地方的根本真理。这种西方中心主义面临的批评愈发频繁,这些批评或者强调恢复发展中国家的制度和力量,或者重点批判将当地发展归功于欧洲模式的论调,并揭露了欧洲实践的黑暗面。① 然而,对于试图通过回顾历史来洞察现在和未来的学者来说,对过去最深刻、最详细的描述仍然最容易在欧洲和美国的研究中找到。

在某种程度上,西方中心主义仍然是结构性诱导的,并且难以抵挡。当今世界西方国家仍然是强大的行为体,并且许多学者专注于理解并试图影响这些强大的行为体。再者,学者们也擅长论述他们最了解的体系。在欧美国家,学术是一项专职,这意味着欧洲人和美国人有充裕的时间、预算和内部学术组织来进行研究。这些因素有助于西方人发表关于欧美国家社会和法律机构运作的详细、经验丰富且复杂的研究成果。此外,欧洲和美国仍然是最容易获得文献、档案和理论的地方。来自世界各地的顶尖学者一般都受过欧美高等教育,在西方的期刊和出版社发表论文也仍然是一种职业发展策略。由此,西方中心主义在结构上得到了强化。欧洲和美国仍在不遗余力地对外输出欧美模

---

① 文献丰富,可参见 S. Pahuja, *Decolonising International Law: Development, Economic Growth and the Politics of Universality*, Cambridge University Press, 2011; R. P. Anand, The Influence of History on the Literature of International Law, in *The Structure and Process of International Law: Essays in Legal Philosophy, Doctrine, and Theory*, edited by R. S. J. Macdonald and D. M. Johnston (eds.), Springer, 1983。

式的方法和理念,这也从结构上进一步强化了西方中心主义。法律是一门极具模仿性的学科,西方投资者相对会更适应那些看起来熟悉的规则和机构,这些都有助于建立一个充斥着欧洲和美国复制体的全球系统。

2.西方中心主义视角的优势与不足

西方有大量涉及其制度和发展状况的高质量学术、理论、数据来源和档案。在分析法律和市场制度的变化和发展形成合理预期时,以西方学者所调查和筛除的内容为基础,是一个合理的起点。西方国家仍然是强大和重要的行为体,世界各地的国家都在继续借鉴和效仿西方的做法。同时,将西方经验纳入比较分析的做法并无过错,欧洲各国、美国各州在不同的时间里,都存在着丰富的差异性可供借鉴。

西方中心主义和现代化理论努力传递的是一种关于塑造欧洲和美国发展的重要宽松条件的理解。欧美的经济与治理体系是在特定社会和地缘政治条件下发展起来的。① 这些值得注意的事项,往往会随着理论在不同时期的转换和重新应用而丢失。很明显,欧洲国家和欧洲移民在数量上是足够小的,因此他们可以跨越国界传播其发展方式。这意味着欧洲的策略很难被复制,并且它不能也许也不应该扩展到全球。因此,在没有调查的情况下就假定西方是可效仿的模式,以及西方中心主义假定西方的成功是优越选择和行为的必然结果都是错误的。

那些声称现代化是有吸引力的,现代化必然会带来益处,并朝着一个共同方向发展的观点已经被多次驳斥。但就像九头蛇一样,你可以砍掉一个头,但现代化理论又会长出来。20 世纪 90 年代出现的新自由主义正是这种西方中心主义现代化思潮的最新版本。与此同时,许多力量仍在朝着西方中心主义的发展方向而努力,朝着一条具有"普遍意义"的发展道路迈进。

西方中心主义的有色眼镜使人们无法看清准许富有者和特权者作出选择的宽松条件,也无法看清有助于选择和行为成功的条件。这些有色眼镜的另一面包括贬低和诋毁同样有效的选择,以及无法评估如何抵制西方主导地位,

---

① 战争导致欧洲国家调动资源进行战斗,并使其军队现代化。19 世纪中期的欧洲自由主义革命,以及后来的共产主义革命,迫使国王分享权力或将权力下放给更具参与性的机构。殖民主义为不满或被排斥的欧洲人提供了一个出路,让他们找到一个新的地方,在那里他们可以蓬勃发展,这仅仅是因为身为欧洲人和白人的特质为其提供了一种在国外很有价值的有利条件。殖民主义和奴隶制还提供了廉价劳动力和材料,欧洲人可以将这些劳动力和材料转化为高附加值资产,然后再将其出售给殖民地。

乃至从根本上影响强国的决策。正如安东尼·安吉（Anthony Anghie）、阿努尔夫·贝克·洛尔卡（Arnulf Becker Lorca）、拉贾戈波尔·巴拉克里什南（Balakrishnan Rajagopol）、孙迪亚·帕胡加（Sundjya Pahuja）以及第三世界国际法学者所指出的那样，任由欧洲和美国的国际法支持者自行制定规则和实践的成本过高，自私自利到了适得其反的地步，而且在规范上是站不住脚的。

由于西方主导地位的引力继续影响着学术界，要特别注意避免西方的群体思维，一方面，要记住主导的叙事很可能是西方中心主义的，这种叙事很可能过度地将那些不容易复制的重要的宽松条件、语境条件和结构条件进行自然化。另一方面，要寻找非西方力量和利益加入，创造学者和观点的多样性，因为只有纳入非西方的批评者，学者才能认识到思维的盲区。

（四）自由国际主义视角

1.原则性多边主义会产生基于同意的协议和结果

第二次世界大战结束后，世界最重大的变化之一是国际制度和国际法的激增。这种激增在很大程度上是美国决定利用其在第二次世界大战后的霸权力量，通过多边主义进行领导的结果。约翰·鲁杰在他的文章《多边主义：一个制度的解析》中对原则性多边主义进行了界定，称其为三个及以上的国家在确定国家间关系的一般原则基础上协调国家间行为的一种制度形式。原则性多边主义不同于解决特定问题的集体决策（例如，各国聚在一起决定如何管理特定的河流资源），它不仅仅是关于参与国家的数量，它创造了指导所有成员行为的一般原则。这种制度形式不是美国发明的，学者们已经发现了许多法律和制度的先例。① 鲁杰认为，"当我们更仔细地审视第二次世界大战后的形势时……我们会发现，导致多边安排激增这一现象与其说是美国霸权的结果，不如说是美国霸权本身表现"②。鲁杰认为，如果德国赢得第二次世界大战，

---

① Michael Fahkri 认为，国际联盟的《国际糖业协定》（1937 年）是一项开创性的多边倡议，创造了一些概念和机构，这些概念和机构在"二战"后的国际协定中得到了复制。在古巴的支持下，这项协议旨在减轻美国市场力量对古巴的影响。参见 M. Fakhri, *Sugar and the Making of International Trade Law*, Cambridge University Press, 2014, p.129; G. J. Ikenberry, The End of Liberal International Order?, *International Affairs*, 2018, Vol.94。

② J. Ruggie, Multilateralism: The Anatomy of an Institution, in *Multilateralism Matters*, edited by J. Ruggie (ed.), 1993, p.561.

或者苏联成功输出其社会主义革命,世界可能会变得非常不同。他还认为,"原则性多边制度安排具有其他制度形式可能缺乏的适应能力乃至繁殖能力,因此,这可能有助于解释多边安排在稳定当前国际变革方面所发挥的作用"。① 在很大程度上,关于国际法如何产生和发挥作用的理论是基于原则性多边主义这一历史时刻,因此容易将国际法、原则性多边主义以及美国世纪相混淆。

国际法旨在根据以法律为基础的原则,建立一个基于同意的集体规则体系。当代国际法的属性就是原则性多边主义。任何通过政治建立起来的事物——无论是国际上还是其他方面——都将反映出当时的权力维度。因此,不应该指望原则性多边主义能接近达成深度规范一致的协商民主理想,也不应认为国家之间的政治交易必然是公正的,或者它们将享有公众合法性,从而赢得人民的同意。原则性多边主义有时能够产生基于共识的结果,而不是完全由强权所驱动。

这一视角将原则性多边主义与自由国际主义联系起来。鲁杰认为制度是融合了权力和社会目的的政治权威的表现。② 国际法以及更广泛意义上的法治,与自由和自愿的社会契约、对民主程序的偏好以及对法治而非人治的信仰等自由主义的优先价值相契合。基于同意、原则性、美国的激励的结合构成了自由国际主义所倡导的一揽子计划。

原则性多边主义一揽子计划包含了一些未必体现自由主义的元素,包括主权国家在法律上的形式平等和自决权,以签署和批准条约的形式取得同意的要求,以谈判、调解或仲裁的方式来解决未争端的要求。这些想法是在 1870 年至 1935 年期间拟定的,但它们成了原则性多边主义美国世纪时代国际法的组成部分。

原则性多边主义一揽子方案还包括一系列自由主义的政策偏好,例如:促进人权和自由贸易的国际政策;自由主义理论宪法契约的隐喻,个人是具有不可剥夺权利的重要行为体,未列举的权利归于各国(因为权利存在于国家和个人,除非它们被契约让渡);以强制性法律规范(例如,强行法、习惯国际法)保

---

① 马佐尔(Mazower)对全球治理理念历史的分析支持了这些主张,参见 M. Mazower, *Governing the World: The History of an Idea*, Penguin Books, 2013, p.586。

② J. Ruggie, International Regimes, Transactions and Change: Embedded Liberalism in the Postwar Economic Order, *International Organization*, 1982, Vol.36.

护人的生命和少数人权利的人本主义思想；以及对权力制衡和基于法律解决全球问题的偏好。

自由国际主义视角认为，由于条约、法律和制度是通过原则性多边主义产生的，所以现代国际法是基于各方同意的。美国通过明示或默示的支持促进了一场大规模的国际变革，创造了一套前所未有的强大国际制度和一套详细的国际法律规则，其中许多规则促进了西方自由主义的优先事项。这些制度和规则中的大多数将会持续下去，因为改变现有的制度是非常困难的，而且允许如此大规模的国际制度变革的政治机会是独一无二的。[①] 虽然美国力量已经度过了其无可匹敌的巅峰时刻，年轻一代有理由质疑那些把世界带到了绝望和气候灾难边缘的一代人的决定。但是，在"二战"后同盟国开始建立秩序的相对空白的画布上，现在已经充满了制度和法律。如果没有像 1919—1945 年那样的大灾难，就不会有另一个"秩序重启"的机会。

我们有充分的理由去质疑美国的自由国际主义方案的有效性，自由国际主义认为人们实际上想要的是法治、全球贸易和个人权利。然而，人们可能乐意用这些价值换取安全和经济改善，这正是威权政府今天提出的一揽子计划，即如果人民放弃权利和法治，就能获得安全和改善经济状况的承诺。如果自由国际主义提供的内部合法性（用鲁杰的话来说是一种社会目标）仍然是有价值的，人们可能好奇，如果脱离了自由国际主义的一揽子计划，原则性多边主义的制度形式是否能够生存或具有合法性。同样，人们可能会问，如果其他经济模式表现更好，如果非自由主义的领导人破坏了自由民主的特性，自由国际主义是否还能保持其吸引力。随着人们越来越多地提出这些问题，另一种威

---

① 美国从第二次世界大战中崛起，成为一个异常的主导力量。欧洲和亚洲大部分地区因战争而摧毁，而美国的经济和社会基本上没有受到影响，以至于美国是唯一能够向世界提供关键资源的国家。第一次世界大战、大萧条和第二次世界大战的巨大灾难在很大程度上削弱了人们回归过去的政治愿望。在这个灰烬堆上，第二次世界大战的盟国胜利者可以建立一个新的世界秩序。

权的国际法也越来越显而易见。①

2.自由国际主义视角的优势和不足

"二战"后的体系所带来的成果超出了人们的想象,美国人利用原则性多边主义来推动殖民主义的消亡、人权的价值、前殖民地的自决,以及资本主义原则基础上的全球市场建立。这种自由的原则性多边主义帮助重建了被摧毁的经济和社会体系,并带来了长期的国际和平、经济扩张以及国家间战争、暴力和战斗死亡人数的下降。② 作为自由主义的受益者,某些后发国家融入全球经济,帮助全球贫困显著减少,并提高了世界许多地区的预期寿命。但是这些成功与气候变化灾难、当前的民粹主义反弹以及世界许多地区持续的欠发达并存,因此,需要思考的问题是,除了自由国际主义是否还有更好的选择?

原则性多边主义视角是正确的,多边主义是一种独特的全球治理模式,在"二战"期间和"二战"后原则性多边主义被注入了美国的优先关注事项、规范和价值观。然而战后国际秩序的建立并不是美国自己的功劳,我们只有通过考察和评估世界上不同国家的积极参与和遵守所产生的贡献,才能更好地理解当前的体系。对西方中心主义过度"溢美西方"的批评,适用于这一视角中的自由主义部分。然而,原则性多边主义的稳定特点仍然很重要,由于这些法律和机构是一项集体事业,因此国际法更有可能继续成为指导国际行为体的基本准则。此外,只要政治领导人关心维护法治表象,原则性多边主义,包括其中的许多自由因素,将继续成为国家行为合法化的一种手段。

---

① 讨论这些问题的文献,参见 G. J. Ikenberry, *After Victory Institutions, Strategic Restraint, and the Rebuilding of Order after Major War*, Princeton University Press, 2001; G. J. Ikenberry, Why the Liberal World Order Will Survive, *Ethics & International Affairs*, 2018, Vol.32; B. B. Allan, S. Vucetic, T. Hopf, The Distribution of Identity and the Future of International Order: China's Hegemonic Prospects, *International Organization*, 2018, Vol. 72; B. Jahn, *Liberal Internationalism: Theory, History, Practice*, Palgrave Macmillan, 2013; M. Doyle, Liberalism and World Politics, *American Political Science Review*, 1986, Vol.80. 汤姆·金斯伯格(Tom Ginsburg)设想了威权主义的国际法选择,参见 T. Ginsburg, Authoritarian International Law?, *American Journal of International Law*, 2020, Vol.114.

② 研究表明,国家间战争和战争死亡人数下降的事实无可争议(尽管对这种下降的解释存在争议)。简要数据总结,参见 S. Pinker, *The Better Angels of Our Nature: The Decline of Violence in History and Its Causes*, Allen Lane, 2011; B. Russett, *Grasping the Democratic Peace*, Princeton University Press, 1993.

自由国际主义包含着长期的不稳定因素或者说是复兴因素。让人民在由谁统治以及如何统治方面拥有发言权,将导致可能破坏稳定的政治挑战。就自由主义国际政策需要不断更新而言,改变现有规则或建立新国际政策的困难可能会诱使国家和利益攸关方绕过或违背现有的多边制度和规则。激发自由国际主义的各种思想甚至可能是相互矛盾的,而自由国际主义的实践可能不可避免地引起一场反身性的争论。① 此外,当前的政治反弹表明,并不是每个自由主义者都愿意支持以牺牲一些人的利益来提升多数人利益的社会、经济和政治变革。

自由国际主义可能也无法解决重要的全球问题。对多边同意和协商一致的政策制定要求,可能会使其无法应对全球化的阻碍者。自由国际主义加剧了不平等,未能解决气候变化带来的问题。虽然自由国际主义不是应对全球阻碍者的充分补救措施,也不是解决所有问题的充分手段,但这一事实并不是拒绝原则性多边主义的理由。人们不相信原则性自由多边主义的一个原因是,它是建立在许多误导性叙事的基础上。国际制度陷入了不平等的境地,所设计的谈判结构往往有利于强者而无法解决弱者的合理关切。因此,人们可以质疑"同意"在多大程度上支撑着国际制度和国际法。

此外,自由国际主义政策往往无法兑现。有时,合法的国际干预会延长战争和苦难;有时,支持市场改革的休克疗法等自由主义政策会使情况变得更糟。人们有理由相信,忽视国际制度和国际法有时是更合乎道德的正确策略。同样有问题的是,自由国际主义赋予了国家特权,这使许多问题永久化了。例如,自由国际主义允许一国元首自行宣布其人民想要、需要什么的世界。人们不禁疑虑,由强权定义的国际规则应该凌驾于当地公众的决定。这些担忧意味着,原则性多边主义不仅不够,还可能是反民主的,是解决某些问题的错误工具。

最后,也是非常重要的一点,自由国际主义视角的失败在于,它鼓励学者和实践者聚焦集体做了什么,而在很大程度上忽略了没有做什么。例如,当世界贸易组织(WTO)失败时,讨论的话题就变成了如何加固现有体系。这种支持自由国际主义制度的维持现状的偏见,可能并不是最好的办法。WTO 的失败之处不是在于其做了什么,而是其没有做什么以确保自由贸易体系的公

---

① B. Jahn, *Liberal Internationalism*:*Theory*,*History*,*Practice*,Palgrave Macmillan,2013.

平结果、帮助人民适应全球资本主义的影响以及解决气候变化等关键问题。

虽然自由原则性多边主义的运作方式在今天和过去都有很多值得批评的地方,但更好的替代方案尚未出现。温斯顿·丘吉尔(Winston Churchill)打趣说:"除了那些被反复尝试过的政府形式以外,民主是最坏的政府形式。"这句话可以很好地适用于原则性多边主义。摆在我们面前的根本问题是自由国际主义是否提供了一条前进的道路。对于那些在现有体系中享受和平与相对安全的人来说,废除我们现有规则和制度的代价可能是令人生厌的。

(五)法律与社会学视角

1.将书本中的法律转变为行动中的法律

法律与社会学作为一个新兴的学术理论,是在一场寻求将社会科学方法引入法律研究的学术运动中逐步发展起来的。这场运动发生在 20 世纪 60 年代,其出现的时间以及创始人的背景使这场运动具有社会学和人类学的倾向。[①] 对于法律和社会学学者来说,最重要的是"生活中的法律"尤其是日常生活经验,用自下而上的方法来探索行动中的法律。在这方面,法律和社会学视角与自上而下的形式和结构视角相反。形式的、教条的、制度主义的方法通常止步于自上而下的决定作出的那一刻。相比之下,法律和社会学的研究方法通常始于"书本上的法律"不同于"行动中的法律"这一见解。

许多法律和社会学学者也从根本上对建立和研究国际法的全球方法持怀疑态度。这种怀疑是对教义学和实证主义国际法观点的回应,那些观点认为欧洲学者撰写的著作、在遥远国家签署的条约以及遥远国际法庭的裁决具有重要的地方意义和影响。与之不同的是,对于许多法律和社会学者来说,真正重要的是法律如何被实现,以及在法律的实施过程中谁赢谁输的问题。然而,在考虑政策实施时,谁赢谁输的问题常常被忽略。多年来,主流国际法学者的预测、假定和遗漏,导致了法律和社会学学者对国际法的漠视。

传统上,法律和社会学领域的论文关注特定地方或特定问题领域。优点在于,这些方面都是特定有限的,能够看到法律行为和社会反应如何在一个社

---

① B. G. Garth, J. Sterling, From Legal Realism to Law and Society: Reshaping Law for the Last States of the Social Activist State (Sociolegal Scholarship), *Law & Society Review*, 1998, Vol.32. 塔马纳哈看到了法律社会法律研究的许多历史先例,参见 B. Z. Tamanaha, *A Realistic Theory of Law*, Cambridge University Press, 2017。但正如加思和斯特林所解释的那样,法律和社会运动的方向不仅仅是社会—法律。

会递归循环中不断塑造法律。在将法律和社会学方法国际化的过程中，一个根本的障碍是如何在国际法可能影响的社会范围划定一条界线。国际关系理论的确考虑了国际社会，[①]并且自由主义学者也已经考虑了自由主义国家的国际法。[②]"国家之国际社会"或"文明社会"的概念并不被法律和社会学学者所接受。法律和社会学学者认为一个国家体系内部会有很大的地方差异，因此，国际社会以一种同质的方式遵守国际法的想法是不切实际的。此外，由于国际法从未深入国内层面，影响到人们的日常生活或国内的法律体系，人们是否能够或应该系统地研究行动中的国际法尚未可知。

从 21 世纪初开始，法律和社会学学者开始处理国际化问题，将现有的方法和理论扩展到国际法律发展和实践层面。第一项策略需要确定和关注国际法律社会的背景和信仰，这种国际法律社会的实践和互动塑造了国际法。[③]

---

① H. Bull, *The Anarchical Society : A Study of Order in World Politic*, Columbia University Press, 1977; H. Bull, A. Watson, *The Expansion of International Society*, Oxford University Press, 1984; C. Reus-Smit, The Constitutional Structure of International Society and the Nature of Fundamental Institutions, *International Organization*, 1997, Vol.51.

② 这个想法直接来自康德。当国际关系学者发现民主国家之间不会相互打仗时，康德的理论获得了新的力量，这一发现已被证明是非常重要的。这一发现引发了广泛的理论研究，试图解释这一强大的社会科学发现。参见 M. Doyle, Liberalism and World Politics, *American Political Science Review*, 1986, Vol.80; (Doyle, supra note 51); A.-M. Slaughter, International Law in a World of Liberal States, *European Journal of International Law*, 1995, Vol.6。

③ Y. Dezalay, B. G. Garth, *Global Prescriptions : The Production, Exportation, and Importation of a New Legal Orthodoxy*, University of Michigan Press, 2002; Y. Dezalay, B. G. Garth, From the Cold War to Kosovo: The Renewal of the Field of International Human Rights, *Annual Review of Law and Social Science*, 2006, Vol.2; M. R. Madsen, Legal Diplomacy: Law Politics and the Genesis of Postwar European Human Rights, in *Human Rights in the Twentieth Century : A Critical History*, edited by S.-L. Hoffmann (ed.), 2009, p.62; A. Vauchez, The Transnational Politics of Judicialization: Van Gend En Loos and the Making of Eu Polity, *European Law Journal*, 2010, Vol.16; A. Vauchez, Une Élite D'intermédiaires: Genèse D'un Capital Juridique Européen (1950-1970), *Actes de la recherche en sciences sociales*, 2007, Vol.1; J.d'Aspremont, *International Law as a Belief System*, Cambridge University Press 2017. 关于允许全球法影响社会和社会影响法律的递归循环，参见 T. C. Halliday, The Recursivity of Global Norm-Making, *Annual Review of Law and Social Science*, 2009, Vol.5。

第二项策略采用法律和社会方法来研究国际机构内的日常运作。① 第三项策略,也可能是最全面的将法律与社会学方法扩展到全球层面的努力,是特伦斯·哈利迪(Terence Halliday)和格雷戈里·沙弗尔(Gregory Shaffer)的跨国法律秩序(TLO)概念,"这一观点将地方、国家、国际和跨国公共和私人法律制定和实践的过程置于一个单一的分析框架内的动态张力之内"②。跨国法律秩序定义和衡量标准的全面性既是优点也是缺点。跨国法律秩序的概念是宽泛的,以便允许地方、国家、跨国、国际、公共和私人参与者参与立法。从这个意义上说,跨国法律秩序框架是对只关注国家和国际机构作为参与者的国际法方法的纠正。但是自下而上的跨国法律秩序方法更善于识别大量参与者是如何成为全球规则制定者之一的,而在解释这些规则随后是如何被实施的方面则没有多大帮助。这个理论框架非常宽泛,以至于其中的每个互动关系似乎都很重要。因此很难确定一些参与者如何具有更大的影响力,或者跨国法律秩序实践中哪些例子是微不足道的,而哪些是极其重要的。

2.法律和社会学方法(包括跨国法律秩序)的优势和不足

自上而下的国际法研究存在一个缺陷,即它们没有认识到许多法律被忽视了,或者没有按照其制定者的意图发挥作用。自上而下的方法之所以持续存在,部分原因是它们涉及的工作量相对较少。但是,理解法律的实际运行,

---

① B. Koremenos, C. Lipson, D. Snidal, *The Rational Design of International Institutions*, *International Organization*, 2001, Vol.55; B. Koremenos, *The Continent of International Law*, Cambridge University Press, 2016; J. McCall Smith, The Politics of Dispute Settlement Design, *International Organization*, 2000, Vol.54; J. Hagan, *Justice in the Balkan*: *Prosecuting War Crimes in the Hague Tribunal*, The University of Chicago Press, 2003.

② T. C. Halliday, G. C. Shaffer, *Transnational Legal Orders*, Cambridge University Press, 2015, p.3. Halliday 和 Shaffer 来自法律和社会传统,但 TLO 方法在考虑这一更广泛的行为者方面并不是唯一的,这种方法让人想起 McDougal 和 Laswell 研究国际法的方法,以及 Koh 的跨国法律程序。参见 M. S. McDougal, H. D. Lasswell, J. C. Miller, *The Interpretation of Agreements and World Public Order*; *Principles of Content and Procedure*, Brill Academic Pub, 1967; M. S. McDougal, W. M. Reisman, B. H. Weston, *Toward World Order and Human Dignity*: *Essays in Honor of Myres S. Mcdougal*, Free Press, 1976; H. H. Koh, Why Do Nations Obey International Law?, *Yale Law Journal*, 1997, Vol.106; H. H. Koh, Transnational Legal Process, *Nebraska Law Review*, 1996, Vol.75.

需要深入实践中去看国际法是如何被执行、被体验和被实践的。与静态法律文本研究相比,实践中的国际法更有趣、更重要,也更具有政治意义。

在此,有必要从法律与社会学视角批判奥斯汀(Austinian)的假定。按照奥斯汀的经典假定,人们之所以守法,是因为害怕被强制。这种假定导致几代法律和国际关系学者断言,国际法是无关紧要的,因为没有集中的国际强制执行体系。相比之下,法律与社会学的方法表明,大多数人是出于包括害怕胁迫、观念动机、道德动机和工具动机等各种各样的原因遵守法律的。① 乌纳·海瑟薇(Oona Hathaway)和斯科特·夏皮罗(Scott Shapiro)关于通过社会放逐来执行国际法的观点反映了法律和社会学的意识,即对社会制裁的担忧也会促使国际法的遵守。② 选民群体关注国际法实际运作可以促进国际法遵守的观点也反映了这种意识。③

迄今,在所有讨论视角中,法律和社会学方法最适合考察法律和法律进程影响决策和政治的各种方式。法律与社会学,正因为更加关注特定问题,所以才能够更好地解决大沼保昭(Yasuaki Onuma)对英国人过于关注裁决的批评。大沼认为诉讼是法律的病理学,而不是生理学。法律的生理学应该包括避免和解决法律上的分歧。这种生理学的参与者包括坚定的政治家和官僚、专家、活动家、记者、媒体机构和非政府组织,他们帮助实现法律的规制功能。这一系列更广泛的行为人通过帮助国际法发挥其辩护、合法化和交流的作用来促进国际法的发展。④

法律和社会学对社会语境重要性的关注,有助于纠正某种假定语境中缺

---

① T. Tyler, *Why People Obey the Law*, Princeton University Press, 2006.

② O. Hathaway, S. J. Shapiro, Outcasting: Enforcement in Domestic and International Law, *Yale Law Journal*, 2011, Vol.121. 提出类似论点的作者有 R. Goodman, D. Jinks, How to Influence States: Socialization and International Human Rights Law, *Duke Law Journal*, 2004, Vol.54; R. Goodman, D. Jinks, Social Mechanisms to Promote International Human Rights: Complementary or Contradictory? in *The Persistent Power of Human Rights: From Committment to Compliance*, edited by T. Risse, S. Ropp and K. Sikkink (eds.), 2013, p.103; B. Simmons, *Mobilizing for Human Rights: International Law in Domestic Politics*, Cambridge University Press, 2009。

③ K. J. Alter, *The New Terrain of International Law: Courts, Politics, Rights*, Princeton University Press, 2014, p.42.

④ Y. Ōnuma, *International Law in a Transcivilizational World*, Cambridge University Press, 2017, p.8.

乏重要性的形式和制度主义方法。相关经验证据可以从安第斯法庭自 20 世纪 80 年代至今的运作过程中得到。安第斯法庭提供了一个将欧洲法院移植到安第斯语境中的自然实验,粗略来看,不仅两种法律体系的法律文本和制度设计极其相似,而且安第斯法庭在宣布安第斯法律的直接效力和至高无上地位方面也紧密追随欧洲经验。然而,随着研究的深入,有必要重新审视对欧洲国际法庭成功的理解。将安第斯法庭的运作与非洲类似设计的国际法院相比较,可以发现,在非洲运作的国际法院面临着包括不发达的国内法律体系在内的一系列特殊挑战。[①]

正如法律和社会学学者所预期的那样,很难将局部的见解扩展为适用于不同社会和政治语境的一般理论。在一个协作研究项目中,一组跨学科的学者考虑了与国际法院运作的语境有关的因素如何从根本上塑造了特定国际法院的法律和政治。我们能够果断地拒绝形式上和结构上的假定,但许多更依赖于语境的假定被证明难以在国际法院中推广。例如,我们假定,在国际裁决替代方案众多的语境下运作国际法院,将更难在我们考虑的各种指标中确立权威。我们最终得到了混合的结果:一些国际法院在竞争中挣扎,而另一些则从中受益。[②]

法律和社会学方法的主要缺陷是,在考虑地方机构如何发挥作用以及公民、地方律师、警察和地方法官的重要选择时,法律与社会学方法可能会过度低估全球结构性力量的重要性。外部国际结构力量可以决定性地确定法律行为人所选择的选项,如果从头开始研究行动中的法律,人们可能会错过很多法律没有发挥作用的地方,因为国际结构性因素排除了这些选择。这是 TLO 方法的缺陷之一,特别是因为自下而上的 TLO 方法侧重于关注跨国行为者联合起来形成跨国法律秩序的领域。正如格雷戈里·沙弗尔(Gregory Shaffer)在考虑积累当地专业知识来裁决国际贸易相关案件时所做的那样,人们可以在 TLO 的内部和跨 TLO 语境进行比较。[③]

---

① 更多参见 *The Performance of Africa's International Courts*, edited by J. Gathii (ed.),Oxford University Press,2020。

② 这篇文献解释了我们的发现:K. J. Alte, L. R. Helfer, M. R. Madsen, *International Court Authority*,Oxford University Press,2018,p.435。

③ G. Shaffer, J. Nedumpara, A. Sinha, State Transformation and the Role of Lawyers: The WTO, India, and Transnational Legal Ordering, *Law & Society Review*, 2015,Vol.49。

一些法律和社会学学者将其本土化的叙述嵌入考虑国际结构性力量推动本土变化的叙述中。① 但值得怀疑的是,法律和社会学方法是否能胜任审查影响国际法的系统性结构性力量的任务。诸如国家间体系、全球经济、性别和种族等系统性因素,可能是无处不在、无所不在和经久不衰的,以至于无法使用标准的社会科学方法来研究不同语境下的差异。有时可以使用历时分析(例如,跨时间)来识别结构特征的变化,然而,缺乏未知的可替代的书面或地理因素会严重阻碍历时的分析。

(六)国际法律社会学视角

1.理念和实践构成全球法世界

国际法律社会学视角是最不成熟、最不完整的。与自由主义范式、国际关系现实主义范式、马克思唯物主义范式相比,社会科学范式符合人具有能动性和选择权的信念。

社会科学范式即社会学范式认为,将人们凝聚在共同信念周围的社会是关键的分析单位。人类对某种意义或社会价值的追求,能够将社会凝聚在一起。社会学范式可以包含其他观点。自由主义者认为,个人对自由和财产有一种静态的内在欲望;经济学家认为,人们希望通过效用的概念来最大化自己的个人物质利益和休闲元素;社会学理论认为,人们所珍视的东西由他们生活的社会所建构。生活在自由资本主义社会中的人们可能会追求物质财富,但这可能是因为社会价值观,或许还有社会地位,都与财富和物质积累有关。生活在马克思主义社会中的人们,比如战后的共产主义城市博洛尼亚,可能会认同他们的经济阶层,让社会阶层定义他们所重视的一系列目标,因为阶级组成了社会。生活在原教旨主义宗教社会中的人们可能会重视信神的解释者所定义的生活,即使这种生活涉及贫穷和自我牺牲,而这种不同的观点本身就否定了自由主义和马克思主义的假定。

这一视角与前一视角之间的差异可以归结为研究对象的不同。法律和社

---

① Y. Dezalay, B. G. Garth, *Global Prescriptions: The Production, Exportation, and Importation of a New Legal Orthodoxy*, The University of Michigan Press, 2002; Y. Dezalay, B. G. Garth, *The Internationalization of Palace Wars: Lawyers, Economists, and the Contest to Transform Latin American States*, The University of Chicago Press, 2002; M. R. Madsen, The Challenging Authority of the European Court of Human Rights: From Cold War Legal Diplomacy to the Brighton Declaration and Backlash, *Law and Contemporary Problems*, 2016, Vol.79.

会学学者共享着社会学范式的"社会—法律"假定,但法律和社会学学者通常希望围绕一个给定的社会划定一条界线,探索法律在这个社会中是如何运作的。这种方法使学者们能够关注自下而上的行动中的法律。国际法律社会学视角,首先关注的是国际,法律次之,认为国际法同时在个人、国家、区域、国家间和系统层面运作。国际法律社会学视角包含了这样一个概念,即可能没有一个可定义的社会,将国际法应当运作的各个层面统一起来。因此,对"国际法是什么"没有共同的认识,对"遵守国际法的重要性"也没有共同的承诺。在这方面,国际社会可以作为一个系统理论来运作。①

国际法律社会学视角为"国际秩序如何运作"这一古老问题,提供了一种新的、更注重法律的方法。旧的西方中心主义的国际秩序研究侧重于欧洲协调、帝国和势力均衡的运作。这些以权力为基础的欧洲和全球秩序正是现代国际法要取代的。历史上的秩序,包括正在恢复的非西方秩序,都是自上而下的,由国王、王后、皇帝、先知,以及(后来的)总统和首相塑造。在第二次世界大战后,全球治理取代了所有这些旧的全球秩序。② 第二次世界大战后,全球秩序被制度化和法制化,这是一个经验主义的现实。这一现实首先促使学者们提问为什么国家选择国际合作,然后又促使学者们考察具有国际权威的国家和非国家行为体的现象,以及国际权威如何发展和维持其合法性的问题。③

国际法律社会学的挑战来自在全球秩序的对话中定位法律。早期社会学国际关系理论家赫德利·布尔(Hedley Bull)根本不在乎国际秩序是否通过与规则相对的法律而产生。事实上,布尔以及他帮助之下创立的英国学派,对

---

① 系统理论认为系统不仅仅是其各部分的总和。系统实体的一个例子是市场中存在集群异质性(例如,内部可定义的群体),以及不同类型的人进行互动和协作。市场作为一个复合实体存在,但市场有其自身的动力学和逻辑,因此市场结果不是市场空间中行动者偏好的简单总和。市场结果也不是行为的总和,因为市场的规则和条款是由各种社会、法律和经济力量构成的——国家法律、全球法律、全球金融等。今天,没有一组单一的行动者控制全球市场。国际法也是如此。

② 马克·马佐尔(Mark Mazower)的精彩著作探讨了不同时期的全球治理理念,帮助我们了解美国国际秩序与其他视角之间的差异。参见 M. Mazower, *Governing the World: The History of an Idea*, Penguin Books, 2013.

③ 这一变化解释了转向考察权威和合法性如何影响国际关系的原因。参见 D. A. Lake, Rightful Rules: Authorit, *A Theory of Global Governance*, Oxford University Press, 2018.

规范和共同理解的兴趣远远超过对某种事物在本质上是否合法的兴趣。[①] 但国际法取决于合法律性(legality)的偏好,即对"与法律相一致"的偏好。对合法律性的广泛强调,可能就是欧洲中心主义国际法的批评者煞费苦心地在文明内部寻找一种法律的原因,其目的是形成一种非西方的跨文明的国际法。要建立一种使法律的属性具有社会意义的信仰体系,就必须对国际法的核心特征达成最起码的一致。这种范式试图揭示这种共有的法律意识在何处、如何以及何时存在,这种意识在实践中意味着什么,以及这种意识如何在政治上具有影响力。提出这些问题是在拒绝国际法的统一理论,但不是在拒绝国际法所能反映和维持的人类核心价值的趋同可能性。[②]

虽然对个人和社会群体来说最重要的是"意义",但是守法也可以由工具性推理、观念性推理和基于身份性的推理来推动。事实上,这些理由中的哪一个促使行为人遵守法律并不重要,如果所有的理由都同时起作用,那么就不可能知道在特定语境下哪些因素起作用。可以肯定的是,信仰、身份、工具激励和对强制的恐惧"如何激励行为人"是一个重要的问题。如果人们能理解这些不同的力量如何促进法律的遵守,就能更好地设计法律系统来拉动这四个杠杆。[③]

国际法力求概括一个缺乏深刻社会共识的世界。有一群学者和社团致力

---

① H. Bull, *The Anarchical Society*: *A Study of Order in World Politics*, Columbia University Press, 1977; H. Bull, A. Watson, *The Expansion of International Society*, Oxford University Press, 1984.

② 我相信有一些共同的核心价值观,这个想法是在"人类共性"的概念下讨论的。参见 C. Antweiler, *Our Common Denominator*: *Human Universals Revisited*(translated by D. Kerns), Berghahn Books, 2016; D. E. Brown, *Human Universals*, Temple University Press, 1991.

③ 这是汤姆·泰勒(Tom Tyler)考察的问题。参见 T. Tyler, *Why People Obey the Law*, Princeton University Press, 2006; T. Tyler, Psychology and Institutional Design, *Review of Law and Economics*, 2008, Vol. 4; T. R. Tyler, J. Jackson, Popular Legitimacy and the Exercise of Legal Authority: Motivating Compliance, Cooperation, and Engagement, *Psychology*, *Public Policy*, *and Law*, 2014, Vol.20。

于对国际法、国际法思想史的研究以及对"国际法律场域"的分析。^① 但是,国际法必须超越这个由支持者组成的社团。使用国际法的语言讨论政策问题或鼓励同胞遵守国际法的更广泛的群体可能没有类似的国际法信念,他们的动机可能是工具性的,而非具有遵守国际法重要性的共同信念。^② 什么原因导致一群不同的、不和谐的行为人联合起来支持国际法尚不明确,一些行为人可能是致力于法治、一些行为人可能认为原则性多边主义是最好的选择,而有些人可能因国际法是实现他们目标的一种有益手段而支持国际法。信仰、身份、工具性目标、强制以及对替代方案的反感,可能都是促使人们支持国际法的重要因素。

我们需要了解国际法如何、何时以及为何能促使世界团结。^③ 只有当我们接受过去的社会价值时,过去才会决定未来。如果国际法要成为未来或更好的世界秩序的一部分,那么我们需要明白为什么选择并重视国际法和国际合法性的质量,以此作为国际和国内决策的指南。意义可以界定利益,并战胜工具激励,这一基本的社会学见解为我们提供了知识上的前进道路。

2.国际法律社会学视角的优势和不足

国际法律社会学的兴起,可能是在历史趋势的尽处抬头。有许多迹象表

---

① M. Koskenniemi, *The Gentle Civilizer of Nations*: *The Rise and Fall of International Law*, 1870-1960, Cambridge University Press, 2001; A. Becker Lorca, *Mestizo International Law*: *A Global Intellectual History 1842-1933*, Cambridge University Press, 2014; M. R. Madsen, Unpacking Legal Network Power: The Structural Construction of Transnational Legal Expert Networks, in *Networked Governance*, *Transnational Business and the Law*, edited by M. Fenwick, S. Van Uytsel and S. Wrbka (eds.), Springer, 2013, p.39; M.R.Madsen, A. Vauchez, European Constitutionalism at the Cradle. Law and Lawyers in the Construction of a European Political Order (1920-1960), in *Lawyers' Circles Lawyers and European Legal Integration*, edited by A. Jettinghoff and H. Schepel (eds.), Elsevier, 2005; Y. Dezalay, M. R. Madsen, The Force of Law and Lawyers: Pierre Bourdieu and the Reflexive Sociology of Law, *Annual Review of Law and Social Science*, 2012, Vol.8.

② 安西娅·罗伯茨(Anthea Roberts)注意到世界各地教授和讨论国际法的方式有多么不同,她提出我们是否可以假定国际法实际上是国际性的。参见 A. Roberts, *Is International Law International?*, Oxford University Press, 2017。

③ 这是约翰·鲁杰(John Ruggie)的一句话,参见 J. Ruggie, What Makes the World Hang Together? Neo-Utilitarianism and the Social Constructivist Challenge, *International Organization*, 1998, Vol.52。

明,"二战"后的全球秩序正在受到挑战,甚至可能正在崩溃。研究右翼民粹主义者吸引力日益增长的学者们把注意力集中在已经出现的一种新的分裂上,这种分裂导致了世界主义精英(全球化的赢家)和被取代的、更本土化的工人阶级之间的政治斗争。① 这种强调是对纯粹的政治科学观点甚至可能是马克思主义观点的回归,因为它表明,国际法的崛起是由全球主义利益推动的,而它的消亡将因为工人阶级利益的反作用而到来。中国也越来越自信,并从美国放弃国际领导地位所造成的真空中获益。约翰·鲁杰(John Ruggie)②以及那些试图预测中国的国际目标的学者表示③中国将努力重塑国际体系,以符合其对和平、有利的、对国内干预较少的国际秩序的愿景。大自然也在以气候变化和当前冠状病毒大流行的形式表明自己的立场。网络战争和数字监控为形式的技术变革,也可能有助于国家权力的重申和对社会的控制。强权者再一次劝告人们遵循权力的逻辑,希望以法律为基础的全球秩序理念失去吸引力。所有这一切都在表明,现有国际法所承诺的社会目的——要求多边同意和权力(部分)服从法律——在未来可能不再是支持国际法的基础。

上述力量对国内和国际政治会产生持久的实质性和结构性改变,因此它们将影响实体国际法。即使仅仅因为对美国和民主治理形式的信任已经达到新的低点,人们不会回到"二战"后美国主导的自由国际主义。从这个意义上说,自由国际主义的视角可能会成为有些人寻求恢复的不合时宜的东西。然而,自由国际主义、原则性多边主义或由国际法塑造的国际关系是否会被抛弃,还远未明朗。现行体系的缺陷可能越来越明显,但民族主义和现实主义也曾经被尝试过。即使威权领导人希望回到通过霸权和非正式帝国控制势力范

---

① 参见 R. Inglehart, P. Norris, Trump and the Populist Authoritarian Parties: The Silent Revolution in Reverse, *Perspectives on Politics*, 2017, Vol.15。

② J. Ruggie, International Regimes, Transactions and Change: Embedded Liberalism in the Postwar Economic Order, *International Organization*, 1982, Vol.36; J. Ruggie, Multilateralism: The Anatomy of an Institution, in *Multilateralism Matters: the Theory and Praxis of an Institutional Form*, edited by J. Ruggie (ed.), Columbia University Press, 1993, pp.561, 586.

③ J. Delisle, China's Approach to International Law: A Historical Perspective, *American Society of International Law*, 2000, Vol.94; A. Hurrell, Beyond the BRICs: Power, Pluralism, and the Future of Global Order, *Ethics & International Affairs*, 2018, Vol.32; S. Tang, China and the Future International Order(s), *Ethics & International Affairs*, 2018, Vol.32.

围的理想化鼎盛时期,但是这是否可能或是否可取尚不清楚。特别是因为那些更喜欢基于同意的国际法的行为人,以及那些过去权利被压制的行为人可能拒绝再次默许这种体系。因此,这个体系可能正在崩溃,也可能正以一种改变的形式适应和复兴。①

国际法律社会学让一群不和谐、迥然不同的行为人以不一致的方式塑造国际法律和政治,同时也考虑到权力和国际结构的重要性,因此,这种视角是理解国际法现在和未来的一种富有智慧的方式。可以通过将全球治理设想为一个国际制度复合体来理解结构性约束和系统效应,②并且通过历时的方式来理解作为一种塑造国家、社会和国际法的结构性力量的全球资本主义。

(七)小结:为什么是六种视角?

可以将国际法概念化和研究的六种不同方法概括为国际法的不同视角。一些视角更关注国际法的起源(形式主义和原则性多边视角),而其他视角(法律和社会视角)则对国际法和制度运作会更感兴趣。一些视角专注于更容易检验的问题,而其他视角则愿意作出一种方法上的权衡以研究那些不容易评估或经验捕捉的现象。这些视角虽然关注点不同,但并不互相排斥。

这六种视角都含蓄地批判了法条主义,否定了可以通过系统的审查文本和法律裁决来理解国际法和国际法律进程的观点。国际法的复杂性——其起源、执行模式、各种演变的意义和各种影响——是需要以跨学科方式探讨这一主题的原因。

每种视角都只揭示了国际法这头大象的一部分,③学者应该了解并指出自身的盲区并超越单一视角来对国际法进行研究,只有学者共同努力,才能更好地去了解国际法这头大象的全貌。

---

① 约翰·伊肯伯里(John Ikenberry)有说服力地提出了这一想法。参见 G. J. Ikenberry, Why the Liberal World Order Will Survive, *Ethics & International Affairs*, 2018, Vol.32。

② K. J. Alter, S. Meunier, The Politics of International Regime Complexity, *Perspective on Politics*, 2019, Vol.7; K. J. Alter, K. Raustiala, The Rise of International Regime Complexity, *The Annual Review of Law and Social Science*, 2018, Vol.14.

③ 这个短语指的是盲人和大象的寓言,一群盲人试图通过检查一条腿、一根象牙、一只耳朵或一条尾巴来理解大象。在这个寓言中,一位仁慈的先知解释说,每个盲人的真理都是正确的,但它只涉及一部分而不是全部。

三、六种视角比较

每种视角隐含的内容都十分重要,因为试图设计解决方案的学者和实践者会根据对法律和法律系统如何运作的判断来制定方案。如果学者淡化或忽视我们领域之外因素的重要性,或未能考虑由此产生的隐含的政策解决方案,那么政策制定和规范性理论将不可避免地存在根本缺陷。只坚持一种视角,加倍关注有问题的假定,拒绝考虑盲区之外的问题,那么可能注定要重复过去的错误。

图1 每种视角的核心假定

图1将六种视角并列在一起,用十分简洁的术语确定了其中关键的假定,以便清晰看到它们的不同之处。最后一列箭头用简明的方式对各种视角未阐

明的规范性经验进行了总结。由于经验教训各不相同,这些视角产生了不相容的解决方案。例如,如果法律只是按照政治行为人的愿望和允许(纯粹政治科学视角)运行,那么,最佳法律和制度(非语境形式主义视角)如果与政治行为人的愿望和允许背道而驰的话将不会产生最佳结果。此外,如果意义是最重要的(国际法律社会学视角),那么在西方行之有效的法律和制度(西方中心主义视角)在非西方或日益全球化的背景下作为积极变革的路线图可能既不吸引人,也不成功。如果法律和社会学的视角是正确的,那么努力设计理想的全球规则和制度,或一刀切的全球性解决方案将是一个错误。

这些视角存在一些遗漏:视角一没有抓住法律自身所产生的权力和自主性。视角二没有考虑到中间性的制度和价值如何支撑形式的制度和规则。视角三过于相信西方价值观,而这些价值观从未被接受,也没有西方人想象的那么有影响力。第四种和第五种视角可能忽略了强国和资本主义的更大的结构性力量。视角六关注的合法性的价值可能正在消散。

表 1　解决方法及其问题

视角	政策建议	问题领域
1.政治至上 (又名纯粹政治学视角)	国际法的成功来自制定满足政治领导人需求的解决方案	如果政治家想要的不能产生好的结果,也不是当地人想要的,那该怎么办?如果这是真的,那么为政治领导人的愿望制定解决方案可能会使国际法不受欢迎、不合法、备受争议和无效
2.形式结构主义视角 (设计塑造的可能性和可行性)	国际法的成功来自产生最佳结果的最佳设计。创造好的法律和制度,并解释之后会如何产生良好的结果	如果不存在必要的中介/非正式机构,形式主义的投资将不会产生结果。最好将促进发展作为创建必要中介机构的策略。然而,这种策略可能永远不会产生投资人所期望的最佳结果或合法目标。到那时,我们可能不再将法律视为解决方案的一部分,并在建设一个有效运作的法律体系的基础设施方面投资不足

续表

视角	政策建议	问题领域
3.西方中心主义与现代化理论视角	为了获得资金和良好的结果,遵循带有西方特性的政策和法律	非西方的解决方案可能更适合非西方的语境。事实上,我们不是已经尝试过在世界各地建设西方世界了吗?但是谁来为实施非西方的国际法买单呢?威权的替代方案是否会创造一个自我实现的预言,使法律失去其自主性和权力
4.原则性多边和自由主义视角	维护现有的国际法体系。在可以找到支持的地方,进行小改动,但是要保护好已经存在的东西	如果需要根本性的改变呢?即使在改革得到广泛支持的地方,少数既得利益的政治领导人也很容易阻碍改革。它的不灵活性可能意味着原则性多边主义不再是一种有用的策略。如果现行的国际法律体系是为政治领导人和破产的资本主义辩护,那么以国民优先为理想的国际法则更好
5.法律与社会学视角:对行动中法律的自下而上评估	逆转全球化。寻找自下而上的解决方案和政策建议解决当地的愿望和关切	逆全球化是向专制转变吗?内向型的国际战略是否就是我们想要的?如果我们对于全球性问题需要提供全球性解决方案,那么我们可能需要超越当地的传统和愿望。国际上的迫切现实要求是否意味着我们可以忽略当地的需求
6.国际法律社会学视角:社会建构的意义塑造选择与政治	专注有意义的可捍卫的规则,捍卫合法律性本身。这可能需要改变现有的国际法,使其具有可辩护性	如果"理性"的答案不能提供人们所寻求的意义,那么我们就需要另一种方法。在这种情况下,诉诸合法律性是可能的吗?一个以国家为基础的体系如何制定在一定限度内允许多元主义同时避免文化相对主义的国际法

政策建议经常在一个递归的循环中进行,从问题的判断到规范的解决方案,然后再返回。表1再次将这些视角并列在一起,将对国际法如何运作的判断(图1中的第三列)转化为政策建议(表1第二列)。从每种视角所遗漏内容

的讨论中可得出结论,确定遵循政策建议对国际法的未来可能意味着什么(表 1 第三列)。表 1 和图 1 表明,固守一种视角可能会产生一种没有帮助或实际上可能破坏国际法未来的解决方案。

四、处于十字路口的国际法

全球秩序、多边主义、国际法和我们的未来都正处于危险之中。现在学者应该比以往任何时候都更清楚,局限于自身单一视角进行写作的危险学者们在获得终身教职后,应该去了解其他领域学者研究的内容并为其他领域进行写作,而不是停留在舒适区。国际法的未来关系到我们每一个人,因此学者们需要了解国际法律动态,需要能够超越自己领域进行对话。

如今,欧洲法律的至高无上地位经常受到挑战和质疑,国际法院的权威似乎比以往任何时候都更加脆弱,国际法律规范的重要性也被民粹主义领导人公然推翻。民族主义——民粹主义领导人正在向所有人发出挑战。在这样的时代,人们必须选择一个立场,并弄清楚作为一个学者和一个公民如何作出贡献。作为一个学者,可以帮助人们理解并解释是什么让不同时代和背景下的人们重视或拒绝国际法和国际合法性的质量。相较于把价值伪装成理论命题或经验观察来掩盖规范性的问题,保持透明要好得多。因此,为了国际法和全球治理的未来,应该将未来的研究轨迹放在如何创造一个更令人满意的、在政治上更可持续的全球主义。学者们的工作是创造和辩论思想,因此学者们应该一起努力推动这一讨论向前发展。我们需要多种国际法视角,我们需要在不同的视角之间交流我们的想法。

结　语

凯伦·阿尔特在这篇论文中对国际法跨学科研究的回顾颇具个性化和独特性。她不是以旁观者的视角对国际法跨学科研究的六种常见视角进行中立的回顾、介绍和评价,而是结合自身研究历程对国际法跨学科研究的六种常见视角的各自得失进行了总结和反思,并且提醒初学者、研究者、决策者和实践者在理解和应用每一种研究视角时应该注意其各自的盲区。她的回顾具有明显的反省性,她将自身带入了六种视角的回顾与反思之中,结合并比较每一种视角,讲述了自己在研究国际法时的所得所失、所思所想,所以,她的论述和分析具有很强的真切性。她能够自觉地反思自己的学科——国际法研究的政治学视角,既不赞成非语境化的法律形式主义和结构理论(传统的法教义学、法解释学、法律实证主义),也不认为国际法只是政治的反映、政治选择的结果,而是认为国际法文本及其结构和过程在一定条件下具有重要影响,而且国际法还深受其他因素影响。她对于欧美或西方中心主义视角具有自觉且明显的反思,她认为欧美或西方的实践及经验并非放之四海而皆准,而是具有自身的局限性。她的回顾和反思具有开放性,她不是为了简单的批判或者将批判本身作为目的,也不是通过反思回到或固守某种狭隘性,而是希望通过反思进一步思索补救的可能。她的回顾和反思具有极强的现实感,立足于当下民族主义——民粹主义语境下国际法处于十字路口的关键时刻,努力通过回顾和反思来追问和求索她自身何为、国际法跨学科研究何为、国际法何为,并且希望国际法跨学科研究视角的回顾、反思和对话能够有助于我们的世界走出当下的阴霾、走向更可欲的、政治上更具有可持续性的全球主义。

(本文责任编辑:全　晟　蒋昊禹)

International Law from an Interdisciplinary Perspective

Original work by Karen J. Alter

Compiled by Liu Yang

Proofread by Wang Yanzhi　Miao Qiuyue

Abstract：In 2019，Karen J. Alter gave a special lecture at LJIL，and published the paper "Visions of international law：an interdisciplinary retrospective" based on her own study on international law. In this paper，Karen J. Alter reviewed，compared and analyzed six common perspectives on international law：The naïve political science perspective，which sees law as a mere reflection of political choices；the a-contextual legal formalist and structuralist perspective，which emphasizes that legal texts and their structures themselves affect behaviors and consequences；the Western-centric perspective，which emphasizes the universal significance of European and American legal civilizations；the liberal internationalist perspective，which emphasizes principled multilateralism leads to consent－based international arrangements and outcomes; the legal and sociological perspective, which emphasizes local factors and law in action; the international legal and sociological perspective, which emphasizes the structural impact of international factors and international law in action. After reviewing and analyzing the advantages and disadvantages of each perspective's understanding of international law, Karen J. Alter identified the policy risks in each perspective, and proposed that when understanding the hybridity of international law from multiple perspectives, it is also necessary to understand the implicit presumption in each perspective.

Key Words: global orders; international authority; international law; law and society; paradigms

书　评

构画中美关系的未来

——评《中美关系：危险的过去与不确定的现在》*

师嘉林**

内容摘要： 自 1972 年年初尼克松访华伊始，中美关系历经 50 载而有了长足的发展。过去的 50 年，中美关系依次经历了接触期、平稳发展期、蜜月期、困难期，由此使得中美关系的未来走向充满了极大的不确定性。罗伯特·萨特教授(Robert G. Sutter)再版的新著《中美关系：危险的过去与不确定的现在》通过历史的视角为我们呈现了中美关系过去百余年演变的全息图景，运用翔实的史料和丰富的案例深刻建构了两国关系发展中的关键性事件，层次清晰、观点鲜明、论述深刻，为当下和今后分析与把握中美关系的走向提供了重要参考，引发读者强烈的共鸣与思考。

关键词： 中美关系；重构；竞合；不确定的未来

目　录

---

* 本文为国家社科基金项目"美国对波多黎各治理研究(1952—2012)"阶段性研究成果(项目编号：20XSS006)。

** 师嘉林，天水师范学院外国语学院副教授，美国卡特中心/埃默里大学访问学者，历史学博士。

《中美关系：危险的过去与不确定的现在》是一本全面阐述"二战"以来中美关系衍生、发展的著作，①系统地论述了半个多世纪以来中美关系从对抗、接触、合作到竞争的历史演变。本书自 2010 年首次出版以来不到十年的时间已历经三次修订，萨特教授不断更新和充实书中内容，通过将实践、理论和案例的深度融合立体式地为读者呈现了一部了解战后中美关系曲折发展的优秀作品。掩卷长思，发人深省，他的论述与分析引起了笔者对中美关系未来走向的猜想，未来的中美关系可以摆脱目前的低谷实现逆势上扬吗？ 未来两国可以再次走向全面合作吗？ 比较明确的是，当前和不久的将来中美关系可能无法逃脱"修昔底德陷阱"的传统窠臼，似乎也无法基于相互依赖和利益的现实主义视角来考量中美关系未来的走向，作者的结语也让笔者深深地忧虑中美关系未来继续下行的重大风险。21 世纪已经过去 1/5，中国展现出的强劲动力与美国的疲软（抑或崛起与衰退）形成了鲜明对比，美国会继续称霸世界吗？中国会平衡和挑战美国的霸权吗？ 此后 80 年的中美关系值得期待，同时我们更要理性和全面地看待当下两国的关系，避免陷入传统的民族主义、冷战思维、零和博弈的分析框架。

一、历史上的相遇与合作

本书能多次再版反映出其较高的学术价值和学理意义。罗伯特・萨特（Robert G. Sutter）是美国乔治・华盛顿大学（The George Washington University）艾利奥特国际事务学院（Elliott School of International Affairs）国际事务实践（practice of international affairs）领域的资深教授。他早期在美国参议院外交关系委员会（the Senate Foreign Relations Committee）、国家情报委员会（The US Government's National Intelligence Council）、国务院情报和研究处（Bureau of Intelligence and Research，Department of State）等政府机构任职，专门负责东亚与中国事务，30 多年的政界经历为他日后在学界的发展奠定了极为扎实的实践基础，也使他相较于他人以独特的视角洞悉和审视中美关系。与一般的国际关系理论著作不同，《中美关系：危险的过去与不确

① Robert G. Sutter, *US-China Relations*：*Perilous Past*，*Uncertain Present*，Rowman & Littlefield，2018.

定的现在》一书巧妙地将历史学与国际关系进行了无缝链接,既避免了国际关系理论分析框架可能带来的重理论轻史料,又通过翔实的史料与实践性依据充实和支撑理论分析,并作出理性判断与分析。正如王立新教授所言:"必须认识到国际关系学不是所谓的硬科学,也不应该成为硬科学,而应具有强烈的人文特性。国际关系研究应该从人文学中获取滋养,以弥补学科自身的缺陷。"①

以时间节点作为叙事框架,萨特教授由晚清的中美接触史发端,从美国商人、传教士以及外交人员的对华接触了解 1844 年望厦条约(The Treaty of Wang-hsia)的签订、美国追随英法等国加入对华侵略"俱乐部"的历史缘由,为读者呈现了"二战"前中美关系的历史风貌。1868 年《蒲安臣条约》(Burlingame-Seward Treaty of 1868)的签订推动了中美两国民众层面的往来和交流,尽管美国 19 世纪末、20 世纪初一系列的排华法案以国内法否定了国际法,但美国在华经济和传教活动的深入发展很大程度上证明了这一时期的中美关系已经开始向多元化发展。1911 年,大清帝国垮台不仅牵涉整个政治的崩塌,还包括支撑该秩序的古典传统的崩塌,所以,当务之急就是由类似孙中山一样的果敢领袖,建立起一个能流传后世的革命政权。② 为了保护中国的领土和主权完整,北洋政府开始寻求塔夫脱政府在满洲里制衡日俄,而凡尔赛会议的结果却是美国默许日本在中国的扩张。1921 年华盛顿会议的召开和《九国公约》的签署宣称尊重中国的主权、独立与领土的完整,遵守各国在中国的"门户开放""机会均等"的原则,虽然该条约打破了日本独霸中国的局面,但也为美国在中国的侵略扩张提供了方便,使中国再次恢复到由几个帝国主义国家共同支配的局面。

"皇姑屯事件"开启了日本第二次大规模侵略中国的序幕。由于《九国公约》和《非战公约》的限制,胡佛政府只能在情感上同情中国,仅从道德上对日本在中国的加速扩张给予了谴责,这迫使后者退出国联并扶持建立了满洲国傀儡政府(puppet state of Manchukuo)。大萧条时期的美国自顾不暇,罗斯福政府也并未准备好对抗日本,但作为国务院资深中国问题专家的史丹利·

---

① 王立新:《国际关系理论家的预测为什么失败?——兼论历史学与国际关系学的差异与互补》,载《史学集刊》2020 年第 1 期。

② [美]魏斐德(Frederic Wakeman, Jr.):《中华帝国的衰落》(*The Fall of Imperial China*),梅静译,民主与建设出版社 2017 年版,第 230 页。

霍恩贝克(Stanley Hornbeck)在推行美国对华政策方面起到了巨大的作用，尽管罗斯福总统与国务卿柯代尔·霍尔(Cordell Hull)考虑到不介入亚洲战争以及欧洲战事的升级最初放弃了对日制裁，但最终美国还是于 1941 年对日采取了选择性战略物资的禁运，同时组建由陆军航空队退役将军陈纳德(Claire Chennault)为队长的美国志愿军(The American Volunteer Group)飞虎队(The Flying Tigers)支持四面楚歌的蒋介石以应对日本的侵略。依据租借法案，中国获得大量的美国战略物资并强化了中美之间的经济交往，这一时期的中美贸易额快速增长，近似于同期美日贸易额的一半。①

为了击败共同的敌人日本，"二战"期间中美两国进行了长期的深入合作，美国也一跃成为中国最重要的域外强国。然而，国共内战爆发后，一方是美国别无选择支持的国民党，一方是受苏联影响的共产党，双方在 20 世纪 40 年代中后期开展了大规模的国内战争，最终以杜鲁门总统和国务卿迪安·艾奇逊(Dean Acheson)结束对腐败并治理能力低下的国民党的支持，同时蒋介石全面退居台湾为标志作为内战的结束。

二、中美对抗与合作共赢

本书将更多的焦点放在了探讨战后中美关系。"二战"结束后，美国不仅拥有了超强的物质实力，还获得了强大的"软实力"。美国作为战时"大同盟"的领袖在战后享有极高的国际声望。作为"民主国家兵工厂"的战时表现、"四大自由"思想的提出，《大西洋宪章》的签署和实施都使美国的价值观在战后广为传播。② 然而，美苏冷战大背景下，经历过战争创伤的中国亟须整顿混乱的国家状态，美国及其欧洲盟友开始在全球与共产主义苏联展开全面对抗，其中朝鲜战争的爆发成了成立不足一年的新中国的首次考验。冷战背景下的大国竞争开始在亚洲上演，仰仗于强大军事实力的美国运用核威慑力求快速结束

---

① 1929 年中美贸易额增长至 2.9 亿美元，而同期美日的贸易额高达 6.92 亿美元。See Robert G. Sutter, *US-China Relations*：*Perilous Past*，*Uncertain Present*，Rowman & Littlefield，2018. p.33.

② 王立新：《踌躇的霸权：美国崛起后的身份困惑与秩序追求(1913—1945)》，中国社会科学出版社 2015 年版，第 363 页。

战争,而此时台湾却试图借助朝鲜战争以借机反攻大陆,1954 年"美台共同防御条约"(The Mutual Defense Treaty between the US and ROC)的签署进一步确立了美国与台湾建立正式的军事联盟,也进一步加深了中美之间的隔阂。尼克松访华之前的中美关系是对立的、动荡的和危险的,在萨特看来,20 世纪 50—60 年代的中美关系似乎走到了死胡同,没有任何缓和与破冰的迹象;与此同时,中国一方面已经开始了提升国民经济发展的第一个五年计划,另一方面也要应对美国怂恿和支持的东南亚共产主义叛乱孤立中国的行为。此外,中苏关系破裂后中国只能独自艰难地探索社会主义的发展之路,然而,此后不久的"文化大革命"的爆发几乎将中国的发展陷入停滞,也因此对这一时期的中国外交造成重大影响,彼时的中国国内、国际环境降至了历史最低点。

古典现实主义和新现实主义理论认为国际体系是一个自助体系。在这样的体系中,各国通过正式和非正式的安排(同盟或联盟)进行合作,以增进它们的安全,防范可能构成威胁的行为体。① 面对共同的敌人苏联,中美选择携手共进,一方面迟滞的越南战争耗费了美国巨大的精力,另一方面苏联采取军事手段入侵捷克斯洛伐克,推行勃列日涅夫(Leonid Brezhnev)的"有限主权论"(limited sovereignty or Brezhnev Doctrine)进行对外扩张。此外,苏联还在满洲里边界以及中苏边界屯集重兵,中苏矛盾进一步加剧。苏联在全球的扩张被美国视为对民主价值观的巨大挑战,为了平衡苏联在亚洲和世界其他地区的影响力,1971 年 7 月基辛格秘密访华,为来年的尼克松访华作准备。此后,中美携手抵御了一系列苏联在全球扩张影响力的行动,如苏联支持越共入侵柬埔寨、苏联入侵阿富汗等,随着卡特政府与中国建交,中美关系进入历史上最好的时期,从尼克松到里根、从老布什到克林顿,中美关系总体沿着良性合作的轨道进行,尽管从 70 年代初到 90 年代末双方在诸如台湾问题、人权问题、经贸等问题上依然存在着较大分歧,但 20 世纪最后 30 年的中美关系还是沿着共同对抗苏联轨道上稳步推进。在此期间,中国也逐渐实现了经济的现代化,在稳定的国内政治环境下取得了经济的快速增长,美国也意识到中国的重要性,强化了和中国的合作,中国积极推进对外开放以寻求与美国为首的西方国家的密切合作,美国则积极推行对华缓和的接触政策以谋求美国的长期

---

① [美]詹姆斯·多尔蒂、[美]小罗伯特·普法尔茨格拉芙:《争论中的国际关系理论》(Contending Theories of International Relations: A Comprehensive Survey),阎学通、陈寒溪等译,世界知识出版社 2013 年版,第 563 页。

利益和持久影响力。尽管中美在克林顿和小布什政府时期发生了诸如 1999年美国轰炸中国驻南联盟大使馆事件、2001 年南海撞机事件等影响双边关系走向的重大历史事件,但此时的两国关系达到了另一次顶峰。这一时期,中美元首的频繁互访进一步深化了彼此的合作,①提升了两国关系,中国也在这一时期完成了如香港回归、澳门回归、加入 WTO 的重大历史任务,通过引入西方发达国家的技术和投资帮助中国快速实现了现代化,中国也凭借这难得的发展机遇实现了经济和影响力的双重提升。

三、台湾问题与特朗普上台

台湾问题是中美关系中最敏感、最复杂和最棘手的问题。尼克松访华时曾承诺会在自己的第二任期内宣布与台湾断交,然而"水门事件"的爆发导致尼克松最终无法兑现其承诺;中美建交之时,为了应对共同的敌人苏联,中国只能忍受卡特政府安抚台湾并通过《台湾关系法》(The Taiwan Relations Act, TRA),继续对台出售武器;里根时期中美签署《八一七公报》,美方首次强调将逐步减少对台武器销售,中国也借机重申"争取和平解决台湾问题",似乎台湾问题将很快解决。然而,半个世纪过去了,美国一次又一次地扩大并升级对台军售、强化美台关系,李登辉、陈水扁、蔡英文一次又一次的台独挑衅试探中国底线,致使该问题一直延宕至今。2002 年的美国《国家安全战略报告》(2002 National Security Strategy Report)中,执政初期的小布什政府承诺基于《台湾关系法》提升台湾的防务。② 由于"美国 911 恐怖袭击事件"的突然爆发以及 2003 年朝鲜突然开展核武器计划,美国开始转变"新保守主义"的外交战略,由此前的对华强硬转而寻求中国合作以处理朝鲜问题,并希望借助中国的影响力参与全球反恐。在这样的背景下,中美开始了密切的全球和经济合

---

① 即 1997 年 10 月 26 日江泽民访美,1998 年 6 月 25 日克林顿访华;2002 年 10 月25 日江泽民访美,2001 年 10 月 18—20 日小布什参加 APEC 会议并访华,2006 年 4 月 18日胡锦涛访美;值得一提的是,小布什任期内分别于 2001 年、2002 年、2005 年和 2008 年四次访华。

② The National Security Strategy of the United States of America, the White House, September 2002, p. 28. https://georgewbush-whitehouse. archives. gov/nsc/nss/2002/.,下载日期:2022 年 7 月 15 日。

作,基于传统的自由主义理念,此时的中国在全球自由贸易体系框架下实现了经济的快速发展,国力和影响力得到极大提升,这为后续解决台湾问题创造了先决条件。然而,自20世纪70年代以来,美国政府在台湾问题上长期受到国会保守派、美国媒体、利益集团的压力而进展缓慢,马英九的上台似乎为三方找到该问题的突破口提供了可能。马英九的当选获得了中美的共同支持,三方都寻求在海峡事务上维护总体的稳定和平静,然而,奥巴马执政初期美国金融危机肆虐、再加上深陷伊阿战争的泥潭无法自拔,美国迫切需要在外交事务上取得突破,此时的中国正韬光养晦地专注国内经济发展,随着中国在南海、东海影响力的不断提升以及中国积极融入国际社会,一边寻求与中国合作的美国政府也防止中国在亚洲影响力的提升而影响美国的利益。2011年11月,奥巴马在夏威夷参加亚太经合组织领导人峰会时提出"亚洲再平衡"(Asia Rebalance Strategy)战略,2012年11月,习近平在参观"复兴之路"展览时提出"中国梦"(China Dream)理念,前者强调重返亚太力求平衡中国在该地区的影响力,用时任国务卿希拉里的话来讲:"台湾将在该地区作为美国重要的安全和经济伙伴。"[①]相比而言,"中国梦"是要实现中华民族的伟大复兴。

新时代的中国更加自信、更加坚定,对诸如台湾问题、南海问题表现出强大的民族和爱国主义姿态,中国进一步强化了在亚洲和全球的持久影响力,未来的美国必将面临强势的中国带来的挑战,基于"实力外交"理念的美国在推行对外战略的时候必然面临诸多困难。哈佛大学社会伦理学教授赫伯特·克尔曼(Herbert C. Kelman)认为,早期的国际关系学者想当然地认为国家行为只是个人行为的集合体,而忽视了这样一个事实,即个人的角色、利益和对最后决策产生影响的能力都大不相同。不能把像国家这样庞大集团的行为看作是其公民或领导人的动机和个人感情的直接反映。[②]出乎国际社会意料的是,特朗普2016年成功当选美国总统并开始了其非常个性化的政治、外交和经济表现,这其中最典型的要数对华贸易战和他任期内中美关系的全面脱钩

① Shirley A. Kan & Wayne M. Morrison, U.S.-Taiwan Relations: Overview of Policy Issues, Congressional Research Service, July 4, 2013. p. 12. chrome-extension://ibllepbpahcoppkjllbabhnigcbffpi/https://www.everycrsreport.com/files/20130104_R41952_b4cd1700fea992a4b4b9e09d38af96bce9dc1ea8.pdf,下载日期:2022年7月15日。

② [美]詹姆斯·多尔蒂、[美]小罗伯特·普法尔茨格拉芙:《争论中的国际关系理论》(Contending Theories of International Relations: A Comprehensive Survey),阎学通、陈寒溪等译,世界知识出版社2013年版,第193页。

（decoupling）。事实上，早在 2018 年 3 月，彭斯副总统作的有关美国减税和振兴制造业的相关演讲①特别提到中国，并声称美国向中国挑起贸易战并非突发奇想，而是特朗普一上台就开始着手实施的既定战略。弗吉尼亚大学弗兰克·巴顿领导与公共政策学院（Frank Batten School of Leadership and Public Policy，the University of Virginia）院长哈里·哈丁（Harry Harding）就撰文声称："美国对中国越来越失望，尤其是国际金融危机结束后和习近平当选总书记之后中国在国内、国际上影响力的演变。"②中国深信互利和高度结合的中美政府间关系可以有效防止中美关系脱离既定轨道，而政治素人特朗普最初表现出的更加务实、非意识形态考量的现实主义行为方式也让中国看到了维持并提升中美关系的希望。

四、中美关系的目前与未来

长期以来，中美关系的发展变化主要围绕以下四个方面的议题争执不断。（1）安全问题；（2）经济与环境问题；（3）台湾与东南亚海洋争端；（4）人权议题。与一般的中美关系史不同的是，萨特教授将这四个议题分为单独的四章进行了全面深入的分析。首先，就美方而言，中国的崛起、全面深入参与国际事务以及中国军力的快速现代化对美国的全球影响力造成了巨大挑战，美国联合日韩以及中国周边的亚洲盟友密切合作推进"自由、开放的印太"（the Free and Open Indo-Pacific）战略应对中国崛起，这与中国寻求和平、开放、包容的外部环境产生了重大冲突，因此，在如此严峻的国际环境下中国别无选择，只能通过寻求国际合作和强化中俄关系以抵御风险。其次，中美贸易以及中国深度融入全球经济对中国经济现代化有重大意义，中美贸易争端对世界经济

---

① 彭斯副总统这次演讲的题目是"减税让美国优先"（Tax Cuts to Put America First），举办时间和地点分别是 2018 年 3 月 23 日亚特兰大市路易斯酒店（Loews Atlanta Hotel）。详情参见环球时报基金会网站，https://www.gtfoundation.cn/article/9CaKrnJk1TW.，下载日期：2022 年 7 月 15 日。

② Harry Harding，Has U.S. China Policy Failed？ *The Washington Quarterly*，October 30，2015.

与全球市场有着深远影响。美国抱怨长期的中美经济交往①给美国造成了重大的经济不良后果,指责中国的发电厂和其他工业生产制造了大量的温室气体。胡锦涛执政时期强调可持续发展,此后中国也不断调整产业发展模式,制定并修订《环境保护法》,中美协调在环保和气候变化方面携手合作。再次,比起台湾问题,美国更看重中国在南海以及亚洲影响力的提升对美国利益的损害。尽管特朗普并未延续奥巴马时期的"亚洲支点"(pivot to Asia)战略,但其"自由、开放的印太"战略无疑是对前者在战略上的进一步深化。美国共和党议员、智库、媒体和利益集团也纷纷支持美台关系调整以应对中国挑战美国利益的突发事件。根据美国国家安全委员会(National Security Council,NSC)的报告,美国印太战略框架即维持美国在印太地区的战略优先促进经济秩序。最后,人权问题归根结底是价值观、经济、社会和文化共同决定的问题,长期以来美国以"人权外交"为借口打压和遏制中国并希望由此改变中国的政治制度都宣告失败,从 2002 年开始,中国已经采取了很多举措改善民众生活、提升民主治理水平、保障宗教自由,在国家民主构建的道路上取得了很大的进步。然而,香港问题、新疆问题、西藏问题等中国内政问题未来依然是美国抨击和干涉的敏感地带,近年特朗普政府又以孔子学院威胁美国国家安全为由迫使部分美国高校关停孔子学院,导致中美人文交流中断,加之疫情的肆虐,中美关系跌入了历史低谷。

通读了《中美关系:危险的过去与不确定的现在》,作者的很多分析与论述都令笔者印象深刻,尤其是对思考当下的中美关系是很有启发的。萨特教授在全书结束时提供的见解与开篇时引入的话题相互映衬,回应了今后和未来中美关系可能发生冲突的多元变量。从他的文字中能深切地感受到其对未来中美关系的担忧和焦虑,中国的政策制定者与战略家将继续采取渐进式的努力和政策调整以克服现存的和未来的发展障碍,寻求提升中国影响力、国家利益和国际地位;美国会改变过去的政策并放弃对亚太地区的安全承诺吗?美国会继续精心策划其亚洲再接触战略以排挤中国,强迫亚洲各国在中美之间

---

① 根据美国贸易代表办公室(Office of the United States Representative)的**数据**,中美 1979 年建交时贸易额仅为 24.5 亿美元,2020 年约 5600 亿美元;1989 年美国对华贸易赤字为 61 亿美元,2020 年超过 3100 亿美元。https://ustr.gov/countries-regions/china-mongolia-taiwan/peoples-republic-china.,下载日期:2022 年 7 月 15 日。

选边站吗?① 这本再版于 2018 年的著作并未给出自己的答案,上任之初的特朗普对华政策还比较模糊,政府要员的频繁更替也不可能形成统一的对华认知并制定持久的对华政策,随着对华温和派如国务卿蒂勒森、国防部长马蒂斯等要员的相继离职,特朗普政府中的强硬派如白宫贸易顾问纳瓦罗、新任国务卿蓬佩奥、国防部长埃斯珀、国家安全事务助理博尔顿、国家安全事务副顾问波廷杰(或称博明)(Matthew Pottinger)等共同主导对华政策,导致特朗普时期的中美关系从外交、文化、贸易、科技等方方面面出现了巨大滑坡,虽然双方元首于 2017 年实现了成功互访、2019 年又在 20 国集团大阪峰会期间举行会晤,但这也无法阻挡特朗普时期中美关系的下行趋势。可以看到,中美近几年已经很少出现合作局面,尤其在东亚地区。在美国看来,中国快速和持久的经济影响力以及依靠经济发展提升的军事现代化引起了美国对这一新竞争对手、地区权力过渡以及潜在冲突的担忧。无论是基于"新冷战思维"的中美对抗,还是基于"利益冲突"思维的全面对立,短期内的中美关系不可能回到过去的合作共赢、全面合作的历史时期,尽管双方都力求管控分歧寻求共识,但中美关系的恶化似乎已成必然。

拜登上台后,中国似乎觉得中美关系有改善的希望。然而,2021 年年初的中美阿拉斯加会谈、同年 7 月的美国常务副国务卿温迪·舍曼(Wendy R. Sherman)访问天津、9 月中美气候变化会谈等一系列事件并未有效抑制中美关系下行的态势,近来台美互动频繁、南海周边持续紧张,目前丝毫看不到中美关系有缓和的迹象,似乎今天的中美关系还不如特朗普时期。正如阎学通教授所言,拜登(政府)给中国带来的压力比特朗普更大。② 近来,随着俄乌冲突的爆发、美台频繁互动以及美日印澳"四方安全对话"(Quadrilateral Security Dialogue,QUAD)等一系列不稳定因素和对华不利因素的出现,未来的中美关系会面临更大的挑战,如何构建健康、良性的中美关系是两国政府共同面临的难题,合则两利、斗则两败,双方理应基于全球和平发展、促进人类共同进步与福祉的原则基础上共同推动双边关系的行稳致远。

(本文责任编辑:陈谕宣)

---

① Robert G. Sutter, *US-China Relations*:*Perilous Past*,*Uncertain Present*,Rowman & Littlefield. p.282.

② 有关阎学通教授的专访,参见 https://www.thepaper.cn/newsDetail_forward_12367420.,下载日期:2022 年 7 月 15 日。

Reshaping the Future of Sino-American Relations:
A Review of "US-China Relations: Perilous Past, Uncertain Present"

Shi Jialin

Abstract: From the onset of Richard M. Nixon's visit to China in early 1972, Sino-American relations have undergone significant development in the past fifty years. For the previous five decades, Sino-American relations have gone through the phases of engagement, stable development, harmony, arduousness and current precariousness, hereby making the both sides' ties extremely unpredictable. Prof. Robert G. Sutter, in the new edition of his book "US-China Relations: Perilous Past, Uncertain Present", unfolds us a holistic picture of historical evolution of over 100 years' Sino-American relations from a historical perspective. With exhaustive historical sources and abundant cases, he deeply structures some pivotal events in history. His lucid logics, distinct viewpoints, and profound discussion present us an important reference in analyzing and grasping the current and future trends of Sino-American relations, meanwhile touching off the readers' resonance and contemplation.

Abstract: Sino-American relations; reshape; coopetition; uncertain future

一部让世界更好读懂中国的国际法精品力作

——读杨泽伟教授著《国际法析论》(第 5 版)

唐　刚 *

内容摘要:《国际法析论》(第 5 版)探讨了国际法的一些基本理论问题与国际法若干新发展,分析了国际法上的国家主权,重点论述海洋法问题、国际组织与国际法、国际能源法,并关注中国与国际法。该书守正创新,形成颇具特色的结构体系;将理论与实践紧密结合,服务高水平对外开放;阐明新时代中国国际法观,让世界更好读懂中国。新时代背景下,仍需进一步拓展国际法研究新领域,为深化对外开放继续提供国际法理论支撑,更好服务于国家的重大战略需求。

关键词:《国际法析论》(第 5 版);国际法基本理论;海洋法;国际组织与国际法;国际能源法

目　录

---

　*　唐刚,武汉大学国际法研究所 2020 级国际法学专业博士研究生,研究方向为国际法学。

引　言

2019 年 10 月,党的十九届四中全会《中共中央关于坚持和完善中国特色社会主义制度　推进国家治理体系和治理能力现代化若干重大问题的决定》明确提出要"加强国际法研究和运用"①。2020 年 11 月 16 日至 17 日,习近平总书记在中央全面依法治国工作会议上强调,"要加快涉外法治工作战略布局,协调推进国内治理和国际治理,更好维护国家主权、安全、发展利益"②。2022 年 4 月 25 日,习近平总书记在中国人民大学考察时强调,要"不断推进知识创新、理论创新、方法创新""自觉以回答中国之问、世界之问、人民之问、时代之问为学术己任""传播中国声音、中国理论、中国思想,让世界更好读懂中国"。③ 习近平总书记的一系列重要讲话,对加强国际法研究和运用提出了新要求。新时代背景下,如何进一步深化国际法研究,聚焦国际法前沿问题,密切理论与实践的联系,推动研究和运用相结合,④使其更好服务于国家的重

---

① 《中共中央关于坚持和完善中国特色社会主义制度　推进国家治理体系和治理能力现代化若干重大问题的决定》(新华社北京 11 月 5 日电),载《人民日报》2019 年 11 月 6 日第 1 版。

② 《习近平在中央全面依法治国工作会议上强调　坚定不移走中国特色社会主义法治道路　为全面建设社会主义现代化国家提供有力法治保障》(新华社北京 11 月 17 日电),载《人民日报》2020 年 11 月 18 日第 1 版。

③ 《习近平在中国人民大学考察时强调:坚持党的领导传承红色基因扎根中国大地走出一条建设中国特色世界一流大学新路》(新华社北京 4 月 25 日电),载《人民日报》2022 年 4 月 26 日第 1 版。

④ 肖永平:《立足世界大变局深化国际法研究》,载《人民日报》2020 年 7 月 20 日第 9 版。

大战略需求,是当代国际法学者的重要职责和神圣使命。教育部长江学者特聘教授、法学博士、武汉大学国际法研究所杨泽伟教授长期从事国际法教学与研究,著作颇丰①,由中国人民大学出版社 2022 年 4 月出版的《国际法析论》(第 5 版)就是其中之一。该书包含 6 编 28 章共计 64.1 万字,内容丰富、论证严密,以历史和社会现实为背景,既关注国际法基本理论与国际法的新发展,分析了国际法上的国家主权问题,又紧扣国际法学最新动态,重点论述海洋法问题、国际组织与国际法、国际能源法,关注中国与国际法,将国际法理论研究和实践运用相结合,为解决国际法现实问题提供理论依据和理论支撑。仔细阅读之后,一部让世界更好读懂中国的国际法精品力作呈现在读者面前。

一、守正创新,颇具特色的结构体系

200 多年前,清代著名学者赵翼就曾指出,"诗文随世运,无日不趋新",强调诗文写作需要紧跟时代步伐而发展变化,要注重创新,新时代背景下的国际法研究也莫不如此。《国际法析论》(第五版)坚持守正创新,紧扣时代脉搏,准确把握新时代新征程的历史方位,对第 4 版的部分内容进行了更新和完善,形成颇具特色的结构体系。

(一)探讨国际法的一些基本理论问题与国际法若干新发展

在哲学社会科学领域,基础理论研究尤为重要,国际法学当然也不例外。事实上,国际法包含十分丰富的理论知识,如国际法渊源、国内法与国际法的

---

① 截至 2022 年 4 月底,杨泽伟教授的主要著作有:杨泽伟:《主权论——国际法上的主权问题及其发展趋势研究》,北京大学出版社 2006 年版。杨泽伟:《中国能源安全法律保障研究》,中国政法大学出版社 2009 年版。杨泽伟:《国际法史论》,高等教育出版社 2011 年版。杨泽伟主编:《联合国改革的国际法问题研究》,武汉大学出版社 2009 年版。杨泽伟总主编:《新能源法律政策研究丛书》(13 卷),武汉大学出版社。杨泽伟总主编:《海上共同开发国际案例与实践研究丛书》(9 卷),武汉大学出版社。杨泽伟主编:《中国国家权益维护的国际法问题研究》,法律出版社 2019 年版。杨泽伟主编:《"一带一路"倡议与国际规则体系研究》,法律出版社 2020 年版。杨泽伟编:《"一带一路"倡议文件汇编》,法律出版社 2020 年版。杨泽伟:《国际法析论》(第 5 版),中国人民大学出版社 2022 年版。杨泽伟:《国际法》(第 4 版),高等教育出版社 2022 年版。

关系、国家主权、①国际法的历史发展、当代国际法等。② 在该书中,作者十分重视基础理论研究,在前两编重点探讨国际法的一些基本理论问题与国际法若干新发展。在第一编作者论述了国际法的政治基础、当代国际法的新发展与价值追求、"一带一路"倡议与当代国际法的发展、共商共建共享原则;国际法基本原则的新发展、人道主义干涉在国际法中的地位及前景、国内法与国际法解释之比较研究。在第二编作者论述了国际法上的国家主权,包括国家主权平等原则、自然资源永久主权及其发展趋势、人权国际保护与国家主权,作者还就国家主权是否终结的时代之问进行了解答。③

(二)重点论述海洋法问题、国际组织与国际法、国际能源法

随着国际社会的联系日益紧密,国际法研究领域不断拓展,新的国际法分支出现并越来越受到国际法学者的重视。《国际法析论》(第 5 版)在探讨国际法一些基本理论问题与国际法若干新发展的基础上,也十分重视国际法新领域的研究,并重点论述海洋法问题、国际组织与国际法、国际能源法。

1.论述海洋法问题

当今世界正经历百年未有之大变局,世界范围内的大国竞争正从传统的陆地疆域向海洋、极地、外空、网络等领域拓展,④在全球海洋治理领域,国与国之间的竞争日益激烈。同时为更好应对海洋环境污染问题,妥善解决涉海分歧和海洋争端,有序地规范海洋资源开发利用等,海洋法的重要性越来越凸显,海洋法研究也愈加受到国际法学者的重视。该书在第三编重点论述海洋法问题,作者首先讨论了新时代中国深度参与全球海洋治理体系变革的理念与路径,分析了"21 世纪海上丝绸之路"建设的风险及其法律防范对策,深入剖析了航行自由的法律边界与制度张力,探讨了海上共同开发的法律依据、发展趋势及中国的实现路径,研究了海上共同开发的先存权问题,同时还分析了《联合国海洋法公约》第 82 条的执行问题与前景。

---

① [英]尹恩·布朗利:《国际公法原理》,曾令良、余敏友等译,法律出版社 2003 年版,第 3~52、121~125 页。

② Malcom N. Shaw, *International Law*, 8th ed, London Oxford University Press, 2017, pp.1-49.

③ 杨泽伟:《国际法析论》,中国人民大学出版社 2022 年第 5 版,第 167~175 页。

④ 黄惠康:《国际法的发展动态及值得关注的前沿问题》,载《国际法研究》2019 年第 1 期。

2.论述国际组织与国际法

国际组织的发展虽然经历了漫长的过程,但在第二次世界大战后,国际组织的数量呈爆炸性地增长。① 随着国际组织数量增加与职能扩大,国际组织法应运而生,国际组织法的研究也愈加受到重视。《国际法析论》(第 5 版)准确把握时代脉搏,在第四编重点论述了国际组织与国际法。作者分析了联合国改革的理论基础和法律依据,探讨了联合国改革与现代国际法的挑战、影响和作用,论述了国际法院的司法独立的困境与变革,同时还回顾了中国与联合国 50 年的历程及贡献,并展望了中国与联合国的未来。

3.论述国际能源法

20 世纪 70 年代以来,第四次中东战争导致第一次全球能源危机,能源领域的私有化和国际化浪潮席卷各国能源领域,再加上国际组织的推动及国内能源法的勃兴,推动了国际能源法的产生和发展,国际能源法逐步发展成为国际法的新分支,其研究也越来越受到国际法学者的关注。该书在第五编重点论述了国际能源法,作者创造性地提出了"国际能源法:国际法发展的新突破"这一重要的新观点,探讨了跨国能源管道运输的国际法问题以及国际能源机构的法律制度,分析了"一带一路"倡议背景下全球能源治理体系的变革与中国作用,研究了中国与周边能源共同体的构建法律基础与实现路径。

(三)关注中国与国际法

随着中国日益走近世界舞台的中央,加强中国与国际法的研究显得尤为迫切和重要。习近平总书记强调:"要加快涉外法治工作战略布局,协调推进国内治理和国际治理,更好维护国家主权、安全、发展利益。"②该书不仅关注国际法基本理论、海洋法问题、国际组织与国际法、国际能源法,还关注中国与国际法,并在第六编进行专门论述,作者从近代国际法输入中国及其影响的分析入手,回顾新中国国际法学 70 年的历程与贡献,并展望未来发展方向,同时还阐明新时代中国国际法观。

(四)推荐数量众多的阅读书目及论文

此外在整体结构设计上,《国际法析论》(第 5 版)也强调创新。例如,该书

---

① 梁西:《梁西论国际法与国际组织五讲》(节选集),法律出版社 2019 年版,第 70 页。

② 《习近平在中央全面依法治国工作会议上强调 坚定不移走中国特色社会主义法治道路 为全面建设社会主义现代化国家提供有力法治保障》(新华社北京 11 月 17 日电),载《人民日报》2020 年 11 月 18 日第 1 版。

每章末尾都列举了数量众多的推荐阅读书目及论文,附录中详细列举了拓展阅读书目、中外国际法期(集)刊、常用国际法网址。推荐阅读书目及论文都与每章的内容息息相关,既有中国学者的中英文著作和论文,又有外文原著和外文译著。学术著作一般都有附录,但很少有作者在每章末尾为读者提供详细、数量充足的推荐阅读书目及论文。该书在结构编排上匠心独运,为读者推荐数量丰富的阅读资料,且内容新颖,紧跟国内外研究的前沿,方便读者检索和查阅,有利于增加读者的阅读量和知识储备,开阔读者视野,同时也凸显该书颇具鲜明特色的结构体系,大大增强该书的实用价值。

二、理论与实践紧密结合,服务高水平对外开放

就具体内容而言,该书注重将理论与实践紧密结合,有助于更好服务高水平对外开放。

(一)注重基本理论的探讨并丰富拓展了国际法理论

该书不仅注重国际法基本理论问题的深入探讨,还结合新时代和新发展,创造性地提出了新观点,在一定程度上丰富并拓展了国际法基本理论。

1.注重国际法基本理论的深入探讨

该书在论述国际法的政治基础、人道主义干涉在国际法中的地位及前景、国内法与国际法解释之比较研究、国家主权平等原则、自然资源永久主权及其发展趋势、人权国际保护与国家主权等国际法理论的基础上,还深入剖析了当代国际法的新发展与价值追求,当前人类社会面临新变化和新挑战,国际法出现了新变化和新特点,集中表现为:国际法全球化与碎片化共存的现象明显,国际法的刑事化现象不断增多,国际法与国内法相互渗透、相互影响的趋势更加明显,国际法调整的范围不断向非传统安全领域扩展。与此同时,发展、安全、人权等国际法价值目标已经得到了国际社会的普遍认可,国际社会的民主和法治已成为时代要求,国际社会共同利益的理念已经渗透到国际法中。①

作者还对国家主权这一重要理论问题进行了深入剖析,作者指出:国家主权是现代国际法的核心,国家主权是一种不容否定的客观存在,国家主权原则得到了许多国际法律文件的确认,国家主权贯穿于整个国际法体系中。但国

---

① 杨泽伟:《国际法析论》,中国人民大学出版社 2022 年第 5 版,第 27～47 页。

家主权不是神话,它是国际关系客观现实的反映,是实现国家利益的工具,并且国家主权观将随着时代的演变而不断发展。① 这些论述不仅是对国际法学界出现的主权过时论、主权危机论、主权多元论等的有力批驳,②还深化读者对国家主权理论的认识,对读者辩证地看待国家主权理论受到的冲击,树立正确的主权观念具有重要指引。

2.丰富拓展了国际法基本理论

随着时代的变化以及国际关系的加速演变,国际法基本理论也在不断地丰富和发展。该书准确把握时代脉搏,紧跟时代步伐,运用国际法理论研究新问题,丰富并拓展了国际法基本理论。例如,作者深入探讨了"一带一路"倡议与当代国际法的发展,并指出,"一带一路"倡议是现代国际法上国际合作的新形态,也是全球治理的新平台和跨区域国际合作的新维度。"一带一路"倡议推动国际法基本原则的发展、丰富国际法实施方式、充实国际发展援助制度等。现代国际法有助于预防和化解共建"一带一路"进程中的各种风险,有利于预防和解决共建"一带一路"进程中的各类争端,并为共建"一带一路"进程中国家利益的维护提供制度保障。③

又如,作者创造性地提出"共商共建共享原则:国际法基本原则的新发展"这一重要理论创新成果。当前,共商共建共享原则逐步获得了国际社会的普遍认可,具有普遍约束力,它能适用于国际法的各个领域,并构成了现代国际法的基础。因此,共商共建共享原则是国际法基本原则的新发展,不但为现代国际法基本原则增添了新内容,而且是新时代中国对现代国际法发展的重要理论贡献。④

基本理论是国际法研究不可忽视的内容,作者在该书中对国际法的一些基本理论问题进行了深入论述,并提出若干创新观点,不仅充实和丰富国际法基本理论,还拓展了读者的视野,对我们更好运用国际法基本理论解决现实问题也具有启发和借鉴作用。

(二)回应国际法实践,服务高水平对外开放

在重视基本理论问题研究的同时,该书还注重对实践问题的探讨,紧扣中

---

① 杨泽伟:《国际法析论》,中国人民大学出版社 2022 年第 5 版,第 167～175 页。
② 曾令良:《论冷战后时代的国家主权》,载《中国法学》1998 年第 1 期。
③ 杨泽伟:《国际法析论》,中国人民大学出版社 2022 年第 5 版,第 48～64 页。
④ 杨泽伟:《国际法析论》,中国人民大学出版社 2022 年第 5 版,第 65～75 页。

国国际法研究的现实需求,以服务高水平对外开放为目标导向,提出中国参与国际法实践的相关对策,具有极强的现实指导意义。

1.回应海洋法领域的新问题和新挑战

随着海洋强国建设的推进以及海洋命运共同体理念的提出,作者及时关注海洋法领域的新问题和新挑战,并及时作出回应。

例如,作者提出了新时代中国深度参与全球海洋治理体系变革之路径:秉持"全球海洋命运共同体"理念,通过倡议发起成立"世界海洋组织",进一步增强中国在有关全球海洋治理体系国际条约规则制定过程中的议题设置、约文起草和缔约谈判能力等方式,以推动当代全球海洋治理体系的变革和增强中国在未来全球海洋治理体系变革中的话语权。[①]

对于如何防范"21世纪海上丝绸之路"建设的风险,作者在分析潜在风险的基础上,有针对性地提出了对策:对于政治风险,可通过建立海外投资保险制度、签订双边投资条约以及加入《多边投资担保机构公约》等方式加以防范;对于人员安全风险,还应采取特别措施,如修改国内相关立法、成立私营安保公司,以及建立多个后勤保障基地、实施"保护性干预"。[②]

在谈到"中国在南海共同开发的实现路径"时,作者论述了中国与印度尼西亚在纳土纳海域进行共同开发的可能性,并且提出具体对策:可借鉴印尼与澳大利亚共同开发的成功经验,制定详细的共同开发协定,在共同开发谈判中可以作出适当让步,注重中国与印尼在纳土纳海域进行共同开发的示范作用,并考虑将印度尼西亚作为两国共同开发的后勤保障基地,应用印尼现有的油气加工等基地。[③]

在分析中国应如何处理海上共同开发中的先存权问题时,作者列举了海上共同开发中先存权问题的处理方式,并结合实际情况指出:中国政府可以分别采取阻断、纳入和顾及等策略来应对今后可能出现的各种先存权问题。[④]

对于"《海洋法公约》第82条的发展前景",作者提出了中国的对策:深入研究《联合国海洋法公约》第82条的执行问题,进一步完善中国国内相关的法律制度。同时还指出,美国等有关国家未雨绸缪,已在国内法中设立与《海洋

---

①　杨泽伟:《国际法析论》,中国人民大学出版社2022年第5版,第193~202页。

②　杨泽伟:《国际法析论》,中国人民大学出版社2022年第5版,第203~216页。

③　杨泽伟:《国际法析论》,中国人民大学出版社2022年第5版,第249~255页。

④　杨泽伟:《国际法析论》,中国人民大学出版社2022年第5版,第260~266页。

法公约》第 82 条有关的条款,其成熟的经验,值得中国借鉴和学习。①

2.回应国际能源法领域的实际问题

随着"一带一路"建设的推进以及国际形势风云变幻,再加上新冠肺炎疫情和乌克兰危机进一步加剧全球能源供应紧张,出现了包括能源安全和能源革命在内的许多新问题,作者在该书中对国际能源法领域的一些问题作了新思考。

例如,在第二十三章"国际能源机构的法律制度"中,作者分析了中国加入国际能源机构面临成员资格问题、紧急石油储备义务、信息通报义务等困难,但可采用"加强与国际能源机构及其重要成员国协商,建立特定的中国-国际能源机构合作协调机制"等方式破解这种困局。②

在谈到"一带一路"倡议背景下全球能源治理体系变革与中国作用时,作者指出,可以通过加快全球能源治理体系的现代化进程、进一步加强国际能源机构之间的协调与合作、提高全球能源治理体系中国际法规则的普遍效力等方式完善全球能源治理体系。此外,作为负责任大国的中国,应推动共建"一带一路"能源合作俱乐部,积极为全球能源治理体系提供更多的公共产品。③

在第二十五章探讨中国与周边能源共同体的构建时,作者分析指出,建立中国与周边能源共同体面临不少困难,"进一步发挥现有的国际合作机制的作用,增进互信,培养中国与周边能源共同体意识"④,这是破解困境的可行之道。

3.回应中国与联合国以及新中国国际法学的现实问题

该书回顾了中国与联合国 50 年的历程及贡献,并展望了未来。为推动中国在联合国工作中发挥更大作用,今后的努力方向和着力点是:进一步增强在联合国立法机构中的作用、进一步密切与国际法院等联合国国际司法机构之间的关系、深入开展对联合国内部关系法的研究、进一步加大对联合国等国际组织后备人员的培养力度、充分发挥联合国协调大国关系的平台作用以及通过联合国分享中国发展理念。⑤

---

① 杨泽伟:《国际法析论》,中国人民大学出版社 2022 年第 5 版,第 274~280 页。
② 杨泽伟:《国际法析论》,中国人民大学出版社 2022 年第 5 版,第 386~395 页。
③ 杨泽伟:《国际法析论》,中国人民大学出版社 2022 年第 5 版,第 396~411 页。
④ 杨泽伟:《国际法析论》,中国人民大学出版社 2022 年第 5 版,第 421~426 页。
⑤ 杨泽伟:《国际法析论》,中国人民大学出版社 2022 年第 5 版,第 344~352 页。

在第二十七章,作者回顾了新中国国际法学 70 年的历程与贡献,并展望了中国国际法学的发展方向:更加重视国际法的解释和适用问题,增强国际法发展的中国话语权,提出在内容上具有中国特色,又能够被国际社会大多数国家接受的中国国际法理念或中国国际法观,从维护和争取国家利益的角度出发,寻找不同的利益共同体。①

总之,国际法研究不仅要立足于国际关系和国际交往实践,更为重要的是以服务国家需要为目标,努力构建中国特色国际法学科体系、学术体系、话语体系,②要勇于创新,与时俱进,永不僵化、永不停滞,③"从历史长河、时代大潮、全球风云中分析演变机理、探究历史规律,提出因应的战略策略,增强工作的系统性、预见性、创造性",④《国际法析论》(第 5 版)莫不如此。作者在书中提出的法律对策无不以实践为导向,无不以服务高水平对外开放为目标,这些对策既为涉外法治工作提供了学理支撑,又体现了新时代中国国际法著名学者的求真务实精神以及担当、责任与使命。

三、阐明新时代中国国际法观,让世界更好读懂中国

当今世界正经历百年未有之大变局,中国通过和平崛起,正在日益走近世界舞台的中央,中国也将在世界舞台上发挥更大作用。在此背景下,中国更应该关注国际法,加强国际法研究和运用,推动甚至引领国际规则制定,展示负责任大国形象。同时,国际社会普遍关注的是影响力越来越大的中国将给世界带来的是什么? 为回应国际社会的关切,中国有必要向世界阐明新时代中国国际法观。

作者在该书中探寻了新时代中国国际法观的历史溯源和价值取向,阐明

---

① 杨泽伟:《国际法析论》,中国人民大学出版社 2022 年第 5 版,第 457~459 页。

② 肖永平:《立足世界大变局深化国际法研究》,载《人民日报》2020 年 7 月 20 日第 9 版。

③ 《中共中央关于党的百年奋斗重大成就和历史经验的决议(2021 年 11 月 11 日中国共产党第十九届中央委员会第六次全体会议通过)》(新华社北京 11 月 16 日电),载《人民日报》2021 年 11 月 17 日第 1 版。

④ 习近平:《在党史学习教育动员大会上的讲话(2021 年 2 月 20 日)》,人民出版社 2021 年版,第 14 页。

了新时代中国国际法观的核心内涵,主要包括和平共处五项原则、"共商共建共享"的全球治理观、"相互尊重、平等独立"的国家主权观、"集体人权和个人人权"相结合的整体人权观、"共同、综合、合作和可持续"的和平与安全观以及"创新、协调、绿色、开放、共享"的发展观,并分析了中国国际法观的国际法意义。①

总之,作者从中国立场解读国际法,阐明新时代中国国际法观,②回答了中国国际法研究领域的世界之问和时代之问,同时彰显了中国之路、中国之治,在一定程度上有利于推动中国国际法理论创新,同时也真正做到了传播中国声音、中国理论、中国思想,有助于让世界更好读懂中国。

结　语

当前,"我们实现了第一个百年奋斗目标……正在意气风发向着全面建成社会主义现代化强国的第二个百年奋斗目标迈进"③,在外交上,我国积极参与全球治理体系改革和建设,我国国际影响力、感召力、塑造力显著提升,④中国正在日益走近世界舞台的中央。作为负责任的大国,随着综合国力的提升,中国必须参与纷繁复杂的国际事务,提高我国在全球治理中的话语权和影响力。⑤ 习近平总书记强调:"要加快涉外法治工作战略布局,协调推进国内治理和国际治理,更好维护国家主权、安全、发展利益。""对不公正不合理、不符合国际格局演变大势的国际规则、国际机制,要提出改革方案,推动全球治理变革,推动构建人类命运共同体。"⑥这既是对新时代加强国际法运用,维护国

① 杨泽伟:《国际法析论》,中国人民大学出版社 2022 年第 5 版,第 460～480 页。
② 杨泽伟:《国际法析论》,中国人民大学出版社 2022 年第 5 版,第 441～480 页。
③ 习近平:《在庆祝中国共产党成立 100 周年大会上的讲话(2021 年 7 月 1 日)》,载《人民日报》2021 年 7 月 2 日第 2 版。
④ 《中共中央关于党的百年奋斗重大成就和历史经验的决议(2021 年 11 月 11 日中国共产党第十九届中央委员会第六次全体会议通过)》(新华社北京 11 月 16 日电),载《人民日报》2021 年 11 月 17 日第 1 版。
⑤ 卓泽渊:《习近平法治思想要义的法理解读》,载《中国法学》2021 年第 1 期。
⑥ 习近平:《坚定不移走中国特色社会主义法治道路　为全面建设社会主义现代化国家提供有力法治保障》,载《求是》2021 年第 5 期。

家利益所作的战略规划,同时又对新时代加强国际法研究和运用提出新要求。因而更要顺应世界百年未有之大变局,加强对世界大变局下国际法实践的多角度研究。① 新时代背景下,中国的国际法研究仍需加强组织和引导。例如,进一步拓展网络、外空、极地、海洋、公共卫生等国际法研究新领域;紧跟国际法的前沿动态,立足于现实需求,注重成果创新,积极开展国内外学术交流活动,讲好中国故事、传播中国声音,为深化对外开放继续提供国际法理论支撑;并坚持以服务国家需要为导向,优化课程体系设置,创新教育教学方式,培养更多高素质的涉外法治人才队伍,让中国的国际法研究更好地为国家重大战略服务。

总之,作为当代中国著名的国际法学者,杨泽伟教授始终怀着对国际法研究的热爱、对国际法教育教学的关怀、对真理的执着追求,不断耕耘,为国际法研究、教学和人才培养奉献着。《国际法析论》(第 5 版)探讨了国际法的一些基本理论问题与国际法若干新发展,分析了国际法上的国家主权,重点论述了海洋法问题、国际组织与国际法、国际能源法,并关注中国与国际法。该书守正创新,形成颇具特色的结构体系;将理论与实践紧密结合,服务高水平对外开放;阐明新时代中国国际法观,让世界更好读懂中国,对国际法学的学生、国际法学者、涉外律师、外企法律顾问、政府外事部门的工作人员等都具有参考价值。

(本文责任编辑:林芊颖)

A Masterpiece of International Law That Enables The World to Better Understand China
—After Reading "Analysis of International Law"(Fifth Edition)
by Professor Yang Zewei

Tang Gang

Abstract:"Analysis of International Law"(fifth edition) discusses the basic theory of international law and the new development of international law, analyzes the state sovereignty in international law, focuses on the issue of the law of the sea, international organizations and international law, international energy law, and pays attention to China and international

---

① 肖永平:《立足世界大变局深化国际法研究》,载《人民日报》2020 年 7 月 20 日第 9 版。

law. The book is upright and innovative, forming a distinctive structural system; it closely integrates theory and practice to serve high-level opening to the outside world; it clarifies China's international law concept in the new era, it will help the world better understand China. Under the background of the new era, it is still necessary to further expand new fields of international law research, continue to provide theoretical support for international law for deepening opening up, and better serve the country's major strategic needs.

Key Words: "Analysis of International Law" (fifth edition); basic theory of international law; law of the sea; international organization and international law; international energy law

附　录

《国际关系与国际法学刊》稿约

　　《国际关系与国际法学刊》(以下简称《学刊》)是全国性的国际关系与国际法专业优秀学术著述的汇辑。《学刊》由厦门大学法学院国际关系与国际法跨学科研究中心创办,旨在瞄准国际关系学与国际法学的学科前沿,积极开展国内外同行学术交流,荟萃国内外跨学科研究的优秀成果,推动国内外国际关系与国际法跨学科研究的进步。从 2011 年起,《学刊》每年出版一卷。为此,特向全国同行征稿,并立稿约如下:

　　一、《学刊》为开放性的国际关系与国际法学术园地,主要栏目包括:(1)国际关系与国际法基本理论;(2)国际关系与国际法专题研究;(3)国际组织与国际组织法专题研究;(4)优秀博士、硕士学位论文选登;(5)国内最新研究成果的介绍或转载;(6)国外最新研究成果选译;(7)最新学术动态等。欢迎海内外学者、专家投稿。

　　二、来稿不限字数,唯论文希望能在 2 万字以上,尤其欢迎 10 万字以内的长篇大论。

　　三、来稿的形式参见后附《〈国际关系与国际法学刊〉书写技术规范(暂行)》。

　　四、来稿务请写明作者姓名、性别、通信地址、现工作单位、联系电话、E-mail地址、学衔、业务职称等。《学刊》编辑部在收到来稿后一个月内将作出初步处理。届时作者如未收到用稿通知,可另行处理其稿件。来稿一律不退,请作者自留底稿。

　　五、《学刊》编辑部保留对来稿进行技术性加工处理的权利,但文责悉由作者自负。来稿一经决定采用,作者不得将同一稿件另发表于他处。《学刊》对所刊发文章依法享有版权。

六、凡向《学刊》编辑部投稿,即视为接受本稿约,投稿时请通过 E-mail 电子投稿,联系人:刘志云。

E-mail:liuzy420@xmu.edu.cn

liuzy420@163.com

七、本刊已许可《中国学术期刊(光盘版)》电子杂志社在中国知网及其系列数据库产品中以数字化方式复制、汇编、发行、信息网络传播本刊全文。该社著作权使用费与本刊稿酬一次性给付。作者向本刊提交文章发表的行为视为同意我刊上述声明。

《国际关系与国际法学刊》编辑部

《国际关系与国际法学刊》 书写技术规范(暂行)

为了统一《国际关系与国际法学刊》来稿格式,特制订本规范。

一、书写格式

1.来稿由题目、作者姓名、内容摘要、关键词、目录、正文、作者单位与学衔及英文题目、英文姓名、英文内容摘要及关键词构成(按顺序)。

2.来稿正文各层次标示顺序按一、(一)、1、(1)、①、A、a 等编排。

二、注释

1.注释采用页下计码制,每页重新记码。注释码置于标点符号之后。

2.引用中文著作、辞书、汇编等的注释格式为:

(1)刘志云:《当代国际法的发展:一种从国际关系理论视角的分析》,法律出版社 2010 年版,第 1～2 页。

(2)王彩波主编:《西方政治思想史——从柏拉图到约翰·密尔》,中国社会科学出版社 2004 年版,第 211、215、219 页。(注意:非连续页码的注释法)

(3)姚梅镇:《国际投资法》(高等学校文科教材),武汉大学出版社 1989 年修订版,第×页。——不是初版的著作应注明"修订版"或"第×版"等。

(4)中国对外贸易经济合作部编:《国际投资条约汇编》,警官教育出版社 1998 年版,第 8 页。

(5)前后连续引用或非连续引用同一本著作者,都请列出所引用著作的详细要目。

3.引用中文译著的注释格式为:

(1)[美]詹姆斯·多尔蒂、小罗伯特·普法尔茨格拉夫:《争论中的国际关系理论》)(第 5 版),阎学通、陈寒溪等译,世界知识出版社 2003 年版,第×页。

（2）联合国跨国公司与投资公司:《1995 年世界投资报告》,储祥银等译,对外经济贸易大学出版社 1996 年版,第×页。

4.引用中文论文的注释格式为:

（1）陈安:《中国涉外仲裁监督机制评析》,载《中国社会科学》1995 年第 4 期。

（2）白桂梅:《自决与分离》,载《中国国际法年刊》1996 年卷,法律出版社 1997 年版,第 51 页。

（3）徐崇利:《美国不方便法院原则的建立与发展》,载董立坤主编:《国际法走向现代化》,上海社会科学院出版社 1990 年版,第×页。

（4）前后连续引用或非连续引用同一篇文章者,都列出所引用文献的详细要目。

5.引用中译论文的注释格式为:

樱井雅夫:《欧美关于"国际经济法"概念的学说》,蔡美珍译,载《外国法学译丛》1987 年第 3 期,第 13～20 页。

6.引用外文著作等注释格式为:

（1）I. Seidl-Hohenveldern，*International Economic Law*，2nd ed.，Martinus Nijhoff，1992，p. 125.（注意:书名为斜体）

（2）Chia-Jui Cheng（ed.），*Clive M. Schmittoff's Select Essays on International Trade Law*，Kluwer，1998，pp.138-190.[注意:编著应以"（ed.）"标出;外文注释的页码连接号为"-"]

（3）前后连续引用或非连续引用同一本著作者,都请列出所引用著作的详细要目。

7.引用外文论文的注释格式为:

（1）M. Paiy，Investment Incentives and the Multilateral Agreement on Investment，*Journal of World Trade*，Vol.32，1998，pp.291-298.（注意:报刊名为斜体）

（2）D. F. Cavers，A Critique of Choice-of-Law Problem，in *Conflict of Laws*，edited by R. Fentiman（ed.），New York University Press，1996，p.69.[注意:载于论文集中的论文应标明"（ed.）"]

（3）同页前后连续引用或不同页或同页非连续引用同一篇文章者,都请列出所引用论文的详细要目。

8.引用网上资料的注释格式为：

(1) P. Ford，A Pact to Guide Global Investing Promised Jobs-But at What Cost，http：//www. csmonitor. Com/durable/1998/02/25/intl. 6. htm.，下载日期：1998 年 2 月 26 日。

(2)于永达：《国内外反补贴问题分析》，http://www. cacs. gov. cn/text.asp? texttype＝1&id＝1611&power，下载日期：2002 年 7 月 10 日。

9.引用报纸的注释格式为：

(1)赵琳：《练好本领　保家卫国》，载《厦门日报》1999 年 7 月 29 日第 2 版。

(2)《韩国遭强台风袭击》(新华社汉城 7 月 28 日电)，载《厦门日报》1999 年 7 月 29 日第 8 版。

10.引用法条的注释格式为：

《中华人民共和国民法通则》第 12 条第 1 款。——条文用阿拉伯数字表示。

三、简称

如名称过长,可在括号内注明"(以下简称×××)"。

四、数字

1.年、月、日、分数、百分数、比例、带计量单位的数字、年龄、年度、注码、图号、参考书目的版次、卷次、页码等,均用阿拉伯数字。万以下表示数量的数字,直接用阿拉伯数字写出,如 8650 等;大的数字以万或亿为单位,如 2 万、10 亿等。

2.年份要用全称,不要省略。

3.年代起讫、年度起讫均用"—"表示,如 1937—1945 年、1980—1981 财政年度。

《国际关系与国际法学刊》编辑部编订